财政部规划教材
全国高等院校财经类教材

数字贸易学

陈寰琦　张建武　主　编

中国财经出版传媒集团
中国财政经济出版社
·北京·

图书在版编目（CIP）数据

数字贸易学 / 陈寰琦，张建武主编．-- 北京：中国财政经济出版社，2025．1．--（财政部规划教材）（全国高等院校财经类教材）．-- ISBN 978－7－5223－3702－9

Ⅰ．F740．4

中国国家版本馆 CIP 数据核字第 202574ZW24 号

责任编辑：李泊瀚　　　　责任校对：张　凡

封面设计：卜建辰　　　　责任印制：张　健

数字贸易学

SHUZI MAOYI XUE

中国财政经济出版社 出版

URL：http：//www.cfeph.cn

E－mail：cfeph@cfeph.cn

社址：北京市海淀区阜成路甲 28 号　邮政编码：100142

营销中心电话：010－88191522

天猫网店：中国财政经济出版社旗舰店

网址：https：//zgczjjcbs.tmall.com

三河市宏图印务有限公司印刷　各地新华书店经销

成品尺寸：185mm×260mm　16 开　20.25 印张　443 000 字

2025 年 1 月第 1 版　2025 年 1 月河北第 1 次印刷

定价：59.00 元

ISBN 978－7－5223－3702－9

（图书出现印装问题，本社负责调换，电话：010－88190548）

本社图书质量投诉电话：010－88190744

打击盗版举报热线：010－88191661　QQ：2242791300

数字经济学专业系列教材编写委员会

序

全球贸易在经历传统贸易、价值链贸易之后，已步入数字贸易的新时代。推动中国参与全球数字贸易治理、全面对接国际高标准数字贸易规则，是党的二十大及“十四五”规划的重点内容。把握数字贸易发展及治理动向，客观评估数字贸易的经济社会影响以及培养数字贸易相关创新人才，是时代赋予的新使命。事实上，伴随数字贸易的快速发展，数字贸易已成为经济学的一个热门研究方向。在新科技革命与文科融合化的背景下，这本《数字贸易学》教材的出版也是积极响应教育部“新文科”号召，致力于对加快构建中国特色哲学社会科学、建设世界重要人才中心和创新高地作出贡献。

数字贸易的发展日新月异，它给传统的国际贸易理论和国际贸易规则带来了新机遇的同时也带来了巨大挑战。区别于传统贸易，依托于数字技术发展而来的数字贸易具有其独有的典型特征，如虚拟化、普惠化和集约化等。这些都使得数字贸易无论是在理论适用还是在规则应用方面都和传统贸易存在区别。这本《数字贸易学》教材深入浅出，在讲解数字贸易相关基本概念、分类和测度口径的基础上，深度梳理了数字化背景下传统国际贸易理论的新应用以及数字贸易的创新理论，分析了支撑数字贸易各产业的发展情况以及国际贸易规则变迁等。

该教材还注重结合数字贸易的发展实践以及相关案例，可读性强，方便读者理解和学习。在理论章节，教材基于传统国际贸易理论以及新兴贸易理论，对数字贸易领域的特有现象进行解释，包括从宏观视角分析推动全球主要经济体参与规则博弈的驱动因素以及从微观视角阐释市场主体在数字贸易中作出相关决策（如企业追求产品异质化及差别定价）的底层逻辑。在数字贸易治理方面，该教材紧扣关键议题，如数据流动、数字知识产权保护和市场准入等，深入探讨多个经济体的核心立场，并对相关规则博弈展开案例分析。

该教材编者陈寰琦副教授在对外经济贸易大学中国 WTO 研究院获得经济学博士学位。读博伊始她就确定数字贸易作为研究方向，是国内较早从事数字贸易研究的学者之一。2020 年博士毕业后，她前往广东外语外贸大学经济贸易学院任教。陈寰琦多年来一直专注于数字贸易规则的相关研究，取得了丰硕成果。《数字贸易学》是陈寰琦将科研与教学相结合，集结她多年科研累积和教学实践的作品。

总体上看，该教材有助于读者理解数字贸易的内涵外延、探究相关理论创新以及追踪规则前沿动向，对数字贸易相关业者、学者以及官员都会有所裨益。

是以为序。

对外经济贸易大学中国 WTO 研究院
研究员、博士生导师
周念利
2024 年 10 月

编写说明

近年来，伴随云计算、大数据和人工智能为代表的数字技术的快速发展，数字贸易成为了国际经济发展的重要引擎，渗透至国际贸易的方方面面。但值得注意的是，数字贸易给国际贸易带来一系列新机遇的同时，也带来了一系列挑战。虽然数字化扩大了可跨境提供的产品范围，让更多的中小微个体参与国际贸易，但也给传统的国际贸易理论和国际贸易规则带来了巨大挑战。面对这些问题，有必要完善数字贸易研究体系、培养数字贸易人才，这对于中国数字贸易发展而言有着重要作用。《数字贸易学》教材着眼于数字贸易各细分领域，对数字贸易的基本理论、数字产业贸易情况、数字贸易规则的发展进行了分析和探讨。本教材写作风格朴实，尽量简化数字理论模型并结合了丰富的案例，力求通俗易懂，可作为数字经济学本科专业的必修教材，也可作为经济学、国际贸易学、工商管理等专业的辅助教材。

本教材分为三大部分，分别为数字贸易基础理论篇、数字贸易产业篇以及数字贸易规则篇。

第一部分为数字贸易基础理论篇，包括教材的第一章和第二章，分别概述数字贸易的发展情况和数字贸易理论。在第一章概述部分，分析了数字贸易的定义、分类和特征、全球数字贸易的发展情况及其对传统理论和规则带来的挑战。在此基础上，第二章数字贸易的理论先介绍数字贸易自由化以及保护理论，诠释这些传统理论如何因应数字贸易的特性进行适用，然后介绍了近年专门针对数字贸易发展而来的理论。

第二部分为数字贸易产业篇，针对数字贸易的细分产业进行介绍，包括第三章、第四章和第五章。细分产业包括基于跨境电商平台提供的产品和服务、数字金融服务、数字电信服务。针对这些产业，介绍其发展概况、主要内容、中国的产业发展情况以及相应的规制。

第三部分为数字贸易规则篇，包括教材的第六章、第七章和第八章。分别从区域贸易协定和多边贸易协定两个维度，讲解近年围绕核心数字贸易议题发展而来的数字贸易规则。由于多边层面的数字贸易规则发展受到多边经济体差异化立场的限制，不少经济体优先在区域层面推出符合自身诉求的数字贸易规则。本书先介绍区域层面的核心数字贸易规则，包括在数据流动、知识产权和市场准入方面的议题，以及分析这些议题在各经济体间引致的分歧和弥合。在多边层面，虽然数字贸易规则的发展有所滞后，但多边的既有传统贸易规则也涵盖了为数不少的数字贸易规则。对此，本书在第七章介绍了多边层面的既有数字贸易规则，第八章讲解各经济体围绕数字贸易议题产生的争端案例。

本教材由广东外语外贸大学经济贸易学院组织编写，由陈寰琦副教授和张建武教授编著。作者陈寰琦副教授长期进行数字贸易的研究工作，在此领域有着多年的研究经验和教学经验。作者张建武教授经济学理论功底深厚，教学经验丰富，对本教材的写作起到了重要的统筹指导作用。本教材是编者经验积累下来的成果。编者从修改教学讲义到查阅整理相关材料，历经四年的不断完善和相关教学研究整合，终得完稿。对外经济贸易大学、浙江工商大学、佛山科学技术大学等高校专家参与了教材审定。

本教材得到“国家社会科学基金重大项目（23&ZD066）：粤港澳贸易往来资料整理与研究（1840－2020）”的支持，也感谢数字经济学专业系列教材编写委员会主任王俊教授给予的鼎力帮助。在本教材撰写过程中，曾伟冯（第二章）、庄纯燕（第七章和第八章）、伍泳昕（第六章）、陆锐盈（第一章和第五章）在各自章节的资料收集与整理方面提供了支持，唐丽湘、石丽静和宋新辉主要负责全书的格式统一工作，他们的努力对本教材的顺利完成起到了积极作用，在此表示衷心感谢！

同时，特别感谢对外经济贸易大学中国 WTO 研究院周念利教授、屠新泉院长等多位老师在数字贸易研究上的指导，感谢工作单位广东外语外贸大学，感谢孙楚仁教授、朱珍葶书记和陈瑾副教授的大力帮助与关心，感谢工作中每位领导、同事、朋友为本教材的出版提供的建议与帮助。

本教材为用书学校任课老师提供了课件和思考题答案，如有需要，请以电子邮件向中国财政经济出版社索取（请注明学校、全书名、版次），Email：caijingjiaocai@163.com。也可以登录以下网址下载：http：//jiaocai.cfeph.cn。

陈寰琦　张建武

2024 年 10 月

目 录

第一章 概 论

随着新一代信息通信技术（Information and Communication Technology，ICT）的普及应用，传统贸易迎来革新，数字贸易（Digital Trade）实现了快速发展。数字贸易对传统的贸易模式、贸易理论乃至贸易格局带来重大影响。构建并完善数字贸易研究体系，培养数字贸易人才，积极参与数字贸易全球治理，对中国数字贸易的发展十分重要。本章我们将学习数字贸易的概念、发展情况及其对全球贸易治理体系的影响。

▶学习目标

1. 理解数字贸易的基本概念。掌握数字贸易的定义及其发展历程，包括不同机构（如美国商务部、商务部国际贸易经济合作研究院等）在不同时期对数字贸易的界定。

2. 理解数字贸易的核心特征，如虚拟化、平台化、集约化、普惠化以及个性化等。

3. 熟悉数字贸易的主要分类方法，如按照产品形式（数字产品贸易、数字服务贸易、数据贸易）或按照传输方式（如网络传输内容、社交媒体、金融服务等）进行分类。了解各分类下数字贸易的具体内容和涵盖范围。

4. 掌握数字贸易的国际发展趋势，分析不同经济体（如美国、中国、日本、新加坡等）在数字贸易领域的发展现状和优势。了解数字贸易在全球范围内的增长趋势、市场规模以及占 GDP 的比重。

5. 理解数字贸易的驱动因素。识别推动数字贸易发展的关键因素，包括技术进步（如信息通信技术、互联网技术等）、政策支持、市场需求等。分析这些因素如何相互作用，共同促进数字贸易的繁荣。

▶思政目标

1. 增强国家意识与国际视野。通过学习数字贸易的基本概念、发展历程及其对全球贸易治理体系的影响，增强学生对国家在全球数字贸易中的地位和作用的认识。引导学生关注国际数字贸易的规则制定和全球治理，培养学生的国际视野和全球意识。

2. 树立法治观念与合规意识。讲述数字贸易中涉及的法律法规问题，如数据跨境流动、知识产权保护等，增强学生的法治观念。引导学生了解并遵守国际贸易规则和数字贸易的相关法律法规，培养学生的合规意识和法律意识。

3. 弘扬社会主义核心价值观。在学习中国数字贸易发展情况的过程中，强调国家政策对数字贸易发展的支持和引导作用，弘扬社会主义核心价值观中的爱国情怀和集体主义精神。引导学生关注数字贸易发展带来的社会影响和经济效益，培养学生的社会责任感和奉献精神。

第一节 数字贸易的定义、分类和特征

数字贸易和传统贸易相比，在贸易模式、贸易标的等许多方面存在差异，目前国际范围内尚未形成完全统一的“数字贸易”定义，各界对数字贸易的界定、分类与测度采用了不同的尺度方法。

一、数字贸易的定义

在数字贸易体量快速增长、数字贸易格局逐渐形成的背景下，世界上的主要经济体、国际组织先后对“数字贸易”一词作出定义。

（一）美国对数字贸易的定义

美国政府各部门发布过许多关于数字贸易的官方文件，文件中关于“数字贸易”的解读经历了多次变化，侧面反映出数字贸易的发展历程（见表 1－1）。

表 1－1 美国对数字贸易的定义

经济体	部门	时间	采用术语/提法	定义
美国	美国商务部经济分析局	2012 年	数字化服务贸易	由于信息通信技术进步而实现的服务的跨境贸易
	美国国际贸易委员会	2013 年	数字贸易	通过互联网传输产品和服务的国内商务和国际贸易活动
		2014 年	数字贸易	互联网和互联网技术在订购、生产以及递送产品和服务中发挥关键作用的国内商务和国际贸易活动
		2017 年	数字贸易	任何行业的公司通过互联网进行产品和服务的交付
	美国贸易代表办公室	2017 年	数字贸易	包括个人消费品在互联网上的销售以及在线服务的提供，还包括实现全球价值链（Global Value Chain，GVC）的数据流（Data Stream）、实现智能制造的服务以及无数其他平台和应用

2012 年，美国商务部经济分析局（U. S. Bureau of Economic Analysis，USBEA）在《数字化服务贸易的趋势》中提出数字化服务贸易的概念：由于信息通信技术进步而实现的服务的跨境贸易即为数字化服务贸易，包括金融和保险产品，长途通信，商业、专业和技术服务等。

2013 年，美国国际贸易委员会（U. S. International Trade Commission，USITC）在《美国与全球经济中的数字贸易Ⅰ》中正式提出了“数字贸易”这一概念，文中这样表述：通过互联网传输产品和服务的国内商务和国际贸易活动，具体的交易标的为：音乐、游戏、视频、书籍等数字内容、社交媒体、用户评论网站等数字媒介；搜索引擎；其他产品与服务，但并未包括硬拷贝书籍、软件和通过 CD 和 DVD 形式出售的音乐和电影，无论是何种来源。

吸收了业内反馈意见后，2014 年，美国国际贸易委员会（USITC）在《美国与全球经济中的数字贸易Ⅱ》中对数字贸易的概念进行了修改，将数字贸易解释为：互联网和互联网技术在订购、生产以及递送产品和服务中发挥关键作用的国内商务和国际贸易活动，并且丰富了数字标的物的内涵。在前一版本的基础上，《美国与全球经济中的数字贸易Ⅱ》中数字标的物的范围除了基于数字技术递送的产品与服务以外，还加入了以下内容：使用数字技术订购的产品与服务、利用数字技术生产的产品与服务。该版本进一步突出了互联网对其他行业的工业属性，体现其在经济部门中的影响和价值。

2017 年，USITC 发布的《全球数字贸易 1：市场机会和主要外贸限制》中又将网络订购的实体产品排除在数字贸易的范围以外，该报告将“数字贸易”定义为：任何行业的公司通过互联网进行产品和服务的交付，以及如智能手机和互联网传感器等相关产品的交付。同年，美国贸易代表办公室（U. S. Trade Representative’s Office，USTR）发布了《数字贸易的主要障碍》，该报告认为“数字贸易”的概念应当是广泛的，不仅包括个人消费品在互联网上的销售以及在线服务的提供，还包括实现全球价值链（Global Value Chain，GVC）的数据流（Data Stream）、实现智能制造的服务以及无数其他平台和应用。

（二）欧盟对数字贸易的定义

第一个包含电子商务章节的欧盟贸易协议是 2008 年签署的《欧盟 - 加勒比经济伙伴关系协议》（EPA）。2015 年 5 月，欧盟委员会（European Commission，EC）在《数字化单一市场战略》中将数字贸易表述为利用数字技术向个人和企业提供数字产品和服务。

2021 年，欧盟委员会认为：数字贸易是指通过电子手段——电信和/或信息通信技术实现的商品或服务贸易，包括纯数字贸易（如在线音乐、视频）和仅部分化的数字贸易（如通过网络购买实体书）。

（三）中国对数字贸易的定义

如表 1 - 2 所示，2018 年 9 月，商务部国际贸易经济合作研究院（Chinese Academy of International Trade and Economic Cooperation，CAITEC）在服务贸易大会上发布的《全球服务贸易发展指数报告（2018）：数字贸易兴起的机遇与挑战》将数字贸易分为数字货物贸易、数字服务贸易和数据贸易三类。第一类是指数字产品贸易（芯片、机器人等）和跨境电子商务；第二类是指传统贸易的数字化（旅游、金融等）和数字内容贸易（影音、软件等)；第三类是指数据的跨境流动。该报告中对“数字贸易”的定义从传统贸易出发，将货物贸易、服务贸易、数据贸易纳入数字贸易的范围，强调贸易的基本属性。

表 1－2　　　　中国对数字贸易的定义

经济体	部门	时间	术语/提法	定义
中国	商务部国际贸易经济合作研究院	2018 年	数字贸易	从传统贸易出发，将货物贸易、服务贸易、数据贸易纳入数字贸易的范围，强调贸易的基本属性
	中国信息通信研究院	2019 年	数字贸易	指信息通信技术发挥重要作用的贸易形式，包括通过线上宣传、交易、结算等促成的实物商品贸易，和通过通信网络传输的数字服务
	中国信息通信研究院	2020 年	数字贸易	指数字技术发挥重要作用的贸易形式
	国家工业信息安全发展研究中心	2020 年	数字贸易	通过数字技术驱动、信息通信网络交付，以服务和数据为主要标的的跨境交易活动
	中国信息通信研究院	2021 年	数字贸易	信息通信技术赋能、以数据流动为关键牵引、以现代信息网络为重要载体、以数字平台为有力支撑的国际贸易新形态
	商务部	2022 年	数字贸易	以数据资源为关键生产要素、数字服务为核心、数字订购与交付为主要特征的对外贸易。其中，数字交付贸易包含数字技术贸易、数字服务贸易、数字产品贸易和数据贸易；数字订购贸易是指通过跨境电子商务平台达成的货物和服务贸易

2019 年 12 月，中国信息通信研究院（China Academy of Information and Communications Technology，CAICT）在《数字贸易发展与影响白皮书（2019）》中指出，数字贸易（Digital trade）是指信息通信技术发挥重要作用的贸易形式，不仅包括通过线上宣传、交易、结算等促成的实物商品贸易，还包括通过通信网络传输的数字服务，如数字产品和服务的贸易。

2020 年，中国信通院发布的《数字贸易发展白皮书（2020）》对数字贸易的定义进行了完善：数字贸易是指数字技术发挥重要作用的贸易形式，与传统贸易的最大区别在于贸易方式数字化和贸易对象数字化。贸易方式的数字化是指信息技术与传统贸易开展过程中各个环节深入融合渗透；贸易对象的数字化是指数据和以数据形式存在的产品和服务贸易。

2020 年 10 月，国家工业信息安全发展研究中心（China National Industrial Information Security Development Research Center，CIC）在《数字贸易发展报告》中将“数字贸易”定义为通过数字技术驱动、信息通信网络交付，以服务和数据为主要标的的跨境交易活动。

2021 年，中国信息通信研究院在《数字贸易发展与合作报告（2021）》中这样定义数字贸易：数字贸易是信息通信技术赋能、以数据流动为关键牵引、以现代信息网络为重要载体、以数字平台为有力支撑的国际贸易新形态，是贸易模式的一种革命性变化，其内涵不断发展丰富。另外，该报告还对贸易方式数字化和贸易对象数字化这两种突出的贸易变化作了详细解释（见表1－3）。

表1－3　　以数据形式存在的要素和服务

类别	例子	作用
信息通信（ICT）服务的贸易	电信服务、计算机服务、软件复制和分发许可证等	为经济社会各领域的数字化发展提供强有力的支撑
信息通信赋能的其他服务贸易	数字金融、数字教育、数字医疗、工业互联网等	信息通信以外的传统服务通过数字化转型，嵌入不同的数字化载体，从而实现交付内容的数字化
具有商业价值的数据要素流动	技术流、资金流、人才流、物资流等	数据成为一种关键生产要素，广泛融入价值创造过程，推动商业模式的发展

资料来源：CAICT. 数字贸易发展与合作报告（2021）.［R］. 中国信息通信研究院，2021.

一是贸易方式数字化。即面向贸易全流程、全产业链的数字化转型。一方面，它推动了传统贸易大部分流程数字化、网络化和智能化发展，实现贸易成本更低、效率更优、主体更多元。另一方面促进了各类服务贸易跨境交付方式的数字化变革，丰富了贸易的形式。信息通信技术几乎对外贸领域所有环节都产生了影响，解决了一系列信息不对称问题，有力推动外贸降本增效。

二是贸易对象数字化。信息通信技术的发展应用使得传统服务转变为以数据形式存在的数字化服务，进而推动了贸易对象数字化。贸易对象数字化即以数据形式存在的要素和服务成为国际贸易中的重要交易对象，可以分为三大类：①信息通信（ICT）服务的贸易；②信息通信赋能的其他服务贸易；③具有商业价值的数据要素流动。

在此基础上，中国信息通信研究院梳理了数字贸易所涉内容及对应行业（见附录1）。

中国商务部推出的《中国数字贸易发展报告2020》中对数字贸易作出的定义如下：数字贸易是依托信息网络和数字技术，在跨境、研发、生产、交易、消费活动中产生的，能够以数字订购或数字交互方式实现的货物贸易、服务贸易和跨境数据流动贸易的总和。商务部在2022年进一步指出数字贸易是指以数据资源为关键生产要素、数字服务为核心、数字订购与交付为主要特征的对外贸易。其中，数字交付贸易包含数字技术贸易、数字服务贸易、数字产品贸易和数据贸易；数字订购贸易是指通过跨境电子商务平台达成的货物和服务贸易。

（四）国际组织对数字贸易的定义

目前，国际范围内尚未形成关于“数字贸易”的统一定义，通常对其作广义和狭义之分。各个国际组织先后对“数字贸易”或“电子商务”作出定义或概念解释。目前，相对而言最为全面和完整的有关“数字贸易”的定义，是由三大国际组织世界贸易组织（World Trade Organization，WTO）、经济合作与发展组织（Organization for Economic Co-operation and Development，OECD）和国际货币基金组织（International Monetary Fund，IMF）经过多次讨论和修订后联合发布的《数字贸易度量手册》中对数字贸易的解释。

1. 世界贸易组织

WTO的正式文件中没有直接采用“数字贸易”这一提法，更多时候采用的是“电子商务”的概念，在世贸组织第二次部长级会议中，电子商务被定义为通过电子方式生产、销售或交付商品和服务，这就是早期的数字贸易的概念（1998）。

2. 联合国贸易和发展会议

联合国贸易和发展会议（United Nations Conference on Trade and Development，UNCTAD）在其出版的《信息经济报告——为发展中国家释放电子商务的潜力》（2015年）中采用的是电子商务的提法，该报告将电子商务定义为通过计算机网络进行的购买和销售行为，认为电子商务涉及实物商品以及以数字方式提供的无形（数字）产品和服务。

3. 经济合作与发展组织

OECD在《数字贸易测度》中指出：数字贸易是通过数字化形式订购或交付产品、服务或信息的交易活动，并从交易范围、交易方式、交易对象和交易参与者四个维度构建数字贸易的内涵框架（见图1-1）。

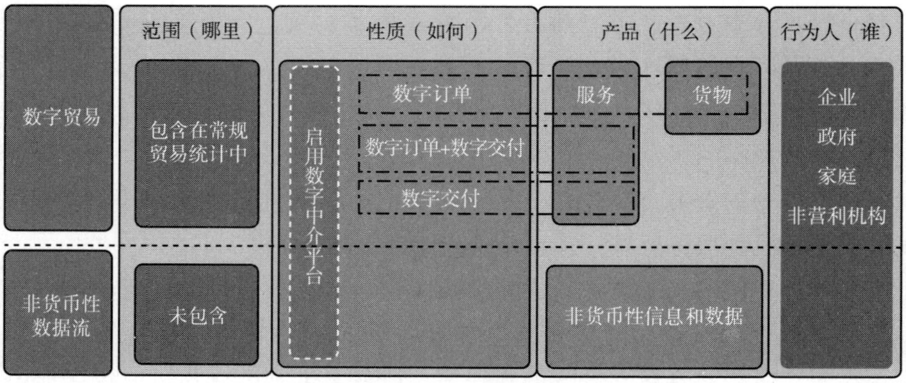

图1-1 数字贸易的概念框架

资料来源：Mourougane，A.“Measuring digital trade”，［Z/OL］. OECD Going Digital Toolkit Notes，No. 18，OECD Publishing，Paris，https：//doi. org/10. 1787/48e68967-en.，2021.

4. 《数字贸易度量手册》

2020年，WTO、OECD和IMF三大国际组织联合发布了《数字贸易度量手册》（Handbook on Measuring Digital Trade）。《数字贸易度量手册》将数字贸易定义为以数字方式订购和/或交付的所有贸易，该手册同时认为应排除任何未通过计算机网络提供或订购的服务，如通过电话、传真或手动输入的电子邮件。

2023年发布的《数字贸易度量手册》第二版则沿用了第一版的提法，指出数字贸易是数字技术革命背景下货物贸易和服务贸易利用数字技术出现新变化，而不是数字技术催生的全新贸易领域。换言之，数字贸易并非独立的贸易形态，而是涵盖于服务贸易和货物贸易之中。对于数字贸易的定义，该手册明确指出其核心在于界定其贸易的性质，而非依据其贸易的标的。

（五）国内外学者对数字贸易的定义

当前学界对于数字贸易的统一概念尚未形成，学者们基于多种视角对数字贸易内涵等领域展开研究。国外学者中，Weber（2010）指出：数字贸易不仅包括电子商务活动，而且包括通过电子化手段传输有价值的数字化产品和服务的形式；Burri（2015）对数字贸易的概念做了狭义和广义的区分，认为狭义的数字贸易指通过互联网提供产品和服务的贸易，广义的数字贸易指信息在数字网络中自由流动的贸易活动。

国内学者中，熊励等（2011）将数字贸易概括为以互联网和数字通信技术为依托，为供求双方提供互动所需的数字化电子信息，是一种以数字化的信息作为贸易标的之贸易方式。马述忠等（2018）认为，数字贸易通过有效地运用数字化技术实现实体商品、数字化产品以及数字化的知识和服务的精确交换，并基于数字贸易的概念提出数字贸易概念框架以区分一项贸易活动是否为数字贸易，提出数字贸易概念主要包括三个基本要素：数字贸易主体、数字贸易标的和数字贸易规则，如果一项贸易活动是依托数字化平台或数字化手段实现并且同时具备这三项要素，则可称之为数字贸易。蓝庆新（2019）认为数字贸易是利用数字交换技术实现传统实体货物、数字化产品与服务、数字化知识和信息的高效交换的商业活动。刘洪愧（2020）认为早期的数字贸易具有局限性，更多强调的是数字产品以及相关服务，并没有将有形的货物纳入贸易标的中。盛斌（2020）对现有有关数字贸易的政策文件进行梳理，将数字贸易定义分为狭义和广义：狭义的数字贸易是通过互联网及智能手机、网络连接传感器等相关设备交付的产品和服务；广义的数字贸易则涵盖数字订购（Digitally Ordered）、平台支持（Platform Enabled）、数字交付（Digitally Delivered）三种类型。

二、数字贸易的范围与分类

为了更好地研究数字贸易，各经济体与国际组织按照不同的分类方式对数字贸易的范围和类别进行定义与划分，同时也有学者提出了分类方式。

（一）国际组织

1. 国际经济与合作组织（OECD）

OECD 试图从性质、产品和行为人的角度去分析数字贸易的运作模式。第一，数字贸易中的订单是数字订单；第二，数字贸易的载体是为货物和服务提供载体的信息和数据；第三，数字贸易的行为主体包括企业、政府和消费者（家庭和自然人等），见图 1-2。

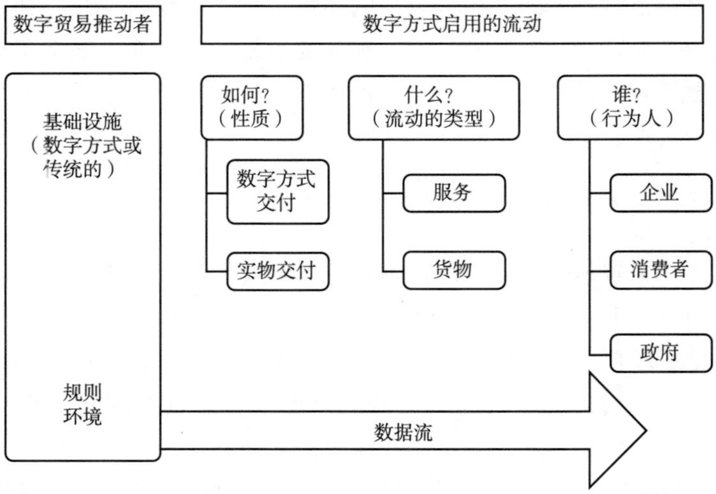

图 1－2 数字贸易的维度

资料来源：OECD：Towards a G20 initiative on measuring Digital Trade：mapping challenges and framing the way forward，p2－3，2016，[R]. https：//www.oecd.org/g20/topics/trade－and－investment/Towards－a－G20－Initiative－on－Measuring－Digital－Trade.pdf..

2. OECD、IMF 和 WTO

不同类别的数字贸易主要区别在订购方式、使用平台和交付方式上。OECD 和 IMF 在《衡量数字贸易：经合组织/国际货币基金组织外汇储备调查的结果》中列举了数字贸易的 16 种类型。订购方式方面，其中绝大部分采用数字方式订购；数字贸易平台使用情况方面，16 种类型中有 8 种通过数字贸易平台实现；贸易载体方面，有 11 种以服务为载体，其余以货物为载体；主体的商业模式中，B2B① （Business－to－Business，BTB） 和 B2C② （Business－to－Consumer，BTC） 有 7 种商业模式，C2C③ （Customer to Customer，CTC） 有两种商业模式（见附录 2）。

OECD 和 WTO 在 2020 年发布的《数字贸易度量手册》第一版将数字贸易划分为三种类别。第一类，作为货物贸易子集的“数字订购贸易”；第二类，作为服务贸易子集的“数字交付贸易”；第三类，第三方平台的贸易服务（即数字中介平台，简称 DIP）。

2023 年《数字贸易度量手册》第二版在此基础上，认为数字贸易具体包括两部分：数字订购贸易和数字交付贸易。它明确 DIP 是数字订购贸易的组成部分，数字贸易只包括数字订购贸易和数字交付贸易两类。

一是数字订购贸易（Digital Ordered Trade），指的是通过专门设计的方法接收或下订单，在网络上进行商品或服务的国际销售或购买。该定义与 OECD 对电子商务的界定十分

① B2B：进行电子商务交易的供需双方都是商家的一种电子商务模式。

② B2C：电子商务中直接面向消费者销售产品和服务商品的零售模式。

③ C2C：个人与个人之间的电子商务，其中 C 指的是消费者。

相似。数字订购贸易主要通过平台的形式进行（如跨境电商，或者通过 Apple Store 下载应用）；也有通过公司网站直接订购（如在运输公司网站订购运输服务）。数字订购贸易强调产品或服务订购过程的数字性或网络性，即交易主体必须通过专门网络订单系统进行订单的下达或接收。数字订购贸易的其中一个例子是通过网络或电子数据交互系统进行订单处理的行为。而通过电话、传真或手写电子邮件的方式进行订单操作的行为则不在数字订购贸易的范围内。

其中，DIP 是数字订购贸易的重要非唯一的表现形式，是不再与数字订购贸易并列的数字贸易分类。但与此同时，DIP 在数字贸易分类框架中被加以强调，因为 DIP 对经济和贸易有潜在的变革性作用，且对数字贸易的统计产生较大影响。

二是数字交付贸易（Digitally Delivered Trade），指的是以电子格式远程交付的国际贸易。数字交付是指通过网络平台而非物理方式进行产品或服务的交付，数字交付的内容应当是无形的产品、服务或数据流，如跨境购买的软件、电子书、数据或数据库服务。

3. WIOD 数据库

目前有不少学者基于世界投入产出数据库（World Input - Output Database，WIOD）进行数字贸易测度。刘斌等学者在《规制融合对数字贸易的影响：基于 WIOD 数字内容行业的检验》一文依据 WIOD、WTO 官网 RTA[①]（Regional Trade Agreements）数据库及 CEPII[②] 数据库对数字贸易情况进行统计时引入的分类方法按照数字贸易特征划分行业，分别是“电影、视频和电视节目制作，录音和音乐出版活动以及节目编制和广播活动”“计算机编程、咨询等相关活动与信息服务活动”及“电信业”。

张亚斌等（2021）采用分析全球价值链重要数据库之一的世界投入产出数据库（WIOD），综合借鉴 UNCTAD（2016）、美国商务部（2018）以及中国商务部（2019）等的界定方法，将数字服务贸易定义为“通过数字基础设施和数字技术进行跨境交付的服务贸易”，并对 WIOD 中的数字服务贸易部门进行分类，将其划分为信息通信、金融保险、商业服务和视听文娱四种部门类别，该分类本质上更多地体现的是“可潜在地能够进行数字化交付的服务贸易”（见表 1 - 4）。

表 1 - 4　　数字服务贸易的类别划分

数字服务分类	产业名称
信息通信	电信业
	计算机程序、信息技术咨询和其他信息服务业
金融保险	金融服务业（保险和养恤金除外）
	保险、再保险和养恤金业（强制性社会保障除外）
	金融保险服务及其附属活动

① RTA 数据库：区域贸易协定数据库

② CEPII：法国国际展望与信息研究中心

续表

数字服务分类	产业名称
商业服务	法律、会计、管理咨询等活动
视听文娱	出版业
	视听和广播活动
	艺术、娱乐、文化和其他服务业

资料来源：张亚斌，马莉莉，刚翠翠．“一带一路”数字服务出口增加值、价值链地位及其决定因素——基于全球多区域投入产出模型的实证研究［J］．经济问题探索，2021，468（07）：177－190.

齐俊妍等（2022）参考 UNCTAD（2018）关于数字服务贸易行业界定标准来确定研究的数字服务贸易部门，通过将 WTO 服务贸易数据库和 WIOD－WIOTs 数据库中的行业进行匹配，选择出 5 个数字服务贸易行业，如表 1－5 所示。

表 1－5　　数字服务贸易行业匹配

WTO 行业名称（BOP6）	WIOD 行业名称（ISICREV. 4）
保险和养老金服务	保险和养老金服务（K65）
金融服务	金融服务（K64）
通信、计算机和信息服务	通信服务（J61）
	计算机和信息服务（J62_ J63）
其他商业服务	法律会计活动、总部活动和管理咨询活动（M69_ M70）
	科学研究和发展服务（M72）
	广告和市场研究服务（M73）
	其他专业、科学和技术活动（M74_ M75）
个人文化和娱乐服务	电影、视频和电视节目制作，录音和音乐出版活动；节目和广播活动（J59_ J60）

资料来源：齐俊妍，强华俊．数据流动限制、数据强度与数字服务贸易［J］．现代财经（天津财经大学学报），2022，42（07）：3－19.

侯俊军等（2023）基于 TAPED 数据库中国缔结的 RTA 数字贸易规则数据、WIOD 数据库、中国海关数据库和中国工业企业数据库的匹配数据，考察数字贸易规则对中国企业全球价值链位置攀升的影响，将数字贸易内涵纳入区分数字贸易规则的异质性框架内，并对其进行定量分析。依据中国信息通信研究院于 2019 年发布的《数字贸易发展与影响白皮书》（简称《白皮书》）对数字贸易内涵的界定，将数字贸易规则划分为贸易方式数字化规则和贸易对象数字化规则后进行定量分析，从贸易方式数字化与贸易对象数字化两个维度出发，认为贸易方式的数字化是指信息技术与传统贸易开展过程中各个环节的深入融合渗透；而贸易对象的数字化是指数据和以数据形式存在的产品和服务贸易。

（二）美国商务部经济分析局

2013 年美国国际贸易委员会（USITC）发布的《Digital Trade in the U. S. and Global

Economies, Part 1》将数字贸易分类为：基于网络传输的内容、社交媒体、搜索引擎、其他产品和服务。

2016 年，美国商务部经济分析局（USBEA）将数字贸易分为五类。第一类，保险服务；第二类，社交媒体；第三类，知识产权使用费，包括产业（加工）过程、计算机软件、商标、专营权、试听相关产品、其他知识产权；第四类，电信、计算机和信息服务；第五类，其他商业服务，如研发服务、专业和管理咨询服务等。

2016 年美国商务部经济分析局（USBEA）将数字贸易分为五类（见表 1 - 6）。

表 1 - 6　　USITC 与 USBEA 对数字贸易的分类

USITC（2013）		USBEA（2016）	
数字贸易分类	分类涵盖内容	数字贸易分类	分类涵盖内容
基于网络传输的内容	音乐、游戏、视频、书籍	保险服务	/
社交媒体	社交网络网站、用户评论网站	金融服务	/
搜索引擎	通用搜索引擎、专业搜索引擎	知识产权使用费	产业（加工）过程、计算机软件、商标、专营权、视听相关产品、其他知识产权
其他产品和服务	软件服务、通过互联网提供的通信服务、通过云计算提供的数据服务和计算平台服务	电信、计算机和信息服务	电信服务、计算机服务、信息服务
/	/	其他商业服务	研发服务、专业和管理咨询服务（建筑和工程服务、工业工程、培训服务和其他 PICTE 的服务内容）

（三）中国商务部

2017 年，《国民经济行业分类》（GB/T 4754—2017）、《国际标准产业分类（第 4 版）》（ISICRev 4.0）将数字贸易所涉内容及对应行业归纳为四类：数字产品、数字服务、数字平台和数据服务及贸易。

中国商务部推出的《中国数字贸易发展报告 2021》在 OECD - WTO - IMF 概念框架基础上，按照交易标的将数字交付贸易细分为数字技术贸易、数字服务贸易、数字产品贸易、数据贸易；数字订购贸易分为跨境电商交易的货物和服务。具体内容如下所述。

数字技术贸易。指通过信息通信网络交付应用于智能生产的信息技术服务，包括计算机软件服务、通信技术服务、大数据服务、云计算、区块链技术服务、工业互联网服务等。

数字服务贸易。指以全部或部分通过数字形式交付的跨境服务贸易，包括互联网平台服务、数字金融与保险、远程教育、远程医疗，以及管理与咨询等传统服务的数字交付部分。

数字产品贸易。指以数字形式通过信息通信网络传播和收发的数字产品贸易，包括数字游戏、数字动漫、数字内容出版、数字广告、数字音乐、数字影视等。

数据贸易。目前跨境数据流动相关业务内嵌在数字产品贸易、数字服务贸易、数字技术贸易中。未来数据贸易随着数据产权、数据确权、数据治理等相关法律法规的发展和完善，或将成为独立的贸易形态。

三、数字贸易的特征

数字贸易在传统贸易的基础上发展到今天，在各个方面与传统贸易有着较大差别。相比传统贸易，数字贸易主要呈现以下五点特征。

（一）虚拟化

相较传统贸易，虚拟化是数字贸易的显著特征，具体表现为要素虚拟化、交易虚拟化和传输虚拟化三个方面。第一是要素虚拟化，即生产过程中使用数字化知识与信息，数字贸易产品或服务使用数字化知识与信息进行资源配置、组织生产；第二是交易虚拟化，即数字贸易的交易过程在虚拟化的互联网上完成，结算方式也可使用虚拟化的电子支付；第三是流通虚拟化，即数字产品与服务通过虚拟化的方式进行传输。

（二）平台化

数字贸易中跨境电子商务平台发挥着主导作用，平台由最开始的“信息撮合”，发展到今天的“交易撮合”。平台能够将买卖双方的数据精准匹配，通过对客户需求信息进行挖掘、分析、总结、预测，将其提供给生产者或服务供应者。生产者以及服务供应商可在充分掌握用户偏好的基础上，针对需求提供个性化产品或服务。平台化的数字贸易已经具备市场的功能，成为一种新的市场形式。

跨境电子商务平台是平台化数字贸易的典型代表。在互联网特别是移动终端普及的基础上，这种平台化的市场形式扩展迅速，一些电子商务平台逐渐替代传统商业模式。亚马逊和 eBay 进入欧洲市场后开启了跨境电商平台的时代。此后，阿里巴巴国际站、敦煌网、速卖通、天猫国际等一众跨境电子商务平台先后面世，使数字贸易的平台更加成熟。在全球物流服务快速发展的背景下，跨境电子商务平台高度整合了“信息流”“商流”“资金流”，能覆盖更多的消费群体，对企业产品和服务实现全球覆盖的效果和速度也优于传统贸易模式。随着跨境电子商务不断发展，跨境电子商务平台逐渐向开放型全球数字贸易平台转变。全球数字贸易平台是一个结合实体经济与虚拟经济的平台。通过对线上线下进行深层融合，可实现数字产品、交易、营销等数据的共融互通。这些平台整合了跨境贸易的交易和服务，促使交易和服务实现一体化和平台化，形成新的交易服务一体化平台。与此同时，交易的平台化还会带动包括支付、金融、仓储、物流、关检税汇等在内的跨境贸易各项服务的平台化，也推动了传统企业的转型升级。

（三）集约化

数字贸易的发展有赖于集约化平台的支撑。集约化平台汇集并高效协调和配置劳动力、资本、技术以及数据信息等生产要素，将贸易中的生产、分销、零售、物流等环节集约化运作，减少了中间环节，提高了交易效率，资源配置更接近“帕累托最优”[①]。

从技术上看，数字贸易的集约化特征有赖于数字技术极高的信息密度。信息密度（information density）指一份信息所能提供的相关信息量的相对指标。在数字贸易时代，电子商务技术和互联网技术令所有市场参与者（包括商家、消费者）可以获得的信息总量以及质量得到了极大的提高，减少了信息收集、存储、加工和交流的成本，提高了信息的流通性、准确性和及时性。

对于卖家而言，平台的集约化特征能够使他们更好地把握市场信息，优化生产布局以及商业策略，获得更多的商业利润。

（四）普惠化

数字贸易具有普惠化特征，这主要体现在它大幅扩大了参与群体类型及数量，让更多的中小微企业获得了国际贸易的准入机会。具体而言，互联网的普及与数字技术的发展，为中小微企业以及更为广泛的消费者提供了参与国际贸易的机会，极大地释放了中小微企业的生产潜力和消费者的购买潜力。这有助于企业在国际贸易中获得更多的贸易红利，促进了普惠贸易的产生与发展。

从微观角度来看，普惠化体现在企业和消费者可以随时随地进行商务活动，贸易市场从物理层面的空间限制中被解放出来，中小微企业获得了越来越多的贸易参与机会。作为核心的数字基础技术，互联网技术标准是通用标准，这促进了互联网普及率的不断提升。在此背景下，市场进入成本[②]也大幅降低，中小微企业和消费者也依托互联网获得了更多参与到贸易中的机会。不管是大型企业还是中小微企业，都可以低成本接入国际市场，向境外消费者提供产品和服务。这些数字贸易的参与者也伴随国际市场规模的扩大，通过正向的网络外部性[③]以及规模经济提升了数字企业的利润。

从宏观角度来看，互联网技术的普及提高了国际贸易的便利化程度，促进了发展中经济体参与全球贸易。在企业全球化的影响下，高附加值产品和服务出口量不断增加，发展中经济体在全球价值链的参与水平得到提升。

（五）个性化

人工智能、大数据、云计算、区块链等一系列数字技术的发展使得信息交流的渠道比以往更为畅通。数字贸易中，不仅生产者能够快速准确地掌握消费者的信息动态，消费者

---

① 帕累托最优（Pareto Optimality），也称为帕累托效率（Pareto efficiency），是指资源分配的一种理想状态，假定固有的一群人和可分配的资源，从一种分配状态到另一种状态的变化中，在没有使任何人境况变坏的前提下，使至少一个人变得更好，这就是帕累托改进或帕累托最优。

② 市场进入成本：企业在进入出口市场时，将面临国外市场需求信息获取、分销网络建立和运输及营销等成本。

③ 网络外部性是新经济中的重要概念，是指连接到一个网络的价值取决于已经连接到该网络的其他人的数量。每个用户从使用某产品中得到的效用与用户的总数量正相关。用户人数越多，每个用户得到的效用就越高，网络中每个人的价值与网络中其他人的数量成正比。

在贸易中的个性化诉求也更容易得到满足。如基于数字技术提供的定制化、差异化的服务可以满足消费者的个性化需求。信息密度的提高和互联网技术的成熟，使网络商家可存储并利用消费者以往的购买和行为数据，使个性化或定制化达到传统商业技术难以企及的水平。数字技术发展到今天已经可以实现非常精准的个性化（personalization），即商家能根据个人的姓名、兴趣和以往的购买经历等资料来调整所提供的信息，针对特定个体提供定向营销信息并实现产品差异化，获取更多商业利润。例如，根据消费者画像定制广告可在几毫秒内完成，同时边际成本却不高。在此基础上，数字技术还可以实现定制化（customization），即根据用户偏好和先前行为调整商品和服务。

第二节 全球数字贸易的发展概况

一、全球数字贸易发展概况

数字技术的诞生以及全球范围内相关规制的支持推动了传统贸易形式的变革。随着新一代信息通信技术（如大数据、云计算、物联网、人工智能等新型数字技术）的面世和发展，传统贸易迎来数字化变革。国际贸易的贸易模式、贸易主体以及贸易标的物等层面的内涵不断丰富。数字贸易实现了快速发展，成为国际贸易发展的重要推动力。

（一）数字服务贸易在国际贸易中发挥重要作用

数字服务在数字贸易的相关描述中占据重要位置。其一，从数字贸易的内涵与范围来看，数字贸易的狭义表述为：基于互联网所进行的服务贸易。美国的政府机构倾向于将数字贸易视作服务贸易的组成部分，中国商务部等政府部门将数字服务界定为“采用数字化技术进行研发、设计、生产，并通过互联网和现代信息技术手段为用户交付的产品和服务”。

其二，数字技术的发展令传统服务贸易迎来变革，一些原本依赖于实物传播媒介的服务贸易能够以虚拟形式在网络上进行，传统服务贸易逐渐向数字服务贸易转型。数字服务贸易是数字贸易的重要组成部分。如图 1-3 所示，近年来，全球数字服务贸易稳步增长，在服务贸易中逐步显现出主导地位。全球数字经济蓬勃发展，基于数字技术开展的线上研发、设计、生产、交易等活动日益频繁，赋能数字服务贸易的发展。

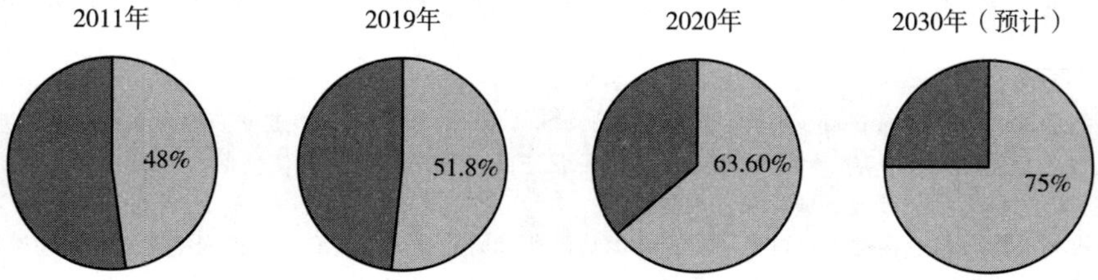

图 1-3 2011—2030 年全球数字服务贸易比重变化（含预测）

资料来源：中国及全球数字贸易发展趋势研究报告（2022 年）[R]. 前瞻产业研究院，2022.

2020年全球数字服务贸易规模达3.17万亿美元，2021年全球跨境数字服务贸易规模达到3.86万亿美元，在服务贸易中的占比达到63.3%，在服务贸易中的主导地位日益稳固。

其三，信息通信服务贸易是全球数字服务贸易稳步发展的关键驱动力，2011—2020年期间信息通信服务贸易是数字服务贸易中增速最高、比重提升最大的领域，平均增速为7.7%。在新冠疫情背景下，信息通信服务贸易继续引领数字服务贸易发展。2020年，如图1-4所示，信息通信服务贸易在数字服务贸易中的占比为22.2%，金融服务和知识产权占比皆为16.9%，保险服务和个人文娱占比分别为4.5%和2.4%。数字化蓬勃发展的十年内，云计算、大数据、物联网、人工智能、区块链等数字技术涌现，与传统贸易和实体经济实现更高水平、更为广泛的融合发展，催生出一批数字贸易新模式和数字经济新产业。

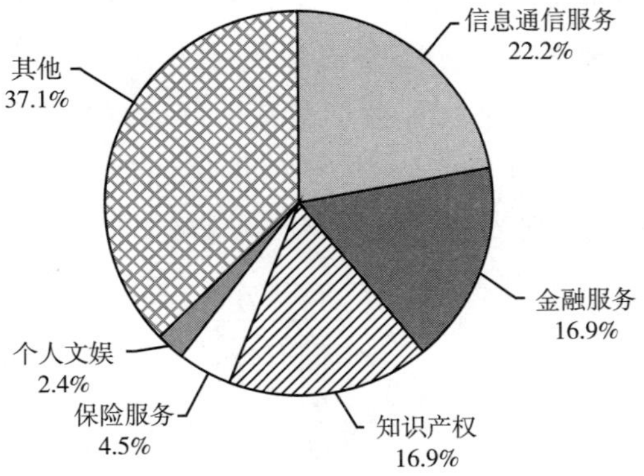

图1-4　2020年全球各细分数字服务贸易占比

（二）数字贸易成为推动经济发展的重要助推力

数字技术的发展以及跨境数据流动是对外提供数字贸易的根本前提。在这两方面要素的推动下，数字贸易也对全球经济发展起到了重要作用。

其一，在数字技术方面。据麦肯锡统计，自21世纪初以来，全球跨境宽带的使用率增长了45倍。随着商业、信息、搜索、视频、通信和公司内流量的数据流持续激增，预计在未来五年内还将再增长9倍。数字平台提高了跨境开展业务的经济效益，降低了国际互动和交易的成本，创造了具有全球规模的市场和用户社区，为企业提供了巨大的潜在客户基础和接触客户的有效方式。由于多样化的公共互联网平台可以连接任何人、任何地点，操作系统、社交网络、数字媒体平台、电子商务网站和各种在线市场使用户可以更容易地看到有关产品、服务、价格和其他细节，很大程度上消除了信息的不对称性，从而使市场更有效地运作。此外，传统就业和自由职业者得益于数字平台也开始得以进入一个更全球化的劳动力市场。

其二，在数据流动方面。作为数字贸易的核心要素，全球数据流动也在经济发展中起到重要作用，至少拉动世界经济增长了10%，在许多国家，互联网和数据流动拉动了15%~20%的经济增长，移动互联网应用每年将产生2万亿~5万亿美元的经济价值，数据的流动促进了生产资源配置的帕累托改进，加快了经济发展的步伐。早在2017年，全球网络零售额占全球零售总额达到10.2%，为2.3万亿美元，对全球零售总额增长贡献率达36%，其中移动网络零售额约占60%。

据IHS Markit估计，到2035年，5G在全球创造的潜在销售活动将达12.3万亿美元，约占2035年全球实际总产出的4.6%。数字贸易的快速推进，在未来将成为拉动经济发展的重要引擎。

（三）发达经济体在数字服务贸易领域具有更突出的优势

发达经济体在资本和技术等方面占据优势，在具有资本、技术密集型特征的数字服务产业的培育上具有非常明显的领先地位。在先发优势以及马太效应的不断作用下，后发经济体与先行者之间的数字产业差距变得越来越大。早在2019年，发达经济体就展现出在数字服务贸易领域的领先地位：数字服务出口规模为24310亿美元，发展中经济体和转型经济体的数字服务出口规模分别为7203.9亿美元和411.9亿美元，三类经济体在全球数字服务出口中的占比分别为76.1%、22.6%、1.3%（见图1-5）。

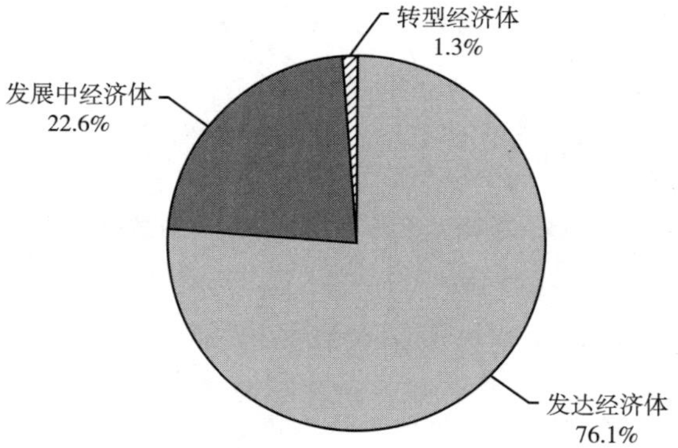

图1-5 2019年各类经济体全球数字服务出口国际市场占有率

美欧是全球数字服务供给的核心区域，数字服务贸易出口规模排名前10位的国家中大部分是发达国家①。从国际贸易的布局来看，全球数字服务贸易集中度较高且正在持续提升。由于数字经济具有明显的网络效应和规模效应，容易形成“强者愈强，弱者愈弱”的两极分化格局，也就是“马太效应”。如图1-6所示，数字服务进口、出口前10位国家的国际市场占有率呈上升趋势。其中，在前10位中占据大量份额的发达经济体起到了重要作用。

① 资料来源：UNCTAD基础数据.

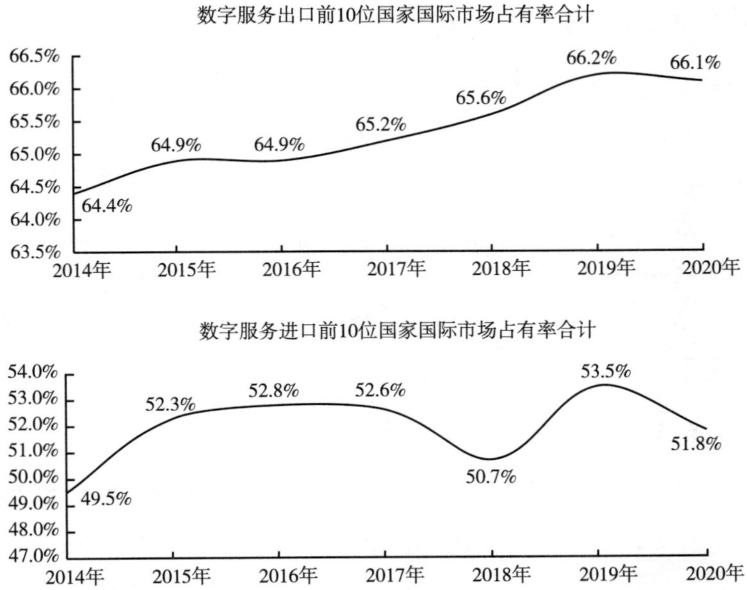

图 1－6　数字服务进出口前 10 位国家国际市场占有率合计

资料来源：UNCTAD 基础数据.

其中，作为数字贸易的重要组成部分，基于电商平台的零售服务也呈现出相似的现象，2018 年电子商务销售规模排名前 10 位的国家占市场规模 74% 以上。在这 10 个国家中，欧美发达国家占据了大部分份额（见表 1－7）。

表 1－7　　2018 年排名前 10 位国家的电子商务销售规模

排名	国家	电子商务总销售规模（亿美元）	占 GDP 的比重（%）	B2B 销售规模（亿美元）	B2B 占电子商务的比重（%）	B2C 销售规模（亿美元）
1	美国	86400	42	75420	87	10980
2	日本	32800	66	31170	95	1630
3	中国	23040	17	9430	41	13610
4	韩国	13640	84	12630	93	1020
5	英国	9180	32	6520	71	2660
6	法国	8070	29	6870	85	1210
7	德国	7220	18	6200	86	1010
8	意大利	3940	19	3620	92	320
9	澳大利亚	3480	24	3260	94	210
10	西班牙	3330	23	2610	78	720
前 10 位合计		191100	35	157730	83	33370
全球		256480	30	212580	—	43900

资料来源：UNCTAD，UNCTAD Estimates of Global E－commerce 2018，https：//unctad. org/en/PublicationsLibrary/tn_unctad_ict4d15_en. pdf.

（四）当前数字服务贸易模式主要为商业存在

根据世贸组织《服务贸易总协定》定义，服务贸易的提供一共有四种模式：跨境交付（Cross Border Trade）[①]；境外消费（Consumption Abroad）[②]；商业存在（Commercial Presence）[③]；自然人流动（Presence of Natural Persons）[④]（见表1-8）。

表1-8 国际服务贸易的4种模式

生产者＼消费者	不移动	移动
不移动	模式1：跨境交付	模式2：境外消费
移动	模式3：商业存在（组织） 模式4：自然人流动（个人）	/

其中，模式3“商业存在”，即通过外国附属机构进行的采购和销售，在服务贸易发展中占据重要地位。WTO测算数据显示，2017年全球约58.9%的服务贸易是通过“商业存在”模式提供的，因此对数字服务贸易的分析也不应忽略“商业存在”模式。

目前，近2/3的数字服务贸易通过“商业存在”模式提供，“商业存在”是数字服务贸易的最主要模式。相比于服务贸易，数字服务贸易通过“商业存在”开展服务的比重更高。这是技术发展限制、企业外贸竞争需求、政府监管偏向等因素综合影响的结果。2021年，WTO发布的“商业存在”服务贸易数据显示，2018年代表性经济体数字服务出口中，通过“商业存在”的出口占比约为66.1%，同期服务出口中，通过“商业存在”的出口占比为58.6%，非数字服务出口中占比则为43.7%。

数字贸易在“商业存在”中的另一个特点为，发达经济体采用“商业存在”模式提供的数字服务贸易占比更高。发达国家的经济体量大、产业竞争力强，有着丰富的对外投资，“商业存在”模式占比较高。

（五）发达国家在区域自贸协定框架下推动数字贸易治理

数字贸易是各经济体争夺未来国际贸易竞争战略制高点和规则制定主导权的焦点，已经成为国际经贸规则博弈的新领域。当前，美国、欧盟、日本等发达经济体不断完善法规，通过区域、双边、专项协定等方式制定数字贸易规则，并在全球数字贸易治理中发挥

① 跨境交付：指服务提供者从一成员境内向另一成员境内的消费者提供服务。这种服务贸易方式强调服务提供者和消费者在地理上的界限，跨越国境和边界的只是服务本身，它与一般的货物贸易方式非常相似。如在美国的律师为在中国的客户提供法律咨询服务。这种形式仅是服务本身跨越国界，没有人员和物质的流动。

② 境外消费：指服务的提供者在一成员境内向来自另一成员的消费者提供服务，即服务消费者移动到提供者境内享用服务。

③ 商业存在：指一成员的服务提供者在另一成员境内设立商业机构，为其境内的消费者提供服务。

④ 自然人流动：指一成员的服务提供者以自然人身份进入另一成员境内提供服务。与商业存在不同的是，它不涉及投资行为，如境外劳务服务等。

着重要作用。但与此同时，由于各经济体在数字经济发展阶段、制度体系、文化理念等方面的差异性，在数据跨境自由流动、数据本地化存储、源代码保护、数字税征收、平台竞争与责任、人工智能伦理、网络数据安全等数字贸易主要议题的主张均存在明显不同。不仅是发达经济体与发展中经济体之间，发达经济体之间也存在明显的分歧。以美国为代表的部分发达国家追求更为开放的贸易环境，让数据充分自由流动，同时注重科技创新与知识产权保护；而以欧盟为代表的部分发达经济体更关注个人信息保护与隐私权，反对数据高度自由流动；相比之下，大部分发展中和欠发达经济体，更多地表现出谨慎与保守态度，更重视国家和信息安全。多元价值诉求下，经济体间的发展重心和政策倾向各有不同。一方面，规则构建的分歧，使数字贸易在经济体之间的差异性更加凸显。另一方面，经济体之间数字贸易发展存在巨大鸿沟，也容易导致全球数字治理陷入无序状态，加剧贸易失衡，影响全球数字经济包容性发展。

二、各经济体的数字贸易发展情况

自数字贸易兴起，世界各经济体都非常重视本国在该领域的经济发展与话语权。从科学研究到国际贸易层面的国际协定乃至全球治理体系，数字贸易引发了世界贸易格局的深刻变革。各经济体在数字贸易领域先后展开了探索，并呈现出不同的发展趋势。

（一）美国

美国是全球最早开始探讨和定义数字贸易内涵的国家，并且率先制定和发布了数字经济和数字贸易发展战略。2013 年，美国国际贸易委员会发布《美国和全球经济中的数字贸易》报告，提出数字贸易概念。2019 年，美国的数字服务贸易出口额在国际市场的占有率达到 16.7%。2005—2019 年，美国的数字贸易发展迅猛，数字服务贸易出口稳步增长，年平均增长率达 7.36%；数字服务贸易出口额占服务贸易总出口额的比重从 2005 年的 53.55% 增长到 2019 年的 60.99%。

如图 1－7 所示，从基于 ICT 基础设施和服务、市场准入等维度测度的数字贸易国别指数来看，美国在法律政策环境、数字技术应用等方面指数较高，建设水平较好。

美国重视数字贸易规则的制定与数字贸易全球治理的参与，将引领全球数字贸易发展和规则制定作为其政策优先方向。

其一，在国内规制层面，美国商务部早在 1998 年发布了《浮现中的数字经济》报告，揭开了全球数字经济的发展大幕；1998 到 2019 年间，美国发布了 13 部有关数字经济的重磅报告，探讨数字经济和数字贸易发展的前沿问题，引领全球数字经济发展浪潮，成为全球数字经济的领航者。2015 年，美国出台了数字贸易议程“数字十二条”，2016 年扩充为“数字二十四条”，包括禁止数字关税、跨境数据流动、非歧视原则、禁止本地化要求与强制技术转让等基本原则，数字贸易被明确纳入美国对外谈判的核心内容。2019 年，美国国会研究局发布《数字贸易与美国的贸易政策》报告，全面阐述美国数字贸易政策体系，包括美国国内立法和政策推动、别国“贸易壁垒”与规则议题、数字贸易国际政策协调机制等内容。2021 年 2 月，美国贸易代表办公室发布《2021 年贸易政策协定》，提出要制定新的数字标准。

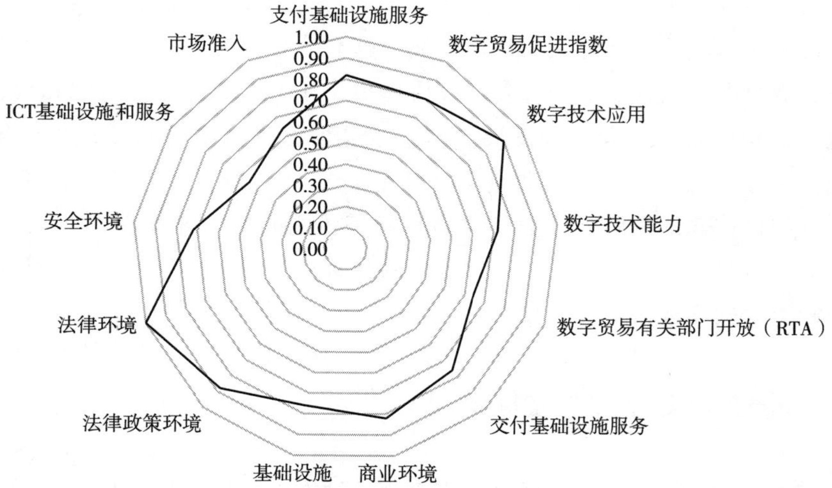

图 1 -7 美国数字贸易指数

资料来源：CAICT. 数字贸易发展白皮书（2020）. [R]. 中国信息通信研究院，2020.

其二，在国际规则构建方面，美国在与其他经济体签署的自贸协定中加入独立的数字贸易相关章节。在世界贸易组织（WTO）、经济合作与发展组织（OECD）、七国集团（G7）、二十国集团（G20）等国际组织中也积极推动数字贸易规则的制定，是全球数字贸易治理格局中的重要经济体。

（二）欧盟

2015 年，欧盟委员会发布《数字化单一市场战略》，启动了欧盟内部数字贸易市场的一体化进程，“整合资源，避免碎片化”是其主要思想。该战略实行后，打破了欧盟内部地域界限，创造了有利于信息技术及服务的发展环境，提高了数字贸易发展潜力，欧盟在计算机、信息、保险、文化娱乐等子项中的发展优势显现，在信息、保险、文化娱乐等子项的影响力得到提升。2016 年，欧洲议会和欧盟理事会通过《通用数据保护条例（GDPR）》，确立起跨境数据流动领域的监管规则；2017 年，欧洲议会通过《迈向数字贸易战略》愿景文件，进一步推动了欧盟数字贸易规则制定进程；2020 年 12 月，欧盟委员会提交了《数字服务法（DSA）》和《数字市场法（DMA）》草案，旨在“创造一个更安全、更开放的数字空间”。

欧盟近年来数字贸易出口额显著增加，2017 年达到 8000 亿美元，占欧盟出口总额的 30%左右，ICT 服务出口总额达到 2700 亿美元，占全球信息通信服务出口总额的 12%。与此同时，欧盟还是全球第二大云计算服务市场，全球约 20%的云数据中心工作量发生在欧盟，占据全球 21%（189 亿美元）的云计算服务市场规模。

（三）日本

日本是当今全球数字贸易发展快速且发达的国家之一。进入21世纪以来，日本相继颁布“e－Japan”战略、“u－Japan”战略和“i－Japan”战略等数字战略规划，积极推动数字经济环境建设和发展数字贸易。

2001年1月22日，日本内阁所属的IT战略总部发布的“e－Japan”战略，提出通过实施四大举措，使日本在5年内成为世界上最先进的信息化国家。“e－Japan”战略以宽带化为核心开展基础设施建设，该战略主要包括四个方面的内容：一是建设超高速的网络，并尽快普及高速网络的接入；二是制定有关电子商务的法律法规；三是实现电子政务；四是为日本下一个十年的经济振兴提供高素质的人才。该战略发布后，日本宽带ISP数量激增，带动了全国宽带用户实现了大规模的增长，e－Japan战略的目标“2005年在日本全国建成3000万家庭宽带上网及1000万家庭超宽带（30～100Mbit/s）上网的环境”已于2003年提前实现。

2004年，日本信息通信产业的主管机关总务省提出“u－Japan”战略，即物联网（泛在网）战略，目标是到2010年使所有的日本人，包括儿童和残疾人，都能通过无所不在的物联网积极地参与日本社会的活动，创建一个新的信息社会。“u－Japan”战略立足于基础设施建设和利用，主要从三个方面展开建设性工作：社会网络的基础建设、ICT的高度化应用和ICT安心安全21战略。除了基础设施方面的建设，“u－Japan”战略还有两大战略重点：国际战略和技术战略。国际战略即推进与欧美各国和WTO、OECD、APEC、ITU等国际组织的国际合作，技术战略则是致力于将日本的实用研发技术推广到全世界。

2009年，日本高级通信信息网络社会推进战略总部提出了以2015年为截止期的中长期信息发展战略“i－Japan”。“i－Japan”战略的正式名称为“i－Japan战略2015”，其要点主要围绕三大公共事业，包括电子化政府治理、医疗健康信息服务、教育与人才培育，计划到2015年，通过数位技术使行政流程简化、效率化、标准化、透明化，实现现有行政管理的创新变革，并推动电子病历、远程医疗、远程教育等应用的发展。

2016年至今，日本致力于落实“社会5.0”计划，试图通过人工智能、物联网、大数据，推动数字化、智能化社会转型，并发布《科学技术创新综合战略2016》《日本制造业白皮书》《综合创新战略》《集成创新战略》《第2期战略性创新推进计划（SIP）》等系列文件推进数字化进程。

日本政府致力于培养高水平数字技术人才和积极引导企业向数字化转型发展，促进经济和贸易实现数字化转型升级。2019年，日本数字服务贸易出口额达到1160.65亿美元，相比2005年，规模扩大了2.64倍，国际市场占有率达到3.64%。

如图1－8所示，从基于ICT基础设施和服务、市场准入等维度测算的数字贸易国别指数来看，日本在市场准入、数字贸易有关部门开放（RTA）、数字技术能力等方面指数较高，建设水平较好。

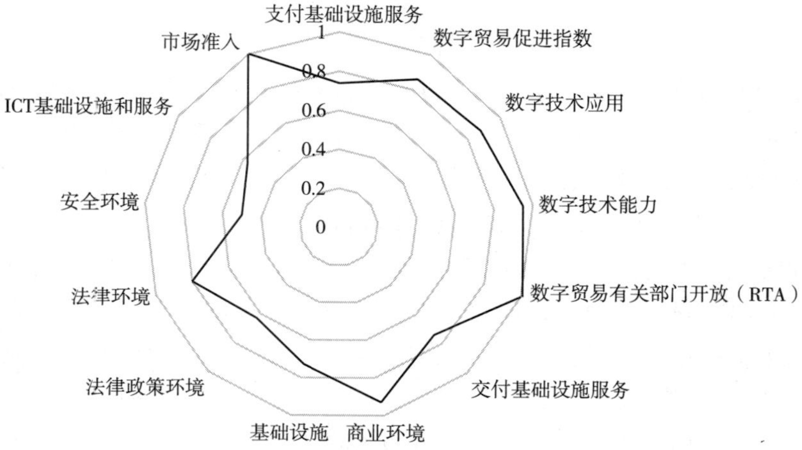

图 1－8 日本数字贸易国别指数

资料来源：王岩，高鹤，谷口洋志．日本数字贸易发展探析及其对中国的启示［J］．价格月刊，2022（04）：45－53.

然而从21世纪初到现在，日本的数字化发展未能达到预期效果，发展规模和程度相对滞后。据2019年瑞士国际经营开发研究所发布的“世界数字竞争力排名”，在63个国家（地区）中，日本位列第23位，排名第一的是美国，其次是新加坡、瑞典、丹麦和瑞士。在OECD的37个成员国排名中，日本仅仅排在第18位。这是由日本政治体制不适配数字化发展需求、追赶欧美的“拿来主义”、技术创新受阻等因素作用而成，对此日本时任首相菅义伟为切实推进数字改革，在政策法规、机构设置、人事调整等各方面积极采取措施。2020年12月底，菅义伟内阁发布“为创建数字社会实施改革的基本方针”，决定修改《IT基本法》，提出创建“数字社会”愿景目标，制定“数字社会”基本原则①。2021年初，菅义伟内阁向国会提交了6部有关数字改革相关法案：《构建数字社会基本法》《数字厅设置法》《数字社会形成完备法》《接受公共资源账户登录法》《存款账户管理法》《地方公共团体信息系统标准化法》。总体来看，菅义伟的改革措施更注重务实性，以期构建“人人都可通过运用数字技术，选择符合自身需求的服务，实现个人幸福”的数字社会。

（四）新加坡

新加坡并非传统数字大国，其在数字技术方面的探索与建设最早开始于数字政府的构建。从20世纪80年代开始，新加坡出台了一系列规划政策来推动数字政府建设。2006年，新加坡推出为期十年的信息通信产业发展蓝图“智能城市2015”，旨在充分利用信息通信技术（ICT）提高新加坡的经济竞争力和创新能力，将新加坡打造成一个信息技术应

① 「デジタル社会の実現に向けた改革の基本方針」［Z/OL］．https：//www.kantei.go.jp/jp/singi/it2/dgov/201225/siryou1.pdf.

用无处不在的智慧国家；2014 年，新加坡将该计划全面升级，公布了智慧国计划的升级版——名为“智慧国 2025”的 10 年计划，这也是全球第一个智慧国家蓝图，该计划旨在利用科学技术为民众创造更加舒适的生活，利用互联网、物联网、数据分析和通信技术，提升民众生活质量、增加商业机会（见表 1 - 9）。

表 1 - 9 新加坡数字政府的建设工程

时间	主要规划政策	主要目标
第一阶段（信息技术普及）	《国家计算机计划（1980—1985）》 《国家 IT 计划（1986—1991）》	以信息技术提升公共服务能力
第二阶段（国家科技计划）	《国家科技计划（1991—2000）》 《IT2000 智慧岛计划（1992—1999）》 《覆盖全国的高速宽带多媒体网络计划（Singapore One）》	将新加坡建设成为智慧岛
第三阶段（电子政务行动计划）	《e-Government Action Plan Ⅰ》 《e-Government Action Plan Ⅱ》 《信息通信 21 世纪》 《互联网新加坡》	建设全球信息通信之都，发展信息通信潜力，创造新价值，在网上实现“多个部门，一个政府”
第四阶段（智慧国建设计划）	《智慧国 2015 计划（2006—2015）》 《智慧国 2025 计划（2015—2025）》	建设以信息驱动的智能化国家，打造以公民为中心的整体型政府

资料来源：胡税根，杨竞楠．新加坡数字政府建设的实践与经验借鉴［J］．治理研究，2019，35（06）：53 - 59.

2016 年，新加坡政府设计搭建 NTP（互联贸易平台），驱动全行业的数字化转型；2018 年 2 月，新加坡新加坡加入亚太经合组织主导的跨境隐私规则（CBPR）体系；2018 年 3 月，新加坡参与推进《东盟—澳大利亚数字贸易框架倡议》达成。2017 年，新加坡与英国、新西兰、阿联酋、中国香港和日本等一起被列为全球最领先的数字化经济体。新加坡积极发放数字银行牌照，推进虚拟银行落地，包括发放数字全能银行、数字批发银行牌照等；大力发展区块链技术，积极颁发数字货币经营牌照，建设亚洲区块链技术和数字货币新型数字金融中心。得益于数字技术与基础设施的积极组合、技术初创企业的孵化、创新的承诺以及政府的支持，新加坡的数字化经济实现了快速发展。新冠疫情暴发后，新加坡积极扩大各个领域的数字解决方案，2020 年 6 月 12 日，新加坡、新西兰、智利三国于线上签署《数字经济伙伴关系协定》（DEPA）；2020 年 6 月，新加坡、韩国宣布启动数字伙伴关系协定谈判，2021 年 12 月，新加坡完成与韩国就数字经济协议的谈判（DPA）；2020 年 8 月 6 日，新加坡与澳大利亚以电子方式签署两国数字经济协议（DEA）；2021 年 6 月，新加坡与英国启动数字经济协议谈判，2021 年 12 月，新加坡和英国完成了数字经济协议的谈判，该协议的重点是数字贸易、数据流动和网络安全。

（五）发展中国家

近年来发展中经济体的数字贸易规模不断扩大，数字贸易水平也在不断提高，成为国际数字贸易中越来越重要的角色和参与者。2005—2019年，发展中经济体的数字服务贸易出口额从1773.01亿美元增长至7203.95亿美元，扩大了3.06倍，年平均增长率达到10.1%。2019年，新兴经济体的数字服务贸易出口额达到7608.19亿美元，国际市场占有率达到23.83%，相比2005年的国际市场占有率增长了8.9%。数字贸易规模的不断扩大，也为发展中经济体带来了更多的机遇和挑战，促进了经济增长和国际合作。

1. 俄罗斯

俄罗斯高度重视关系到综合国力竞争的数字贸易发展浪潮，致力于通过加强基础设施建设、发展关键核心技术、推动实体经济与数字领域的融合应用，以及建立健全的法律政策体系等方式来推动数字贸易发展和经济结构转型升级。俄罗斯于2001年出台的《俄联邦电子商务法》，规定了电子商务活动的基本原则和规范，包括电子商务经营主体的权利和义务、法律责任电子合同的订立程序、电子商务活动中电子文件的凭证效力、电子商务信息管理等。在2002年，俄罗斯发布的俄罗斯联邦电子签名法（第63－FZ号联邦法）确立了电子签名的法律地位和规范，用于验证电子商务交易的真实性和完整性。2011年7月27日发布的俄罗斯联邦电子货币法（第259－FZ号联邦法）规定了电子货币的发行和使用，适用于数字贸易中的电子支付系统。2015年在“国家技术倡议”项目下，俄罗斯工业和贸易部制定了物联网发展路线图，对物联网发展的系统性支持始于实施《俄联邦数字经济国家规划》之后，主要致力于制定物联网发展标准和监管框架，为物联网的发展提供了系统性支持。

在2015年的国情咨文中，俄罗斯总统普京提出建立大型私营电商企业以推动中小企业产品出口。2016年，俄罗斯经济发展部提议通过返还部分利润税和简化通关程序等政策来支持中小型出口企业，促进电商平台对中小企业产品出口的带动。这些政策推动了俄罗斯数字贸易水平的提升。

2017年，俄罗斯新出台的对跨境电商征税的政策，导致许多跨境电商包裹被遣返，降低了当年的跨境电商交易额。2018年，由俄罗斯联邦经济发展部起草的《俄罗斯联邦电子商务发展战略》（The Strategy for the Development of Electronic Commerce in the Russian Federation）发布，旨在规划和推动俄罗斯的电子商务发展。该战略文件提出了一系列目标和措施，以促进数字贸易的增长，并为俄罗斯数字经济的发展提供了指导方针。从2018年到2020年，俄罗斯的数字贸易发展水平增速回升，并保持年增速接近50%。这一回升主要归因于跨境电商企业积极应对征税政策，减少其对贸易的不利影响。此外，2018年6月，中俄双方签署了关于电子商务合作的谅解备忘录，共同推进“丝路电商”合作，进一步促进了俄罗斯数字贸易的发展。上述因素共同推动了俄罗斯数字贸易发展水平的提升。

根据信息网络基础设施、数字技术水平等维度测算的数字贸易发展水平来看①，从

① 文中提到的俄罗斯数字贸易发展水平由熵值法计算得出。

2014 年到 2017 年，得益于政策刺激措施，俄罗斯的数字贸易发展加速。2012—2020 年，俄罗斯数字贸易发展水平综合评价指数亦不断攀升（见图 1 – 9）。

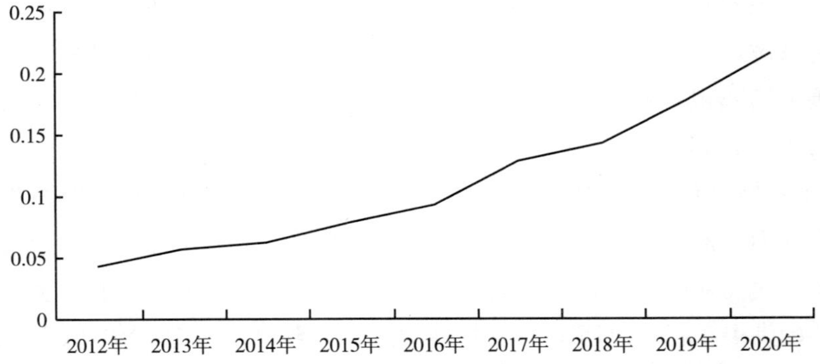

图 1 – 9 2012—2020 年俄罗斯数字贸易发展水平综合评价指数

资料来源：侯杰，宋正．俄罗斯数字贸易发展水平测度及影响因素分析［J］．商业经济，2023（03）：85 – 89 + 137.

数字贸易涉及跨境数据流动问题，因此俄罗斯一直非常重视网络安全和数据安全的监管。当前，俄罗斯在数字贸易方面的重点是围绕电子商务发展，并在数据安全、数字监管、网络平台管理、产品和服务贸易以及本地准入等方面采取了严格的措施，旨在确保数字贸易的安全和可信度。俄罗斯在数字贸易领域的数据管理法律制度建设可以追溯到较早的时期。2006 年，《关于信息、信息技术和信息保护法》（第 149 – FZ 号联邦法）规定了信息持有者或信息系统运营者对信息的保护义务。同年，《俄罗斯联邦个人数据法》（第 152 – FZ 号联邦法）针对个人数据实施了跨境保护措施，以保护俄罗斯公民的信息自由和权利。

在 2017 年通过的《关于数据、信息技术和数据安全的联邦法修正案》（第 276 – FZ 号联邦法）中，俄罗斯对虚拟专用网络（VPN）和类似服务施加了限制，除了公司网络以外，限制了境内的使用。根据俄罗斯 2016 年通过的《关于修改联邦反恐法和俄罗斯联邦立法法及关于制定旨在打击恐怖主义和保护公共安全的附加措施》（第 374 – FZ 号联邦法），电信运营商和其他互联网服务提供商有义务将用户的通信信息（短信、语音、图像等）存储长达 6 个月，以备联邦政府查询。

俄罗斯 2014 年通过的《就“进一步明确互联网个人数据处理规范”对俄罗斯联邦系列法律的修正案》（第 242 – FZ 号联邦法）要求所有收集俄罗斯公民个人数据的企业在俄罗斯联邦的数据库中记录、系统化、积累、存储、更新、更改和检索该信息。此外，俄罗斯 2014 年通过的《关于国家支付制度和某些立法法案的联邦法修正案（修订法）》（第 319 – FZ 号联邦法）要求国内处理国际支付卡的机构，在俄罗斯巩固国家支付卡系统作为提供支付清算和运营服务的单一运营商的作用。

这些法规和法案构成了俄罗斯数字贸易领域的数据管理法律制度框架，旨在保护个人数据、信息安全以及俄罗斯公民的权利。

2. 巴西

近年来，巴西政府积极推动信息通信技术建设，促进数字服务转型，进一步加快了数字贸易的发展。巴西互联网覆盖率持续增长，电子商务规模逐年扩大，数字经济在巴西经济中的作用越来越显著。巴西目前拥有1.6亿互联网用户，互联网普及率达到75%。为推动数字化发展，巴西积极推进数字城市项目、农业5G技术、工业技术4.0以及“智慧巴西”国家宽带发展计划。

《G20国家数字经济发展研究报告（2017年）》显示，巴西的数字经济规模在世界上位于前列，占国内生产总值的比例在10%～30%。巴西的数字贸易正在蓬勃发展，在新冠疫情背景下，巴西民众的消费观念发生巨大变化，首次尝试网购的人数迅速增长，从而带动了电子商务的发展。根据巴西电子商务协会的统计数字，与2019年相比，2020年巴西电商销售额增长68%。在零售商的利润中，电商占比从2019年仅5%上升到2020年的10%。根据巴西电商数据分析公司“购买与信任”发布的报告显示，2021年巴西的电子商务销售额突破了1610亿雷亚尔的大关，同比增长27%，达到历史新高。订单量也增长了17%，达到3.53亿单。支付服务提供商Worldpay发布的《2021年全球支付报告》显示，预计到2024年，巴西电商市场将继续增长57%。随着电子商务蓬勃发展，越来越多的消费者倾向于使用移动银行和数字支付方式，如PIX（巴西中央银行提供的电子和即时支付方式），在巴西国内使用的信用卡支付率达到70%。巴西电子商务快速发展的背后离不开支付工具的升级。巴西央行于2020年10月推出了即时支付系统PIX，该系统提供扫码支付和实时转账等功能。截至2021年1月，接受即时支付工具的网店占比达到16.9%，而到年底这一比例已上升至55.9%。“购买与信任”的首席执行官丹塔斯指出，PIX在巴西的电子商务中备受青睐，它不仅可以实现实时到账和缩短支付周期，而且具有高水平的安全性。对于巴西电子商务的发展来说，安全、快速地完成交易是非常重要的因素。

近年来，各国央行都在研究数字货币，巴西也在这一行列中。2016年，巴西的比特币交易额为1.6亿美元，在2017年飙升到24亿美元。2017年年底，巴西投资比特币的人数已经达交易股票人数的两倍多。巴西民众对虚拟货币的追捧热度极高，数字货币交易所也十分繁荣。巴西央行已于2020年成立了一个研究小组，专门研究数字货币发行的相关问题，包括发行模型、潜在影响，主要针对经济增长、技术创新和金融交易效率等方面。

立法方面，巴西开展数字贸易的监管环境以一套全面的法律和法令为基础。近年来，巴西越来越积极地塑造数字贸易发生的政策和监管环境。2014年，巴西通过了第12.965/2014号法律，即互联网民权框架（Marco Civil da Internet）。这一法律是朝着建立数字时代的监管框架，加强公民接入互联网的权利，以及制定有关使用互联网的基本原则、权利和义务迈出的重要一步。此后，巴西还通过了其他法律和法令，规定了数字活动的制度，包括新的通用数据保护法。这些举措表明巴西正在不断完善数字贸易的法律体系和监管措施，以迎接数字化时代的挑战和机遇（见表1－10）。

表 1-10 巴西数字贸易相关法规

年份	立法文书
1984	第 7.232 号法律 巴西信息学政策
1990	第 8.078 号法律 消费者保护法
1997	第 9.472 号法律 一般电信法
1998	第 9.610 号法律 版权法的变更、更新和合并
2013	第 7.962 号法令关于规范第 8.078 号法律，关于制定适用于巴西电子商务的具体规则（第 7.962 号法令第 8.078 号法令）
2014	第 12.965 号法关于确立巴西互联网使用的原则、保障、权利和义务（第 12.965 号法律，巴西互联网原则、保障、权利和义务）
2016	第 8.771 号法令，关于规范第 12.965/2014 号法律（8 年第 771.12 号法令第 965.23 号条例，第 2014 号法令）
2020	第 13.709 号法律 关于保护个人数据的一般法律（Lei Geral de Proteção de Dados Pessoais）

资料来源：OECD（2022）. Digital Trade Review of Brazil [M]. OECD Publishing, Paris, 2022, https://doi.org/10.1787/0b046dfe-en.

3. 印度

印度最早涉及数字贸易和电子商务的法律是“信息技术法案（Information Technology Act）”，它于 2000 年获得批准并成为法律。这项立法使印度同意联合国 1997 年通过的一项名为《电子商务示范法》的决议，大多数商业协议和合同上的数字签名合法化，印度议会还建立了防止数字交易中身份盗窃和欺诈的机制。信息技术法案为印度数字贸易和电子商务提供了法律基础和指导，并促进了在线交易和数字化经济的发展。2019 年，印度通过的个人数据保护法案：该法案旨在保护个人的数据，并规范其处理和存储。它解决了诸如数据本地化、跨境数据传输和数据主体的权利等问题。2022 年 11 月 18 日，印度政府发布了 2022 年印度个人数据保护法草案（Digital Personal Data Protection Bill 2022，“DPDP 草案”），在 2022 年 12 月 17 日前公开征求公众意见。此外，印度商品和服务税制度的引入对数字贸易产生了重大影响，印度的商品与服务税（GST）正式生效，这是自印度独立以来最大的税收改革，它简化了数字商品和服务的税收制度，促进了电子商务和数字交易。可见印度在数字贸易的制度建设道路上一直在积极前行。

近年来，印度的数字服务贸易保持着稳定增长态势，信息通信技术服务、软件及信息服务离岸外包具有较强竞争力，数字传媒和娱乐服务业、数字医疗等数字新业态、新模式发展速度加快。据麦肯锡 2019 年 3 月发布的报告预计，到 2025 年，核心数字部门占印度 GDP 的比重将增长 1 倍，占 GDP 的比重将由 2017~2018 财年的 7% 增加到 8%~10%。其中 IT&BMP 和数字通信将由 1150 亿美元和 450 亿美元分别增加到 2050 亿~2500 亿美元和 500 亿~550 亿美元。

根据联合国贸易和发展会议（UNCTAD）的数据，2019 年印度数字交付服务贸易出口额占其服务贸易出口的比重为 69%，高于同期全球平均水平（52%）。2010—2019 年，出口额呈稳步增长态势，由830.1亿美元增至1479.3亿美元，年均增长率6.6%，占服务贸易出口比重约70%；进口额除了在2013—2015年略有下降，基本保持平稳增长，由435.2亿美元增至730.4亿美元，年均增长5.9%，占服务贸易进口比重由37.9%增长到40.8%[①]。

印度是数字消费者市场中规模最大、增长最快的市场之一，2018年拥有5.6亿互联网用户，仅次于中国。2018年印度的移动数据用户平均每月消耗8.3GB流量，而中国的移动用户消耗为5.5GB，而作为先进数字经济体的韩国则在8GB—8.5GB。根据市场调研公司Data Reportal发布的数据，截至2020年1月，印度互联网用户近6.88亿，较2019年增加1.28亿人，增长23%，远高于7%的全球增幅；社交媒体用户达4亿人，较2019年增加1.3亿人，增长48%，远超出9%的全球增幅；印度手机用户10.6亿，占其总人口的78%。到2022年1月，印度互联网用户已增长到6.58亿，截至2022年初，印度的互联网普及率占总人口的47.0%。咨询机构Kepios分析表明，2021年至2022年，印度的互联网用户增加了3400万，增长了5.4%。

三、中国数字贸易的发展情况

无论是以前的传统贸易还是当今的数字贸易，西方发达国家都在国际贸易格局中占据着重要地位。但是，中国数字贸易正蓬勃发展，数字服务贸易规模持续扩大。近十年，中国数字服务贸易规模从2011年的1648.4亿美元增加到2020年的2939.9亿美元，年复合增长率达6.6%，增速在主要发展中国家中位居前列，数字服务贸易占服务贸易的比重从36.7%提升至44.4%。从电子商务、跨境电子商务到数字贸易，中国数字经济的发展在短期内实现了快速进步，经历了多轮飞跃和行业革命，营商环境不断改善，新业态、新模式不断涌现。在发展路径和法规建设方面，虽然中国的数字贸易起步晚于西方国家，但中国作为贸易大国，也在探索着数字贸易领域的发展道路，积极参与全球数字贸易治理，改善数字贸易的营商环境。

（一）中国数字贸易起步较晚，但发展快速

中国数字贸易起步较晚，技术创新能力也较弱，但国内大市场的优势推动中国成为全球最大的数字技术应用市场，中国数字经济与数字贸易发展迅速。随着中国网络数字技术快速发展，应用场景不断丰富，知识密集型服务业成为增长引擎，服务贸易开放水平持续提高，各类开放平台不断壮大，为中国数字贸易创新发展创造了良好的环境。“十三五”以来，中国数字贸易规模迅速增长，占服务贸易比重快速提升，在新冠疫情背景下中国数字贸易规模更是实现了逆势增长。

在国家政策的积极引导下，数字经济新模式、新业态不断涌现，数字贸易持续高速增

① 资料来源：UNCTADstat. http：//unctadstat. unctad. org.

长，规模不断扩大。近 10 余年，中国数字服务贸易规模基本实现翻番，从 2011 年的 1648.4 亿美元增加到 2020 年的 2939.9 亿美元，复合增长率达 6.6%，增速位居主要发展中国家前列，数字服务贸易占服务贸易的比重从 36.7% 提升到 44.4%，数字服务贸易的国际竞争力持续提升；经过多年的国际化创新发展，中国数字服务在海外市场取得巨大突破，数字服务贸易净出口值从 2011 年的逆差 148.2 亿美元逐渐扭转为顺差，2018 年到 2020 年已连续 3 年实现顺差；2020 年，中国数字服务贸易顺差为 147.7 亿美元。2020 年，中国数字服务贸易规模在 105 个国家中的排名从 2019 年的第 7 名上升至第 5 名，10 年来首次跻身全球前五强，也是前五强中唯一的发展中国家。2021 年，中国数字服务进出口总值达到 3597 亿美元，同比增长 22.3%，占服务进出口比重达 43.2%，中国跨境数字服务贸易增长势头强劲。2021 年，我国可数字化交付的服务进出口额为 3596.9 亿美元，同比增长 22.3%；2011—2021 年，我国可数字化交付的服务进出口额从 1648.4 亿美元增至 3596.9 亿美元，年均增长 8.1%。除了国家政策的支持与国内大市场的优势，数字经济规模增长为中国数字贸易发展提供了保障，《中国互联网发展报告 2021》显示，2020 年中国数字经济规模约 39.2 万亿元，占 GDP 比重达 38.6%，保持 9.7% 的高位增长速度，规模位列世界第二，增速位列世界第一，由此可见数字经济已然成为中国经济高质量发展的关键动力。中国数字产业化规模达到 7.5 万亿元，软件业和互联网行业占比持续提升，通过不断涌现的“互联网 +”和新产业、新业态、新模式，促进数字产业链向高端发展。

（二）中国积极探索推进数字贸易发展

中国高度重视数字经济带来的发展机遇，在规划引导、法规保障、行业监管、开放合作、参与全球治理等方面开展积极探索，持续改善数字贸易发展的制度与市场环境，努力推动数字贸易开放发展与互利合作，为响应国家政策与抢抓数字经济新机遇，多地在发展规划中明确将加快数字贸易开放试点探索、建设数字贸易先行区或示范区作为重点任务（见表 1 - 11）。

表 1 - 11　　中国探索推进数字贸易发展部分相关政策文件

文件	内容
2019 年国务院发布《关于推进贸易高质量发展的指导意见》	深化服务贸易领域改革和开放；加快数字贸易发展
2020 年国务院发布《关于推进对外贸易创新发展的实施意见》	加快贸易数字化发展；发挥自由贸易试验区、自由贸易港制度创新作用；不断提升贸易便利化水平；促进跨境电商等新业态发展
《中华人民共和国国民经济和社会发展第十四个五年规划和 2035 年远景目标纲要》	坚持实施更大范围、更宽领域、更深层次对外开放；创新发展服务贸易，推进服务贸易创新发展试点开放平台建设，提升贸易数字化水平
2020 年 9 月《中华人民共和国数据安全法》第十一条	促进数据跨境安全、自由流动

续表

文件	内容
2021 年《“十四五”对外贸易高质量发展规划》	加快贸易全链条数字化赋能，推进服务贸易数字化进程，推动贸易主体数字化转型，营造贸易数字化良好政策环境
2021 年 11 月《中华人民共和国个人信息保护法》	个人信息可通过安全评估、专业机构认证、签署标准合同等途径出境
2019 年《上海市数字贸易发展行动方案（2019—2021 年）》	提出打造上海“数字贸易国际枢纽港”，将云服务、数字内容、数字服务的行业应用、跨境电商作为数字贸易的四大主要领域，将城市数字化转型与贸易数字化发展相结合，建设数字贸易创新创业、交易促进和合作共享中心，汇聚中外跨境电商平台
2020 年《北京市关于打造数字贸易试验区实施方案》	率先推动跨境数据流动试点，包括个人信息出境安全评估管理的试点工作；积极推动 6 项增值电信业务逐步开放，吸引汇聚数字贸易企业，积极打造“贸易数字化示范区”
2021 年 6 月《浙江省数字经济发展“十四五”规划》	全面启动数字化改革，加快打造全球数字贸易中心

除了数字贸易发展规划，中国还积极推动数字孪生城市建设，赋能数字贸易发展。2021 年 10 月，习近平总书记在主持中共中央政治局关于推动中国数字经济健康发展的集体学习中指出，要“把握数字经济发展规律与趋势”“不断做强做优做大中国数字经济”。城市是经济社会发展重要承载空间，数字孪生城市是发展和带动数字经济的重要载体，助力城市以数字化为引领，推动城市规划建设治理服务整体性转变、全方位赋能、革命性重塑。“探索建设数字孪生城市”首次纳入《国民经济和社会发展第十四个五年规划和 2035 年远景目标纲要》，为数字孪生城市建设提供了国家战略指引。在先后经历 2017—2018 年的概念培育期、2019 年的技术方案架构期、2020 年的应用场景试点期后，数字孪生城市迎来“整体性落地建设探索期”，是未来城市形态演变的重要方向。住建部联合工信部、中央网信办等部委加快城市信息模型（CIM）平台试点应用，并出台系列标准，指导各地 CIM 基础平台建设（见表 1 – 12）。

表 1 – 12　　省级政府明确提出数字孪生城市的相关政策

时间	政策名称	政策内容
2020 年 10 月	上海市全面推进城市数字化转型“十四五”规划	面向数字时代的城市功能定位，加强软硬协同的数字化公共供给，加快推动城市形态向数字孪生演进，构筑城市数字化转型“新底座”
2020 年 8 月	智慧海南总体方案	基本建成以“智慧赋能自由港”“数字孪生第一省”为标志的智慧海南
2020 年 10 月	广东省推进新型基础设施建设三年实施方案	探索构建“数字孪生城市”实时模型，形成集应用服务中枢、决策分析助手、治理智慧平台、规划专家系统于一体的全要素“数字孪生城市”一网通管系统

续表

时间	政策名称	政策内容
2021 年 3 月	北京市“十四五”时期智慧城市发展行动纲要	积极探索建设虚实交互的城市数字孪生底座
2021 年 1 月	深圳市关于加快智慧城市和数字政府建设的若干意见	探索“数字孪生城市”。依托 GIS、BIM、CIM 等数字化手段，开展全域高精度三维城市建模，加强国土空间等数据治理构建可视化城市空间数字平台
2021 年 7 月	山东省“十四五”数字强省建设规划	多维度收集城市数据，推动城市资源数字化，加快实现城市主要生命体征的实时感知，提升城市感知判断、快速反应的能力，推动建设虚实交互、智能精细的数字孪生城市
2021 年 8 月	天津市加快数字化发展三年行动方案	建设城市信息模型（CIM）基础平台推进虚实交互、数据驱动的数字孪生城市建设，提升城市实时感知、预警预判、快速反应能力
2021 年 9 月	江苏省“十四五”数字政府建设规划	基于城市信息模型（CIM）基础平台技术，推行城市数据大脑建设，探索建设数字孪生城市，拓展智慧治理场景应用和定制服务，提高智慧城市建设水平
2022 年 1 月	中华人民共和国水利部印发《关于大力推进智慧水利建设的指导意见》以及《“十四五”期间推进智慧水利建设实施方案》	明确了“建设数字孪生流域，包括建设数字孪生平台、完善信息基础设施”推进智慧水利建设的主要任务
2022 年 6 月	上海市人民政府办公厅关于印发《上海市数字经济发展“十四五”规划》的通知	发展数字孪生城市新形态，重点推广 BIM（建筑信息模型）、GIS（地理信息系统）等技术，支持城市空间、楼宇精细化管理等领域数据服务企业发展，加强时空大数据管理、地理监测、高精度地图、地理实体等新型测绘能力建设，发展万物互联、虚实映射、实时交互的数字孪生城市
2023 年 6 月	深圳市人民政府办公厅关于印发深圳市数字孪生先锋城市建设行动计划（2023）的通知	建设一个一体协同的数字孪生底座，构建不少于十类数据相融合的孪生数据底板、上线承载超百个场景，超千项指标的数字孪生应用，打造万亿级核心产业增加值数字经济高地，建设国内领先、世界一流的智慧城市和数字政府，推动城市高质量发展

资料来源：CAICT. 数字孪生城市白皮书（2021）［R］. 中国信息通信研究院，2021.

（三）中国数字贸易水平与发达国家相比仍存在较大差距

尽管中国数字贸易显示出迅猛的发展势头，但与欧美发达国家相比，中国数字服务贸易规模仍存较大差距，2020 年规模约为美国的 1/3，也远低于同期的爱尔兰、英国和德国，未来还有巨大的发展空间。美欧数字服务贸易出口约占全球的 65%，发达国家仍处第一梯队。中国数字化交付的服务贸易水平明显低于一些发达经济体，整体规模和发展水平处于第二梯队（见图 1－10）。

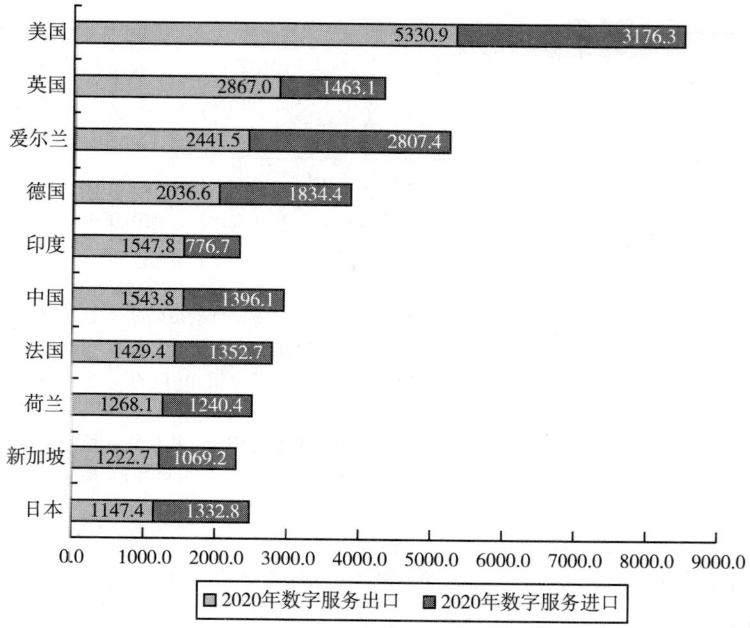

图 1-10 2020 年全球主要国家数字服务贸易规模排名情况（单位：亿美元）

资料来源：CAICT. 数字贸易发展与合作报告（2021）［R］. 中国信息通信研究院，2021.

从国内发展来看，虽然中国数字内容产业各细分领域贸易蓬勃发展，数字内容产业各细分市场的规模与用户总量整体均呈上升趋势，但也面临着产业内容不完善、业态布局不均衡、产业整体竞争力不强的问题。流量市场基本饱和，缺少内容创新、模式创新等新型数字内容产业发展动能，对知识产权、文化创意侵权等不利于数字内容产业生态良性发展的现象缺乏足够的规制；数字内容普惠大众的能力、产业结构的布局以及面向消费市场的经营模式需要进一步探索、优化和提升。

从国际竞争的角度来看，中国数字内容产业的细分领域发展不均衡，缺乏具有较强国际竞争力的产业集群，尚未形成提升中国数字内容产业竞争力及贸易能级的数字内容产业生态体系。数字内容产业产品出口结构较为单一，以游戏、短视频为主；产品风格缺乏本土特色，对国际文化市场消费品位的引领能力不足，数字内容产业及文化产品在全球文化市场的竞争力与吸引力不足，尚未扭转服务贸易逆差的局面。

2020 年全球数字贸易促进总指数排名中，中国在 74 个国家中位居 43，数值为 0.47（见表 1-13）。从全球数字贸易促进指数分项子指数来看，中国数字贸易市场准入分指数得分为 0.39，位列第 53 名，数字贸易开放度为中等级别，这一分项子指数排名较高的经济体有：日本、秘鲁、越南、新加坡、智利、加拿大、新西兰、马来西亚、澳大利亚、墨西哥和哥伦比亚，这些国家的数字贸易市场准入分指数的得分均高于 0.84 分，主要原因在于这些经济体都参与了含有高标准数字贸易规则的区域贸易协定。其中，日本、秘鲁、加拿大、智利、新加坡、越南、澳大利亚、马来西亚、新西兰、墨西哥为“全面与进步跨太平洋伙伴关系协定”（CPTPP）的成员国；加拿大和墨西哥为升级版“美墨加协定”

（USMCA）的成员国，此外，日本还和美国签署了“美日数字贸易协定”。

基础设施分指数排名中，中国排在第35位，前10位的经济体主要为欧洲国家和北美国家；法律安全环境分指数排名中，中国排在第56位；商业环境分指数排名中，中国位居第40名。由此可知，中国在参与数字贸易全球规则制定、相关基础设施建设、商业环境与法律法规体系完善等方面仍待加强。

表1-13 中国数字贸易促进指数

指标	名称	排名	分值
总指标	数字贸易促进指数	43	0.47
子指数A	市场准入	52	0.39
子指数B	基础设施	35	0.55
子指数C	法律政策环境	56	0.5
子指数D	商业环境	40	0.39
支柱1	数字贸易有关的部门开放（RTA）	52	0.39
支柱2	ICT基础设施和服务	53	0.34
支柱3	支付基础设施和服务	34	0.49
支柱4	交付基础设施和服务	17	0.71
支柱5	法律环境	61	0.65
支柱6	安全环境	34	0.44
支柱7	数字技术能力	44	0.23
支柱8	数字技术应用	34	0.57

资料来源：CAICT. 数字贸易发展与合作报告（2021）[R]. 中国信息通信研究院，2021.

☞ 背景材料1.1

阿里巴巴国际站（ICBU）：数字贸易下中国跨境产业链新比较优势的建立

随着国际贸易环境迎来大变革，传统跨境产业链劳动力成本优势的逐渐消退，全球贸易数字化的转型趋势，给中国建立跨境产业链新比较优势提供了土壤和契机。阿里巴巴国际站（ICBU）是中国跨境电商产业在此方面的重要实践。

早在1999年阿里巴巴成立之初，阿里巴巴就布局了阿里巴巴国际站这一业务板块，是国内最早开展跨境B2B出口贸易的电子商务平台之一。阿里巴巴国际站属于B2B型跨境电商平台，可以为商家提供一站式的线上服务，中小企业可以依靠入驻平台扩大自身出口营销推广服务，从而降低企业成本，更加高效地开拓海外贸易市场。阿里巴巴国际站在发展中一共经历了三个阶段。第一阶段，打造不间断广交会的概念，为企业提供展示贸易交流的机会；第二阶段，阿里巴巴集团收购一达通公司，为商家提供外贸便利的供应链服务；第三阶段，利用自身多年沉淀的大数据技术，全力塑造数字化贸易体系，加速外贸行业的数字化转型。

在顺利打通欧洲、美洲和东南亚等市场后，阿里巴巴又收购了东南亚地区最大的在线购物网站 Lazada 和印度尼西亚最大的电商平台 Tokopedia 等多个电商平台。越来越多的买家通过阿里巴巴国际站的平台进行采购，从而获得更多的市场机会，同时更多的卖家入驻平台，让竞争变得更加激烈，创造新的商机。阿里巴巴国际站有效地定位自己市场群体的客户画像，吸引更多商家入驻平台，大大提高了转化效率。截至 2021 年，阿里巴巴国际站（ICBU）平台共覆盖服装、消费电子、家居、机械等 41 个行业，面向全球 200 多个国家和地区的 2600 万商家开展跨境业务。其中，既包括欧美日韩等发达国家市场，也包括东南亚等新兴市场国家。

（1）以更完整的新基建商贸基础设施提高跨境交易的确定性

传统跨境贸易最突出的堵点、难点即物流通关带来的不确定性。跨境出海的商品进入海关后，何时到目的港、何时收货，买卖双方均难以确认，仅有笼统的时间段，整个物流运输在“黑箱”中运行。出海物流的不确定性，很大程度上影响了企业参与跨境商贸的积极性和市场效率。

阿里巴巴国际站 B2B 业务借助数字化基建能力，推出的自建物流基础设施，为全球 220 多个国家和地区搭建起 26000 条运力专线，实现海陆空快、多式联运的国别化、本地化、行业化跨境物流解决方案。速卖通 B2C 业务，通过优选仓、海外仓、自提点（柜）等跨境物流基础能力，为商家提供“下单锁价”“保舱保柜”“甩柜必赔”等多种具体精确的仓储物流服务。其上线的“供应链计划”产品，提供备货跟踪、缺货预警、滞销预警等全链路智能备货解决方案，使商品库存周转天数降低 75%。菜鸟国际所开辟的欧洲、中东、东南亚等专线物流，有效降低传统物流费用的 10% ~15%。阿里巴巴国际站还通过对买家交易的确定性保障，对卖家交易的风险管控，提供全链路的风险预警和交易保障，进一步提高跨境交易的确定性，从而提升跨界商贸的积极性和市场效率。

（2）全流程的跨境数字服务体系可以降低合规等外部成本

阿里巴巴国际站从早期的“出口通”，到“一达通”交易平台，再到形成集金融、支付、物流、通关、汇兑等在内的全产业链数字化服务体系，已成为具有国际影响力和竞争力的外综服国际服务商。例如，通过 20 年关务专业积累，平台建立起大数据智能合规体系，并适用 9710/9810 等新业态；智能报关平台让商家和报关行高效协同，帮助企业节约 60% 的制单和申报时间；一达通基于舱单数据实现单证备案，可帮助出口企业提前 25 天获得退税资金；交易和金融方面，阿里巴巴面向所有外贸商家开放资金服务，实现汇款当天到账，可支持美元、澳元、欧元等十余种货币的实时结算。

（3）沉淀跨境商贸市场洞察研判工具，助力海外市场开拓

阿里巴巴国际站结合站内交易的信息沉淀，开发“外贸直通车”等营销工具，通过对供应商进行差异化标签展示，精准定位目标市场，并将商品销往欧美等 40 多个国家和地区。“客户通”产品通过对客户的分组管理，研判潜在成交需求，帮助商家精准锁定目标人群。此外，阿里巴巴国际站通过数据分析，打造“准现货 + 轻定制”的商品策略，在关注大数据的同时，更关注 B 类小数据，进而形成“人群画像分析”“买家身份外显”“广

告营销联动”等市场分层服务，助力中小企业海外市场的开拓。

(4) 搭建商贸市场主体诚信评估体系，营造良性市场环境

阿里巴巴国际站从2014年起就积极进行“信用保障”服务体系建设，进而也成为全球第一个提供跨境B2B第三方信用评估服务的跨境平台。通过不断迭代和创新，阿里巴巴国际站诚信评估体系已涵盖近千万活跃企业。阿里巴巴国际站还与中国（杭州）跨境电子商务综合试验区合作，共建跨境电商信用评级指标体系。

(5) 实现消费与产业双向驱动的跨境数字贸易，带动国内品牌升级

实现海外需求与国内产地供给的双向驱动，是未来跨境贸易进一步保持高速增速的重要前提，也是实现中国“双循环”战略的重要依托。海外买家越发看重国内供给体系的完备性和快速响应能力，生产时效与质优价廉是对国内公认的价值定位。阿里巴巴国际站依托海外市场需求，围绕中国供应链优势，打造星级成长体系，体系根据定制赛道和快速交易赛道，为供应商进行等级评估，从商品力、营销力、交易力、保障力等方面，提升商家数字出海的能力与价值，同时也带动了国内产地品牌的提升和品质升级。

(6) 深耕全球区位优势产地供给资源，助力优势资源共享

近年来，阿里巴巴国际站积极推动入驻供应商的国际化进程，加速整合全球优质产能与重点出口企业资源。阿里巴巴国际站已吸引包括马来西亚、德国、美国、阿联酋、西班牙、加拿大、墨西哥等93个国家和地区的优质供应商入驻。纵深推进40余个行业类目，涉及近万种细分领域与服务，产品销往200余个国家和地区。此外，阿里巴巴国际站通过所搭建的数字化客户服务体系，可帮助商户实现生产在东南亚，而设计、研发、交易、运营、营销在国内，从而支持中国商家充分利用国内国外两种资源，更好地实现全球化布局和高质量发展。

第三节 数字贸易发展对传统贸易理论和规则的挑战

与传统贸易相比较，数字贸易在参与主体、生产要素等贸易环节的内涵和范围更为广泛，经典国际贸易理论模型迎来了新的挑战。同时，数字贸易的蓬勃发展令全球经济治理进入新阶段，全球数字经济治理成为新时期全球经济治理的重要表现形式，引起国际贸易格局的新一轮变革。

一、数字贸易与传统贸易的区别

探究数字贸易发展对传统贸易理论和规则的挑战，需要先了解数字贸易与传统贸易的区别及其自身特征。

数字贸易与传统贸易具有共同的本质，都是将商品、服务、生产要素在不同主体之间转移，并且具有相同的经济意义，两者均克服了资源在主体间流动的障碍，密切各主体之

间的经济联系，弱化信息不对称，促进资源得到更合理的利用，提高生产效率与经济效益。

（一）数字贸易与传统贸易的差异

如表 1－14 所示，数字贸易与传统贸易的差异主要表现在以下几个方面。

1. 贸易的行为主体不同。传统贸易中存在中间机构，并非供给方与需求方的直接交易，而数字贸易通过 B2C、C2C 的模式能够去除中间商环节，使双方直接交易，强化了消费者的作用。

2. 贸易的交易标的不同。数字贸易的交易标的物比传统贸易复杂，除了货物、服务及生产要素，数字贸易还包括数字产品和数字化知识与信息。

3. 贸易的方式不同。传统贸易需要固定的交易场所及各项证明材料，而数字贸易在互联网信息平台上即可达成交易。

4. 贸易的时空属性不同。传统贸易周期长，易受价格、汇率等因素的影响，且受贸易距离的制约，而数字贸易在信息技术发达的环境之下，能够排除价格和汇率的影响，并大幅弱化距离的限制。

表 1－14　　数字贸易与传统贸易的特点比较

	数字贸易	传统贸易
运行主体	企业、消费者和政府	企业、消费者
运行对象	实物产品、数字产品	实物产品
运行基础	个人信息、企业数据及政府数据构成的互联网信息平台	进行实体沟通、交易的基础设施
运行周期	运行周期短，弱化时间、距离的影响	运行周期长，受时间、地理因素的制约
运行方式	在 B2B、B2C、B2G、C2C、M2M 等模式下，以互联网信息平台为基础进行实时沟通交易的贸易方式	在 B2B、B2C 的模式下，反复的长线沟通、交易及运输的贸易方式
运行规则	围绕数字贸易自由化和数据信息安全展开，在数字贸易自由化和数据信息保护之间寻求平衡	围绕提高贸易自由化与贸易便利化展开，在贸易保护和贸易自由化之间寻求平衡
效率与成本	数字技术通过降低信息获取成本从而降低贸易成本，无纸化贸易以精简的贸易手续使得经济活动更少受到时间和空间因素制约，并且促进了技术创新与传播、产品研发与价值创造	传统贸易以实体贸易模式为主，生产效率低，由于基础设施建设等方面的不完善而导致交易成本较高，影响国内外贸易效率与商业发展
包容性	数字技术打破了行业界限、国别界限，具有广泛的包容性，能够帮助小微企业及个人进入国内或国际市场。在供给侧，导致产业间的高度渗透与融合；在需求侧，以消费者为中心，促进产消融合	传统贸易的包容性较弱，以企业对企业的模式运行，产业边界明显，消费者参与度较低

资料来源：马述忠，房超，梁银锋．数字贸易及其时代价值与研究展望［J］．国际贸易问题，2019.

（二）数字贸易区别于传统贸易的经济学特征

总体来看，区别于传统贸易形式，数字贸易呈现出以下经济学特征，这些特征使数字贸易给传统贸易理论带来了新的挑战。

1. 贸易标的物的服务化

受限于技术和运输条件，传统贸易活动的标的物主要是具备“可贸易”特征的制成品。数字技术的发展很大程度上突破了服务产品“不可贸易”的局限，包括金融、咨询、教育、医疗等在内的众多服务产业都可以实现低成本甚至零成本的远程传输，服务贸易随之迅猛发展，成为国际贸易体系的重要组成部分，并逐渐发展成为数字贸易。

2. 更低的生产和交易成本

数字贸易特别是数字交易平台使得远程通讯和沟通成本大幅度降低，人们可以不用面对面交流也可以达成交易。数字贸易技术如区块链、交易平台、物联网显著降低了信息不完全和信息不对称程度，增加了人们之间的信任程度，提高了交易效率。数字贸易技术也改变了全球产业链和全球价值链的组织和管理形式，降低了管理和组织成本，大数据和数字化服务深度嵌入全球产业链和全球价值链，成为其运行的关键要素，平台企业成为主要组织者，极大降低了产业链和价值链构建和运行的成本。数字技术的使用使运输和物流过程的成本大幅降低，时间大幅缩短。如信息通信技术特别是5G通信技术的发展使远程交流、交易和提供服务的边际成本趋近于0。

3. 规模经济与范围经济的融合与互补

传统企业往往专注于某一类产品的生产，因此大多追求规模经济。即使企业集团存在跨行业的生产和经营，各个实体之间仍然是独立核算的。在数字经济时代，企业传统的盈利模式发生了变化。首先，数字经济时代出现了大量的新型平台企业，全网搜索和分析使它们提供的数字贸易服务和产品同时能够享受到规模经济和范围经济的优势，甚至得益于快捷方便、易于获取的信息流动，它们在客户方面的规模经济的优势可以转化成范围经济的优势；其次，争夺客户资源成为新的竞争策略，实际就意味着规模经济和范围经济的融合与互补；最后，大数据时代中信息处理能力越高的传统企业在市场上的竞争力就越大，产品和行业的拓展能力也越强，跨界经营的现象也就越普遍，可能获取的规模经济和范围经济优势也就越大。如此一来，企业不仅可以通过规模经济获得生产率、成本和价格加成优势，还可以将规模经济优势转化为范围经济优势，并通过范围经济来提高抵御风险的能力。在规模经济与范围经济的共同作用下，一旦企业借助某种优势在数字贸易活动中获得了领先的市场地位，就可利用这种领先优势所带来的规模经济和范围经济进一步强化自身的市场地位，最终使数字贸易领域呈现出明显的先行者优势特征①和“赢

---

① 先行者优势：因在时机上领先于竞争对手采取某些具有战略意义的行动而获得的优势。如树立企业的形象和品牌知名度、获取关键的资源和技术以及知识产权、提高顾客的品牌忠诚度和转换成本、占据后来者难以模仿的有利地理位置等。先行者优势有助于但不能保证企业在竞争中获得成功。后来者有可能以较小的成本和风险模仿和颠覆先行者优势。

家通吃”[①] 的高度垄断市场结构。

4. 更高的资本有机构成

资本有机构成是由资本技术构成所决定并反映技术构成变化的资本价值构成，资本有机构成具体表现为不变资本与可变资本之比。造成数字贸易过程中资本有机构成提高主要有两个原因：第一，数字化产品本身的可复制性和非实体性使其具有更低的可变成本与边际成本，但与之相对的则是技术门槛和规模门槛所导致的高昂的前期固定投入；第二，数字经济下人工智能的广泛应用所带来的资本对劳动的替代。这两方面的因素都会使得固定成本与可变成本比率提高，即资本有机构成提高，并对贸易过程中的产品定价决策以及贸易的具体组织方式和分工格局产生显著影响。

5. 交易平台化与供应链扁平化

由于信息壁垒的存在，传统的贸易活动大多需要依靠专业化的进出口商作为中介，由此带来供应链环节的增加，使供应链呈现出有较多中间商参与的链条式结构。数字化环境下，平台经济通过数字技术搭建了虚拟双边平台，变革了传统经济模式，信息技术的广泛采用大大降低了供需双方的信息壁垒和信用壁垒：凭借专业性交易平台庞大的数据汇集与整合能力，供需双方都能够更便捷地寻找到合意的交易对象并直接确定交易细节，这样既减少了交易过程中的搜寻成本与信息成本，也可借助平台的信用支撑解决传统贸易中的信用风险问题。在此交易模式下，传统贸易活动中的中间商作用大幅下降，借助网络化基础设施平台及其信息处理、搜索、分类和推送，大量企业得以摆脱各级分销体系，并逐渐向为贸易活动提供采购、物流、仓储和通关等一体化服务的外贸综合服务企业转型，能够直接接触到最终客户，完成 B2B、B2C 甚至 C2C 的交易。贸易活动的供应链越来越呈现出扁平化的特征，即从原有的链条式结构向扁平化的网络式结构转变。扁平化结构去除了中间层，信息传递更直接和通畅，不仅可以降低交易成本，而且提高了信息传递的快捷性和准确性。这意味着在不会损失效率的情况下，中间层级的消失降低了成本，从而提高了企业的效率。

6. “长尾效应”与产品的个性化和物流的分散化

“长尾效应”主要指当产品和服务多样化的成本足够低时，那些个性化强、需求不旺盛、销量很低的产品和服务仍然可以存在，这是数字经济的典型特征之一。这一效应可能来自平台经济下供给端多种产品的集中生产和分销，也可能来自信息技术发展导致的需求端搜寻成本的下降与商品可获得性的增强。得益于数字经济的“长尾效应”，数字贸易下产品的个性化与多样化程度相对传统贸易有了大幅提升。传统经济中，小规模的市场需求难以覆盖产品的生产成本，且产品的需求面临较大的不确定性，因此小众产品的供给常常受到制约。数字技术的采用可以解决上述问题：从需求方面而言，平台经济对分散的小众需求的集中所带来的广泛市场空间促使产品个性化与多样化程度提升；从供给方面而言，

---

① 赢家通吃：市场竞争中，最后胜利者获得所有的或绝大部分的市场份额，失败者往往被淘汰而无法生存。由于信息处理与传播网络日新月异，那些占据高位的才智之士握有的筹码日益增多，留给他人的利益空间相对也就越来越小。

数字技术的应用使企业能够更为精准地对小众化需求进行订单与库存的跟踪和管理，甚至进行定制化生产。由于产品多样化和个性化程度提升，以往的大规模集中运输模式被改变，数字贸易下以小规模和多样化为特征的物流活动增加，即以小型邮包为代表的分散式物流在数字贸易中的比重会显著提高。

二、数字贸易发展对传统贸易理论的挑战

经典国际贸易理论经历了比较优势理论[①]（Law of Comparative Advantage）——禀赋优势理论[②]（Factor Endowment Theory）——新贸易理论[③]（The New International Economics）——新新贸易理论[④]（The New Trade Theory）的发展阶段，形成了一套较为完整的理论体系，对国际贸易活动的成因、影响因素、社会福利效果等问题进行了系统的理论论证。这些传统国际贸易理论基本上都建立在对传统经济部门进行微观分析的基础之上，其中的要素投入、成本结构、经营模式等都未涉及数字贸易，但数字贸易本身具有的一些经济学特性将使传统贸易理论面临一些挑战。

（一）重构各国比较优势

大数据和数字技术成为新的生产要素，它们也将在数字贸易和全球产业链中发挥越来越重要的作用。2020 年 4 月，国务院发布《关于构建更加完善的要素市场化配置体制机制的意见》，将数据定义为继土地、劳动力、资本、技术之后的第五大生产要素，数据作为生产要素参与分配。这一变化将改变贸易的形式，引起全球产业链和全球价值链组织和管理方式的变革，促使各国和各类企业比较优势重构。由于发达国家与发展中国家、传统企业与新兴企业掌握的数据存在差异，具有不同的数字技术比较优势，进而具有不同的竞争力，将形成它们在数字产品全球产业链和全球价值链上的不同地位。数字产品作为一种新的产品，其生产的比较优势受到本国或本地区数字基础设施、制度环境、人力资本等方面的影响。世界各国以及各类企业在这些方面都存在很大不同，从而也就具备不同的比较优势。数字产品更多的是知识密集型产品，人力资本在生产过程中的作用更加凸显，发展中国家的劳动力成本比较优势的作用将逐步弱化，一些发展中国家可能因为数字基础设施和人力资本匮乏等原因而被排除在数字贸易背景下的全球产业链和全球价值链分工之外。

---

① 大卫·李嘉图在《政治经济学及赋税原理》中提出比较优势贸易理论，指出国际贸易基于生产技术的相对差异导致的相对成本不同。各国应专注生产并出口比较优势产品，进口比较劣势产品。

② 要素禀赋理论核心观点在于，国际贸易的基础根植于各国间生产要素（涵盖资本、土地等多种资源）禀赋的相对差异，以及这些要素在生产各类商品时被利用的强度差异。

③ 新贸易理论起源于 20 世纪 80 年代初，主要由经济学家保罗·克鲁格曼（Paul Krugman）等人倡导，它涵盖了一系列关于国际贸易动因、国际分工的决定要素、贸易保护主义的影响以及最佳贸易政策的见解和理论。

④ 新新贸易理论聚焦于异质企业模型（Heterogeneity in New Trade Theory）与企业内生边界模型（Endogenous Boundary Model），这两个模型促使国际贸易的研究重点从传统贸易理论关注的产业间贸易，转向探讨同一产业内部具有差异性的企业在国际贸易中所做的选择和决策。

除了引入新的比较优势元素，数字贸易对经典贸易理论的冲击还在于数字要素本身的内生化特性，即数据要素禀赋将不再作为一成不变的外部条件存在，而是会随着生产和贸易规模的扩张不断自我强化，从而使比较优势呈现出内生性和动态发展的特性，相关国家的进出口结构乃至全球的贸易格局也会在这种具有内生性特征的比较优势作用下呈现出“强者恒强”的特征，进而加剧世界各国经济发展的失衡程度。

（二）挑战传统的成本定价范式

由于数字化产品本身属于虚拟范畴，其生产过程因产品的可复制性而具有极低的边际成本，且数字化产品直接借助网络传输，因此可以节约运输成本。数字经济和数字贸易是以被当作关键生产要素的知识和信息的传输和交易为主要内容的服务经济，在知识产权能够得到有效保护的情况下，知识和信息等服务，甚至一些数字经济本身的产品不仅可以多次使用，而且可以几乎是零成本的复制生产。在数字贸易视角下的贸易成本与传统贸易成本的差异主要在于：贸易渠道的扁平化带来了贸易成本优势，例如更低的距离成本、搜寻成本、固定成本、信息的复制及核实成本等。具体而言，数字贸易成本与传统贸易成本的主要区别如下：其一，与传统贸易相比，数字贸易极大地降低了搜索成本、信息成本和合同成本等；其二，数字贸易方式促使以往“不可贸易”类服务的生产和消费在时间上具备了分离的可能性，即实现了由不可物化到可物化的变化，由不可跨境交易到可跨境交易的转变，进而降低了交易成本，促进双边贸易效率的提高。

因此传统经济分析中常用的成本概念，比如边际成本、平均成本、固定成本和可变成本等都发生了很大变化，由此而来的价格加成和定价原则也随之发生变化。这意味着在数字经济时代，数字化产品近乎为零的边际成本与运输成本从更深的层次改变贸易过程中的定价方式和交易模式，使不少企业的盈利模式、商业模式和经营策略可能都发生了变化，甚至引起产品生产区位和贸易格局的调整与重塑，难以再完全用以往的理论框架进行分析。

（三）数字鸿沟

在古典和新古典主义贸易理论中，产品生产并不存在特殊的技术壁垒，因此贸易活动具有一定的普适性特征，即任何国家或者企业都可以根据自身相对比较优势，从专业化的生产中获益，这一特征适用于工业化早期或简单的产品生产。但随着制造业技术复杂度不断提升，技术壁垒逐渐成为国家或者企业参与贸易活动的重要障碍。数字经济环境下技术壁垒对国家和企业参与生产和贸易活动的阻碍作用被形象地称为“数字鸿沟”。

数字鸿沟概念正式提出之初是指信息富有者与信息贫困者两极分化的趋势，即信息分配在不同群体之间的不对称，强调不同群体接入数字设备的可及性差异，称为“第一阶数字鸿沟”。具体包含地理排斥和社会排斥：地理排斥指数字接入设备可及性在宏观层面的差异，主要包括国别、区域和城乡三个纬度；社会排斥指数字接入设备的可及性在微观层面的差异，包括性别、种族、年龄、家庭背景等方面的个体特征。进入 21 世纪以来，数字鸿沟内涵已经从获取权的不平等转移到了数字使用性质和使用能力的不平等上，称为“第二阶数字鸿沟”。如今，数字鸿沟的内涵正逐渐从专注于二进制互联网访问和互联网使用技能转变为“第三阶数字鸿沟”，即考虑数字技术使用结果的差异。

数字产业具有高固定成本与低边际成本并存的特征。“数字鸿沟”的存在进一步加大了企业参与生产与贸易活动的资金和技术壁垒。发达国家的数字企业可能通过先行者优势和知识产权壁垒对后进国家进行技术封锁，但数字贸易环境下更低的学习成本带来的强技术溢出与扩散效应，也为后进国家实现技术的追赶甚至反超提供了机遇。搜索、收集和处理国外市场信息是阻碍中小企业参与国际贸易的主要壁垒，而数字技术的发展有效缓解了国际贸易中的信息摩擦与信息不对称现象，将弥补中小企业和发展中国家在传统贸易中的竞争和区位劣势。

除了上述理论挑战之外，数字贸易的发展还将引起对引力模型框架、生产区位与贸易格局理论、里昂惕夫之谜等国际贸易理论学说的思考，有关数字贸易环境下监管规则的设计，包括探索合理的数据要素流动规则，数字经济下的反垄断规则和知识产权规则以及数字贸易活动的跨境税收规则等也将是未来数字经济条件下国际贸易理论研究的热点问题。

三、数字贸易发展对传统贸易规则的挑战

数字贸易是数字经济形式下的贸易活动，其交易的主要媒介是互联网和数字化平台，而交付对象则是数字化的产品、服务或数据；实体贸易通常涉及实物商品的进出口，而数字贸易主要涉及虚拟产品、数字内容或在线服务的跨境交易。这些差异给贸易规则和监管方面带来诸多新的挑战。在数字贸易时代之前，多边贸易协定形成于货物与服务均为实体交付的时代。传统的贸易治理架构是依据将货物与服务区分治理的二分结构建立的。在适用于数字贸易时，在确定贸易属性、贸易部门以及贸易模式时均会出现不适应的情况。

构建完善的数字贸易发展的规则体系已成为当前国际贸易领域十分重要的新兴议题，需要探究数字贸易发展对传统贸易格局与国际贸易规则的影响，梳理全球各经济体在该领域关注的主要议题、主张与分歧，从而更好地把握数字贸易规则构建的复杂性和国际格局的深刻变化。传统贸易规则在数字贸易中面临的主要问题有以下几个方面。

（一）数字贸易中货物与服务混同带来的挑战

20 世纪 90 年代达成的 WTO 框架下的多边贸易规则将货物贸易和服务贸易实行区分治理，形成了高度自由化的货物贸易规则以及相对自由化的服务贸易规则。1998 年，WTO《电子商务工作计划》将电子商务界定为通过电子方式进行货物和服务的生产、广告、销售和传递的过程，这一界定依然采用了货物与服务二元分治的方式。然而 WTO 框架下的多边贸易协定对“货物”与“服务”的界定实际上具有模糊性，关贸总协定（General

Agreement on Tariffs and Trade，GATT）及贸易和服务总协定（General Agreement on Trade and Service，GATS）对于货物和服务都采取比较模糊的定义阐述，学界内粗略地以“有形”或“无形”来界定两者，看似严格的二元区分实际上十分模糊。

数字贸易的特征之一是数据在贸易中的大量参与，数据可被视为货物、服务甚至两者兼有，数字化使虚拟商品的即时交换成为可能：电子书、应用程序、在线游戏、音乐和流媒体服务、软件和云计算服务都可以传输到世界任何地方的联网客户，这些产品交付的过程中同时涉及货物贸易与服务贸易。以软件为例，过去软件通常是在实体媒介上分发的，比如光盘或软盘。随着互联网的普及，用户可以通过网络直接下载和安装软件，无须购买实体媒介；书籍、电影和音乐的贸易也发生了类似的变革，过去人们购买实体书籍、光盘或唱片来阅读、观看和聆听。随着数字内容的兴起，这些传统形式的贸易逐步被数字内容的跨境流动所取代。现在人们可以通过电子书、在线视频和音乐流媒体服务来获取和享受这些内容。无论身在何地，只要有互联网连接，用户都可以随时随地访问这些数字内容，而不再依赖实体媒介，这一行业革新使得一些货物贸易出现了“服务化”的趋势。货物贸易与服务贸易二者的混同使得依据界定模糊的二元分治建立的传统贸易规则在数字贸易中的执行遇到概念矛盾等诸多困难，当以“有形”和“无形”来区分数字贸易中的货物与服务时，就会面临着概念不准确甚至相互冲突的问题。

数字贸易催生出大量的新行业，随着数字化的普及，许多服务，包括法律、工程、计算机相关和金融服务等，都可以部分或全部在线提供，这些新型行业在货物贸易与服务贸易上归属部门的划分也面临众多分歧，例如电子游戏作为一种新型的网络内容平台，在服务贸易下进一步的部门归属有可能是计算机和相关服务、增值电信服务、娱乐或视听服务等独立的服务类别。总而言之，货物贸易和服务贸易之间的关系在数字空间变得更加复杂，以往在货物和服务之间的区别可能不再奏效，传统贸易规则的执行效果因此受到影响。

（二）数字贸易衍生的新议题带来的挑战

信息通信技术的快速进步和数字经济的广泛渗透，推动数字贸易的交易内容和业务模式加速创新。数字贸易给各经济体带来了比较优势上的重构影响，并衍生了许多新议题。目前，随着数字贸易发展出现的新议题日益丰富，有些规则是与数字贸易直接相关的显性议题，有些则是与数字治理环境密不可分的隐性议题，议题领域范围持续拓展且复杂交叉。这些议题在传统贸易规则中并未包含，但对数字贸易全球治理起着至关重要的作用，是各经济体参与数字贸易极为关注的内容。传统贸易规则在数字贸易中受到的挑战之一是议题范围的适用性，同时，传统贸易规则开始无法有效调和新议题下各经济体的利益诉求，在数字贸易磋商中的有效性有所降低。

此外，数字贸易在发展过程中衍生出的诸多问题在传统贸易规则中都难以得到有效的解决，比如数字环境下知识产权侵犯、信息跨境泄露、消费者信息盗取与滥用、垃圾信息泛滥、数据平台税基侵蚀和利润转移、网络安全监管不到位等（见表 1 - 15）。

表 1-15　数字贸易涉及的主要规则议题

大类	分类	议题	焦点
显性的数字贸易规则议题①	当前议题	贸易便利化	通关便利化、无纸化贸易、电子认证和签名、电子发票等
		市场准入	服务市场开放承诺、GATS 电信附件等
		关税与数字税	电子传输关税、跨境电商最低免征税额、数字（服务）税等
		跨境数据流动	通过电子方式跨境传输信息、设施本地化等
		知识产权保护	源代码、商业秘密、数字内容版权、“强制技术转让”等问题
		网络安全和消费者保护	非应邀商业电子信息、在线消费者保护、个人信息保护等
	未来议题	数字货币规则	国际结算权利，数字货币的互操作、协调和透明度机制，相关安全机制等
		人工智能治理标准规则	价值观伦理、治理规则、国际国内治理标准规范等
隐性的数字贸易规则议题	传统贸易投资保护问题	数字领域的投资壁垒	外资安全审查、投资额外条件等
		传统贸易保护措施	补贴、政府采购、出口管制、技术性贸易壁垒、自然人流动等
		跨境司法管辖问题	跨境平台的协同监管、对本国境外平台的监管、对平台在境外侵犯本国权益或法律的监管等
	数字治理问题	数字技术标准的非歧视性及科技合作交流	标准组织及标准合作机制的开放性和非歧视性、国际技术标准的公益性和非歧视性等
		网络执法与网络主权	数据安全，内容审查，全球互联网的去中心化、分布式管理，避免恶意网络攻击等
		打造公平竞争的市场环境	反垄断、平台责任豁免、政务数据公开、对新兴技术的包容问题性、数字鸿沟等相关问题

资料来源：CAICT. 数字贸易发展与合作报告（2021）[R]. 中国信息通信研究院，2021.

尽管数字贸易在融入现有的全球贸易治理的体系时遇到了不少障碍，但完全推翻原有的货物和服务贸易治理结构或是摒弃传统贸易规则并不实际，因此各经济体开展了基于现存治理结构拓展数字贸易相关制度的行动。目前已开展的数字贸易相关规则制定和谈判的要点主要集中于七个方面：贸易便利化、市场准入、关税与数字税、跨境数据流动、网络安全和消费者保护、知识产权保护、数字营商环境。

1998 年 9 月，WTO 通过了《电子商务工作计划》，标志着电子商务议题谈判拉开了帷幕。2019 年 1 月，中国、美国、欧盟、日本、俄罗斯等 76 个 WTO 成员方发表《电子商务联合声明》，确定各成员方有意在 WTO 现有协定和框架的基础上，开启与贸易有关的电子商务议题谈判。在 WTO 改革前景未卜的形势下，数字贸易和电子商务议题是目前为数不

① 显性规则指在当前或未来多双边数字贸易、服务贸易投资谈判或非正式磋商中涉及的议题；隐性规则指不直接相关、但对数字贸易发展具有重要影响的议题。

多的符合各国贸易谈判诉求，兼顾发展中国家和发达国家共同利益的议题之一。尽管数字议题已在考虑范围之中，但 WTO 并未建立起具有前瞻性的专门的数字贸易规则，数字贸易规则主要散见于 WTO 的一些主要协议中（见表 1-16）。从 1998 年至今，WTO 框架下的数字贸易相关议题谈判进展较慢，传统贸易规则在数字贸易中的变革之路任重而道远。

表 1-16　　WTO 框架下的数字贸易规则及主要内容

协定	条款	适用的数字贸易问题
GATS	电信附件 5. 公共电信传输网络和服务的进入和使用	公共电信网络的准入问题、跨境数据传输问题、数字保护措施
	第一条、第二条、第三条、第六条等	数字服务与新服务准入
	第十四条．例外规则	数据本地化措施
ITA	/	信息技术产品免关税
TRIPS	/	数字贸易中的知识产权问题、数字版权问题
	第十条．计算机程序和数据汇编	保护关键源代码，源代码非强制本地化
全球电子商务宣言	/	数据传输免关税问题

资料来源：周念利，李玉昊，刘东．多边数字贸易规制的发展趋向探究——基于 WTO 主要成员的最新提案［J］．亚太经济，2018（02）：46-54+150.

（三）各经济体在数字贸易中的利益诉求差异带来的挑战

数字贸易的发展重构了各国的比较优势，信息通信技术行业与数字贸易密切相关，互联网和 ICT 基础设施是开展数字贸易的主要载体，数字基建的顺利连接和访问是各国实现数字贸易利得的必要前提条件，但不同国家之间，尤其是发达国家和发展中国家之间在该指标上存在巨大差异，因而在贸易中的主张与利益诉求也各不相同。

美国倡导数字贸易的自由化发展，因其具备自由的网络环境、健全的知识产权体系，倡导自由开放的网络访问空间，反对限制跨境数据的流动，更加重视跨国数据流动所带来的利益。而欧洲主要经济体更强调保护公民隐私、保护知识产权，欧盟国家的数据隐私保护制度最为全面与严格，《通用数据保护条例》是当前全球最严苛的个人数据保护制度。中国、俄罗斯、印度和巴西等新兴经济体的地位不断上升，积极参与构建适合自身贸易利益的规则体系，进一步与多边国家深入谈判，但由于在数字贸易上不具比较优势和基于其他多种顾虑，众多发展中国家优先考虑工业政策与安全目标、限制数据流动、要求数据本地化和披露源代码．以及采取其他保护主义措施。以中国为例，中国目前对涉及国家安全以及数字贸易领域的知识产权转移的议题，比如源代码、网络开放等议题仍然持保留态度。

尚未明确的部门归属、不断丰富的新议题、日益紧张的利益诉求调和，数字贸易发展衍生出一系列新问题。传统贸易规则在数字贸易时代面临着不小的挑战，各经济体正在尝试拓展其内涵以解决诸多新问题，或是寻求有效路径以构建新的贸易规则内容。

本章小结

数字贸易（Digital Trade）是随着新一代信息通信技术（ICT）的发展而迅速兴起的贸易模式，对传统贸易产生重大影响。在第一节，我们学习了数字贸易的界定。各经济主体、世界组织以及学者都提出了数字贸易的定义、分类和测度方式，并随着时间的推移对其进行了更新。因立场诉求、适用目标的差异，数字贸易的界定、测度和分类又具有不同的方式。总体来看，数字贸易具有五大特征，分别是虚拟化、平台化、集约化、普惠化以及个性化。

在第二节，我们学习了全球数字贸易发展概况。数字贸易成为推动经济发展的重要动力。其中，数字服务贸易也发挥了重要作用。发达经济体在数字基础设施和创新能力上具有优势，在数字服务贸易领域的表现更为突出。商业存在成为数字服务贸易输出的重要模式。在此背景下，区域贸易协定成为各大经济体推动数字贸易治理的重要路径。各大经济体在数字贸易政策环境、数字技术应用等方面具有差异化的特征。

在第三节，我们学习了数字贸易发展对传统贸易理论和规则的挑战。首先，采用对比的方式，把握数字贸易和传统贸易的区别，学习数字贸易区别于传统贸易的经济学特征。其次，我们学习了数字贸易给传统贸易理论带来的挑战。最后，我们从宏观层面分析了数字贸易发展给传统贸易规则带来的挑战，包括货物与服务混同、数字贸易衍生的新议题以及各经济体诉求差异所带来的问题。

思考题

1. 数字贸易是什么？
2. 数字贸易的特征有哪些？
3. 当前数字服务贸易的主要模式是什么？
4. 中国数字贸易发展的特点是什么？
5. 数字贸易与传统贸易的主要区别有哪些？
6. 数字贸易对传统贸易理论的挑战有哪些？

第二章　数字贸易的理论

近年来信息通信技术（Information and Communications Technology，ICT）不断发展，在此背景下互联网技术得到广泛应用。依托这些技术基础，包括数字金融、数字知识产权服务和基于电商平台的零售服务等多种产品的数字贸易蓬勃发展。数字贸易作为新的国际贸易模式，部分克服了传统意义上的地理距离，大幅减少了贸易成本，成为国际贸易发展的重要驱动力，推动了国际市场供给和需求两端的良性互动。

但与此同时，数字贸易在国际贸易治理上面临不少阻力。纵观全球，各经济体本身数字经济发展水平和政治立场不同，导致各经济体对数字贸易的规则诉求存在显著异质性。在数据流动、数字知识产权和数字市场准入等多个数字贸易规则方面，各方存在明显的分歧。如美国、欧盟等国际贸易中的重要经济体都在积极发展符合自身利益需求的数字贸易规制，并积极向全世界推广。但这些发达经济体所倡导的数字贸易规则标准不仅与发展中经济体的发展诉求存在差异，在发达经济体间也存在不少冲突，如欧美在数据流动上久久难以达成一致的区域贸易协定。因此，相比于被动接受发达经济体的既有规则，近年不乏发展中经济体以及发达经济体，立足于自身的数字贸易发展情况，积极发展代表自身利益需求的数字贸易规制体系。

本章将从理论视角探寻这些行为背后的经济学逻辑。具体而言，数字贸易经济体为什么会有动力积极参与甚至引领全球数字贸易发展及治理？数字贸易规则是如何输出的？各经济体都在以何种途径输出自己的数字贸易规制体系？构建特定数字贸易规则背后的经济学驱动因素是什么？这一系列重要的现象和事实背后究竟隐藏着怎样的政治经济逻辑？如何对其进行解读？这些问题确实值得学习和思考。

本章将同时结合传统以及新发展出来的经济管理理论，解读上述数字贸易现象。一方面，传统的经管理论，尤其是国际贸易理论对于数字贸易的规则输出是否适用？本书认为，虽然数字贸易是区别于传统国际贸易的特殊贸易形式，但经典的经济学以及管理学理论在解释数字贸易发展及治理时仍具有相当的生命力，只是在具体运用时会呈现出一些新的典型特征。另一方面，大部分针对数字贸易提出的新理念与传统的国际贸易学存在着密切的联系，可谓是在传统的国际贸易理论基础上进行了拓展和延伸。因此，本章将分成以下三部分对数字贸易的理论进行介绍。第一节介绍数字贸易的“传统理论基础”，即分析数字贸易及其规则背后的传统理论，包括国际贸易领域的“贸易保护政策的理论”“贸易自由化政策的理论”，以及管理学理论框架下的产品周期和钻石理论模型。第二节结合传统理论解释数字贸易规则构建背后的传统经济学逻辑。第三节介绍在传统经济管理理论基础上发展而来的数字经济相关理论。至今，传统的国际贸易理论已经进行了多次更新。15 世纪刚刚兴起的重商主义到古典贸易理论，再到新古典贸易理论，又到新贸易理论，最后到当今的国家竞争优势理论等新国际贸易理论。这些国际贸易理论指导着各国贸易自由化的发展。

当然，本章也对数字产品的需求分布情况进行讨论。数字产品不同于传统贸易中的产品，在通信技术和互联网技术的支持下，数字产品市场中消费者的多样性需求更容易得到满足，同时，也正因为生产者更愿意满足更多消费者的需求，所以数字产品市场中消费者的消费倾向也更加多样化。

▶学习目标

1. 掌握数字贸易的传统理论基础，包括贸易保护政策的理论、贸易自由化政策的理论，以及管理学理论框架下的产品周期和钻石理论模型。

2. 了解数字贸易规则的输出路径，理解数字贸易强国如何通过“轮轴—辐条”模式等途径输出自己的数字贸易规制体系。探讨构建特定数字贸易规则背后的经济学驱动因素和政治经济逻辑。

3. 学习数字贸易的扩展性理论。了解数字产品需求分布的规律，如“二八定律”和“长尾理论”，以及网络经济学理论，包括网络经济学三大定律和双边市场理论。

4. 探讨数字贸易对国际贸易治理的影响：探讨数字贸易在国际贸易治理上面临的挑战和阻力，以及不同经济体对数字贸易规则的不同诉求。将理论知识与实际相结合，深入理解数字贸易的运作机制。

▶思政目标

1. 培养全球视野与国家责任感。通过学习数字贸易的理论基础，了解不同经济体（如美国、欧盟、中国等）在数字贸易规则制定中的立场和诉求，引导学生基于全球视野来理解国际贸易的复杂性和多样性。强调在数字贸易中维护国家利益的重要性，培养学生的国家责任感和使命感，鼓励未来在国际贸易合作与竞争中积极为国家发声、贡献力量。

2. 倡导合作共赢与开放包容。通过分析数字贸易的比较优势、市场准入扩张诉求等理论，让学生了解国际贸易中的合作与竞争关系，以及合作共赢、开放包容的重要性。引导学生树立合作共赢的理念，积极参与国际贸易合作与交流，推动全球数字贸易的繁荣发展。

3. 提升数字素养与创新能力。结合数字贸易的理论学习和案例分析，提升学生的数字素养和创新能力，包括数据分析能力、信息技术应用能力等。鼓励学生关注数字贸易领域的最新动态和发展趋势，积极探索新的商业模式和技术应用，为未来的职业发展打下坚实基础。

☞ 背景材料 2.1

区域与双边视角下的数字贸易规则扩展

随着数字贸易的迅猛增长，有关数字贸易治理与相关规则制定的呼声日益高涨。目前，全球数字贸易规则构建依托多边谈判、区域和双边谈判等途径进行。其中，由于各类经济体的分歧较大，WTO 领导的多边数字贸易规则谈判并没有取得实质性进展。因此，目前数字贸易规则谈判与合作主要通过区域和双边协定来进行。

为了把握数字贸易发展的契机和争夺数字贸易规则制定的主动权，各类经济体积极构建与自身发展相适应的规则模板并积极向外扩展。其中，美国积极布局数字贸易规则的发展，其构建的“美式模板”是目前颇具雄心的数字贸易规则框架。以澳大利亚、新西兰、智利为代表的“南太平洋模板”也深受“美式模板”的影响，值得关注的是，这些国家通过与其他国家签订协定也间接推进了美式数字贸易规则的扩展。

此外，欧盟、中国所签订的数字贸易规则所呈现的核心诉求则与“美式模板”存在不少差异。欧盟强调有条件的监管，而中国则侧重跨境电子商务的便利化和国家安全的保护。

这些规则发展乃至扩展的原因是什么？不同经济体缔结特定的数字贸易规则背后，存在什么驱动因素？这些都可以结合传统的贸易理论来进行探讨。

资料来源：

[1] 陈寰琦，曾伟冯. “印太经济框架”下美式数字贸易规则的扩展广度和深度分析 [J]. 国际商务研究，2023，44 (03)：86 - 101.

[2] 盛斌，陈丽雪. 区域与双边视角下数字贸易规则的协定模板与核心议题 [J]. 国际贸易问题，2023，(01)：19 - 35.

第一节 数字贸易的理论基础

经典的经济学理论在解释数字贸易发展和治理时仍具有相当的生命力。本节按照理论出现的时间和逻辑顺序，对这些传统的国际贸易理论进行归纳和梳理（见表 2 - 1）。

表 2 - 1　　国际贸易理论一览表

贸易理论类型	具体贸易理论	历史时期	代表人物	理论主张
贸易保护理论	早期重商主义：投资差额论	15—16 世纪	威廉·斯塔福、安徒尼·德·蒙克列钦	贸易顺差、幼稚产业保护
	晚期重商主义：贸易差额论	16—17 世纪	托马斯·孟、让·柯尔培尔	
	李斯特贸易保护理论	18—19 世纪	弗里德里希·李斯特	
	投资乘数理论/外贸乘数理论	20 世纪	凯恩斯	

续表

贸易理论类型	具体贸易理论	历史时期	代表人物	理论主张
贸易自由化理论	古典贸易理论	18—19 世纪	亚当·斯密、大卫·李嘉图	阐释贸易产生的原因、模式及其影响
	新古典贸易理论	20 世纪	赫克歇尔、俄林	
	新贸易理论	20 世纪后期	保罗·克鲁格曼、戴芬·伯伦斯坦·林德	
其他经管理论	产品生命周期理论	20 世纪后期	雷蒙德·弗农	贸易竞争力的影响因素
	钻石理论模型	20 世纪后期	迈克尔·波特	

一、国际贸易保护理论

（一）重商主义

15—16 世纪，资本主义发展以及地理大发现催生了重商主义（mercantilism）。其一，该阶段的核心因素是资本主义手工业和商业资本。15—16 世纪是封建社会晚期，封建自然经济趋于解体。资本主义的工场手工业在这一过程中蓬勃发展，雇用成为一种普遍的劳动关系。资本主义手工业成为经济发展的重要驱动力。不断发展的商业资本成为经济生活的主导力量。西欧的新兴资产阶级意识到需要运用国家力量来满足商品日益增长的生产以及商业资本需要。它们致力于结束封建市场的割裂状态，建立统一的中央集权国家。因此，它们的重要诉求除了发展国家体制来统一国内市场，还有积极扩大海外市场和对外贸易量。"重商主义"因此萌芽。其二，从海外市场的接入来看，地理大发现大幅提高了西欧国家和海外市场联系的可能性。当时国际市场的交流不断加强，为商业资本向外扩张乃至实现重商主义提供了重要土壤。

"财富观"是重商主义的关键思想。重商主义的财富观将财富等价于金银。金银所有量是衡量一国财富拥有程度的唯一标准。因此，在重商主义思想的影响下，增加金银收入成为经济活动以及政策制定的关键目标。在国际贸易中，各国致力于增加贸易出口和保持贸易顺差，尽可能往国内输入黄金和白银，实现财富积累。但是，这种"财富观"在贸易自由化理论发展时期受到了不少质疑，因为它将货币（金银）与财富混为一谈。

按照历史的发展进程，重商主义可以分为早期的重商主义和晚期的重商主义。早期重商主义盛行于 15 世纪至 16 世纪。该时期的核心学说是"货币差额论"，主张少买并控制货币流出。16 世纪下半期至 17 世纪上半期，早期重商主义向晚期重商主义过渡。晚期重商主义主张"贸易差额论"，即各方强调多卖以促进出口，实现贸易顺差。

实现贸易顺差的思想贯穿早期重商主义和晚期重商主义的始终。直至 17 世纪，重商主义才在贸易自由化理论的冲击下逐渐崩溃。下面将分别针对重商主义早期和晚期的“货币差额论”和“贸易差额论”进行介绍。

1. 货币差额论

“货币差额论”是早期重商主义的代表性学说，亦被称为“重金主义”或“货币主义”。该学说有两位主要的代表人物，分别是英国的威廉·斯塔福（W. Stafford，1554—1612）、法国的安徒尼·德·蒙克列钦（Antonie de Montchretien，1575—1622）。他们的著作例如《对我国同胞某些控诉的评述》《献给国王和王后的政治经济学概论》等详细阐述了这一观点。

货币差额论主张通过外贸顺差实现财富增加。但是，在该时期各方对相关政策的实施较为严苛，主要通过增加出口和减少购买来实现顺差。在这种政策指导下，每一笔交易中都要求实现顺差，禁止在任何交易中出现逆差的情况。一方面，国家会严格控制外国商品流入。即便外国产品的价格明显低于本国产品的价格，也会受到严格限制。因为外国商品的流入被认为会导致贸易逆差，不利于财富积累。另一方面，国家会严格禁止货币（金银）流出，对于违反者会施以重罚。当时，英国、西班牙和葡萄牙等贸易强国都对此颁布了严格的法令和制定了相应的惩罚措施。为了严格通过金银本地化来实现财富积累，它们在各个维度禁止了金银货币流出海外，如要求外国商品输出者出售货物所获得的金银必须用于购买东道国当地的商品；对于本国从事外贸的商人，要求他们销售往国外所获得的利润也需要兑换回金银货币，以实现金银积累。

2. 贸易差额论

晚期重商主义的核心学说是“贸易差额论”，亦被称为“重工主义”。16 世纪至 17 世纪，一些政府官员、律师和商人在贸易、航运、工业和行政工作中提出贸易差额论，其中英国的托马斯·孟（Thomas Mun，1571—1641）和法国的让·柯尔培尔（Jean - Baptiste Colbert，1619—1683）是最具代表性的学者。代表作有托马斯·孟所著的《英国得自对外贸易的财富》，该书被称作“重商主义的圣经”。

贸易差额论的理论基础也是重商主义的财富观，它同样强调实现顺差的必要性。贸易差额论指出了两条积累金银或者财富的途径。一是开采本国的金银矿产。但一国本身的矿藏并非用之不竭，即便有些国家金银资源非常丰富，总有资源穷尽之时。所以开采本国金银矿产并非积累财富的主要渠道。二是发展贸易。“贸易差额论”中的贸易特指国际贸易，不包含国内贸易。在该学说中，“双赢”的贸易是不存在的，一方在交易过程获利的同时会损害另一方利益。实现贸易顺差的一方即是获利的一方。所以一国必须让贸易出口超过进口，这样才能实现本国金银财富增加。该学说之所以被冠以“贸易差额论”这一称谓，正是因为在财富的获取和增加方面，途径二的国际贸易被认为远优于途径一，即推崇通过国际贸易顺差来实现财富积累。

无论是重商主义晚期的“贸易差额论”，还是早期的“货币差额论”，都是依托于重商主义的财富观发展起来的。它们都认同贸易顺差的重要性，认为要尽可能地获取贸易顺差，以实现一国的金银财富积累。但是，相较于早期的重商主义，“贸易差额论”

对顺差的态度是较为宽松的，增加了国际贸易的可能性。这主要体现在以下两方面。一是放宽了贸易盈亏衡量方式。虽然实现贸易顺差这一理念贯穿于重商主义始终，但是早期和晚期的区别在于，前者的顺差要求渗透于每一笔交易，后者的实现门槛相对较低，只需总的贸易收支状况有盈余即可。这有助于大幅减少政府官方的贸易监管压力和贸易双方在实践中的操作成本。二是对重商主义早期禁止金银货币流出国外的规定进行了松绑。贸易差额论认为限制金银货币流出并非实现顺差的唯一途径。相比于早期的重商主义，晚期提高了货币流通的灵活性。贸易差额论认为“卖多于买”是积累财富的根本。通过贯彻该理念，本国在国际贸易中从外国赚取的货币就会多于对外支付的货币，形成贸易顺差。最终，金银也会因为该顺差而流回本国，实现财富积累。

无论是重商主义早期的“货币差额论”，还是晚期的“贸易差额论”，都是重商主义框架下的典型贸易保护理论。在理论上，重商主义为英、法、德等国陆续采用的关税、奖出限入及转口贸易等措施提供了重要支撑。在实践中，当时的殖民地区亦为这种多卖少买、贱买贵卖的重商主义做法提供了可能性。西欧主要国家借此维持了贸易顺差和增加了金银财富，实现了资本的原始积累。这对资本主义生产方式的发展亦存在一定程度的促进作用。

（二）幼稚工业保护理论

亚历山大·汉密尔顿（Alexander Hamilton，1755—1804）和弗里德里希·李斯特（Friedrich List，1789—1846）提出了“幼稚工业保护理论”。该理论与重商主义都属于贸易保护理论的分支。“幼稚工业保护理论”认为，国家制定相关保护政策扶持本国处于发展初期的产业，以抗衡国外产业的竞争。幼稚工业保护理论在提出初期并没有得到重视，直至 1841 年李斯特发表了《政治经济学的国民体系》一书之后，该理论才引起学界的广泛关注。李斯特在其著作中延续了汉密尔顿的贸易保护思想，系统阐述了幼稚工业保护理论。

李斯特的贸易保护主义思想深受汉密尔顿以及美国学派的影响。他的主要观点是促进国家主导工业化。李斯特认为农业的生产方式是落后的，所以没必要保护；相反，工业化的生产方式却象征着未来，并且制造业事关国家利益，发展制造业可以极大提高国家的经济发展水平。所以国家需要大力扶持工业，尤其是处于发展初期的幼稚工业。但是，不管保护的是哪种产业，推动幼稚产业快速获得竞争优势都是产业保护的目的。

换言之，幼稚工业保护理论是指，由于各国特定产业的发展水平存在差异，因此某一产业处于发展初期的国家往往出于保护国家利益的考虑，会通过制定贸易保护政策来减少国际竞争，例如产业补贴、关税等。这种做法有助于本国幼稚产业在较短时间内获得竞争优势。更进一步，有可能通过抑制竞争性产品的进口之后，成为产品出口国。李斯特贸易保护理论是对当代国际贸易仍然具有重大影响力的早期国际贸易学说，也是反贸易自由化的理论根基。

随着国际贸易理论的不断发展，还有学者为保护幼稚工业提供依据，例如保罗·克鲁格曼（Paul R. Krugman，1953 年至今）提出的不完全资本市场问题和无偿占用问题。

一是不完全资本市场问题。不完全资本市场是指一个国家如果还未形成一套完整的金融机构体系，则不利于将传统部门的储蓄用于新成长部门的投资，限制新工业的增长。因此，即便新产业具有较好的长期收益预期，但是资本投入的缺失将不利于产业的成长。然而，保护幼稚工业可以提高其初期利润水平，形成资本积累，进而不断推进产业快速成长。所以一国应该采取保护政策保护幼稚工业。

二是无偿占用问题。无偿占用是指在某些情况下，尽管进入某一新兴产业的社会收益大于成本；但是为了适应具体环境，新兴产业的先驱公司必须承担较高的起步成本，而后来者并不需要承担。对于后来者的无偿或低投入占用，先驱者并不能从中获得任何收益。所以企业会慎重考虑是否率先进入新兴产业。因此，为了鼓励新产业的发展，一国应该设法在一定程度上补偿先进入新兴产业的企业，如通过采取补贴等贸易保护政策鼓励企业进入新产业。

（三）投资乘数理论和外贸乘数理论

20 世纪 30 年代，被后人誉为“宏观经济学之父”的凯恩斯（John Maynard Keynes，1883—1946）在其著作《就业、利息和货币通论》（*The General Theory of Employment, Interest and Money*，简称《通论》）中提出了“投资乘数理论”。不同于马歇尔等提倡自由放任的学者，凯恩斯提出国家合理调控对经济有效运行的重要性。同时，他重新解释了重商主义，并批判了自由贸易。此后，凯恩斯的支持者们在“投资乘数理论”的基础上提出了“外贸乘数理论”。他们认为国际贸易会对国民收入造成影响，而贸易保护政策将有利于国民收入的增加，所以一国须对国际贸易进行合理保护。

1. 投资乘数理论

由于外贸乘数理论是基于凯恩斯的投资乘数理论发展而来的，所以在开始学习外贸乘数理论之前，有必要对投资乘数理论做个简单的了解。凯恩斯的投资乘数理论反映了国民收入增加与投资增长之间的关系。具体而言，投资乘数理论是指在有效需求不足、存在可利用的存货等前提下，投资增加有助于提升国民收入数倍于投资量的增加。这是因为伴随投资的增加，对生产资料的需求也会增加，进而促使从事生产资料生产工人的收入增加。在收入水平提高的作用下，从事生产资料生产的人们对消费品需求的增加，进而又引起从事消费品生产的工人的收入增加。如此下去，国民收入总量将高达新增投资量的数倍。

凯恩斯认为，国民收入的增加量（ΔY）与投资增加量（ΔI）的倍数关系取决于投资乘数 K（见公式①），而投资乘数又与边际消费倾向有关，即与一定时期内的消费增加量和收入增加量有关（如公式②）。当 MPC 为 0 时，即人们增加的收入不用于消费。全部用于储蓄时，$K=1$，此时国民收入增加量等于投资增加量；当 MPC 介于 0 和 1 之间时，即人们将增加的收入部分或全部用于消费时，$K>1$，此时国民收入增加量与投资增加量呈倍数关系。

$$\Delta Y = K \times \Delta I \quad ①$$

$$K = \frac{1}{1 - MPC} = \frac{1}{1 - \frac{\Delta c}{\Delta y}} \quad ②$$

上式中 K 表示投资乘数，MPC 表示边际消费倾向，Δc 表示消费增加量，Δy 表示收入增加量。

2. 外贸乘数理论

凯恩斯的支持者认为对外贸易的增加同样可以使国民收入成倍增加，并在凯恩斯的基础上将①式改为如下③式，这就是“外贸乘数理论”。他们认为，$(\Delta X - \Delta M)$ 为正就相当于增加了投资，与投资增加量一起对国民收入的增加量产生正向作用；而 $(\Delta X - \Delta M)$ 为负则相当于减少了投资，削弱了投资增加对国民收入的增加的积极作用。这是因为，出口大于进口意味着收入增加，进而促进消费增加；而进口大于出口则意味着对外支付货币，收入减少，导致消费下降。

$$\Delta Y = K[\Delta I + (\Delta X - \Delta M)] \quad ③$$

此时投资系数 K 也有所改变，它同时受边际消费倾向和边际进口倾向的影响（如公式④）。在 MPC 保持不变的条件下，MPM 越大则 K 越小，对国民收入增加量影响就越小。

$$K = \frac{1}{1 - MPC + MPM} \quad ④$$

综上所述，对外贸易顺差会对国民收入增加产生正向的影响。这就意味着一国应采取贸易保护政策以确保 $(\Delta X - \Delta M)$ 为正，例如通过关税或非关税措施促进出口或抑制进口。所以外贸乘数理论也是国际贸易保护的重要依据之一。

（四）贸易保护政策

综上分析，在传统的国际货物贸易中，一国会积极采取关税或非关税贸易保护政策。这些政策的实施目标可以是重商主义中的促进本国货物的出口以及抑制他国货物的进口；或是幼稚工业保护理论的推动本国处于初级发展阶段的产业发展，或是外贸乘数理论的提高国民收入。

事实上，数字贸易中同样也存在这种贸易保护行为。如针对数字贸易的知识密集型贸易。为了保护知识类产业或产品在贸易中不受侵害，越来越多的国家积极地构建数字知识产权保护规则，如源代码和算法非强制性转移规则、技术非强制性转移规则、信息通信技术产品加密技术保护规则等。

在国际贸易中，各国干预商品进出口和保护国内生产的贸易保护政策种类繁多。根据贸易保护目的的不同，贸易保护政策可以分为以下几类。

1. 货币管制政策

贸易差额论者主张政府应干预经济生活，尤其是在货币政策的制定和实施方面一定要由政府进行严格管制，这就是国际贸易中的“货币管制”。这种货币管制主张严禁金银输出，即金银贵金属流入本国之后必须留在国内，不得流出。

重商主义时期，各国都在利用各种方式尽力吸收外国金银。此外，各国也对金银的流出制定了严格的惩罚措施，例如英国规定输出金银为大罪，西班牙则最为严厉，输出金银者最高可判死刑。

2. 工业保护政策

幼稚工业保护政策起源于第一次工业革命时期。当时英国国内的工业改革如火如荼，工业发展非常迅速，而美国、德国等后起国家的工业难以与英国工业相竞争，故采取积极的工业保护政策。工业保护政策的具体措施主要是建立比较严格的关税制度，通过提高进口商品关税以提高外国竞争者的产品价格，进而削弱外国商品的竞争力；同时，工业保护政策也通过采取鼓励出口的措施来推进国内工业的发展，减轻企业的成本负担，支持其形成产品竞争力，以达到保护处于发展初期的工业的目的。

3. 对外贸易垄断政策

对外贸易垄断政策盛行于19世纪末至第二次世界大战期间，它是当时资本主义国家普遍采取的贸易保护政策。这种贸易保护政策是指一国采取关税或者非关税措施以实现垄断国内市场和争夺国外市场的企图。由于这种贸易保护存在明显的侵略性，故也被称为"超保护贸易政策"。

在这一时期，西欧各国就对国际贸易实行这种国家控制和垄断的政策。通过贸易垄断，西欧各国从殖民地获取廉价原料，运回本国加工成制成品，然后高价向殖民地国家出售，如葡萄牙政府就直接控制本国与东方的贸易，西班牙政府则垄断从美洲殖民地获得的廉价原料。

4. 奖出限入政策

限制进口、鼓励出口是贸易保护最为明显的目的。这种奖出限入的政策是指一国采取补贴或退税等激励措施鼓励出口部门的发展，进而增加出口；同时国家也通过提高关税水平或进口配额等措施限制外国商品的进口。具体而言，当本国商品难以与外国商品竞争时，该国可以通过退还对原料征收的各种税款，以及给予现金补贴的方式降低企业的生产压力。另外，该国也可能通过分发现金的方式奖励在外国市场上出售本国商品的商人；而对于限制进口各国则几乎无一例外地采取征收重税的措施，导致进口商品价格高到让消费者难以购买的地步，从而抑制进口商的进口行为。当然，对于重要的机器设备和原材料，国家通常免其进口关税。

5. 鼓励发展本国航运的政策

在鼓励出口的贸易保护政策下，一国的出口会有所增加。为了便利本国商品出口及转运，一国应该积极发展本国航运产业。一国拥有完整的航运系统不仅可以降低货运成本，也可避免本国出口受限于外国航运企业。

重商主义时期，支持者认为强大的商船队是一个国家实现外贸发达和经济强盛的重要前提，因此应积极发展航运事业，同时应禁止外国船只从事本国沿海航运及本土与殖民地之间的航运。例如英国于17世纪制定的航海法案，规定沿海贸易必须使用英国船舶，从其他国家运到英国和英国殖民地的货物也必须使用英国船舶。

二、国际贸易自由化理论

（一）古典贸易理论

1. 绝对优势理论

绝对优势理论又称“绝对成本理论”，是英国古典经济学家亚当·斯密（Adam Smith，1723—1790）于1776年在其《国富论》（*An Inquiry into the Nature and Causes of the Wealth of Nations*）一书中提出来的用于抨击重商主义的理论。传统的重商主义认为国际贸易是一种零和博弈游戏，即参与博弈的双方必定是一方获益而另一方损失。所以，在重商主义时期，各国意图通过增加出口实现贸易顺差，进而增加本国的财富。但是，亚当·斯密认为这是错误的，各国应该实行自由放任的经济政策，即国家不干预国际贸易。因为自由贸易能促进生产要素的有效配置，促进社会总产出增加，进而提高两国的总体收益水平。一味地促进出口实现贸易顺差不是利益最大化的策略，还可能会招来他国的报复。

绝对优势理论认为国与国之间存在着生产技术的绝对差异，生产技术的绝对差异导致各国在生产同一产品上存在绝对成本的差异，并认为这就是两国进行国际分工和国际贸易的根本原因。假设有这样一个经济社会，在该社会中只有两个国家，A国和B国，且两个国家都只有200单位的资源，两个国家都生产两种商品，例如土豆和大米；又假设A国生产1吨土豆需要2单位的资源，而生产1吨大米需要2.5单位资源。因此，A国可以只生产100吨土豆，或者只生产80吨大米，或者土豆和大米的其他任意组合。同样，假设B国生产1吨土豆需要2.5单位的资源，而生产1吨大米需要2单位的资源。因此，B国可以只生产80吨的土豆，或者只生产100吨大米，或者土豆和大米的其他任意组合。综上，我们知道A国的土豆生产成本比B国的低，所以A国在土豆的生产上具有绝对优势，而B国的大米生产成本比A国的低，所以B国在大米的生产上具有绝对优势。

如表2-2所示，当两国不进行贸易时，且假设两国均使用一半资源用于生产土豆和大米，此时世界的总产出是180吨的大米和土豆。当两国进行贸易时，由于A国在土豆的生产上具有绝对优势，而B国在大米的生产上具有绝对优势，所以两国可以进行分工，即A国只生产土豆，B国只生产大米，此时的世界总产出是100吨大米和100吨土豆，比分工前多了20吨的社会总产出。假设两国贸易是按照1∶1的比价交换产品，那么贸易后两国都能获得50吨的大米和50吨的土豆，比贸易前多了10吨土豆或者大米。因此，在国际分工和自由贸易的情况下，世界总产出增加，且两国都会因此受益。

表 2-2　　贸易前后的产出水平对比　　单位：吨

	贸易前		贸易后	
	土豆	大米	土豆	大米
A 国	50	40	100	0
B 国	40	50	0	100
总产量	90	90	100	100

因此，绝对优势理论认为两国进行国际分工，即在各自的绝对优势上生产产品，再进行国际贸易，那么资源可以得到更有效的利用，且两国都能从中获益。所以，绝对优势理论揭示了国际分工的有利性和国际贸易的互利性，说明国际贸易并不是零和博弈游戏，而是一种双赢的游戏。但是，绝对优势理论不能解释当一国在两种产品的生产上都不具有绝对优势时，该如何进行分工和贸易。而且，它也无法说明在国际贸易中是否一定是等价交换，所以绝对优势理论存在现实局限性。

2. 比较优势理论

比较优势理论是由英国古典政治经济学家大卫·李嘉图（David Ricardo，1772—1823）于 1871 年在其代表作《政治经济学及赋税原理》中提出来的。比较优势理论建立在绝对优势理论的基础之上，但又不完全等同于绝对优势理论。李嘉图认为在国际贸易中起决定作用的是比较优势而不是绝对优势。李嘉图提出，如果一个国家生产一种产品的机会成本比其他国家生产同种产品的机会成本更低，那么该国在该种产品的生产上就具有比较优势，此时两国同样可以在各自的比较优势上生产产品并贸易，而且这种情况下的国际贸易仍能增加社会总产出和提高两国的总体福利水平。简单来说，就是当一个国家两种产品的生产成本都高于另一国时，即劳动生产率都处于绝对劣势时，该国仍可能与别国进行贸易，且此时的贸易仍对两国都有利。

在上面的例子中，我们重新假设，A 国生产 1 吨土豆需要 2.5 单位的资源，而生产 1 吨大米需要 4 单位的资源；B 国生产 1 吨土豆需要 4 单位的资源，而生产 1 吨大米需要 5 单位的资源，此时 B 国两种产品的生产成本都比 A 国高。如表 2-3 所示，当两国不进行贸易时，同样假设两国均使用一半资源用于生产土豆和大米，此时世界的总产出是 110 吨的大米和土豆。当两国进行贸易时，由于 A 国多生产 1 单位土豆所放弃的大米的产量是 0.625 单位，而 B 国多生产 1 单位土豆所放弃的大米的产量是 0.8 单位，所以 A 国生产土豆的机会成本更低，即 A 国在土豆的生产上具有比较优势。同理，由于 A 国多生产一单位大米所放弃的土豆的产量是 1.6 单位，而 B 国多生产一单位大米所放弃的土豆的产量是 1.25 单位，所以 B 国生产大米的机会成本更低，即 B 国在大米的生产上具有比较优势。因此，李嘉图认为两国可以进行分工，即 A 国只生产土豆，B 国只生产大米，此时的世界总产出是 120 吨大米和土豆，比贸易前多了 10 吨的产品。假设两国贸易是按照 1.5∶1 的比价进行产品交换，A 国拿出 39 吨土豆交换 B 国的 26 吨大米，那么贸易后 A 国可以获得

41吨土豆和26吨大米，而B国可以获得39吨土豆和14吨大米①。对比贸易前可知，A国两种产品的实际产出都增加了，B国虽然贸易后大米的实际产出减少，但是土豆的产量增加不少，事实上整个国家的总产出是增加了，即国家整体福利水平仍然增加了。

表2-3　　贸易前后的产出水平对比　　单位：吨

	贸易前		贸易后	
	土豆	大米	土豆	大米
A国	40	25	80	0
B国	25	20	0	40
总产量	65	45	80	40

相对于绝对优势理论，比较优势理论揭示了比较优势才是国际分工和国际贸易的决定因素，而且比较优势理论同样也认同国际贸易的互利性，所以它更加贴合现实情况。但是，不管是绝对优势理论还是比较优势理论，它们的假设前提都太严格，现实生产中涉及多种生产要素，不仅仅只有劳动要素，所以劳动生产率的差异仅仅只能部分解释国际贸易产生的原因。

以上介绍的绝对优势理论和比较优势理论是建立在以下的假设下进行的：

（1）世界上只有两个国家，它们只生产两种产品，生产过程只涉及劳动要素；

（2）两国生产不同产品的技术不同；

（3）市场是完全竞争市场，即产品价格都等于生产成本，无经济利润；

（4）规模报酬不变，即每单位资源投入都有相同的产出；

（5）给定生产要素总量，且生产要素可以在国内不同部门间流动，但不能在国家间流动；

（6）国际贸易不存在运输成本，即跨国运输产品不存在运输费用；

（7）两国贸易不涉及汇率；

（8）国际贸易对国家收入分配无影响。

（二）新古典贸易理论

1. 要素禀赋理论

要素禀赋理论是由瑞典经济学家俄林（Bertil Ohlin，1899—1979）在瑞典经济学家赫克歇尔（Eli F Heckscher，1879—1959）的研究基础上形成的，所以又称“赫克歇尔-俄林理论”或“H-O理论”。如前所述，李嘉图的比较优势理论强调两国劳动生产率的差异是比较优势的来源，也是国际分工和国际贸易产生的原因。然而在现实社会中，劳动并不是唯一的生产投入要素，所以即使是生产技术差距不明显的国家之间，两

① 这只是一种可能的交换比价，具体的交换比价参考了较多因素，这里的比价只为做个简单的分析。

国在相同产品的生产成本上仍然存在很大差异。赫克歇尔和俄林认为比较优势其实是由各国生产要素禀赋的差异引起的。要素禀赋是指一国所具有的资源，除了比较优势理论中的劳动力，还包括资本和土地。不同国家有不同的要素禀赋，一种要素越丰裕，它的价格就相对越低。所以，两国在生产同一种产品时，生产成本的差异取决于各国的要素价格。

在要素禀赋的理论模型下，世界同样是一个简单的社会，例如两个国家、两种产品，但是相对于绝对优势理论和比较优势理论来说，要素禀赋理论涉及了两种生产要素，即劳动力和资本。并且，该理论模型假设两国的生产技术水平相同。在这两个国家中，它们都有劳动力和资本两种生产要素，每个国家都将生产并出口本国丰裕要素生产的产品。例如，美国的资本要素相对丰富，所以美国更偏向于生产并出口密集使用资本要素生产的产品。而印度作为人口大国，劳动力较为丰富，劳动力要素价格相对便宜，所以它更倾向于生产并出口密集使用劳动力要素生产的产品。

值得注意的是，要素禀赋是相对的，而不是绝对的。一国的劳动力和资本可能比另一国的都要绝对丰富，但是相对丰富的只有一种，这是比较优势和绝对优势的重要区别。假设 A 国和 B 国都生产两种产品，一种是土地密集型产品，另一种是劳动密集型产品。并假设 A 国有 50 单位的土地和 100 单位的劳动力，B 国有 60 单位的土地和 150 单位的劳动力。所以 B 国的土地和劳动力都比 A 国要多，但是从比较优势来看，A 国在土地方面具有比较优势，而 B 国在劳动力方面具有比较优势，即 A 国应该生产土地密集型产品，而 B 国应该生产劳动密集型产品。

赫克歇尔—俄林理论同样认为贸易能够给两国带来好处。但是，斯托尔帕－萨缪尔森定理（S－S 定理）认为国际贸易会使一国丰裕要素所有者的收入增加，而稀缺要素所有者的收入减少。这是因为在赫克歇尔—俄林理论下，各国都偏好生产密集使用丰裕要素生产的产品，这样就导致了一国丰裕要素价格上升，而稀缺要素价格下降。也就是说，一国内的丰裕要素持有者将受益，稀缺要素持有者将受损。因此，斯托尔帕和萨缪尔森认为，虽然国际贸易能提高一国的整体福利水平，但是并不能保证所有人都能受益。以越南为例，近年来，越南由于其劳动力成本优势而促使纺织服装工业蓬勃发展，进出口贸易对国家经济的贡献程度也在不断增加。然而，值得我们关注的是，由于纺织服装工业的订单暴增，越南的劳动力成本正在大幅度飙升。其实，出现这一现象的原因之一是纺织服装工业是劳动密集型产业，其大规模发展必然会增加对劳动力的需求，促使劳动力要素价格上涨。但是，这种国际贸易红利并没有惠及越南所有人，因为越南在推动纺织工业大规模发展的同时，忽视了其他产业的发展。例如高科技产业，此时科学技术人员并没有因国际贸易而获得额外的收益，而且可能由于市场对科学技术人员的需求减少而影响他们的收益。

2. 里昂惕夫悖论

20 世纪中期，美国是世界上资本最充裕的国家。所以，按照赫克歇尔—俄林理论，美国应该出口资本密集型产品。但是，1951 年，里昂惕夫运用投入—产出法对美国 1947

年进出口行业所用的资本和劳动数据进行检验，结果却发现美国出口的并不是资本密集型产品，而是劳动密集型产品，这个验证结论正好与赫克歇尔—俄林理论相反。对于这一现象，里昂惕夫（Wassily W. Leortief，1906—1999）认为这可能是美国的劳动力比其他国家的劳动力更有效率，所以美国的 1 个劳动力可以替代其他国家的 3 个劳动力，因此美国的劳动力要素更加丰裕。

后人也对里昂惕夫悖论进行解释，他们分别从自然资源、要素密集度逆转、需求逆转、贸易保护政策和研究方法失误等几个方面进行解释。有学者认为现实中的要素不仅有资本和劳动，也有自然资源等要素，所以也存在自然资源密集型产品，而里昂惕夫仅仅将产品分为劳动密集型产品和资本密集型产品，所以这中间存在偏误；也有学者认为这可能是劳动力便宜使得当时美国的生产发生了要素密集度逆转，即在生产过程中劳动力要素取代了部分资本要素的结果，所以使得美国出口的是劳动密集型产品；还有学者认为这种现象可能是因为当时美国人偏好消费资本密集型产品，或者美国存在保护性贸易政策，限制劳动密集型产品的进口，又或者里昂惕夫的研究方法出现了问题，等等。

（三）新贸易理论

新贸易理论出现于 20 世纪 70 年代，在这之前，大多数贸易理论认为国家间的生产技术和资源禀赋差异是国际贸易产生的根本原因。但是，许多经济学家指出企业达到规模经济的能力与国际贸易有重要的联系，同时同类产品之间的贸易增加，即出现了许多同一产业内既进口又出口的现象。此时，用传统的比较优势和要素禀赋都不能很好地解释这两种现象。因此，以保罗·克鲁格曼为代表的一批经济学家提出了一些新的国际贸易理论。他们认为，尽管没有生产技术和要素禀赋的比较优势，一国仍会基于规模经济等原因而参与国际分工和国际贸易。

1. 规模经济贸易理论

亚当·斯密的绝对优势理论和李嘉图的比较优势理论都是在规模报酬不变的假设下进行的，然而在现实情况下，企业增加生产时，固定资产的投入并没有增加，此时增加产量会出现平均单位成本下降的现象，即规模经济。

规模经济是指随着生产规模的扩大而使得长期平均成本下降的情况。规模经济贸易理论是由保罗·克鲁格曼与艾瀚南合著的《市场结构与对外贸易》一书中提出的学说。该理论认为，在生产要素价格和生产要素投入比例不变的条件下，且在一定范围内，一个企业的生产规模越大，产品的平均成本就越低，产品的国际竞争力越强。但是，生产规模并非越大越好。企业的生产规模一旦超过一定的限度可能会出现规模不经济的情况，即再多生产一单位产品的边际收益小于边际成本。一个国家的需求是有限的，如果一个企业谋求实现规模经济或者意图垄断市场，那么它就需要通过进入外国市场来拓宽市场。所以规模经济贸易理论认为，企业寻求规模经济也是进行国际贸易的原因。

2. 行业内贸易理论

行业内贸易是指一个国家同一个产业既进口又出口的现象。首先，在行业内贸易理论下，两国都生产同一种产品，但两国生产出来的该种产品具有差异性，消费者对差异性产品的需求是促进两国进行国际贸易的原因之一。例如，美国既进口日本的本田汽车，同时又向日本出口福特汽车。其次，行业内贸易也是企业获取规模经济报酬的结果。在规模经济的驱使下，企业会专注于某种产品的生产，此时如果其他国家的某一企业同样专注于生产该种产品，那么这种异质性产品会存在于两国的贸易之中。

行业内贸易存在于垄断竞争市场之中。两国生产的具有差异性的同种产品使两国的产业存在较为激烈的竞争，各国产业都尽力突出自己产品的特有优势，以期获得国内外消费者的青睐。同时，产品的差异性也使两国在产品的定价上具有一定的话语权，因此其在市场中也存在一定的垄断性。

3. 需求偏好相似理论

需求偏好相似理论是瑞典经济学家斯戴芬·伯伦斯坦·林德（Staffan B. Linder）于1961年在其论文《论贸易和转变》中提出的。需求偏好相似理论从另一个视角解释了行业内贸易的原因。林德认为两国的经济发展水平越接近，消费者的消费偏好就越相似，那么国际贸易发生的可能性就越大。这说明经济发展水平比较接近的两个国家的消费者更有可能对同一产业的产品感到兴趣。因此一国可能出于产品差异性或者本国供不应求的原因而向他国进口产品。

与前面的古典贸易理论和新古典贸易理论不同，需求偏好相似理论认为国家的经济发展水平越相似越可能发生国际贸易，这更加符合现实情况。在传统的国际货物贸易中，不管是比较优势理论、要素禀赋理论，还是规模经济贸易理论，都表明自由贸易能提高两国的总体福利水平；而贸易壁垒却会影响资源的有效配置，不利于两国经济的发展。所以自由贸易才是两国的优先选择。其实，这种自由贸易的思想同样也适用于数字贸易。以美国、新加坡为代表的先进数字经济体正在积极倡导甚至引领更加自由的数字贸易。它们正致力于在国内法和区域贸易协定中构建促进数字贸易自由化的规则，如跨境数据自由流动条款等。

三、其他传统经管理论

（一）产品生命周期理论

以往大多数的国际贸易理论均假设了两国的生产技术是给定不变的。然而，在现实中，生产技术并不是固定不变的。因此，美国哈佛大学教授雷蒙德·弗农（Raymond Vernon，1913—1999）便基于这一现实情况对国际贸易模式进行重新研究，并提出了产品生命周期理论。弗农认为产品会经历导入、成长、成熟、衰退四个周期。而且，由于同一时期各国的生产技术水平有所差异，所以产品的生命周期在不同的国家发生的过程和时间并不相同，各国间存在一个较大的差别。具体而言，某一产品在A国可能处于成熟期，而在B国却处于衰退期。国家间的这种差别使得不同的国家在同一时间的竞争地位存在差异，从而导致国际贸易的形成。

（1）产品导入期。产品生产是非标准化的，生产规模较小，只能满足国内需求，难以适应国外需求，即便存在小规模的国际贸易，也主要是集中在收入水平相近的发达经济体之间。

（2）产品成长期。产品生产的标准化程度提高，生产规模扩大，规模经济效应凸显，市场竞争力提高。生产从技术密集型转为资本密集型，产品生产在满足本国需求的同时也能部分出口外国市场。

（3）产品成熟期。产品生产完全标准化，产品之间无差异，生产开始从资本密集型转向劳动密集型。此时，拥有低劳动成本的发展中国家开始大规模扩张生产，并向发达国家出口，产品的创新国逐渐失去垄断地位，出口大幅下降。

（4）产品衰退期。由于发展中国家劳动力成本优势明显，产品的生产成本更低，所以不断扩大产品生产，并向产品创新国出口。此时，产品的创新国也因不再具备比较优势而退出市场，成为净进口国。

☞ 背景材料 2.2

柯达相机的生命周期

伊士曼柯达公司（Eastman Kodak Company）简称柯达公司，是一家全球技术企业。目前专注于印刷和先进材料与化学品，主要领域集中在商业印刷、包装、出版、制造和娱乐，致力于为客户提供行业领先的硬件、软件、耗材和服务。

1881 年，年轻的业余摄影师乔治·伊士曼与斯特朗成立了一个名为伊士曼干版公司的合伙企业。1888 年，乔治·伊士曼以“你只管按下按钮，剩下的交给我们”为宣传口号，把第一款简单方箱式相机交到全世界消费者的手中。这让拍照从烦琐复杂发展为简便易操作。1892 年，伊士曼公司更名为“伊士曼－柯达公司”。到了 20 世纪时，柯达在全球摄影产业市场中占据了 2/3 的份额，并且拥有超过 14.5 万名员工。可是柯达公司由于数码转型失败，2012 年 1 月 19 日走向破产。接下来，我们将结合产品生命周期理论，来看看柯达相机的发展历程。

导入期：1888 年，柯达公司推出盒式相机“TheKodak”；1889 年，柯达相继推出“柯达 2 号”和“柯达 3 号”；1891 年，柯达公司又推出可以在日光下更换胶卷的方箱式相机“柯达 A、B、C”。

成长期：19 世纪末，柯达公司开始在意大利、德国、法国等国家设立销售机构，推进产品全球化。1900 年是一个重要的时间节点，因为柯达公司又开发出了较为简单且廉价的勃朗宁盒式相机，改变了人们对照相机昂贵、庞大的固有印象。20 世纪初，伴随柯达进军亚洲和南美洲市场，公司在全球占据的市场份额越来越大。1963 年，柯达公司再次开发了 Instamatic 相机，截至 1970 年共售出 Instamatic 相机超过 5000 万台。1975 年，柯达应用电子研究中心工程师斯蒂芬·J. 塞森开发出了世界上第一台数码相机，拍摄一张黑白照片的时间压缩至 23 秒。

成熟期：21 世纪初，柯达公司进一步扩大生产基地，遍布巴西、法国、德国、澳大利亚和中国等国家。生产不再局限于美国境内，而是转移至后发国家进行代替生产并出口。

衰退期：由于数字技术的快速发展，而柯达公司疏于应对，来自同行业的竞争者迅速抢占了相机市场。2004 年 1 月 13 日，柯达宣布将停止在美国、加拿大和西欧生产传统胶片相机。2012 年柯达公司宣布正式破产。

资料来源：MBA 智库

https://www.kodak.com/zh/company/page/history.

https://www.kodak.com/zh/company/home.

（二）钻石理论模型

在前面的理论中，尽管各位学者对影响国际贸易产生的原因进行了更新迭代，国际贸易模型也逐渐更加符合现实情况，但是在解释上总有局限。这主要是因为以往的国际贸易理论对国际贸易现象的解释都建立在较多的假设前提之上，过于理想化，也过于单一了。相反，美国哈佛商学院著名的战略管理学家迈克尔·波特提出的钻石理论模型就综合考虑了影响国际贸易进行的多方面因素。波特认为，一国企业或者产业之所以具有国际竞争优势并参与国际贸易，是因为其同时具备四个基本因素和两个辅助因素。这些基本因素和辅助因素组成如同钻石分子的菱形结构一般，共同形成一国的国际竞争能力。

四个基本因素分别是要素禀赋、需求情况、相关与支持产业和企业战略、组织与竞争，两个辅助要素分别是政府和机遇。具体分析如下。

（1）要素禀赋。波特将一国的要素分为两种：一是高级要素（通信基础设施等）；二是基本要素（气候、自然资源等）。他认为相比于基本要素，高级要素更有助于提高企业竞争优势。波特强调“赫克歇尔—俄林理论”是解释一国企业对外贸易的原因之一，一国充裕的生产要素是该国企业或者产业的国际竞争优势所在。

（2）需求情况。国内的消费需求和消费层次与该国企业生产出数量更大、质量更好的产品的动力呈正相关。企业竞争优势的来源之一是不断满足国内消费者的需求，尤其是高水平的国内需求对产品的创新和质量具有较大的影响力。

（3）相关与支持产业。具有国际竞争力的供应商和相关产业即相关与支持产业。一国的竞争优势来源之一是完善的国内相关产业和支持产业。在相关产业方面，产业集群存在正外部性，方便企业间的要素流动，提高企业的效率①。英国经济学家马歇尔认为，厂商的地理集中能促进专业化供应商队伍的形成，有利于劳动力市场共享和知识外溢，这就是著名的外部规模经济理论。在供应商方面，如果国内存在具有国际竞争力的供应商，它们能以更加快速和有效的方式为下游企业提供产品，为下游企业创造竞争优势。

---

① 外部性：又称外部经济和外部效应，是指经济个体的经济行为对他人或社会造成受益或受损的现象，分为正的外部性和负的外部性。经济个体的经济行为给他人或社会带去利益，则称为正的外部性，反之则称为负的外部性。

（4）企业战略、组织与竞争。波特认为，形成和保持企业国际竞争优势的重要方式是合适的企业管理方式、适宜的企业发展战略，以及激烈的国内竞争。

（5）政府。波特认为，政府需要通过采用各种措施为企业或产业创造有利于生产率提高的环境，例如通过补贴、税收政策、市场规范等。所以，政府行为对企业或产业国际竞争优势的形成存在较大影响。

（6）机遇。机遇可以促进企业或产业形成国际竞争优势，例如技术突破、重要发明等。机遇的出现会打破原有的市场竞争格局，创造新的竞争空间，为企业带来获取竞争优势的机会。

自 20 世纪 70 年代起，越来越多的研究者就致力于构建评价国家竞争力的完整体系。目前，世界上具有两大权威的国家竞争力评判机构，它们分别是世界经济论坛（WEF）和瑞士洛桑国际管理发展学院（IMD）。然而，随着数字贸易的到来，影响国家竞争力的因素又有了新的解释，如蓝庆新等（2019）、谢玉等（2020）、李清沛（2021）和喻文丹等（2022）等学者都认为钻石模型中提及的生产要素、国内需求、相关产业支持和企业战略等要素仍是影响一国在数字贸易中获得国际竞争力的因素，但是数据要素和科学技术成为影响国家竞争力的主要因素。此外，第三产业也成为最主要的数字贸易支持产业。

第二节 数字贸易的理论适用

一、数字贸易规则输出理论

（一）数字贸易中的比较优势

本章第一节我们学习了李嘉图的比较优势理论，他提出的比较优势其实是一个相对的概念，是指生产一种产品比其他产品具有更高的效率。在上面土豆和大米的例子当中我们知道，我们是用机会成本来表现哪国在某产品的生产上更具比较优势的。机会成本是指经济人在做出和执行各种行为决策时，要评估做一件事情而放弃其他事情所面临的最大代价。所以，从生产的角度来看，机会成本就是厂商生产某种产品而放弃其他产品生产的最大数量。这说明，当厂商生产具有比较优势的产品时，放弃其他产品所需承担的机会成本较低。

比较优势理论的主要内容是，即使一个国家生产的两种产品都处于劣势（即无绝对优势），也可以选择劣势较小的产品生产，再从他国进口劣势较大的产品。最有效的国际贸易分工方式即每个经济体都通过这种比较成本的方式，生产具有比较优势的产品并进行贸易。最终参加贸易的国家都获得自己等量投入所能得到的更多产品，实现共赢的结果。因此，如果一个国家在某产业具有比较优势，那么它会拥有对外输出相应产品的强大动力，以期在国际贸易分工中实现利润最大化。

其实，在数字贸易中，经济发展水平高的国家往往也有比较强烈的对外输出数字服务的意愿，这是因为它们在以下四类数字产业中具有比较优势。

（1）数字基础设施。数字贸易需要先进的数字技术来支撑，而数字技术的发展和运用需要坚实的基础设施作为后盾，如电信部门中的通信服务和云服务。但是，数字基础设施产业的研发和建设往往需要大量的资金和技术资源投入，因此发展程度比较高的大国在这方面具有优势，即在数字贸易的相关与支持产业上具有比较优势。

（2）知识产权和版权许可服务。知识产权密集型产品是创作者的智慧成果，它们大多是建立在前人的知识产权成果之上的。在数字贸易中，各国常以出售知识产权产品、版权和许可服务的方式来提供数字产品，这是与传统贸易的重要区别，即数字贸易产品在生产过程中有数字要素的投入。经济强国由于在教育和科学等方面的投入较大，所以掌控了大量知识产权和版权资源。因此，经济强国在数字贸易中的数字要素也具有比较优势。经济强国希望在技术外溢前保证回收成本和赚取利润。

（3）视听娱乐产业。视听娱乐产业属于文化部门，当一个国家在经济上具有强势地位，其文化价值观也较容易为其他经济体所认同和欢迎，因此也更愿意致力于对外输出数字视听等服务，进而占据海外市场。

（4）基于数字技术提供的金融保险服务。经济强国在金融和保险服务方面的发展水平也比较高，具备比较优势。因此，它们也积极采取数字形式对外输出国内的相关服务。

综上所述，如果一个国家要对外输出数字产品和服务，那么它在四个方面存在比较优势。其实，这四个方面的优势可以大概总结为国家在数字要素、相关与支持产业和数字技术三个方面的优势。所以，国家竞争优势理论的思想在数字贸易中同样适用，即一个国家因为各种方面的优势而具有国际竞争优势，进而对外出口。

以美国为例，美国在数字技术、知识产权和视听文化娱乐等数字贸易部门中都具有显著的比较优势，甚至是绝对优势（详细产业数据见第四章）。因此美国在国际市场上具有竞争优势，积极对外输出数字服务。这可以在美国制造业市场不断萎缩的背景下，有效促进美国出口，改善经常项目收支，提高国家福利水平。

但是，数字产品的出口同传统国际贸易一样，受到了不少他国的限制。其中一个关键的原因在于，如果一国大规模对外输出其具有优势的数字产品，将威胁到其他国家处于比较劣势的数字产业。因此，其他经济体通常也会设置贸易壁垒以限制数字产品进口，保护本国数字产业。然而，数字贸易是规则敏感型的，部分贸易壁垒甚至可以完全屏蔽数字服务的进口，因此限制性法规可以轻易地冲击数字贸易。为减少和消除这些障碍，近年来，主要的大型经济体大都积极地通过签订 RTAs 来构建符合自身利益的数字贸易规则。当前，除了不断升级既有的数字贸易规则，发达经济体（如美国、欧盟等）还陆续在 RTAs 引入新的数字贸易内容，力图降低数字贸易的壁垒，为其数字产业出口营造良好的国际法规环境。

（二）数字贸易规则输出路径："轮轴—辐条"

为了充分利用本国的数字贸易比较优势，促进数字产品和服务出口，一国会努力输出有利于本国出口的数字贸易规则。其中，规则输出的途径之一就是“轮轴—辐条”模式。

1. 规则输出路径

“轮轴—辐条”概念最初由著名国际贸易学家巴格瓦蒂（Jagdish Natwarlal Bhagwati，1934—2021）提出，用于描述20世纪末全球RTAs不断增加进而形成协定网络的现象。在该模式中，一个国家处于缔结RTAs的中心地位，分别与多个国家签署RTAs。这个主导国家如同轮轴一般带动着RTAs的发展，因此被称为“轮轴国”。而那些与“轮轴国”签订协议的国家相互之间并没有缔结RTAs，在协定网络中如同辐条一般没有交集，故被称为“辐条国”。

在“轮轴—辐条”模式下，“轮轴国”可以获得更多的“辐条国”市场，促进本国贸易出口。相反，“辐条国”却会因为协定网络的扩大而损失市场份额。虽然“辐条国”也可因此进入“轮轴国”市场，但“轮轴国”的市场是有限的，会随着“辐条国”的不断增加而被相应分割削减。同时，由于在协定网络中“辐条国”相互间的联系并不紧密，也未能顺利进入对方市场。而且，“轮轴—辐条”模式中的国家是具有先发优势的，越早加入该体系的“辐条国”收益越多。此后，不断有体系外国家希望能够尽快加入“轮轴—辐条”体系，成为新的“辐条国”，分别抢占部分“轮轴国”市场，“辐条国”之间的竞争加大，而占据先发优势的“轮轴国”进一步扩大其海外市场。

因此，“辐条国”为了获得更多的福利而争取更早地加入“轮轴—辐条”体系，故各“辐条国”在缔结协定成为成员方时相互间是一种竞争关系。“轮轴国”恰好可利用这种竞争关系，结合各种特惠措施，让谈判中的“辐条国”在压力下接受其他“辐条国”已经签订的规则。同时，通过签订协议获得先发优势，不断吸引新“辐条国”加入，进一步扩大“轮轴国”在贸易规则制定上的话语权，扩大“轮轴国”的“要价”在RTAs框架下的接受度。基于以上逻辑，“轮轴—辐条”体系会不断地对外扩张，“轮轴国”也在这一过程中扩大基于自身诉求所构建的规则影响力，不断地收获利益转移。

2. 规则输出现状

在这个数字贸易规则存在空白的阶段，虽然不少数字大国都致力于将自身诉求深度植入全球数字贸易规则体系中，但是若仅签订少数几项RTAs，在国际上的影响力是远远不够的。相反，如果经济体对外积极构建数字贸易规则网络，尽快在区域贸易谈判层面成为“轮轴国”，则可充分发挥“轮轴—辐条”效应。这不仅扩大海外市场和获得规则构造上的先发优势，还能不断对外输出彰显雄心的数字贸易“要价”。

正因为如此，数字大国都想成为“轮轴国”，并向外推出符合自身利益需求的规则模板。但是，这并不容易。数字贸易的主体是服务贸易，数字贸易发展所遇到的主要障碍是非关税壁垒，如边境后采取的各类限制性措施。但跟关税削减比较而言，减少或剔除非关税壁垒会牵涉到改变一国国内规制甚至要求让渡部分主权，所以推进数字贸易自由化规则相对困难。因此，当前多边框架下的既有服务贸易协定并未普遍对数字贸易内容进行深度承诺，不少数字贸易新议题尚处于悬而未决的状态，全球数字贸易治理体系有待发展和完善。

同样以美国为例，美国是新区域主义背景下典型的“轮轴国”，而大多数国家是其“辐条国”。美国本身具备强大的经济影响力，数字贸易的比较优势明显，同时也带有对外输出符合自身诉求规则的强烈意愿。所以，为实现主导数字贸易治理的目的，美国积极与多个经济体达成涵盖数字贸易规则的 RTAs。经过不断努力，美国的主要贸易伙伴几乎都与其签署了至少一项 RTAs，而且美国的缔约对象之间通常并未缔结 RTAs。在美国营造的区域数字贸易治理网络里，美国如同车轮中心的“轮轴”，其缔约对象如同“辐条”。

美国在“轮轴—辐条”体系中引入数字贸易内容的动力是通过“辐条国”的不断增加来扩大美国的数字贸易市场、提高“美式模板”在全球数字贸易治理中的接受度。当美国不断对外缔结协定成为“轮轴国”，“轮轴—辐条”效应可以不断使新的“辐条国”的加入。随着“辐条国”成员的不断增加，美国作为“轮轴国”又可以进一步提高自身在数字贸易规则制定上的话语权。在多边贸易体制迄今尚未随数字贸易的发展做出突破性改革的背景下，为尽快实现美式数字贸易规则的对外输出，美国利用其在区域数字贸易治理网络中的“轮轴国”地位对其他国家施加压力，是一个可行的有效途径。事实上，在目前全球数字贸易治理体系中，“美式模板”的核心议题已多次出现在了美国未直接参与的多个协定，只是在承诺的深度和广度上存在区别。

二、特定数字贸易规则签订理论

如前文所述，具有比较优势的国家积极对外出口数字贸易产品和服务，但是一国想要增加数字贸易产品的出口需要降低他国的数字贸易壁垒，构建高标准自由贸易环境。此时，数字贸易强国积极构建符合自身利益需求的数字贸易规则并向他国输出。从规则输出的“轮轴—辐条”模式来看，如果具有比较优势的国家想向外输出数字贸易规则，那么它应该努力成为“轮轴国”。接下来，将具体学习数字贸易强国意图输出哪些数字贸易规则，并探讨其背后的原因。

（一）数据流动背后的理论：产品差异化和差别定价

目前，数字贸易规则主要体现在七个条款中：跨境数据自由流动、数据非强制本地化存储、源代码保护、技术非强制本地化、网络中介责任豁免、电子传输免关税、产品非歧视性待遇规则。其中，跨境数据自由流动是目前最具争议的条款，也是具有比较优势的数字贸易国家积极寻求的规则之一。下面将从两个方面来解释具有比较优势的数字贸易国家积极倡导跨境数据流动背后的原因。

1. 基于“产品差异化”视角分析跨境数据流动诉求

在经济学的标准完全竞争模型中，不同的竞争者在市场中提供的产品是一样或同质的，价格是影响消费者购买决策的唯一重要因素。单个厂商将面临一个平稳的需求曲线，稍微抬高价格都可能会大幅减少其市场份额，甚至完全丧失市场（见图 2 - 1）。

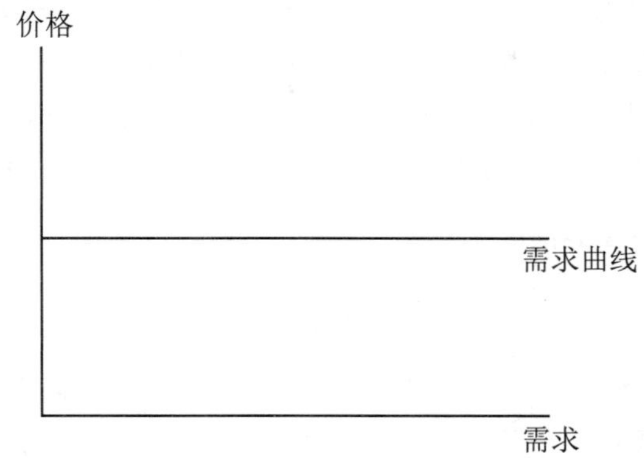

图 2-1 完全竞争市场的需求曲线

资料来源：高鸿业. 西方经济学（微观部分）[M]. 北京：中国人民大学出版社，2021.

区别于传统完全竞争模型中的单一产品，差异化生产的产品虽属同一类别，但相互间是存在区别的，如咖啡中的黑咖啡和卡布奇诺，企业就同种产品推出不同系列和品牌等。产品差异化可分为两种。一是水平差异化（Horizontal Differentiation）。产品的差异体现在产品的外观和用户偏好的不同上（Hotellling，1929）。如对于同一款鞋子，有的人偏好白色，有的人偏好黑色，则在价格一样的情况下，每一种偏好的颜色将均分市场。企业还可细分用户更深层次的偏好进一步实现差异化并赚取利润。二是纵向差异化（Vertical Differentiation）。纵向差异化产品在性能和属性上会有本质上的区别，如具有不同硬件配置的个人电脑。由于不同的产品品质所需要投入的生产成本（包括技术和劳务）存在差距，因此纵向差异化产品间通常会有价格差距。纵向差异化和横向差异化是可能同时存在的，如两家横向差异化的视频网站都提供在线视频观看服务，其中一家还有连接电视的播放服务，在纵向上更能满足家庭用户的需求。

如图 2-2 所示，纵轴代表产品的价格，横轴表示消费者对颜色的偏好。厂商 A 和厂商 B 分别生产白色和黑色的同质鞋子，两者的价格一样，各占据了一定的市场份额。如果厂商 A 提高了价格，两个厂商的市场交界线将向左迁移，厂商 A 所占市场份额随之减少。消费者甲和乙分别喜欢白色和黑色，则各自会偏好厂商 A 和 B 生产的产品。但是厂商 A 和 B 所生产的产品都和甲、乙所期待的存在偏差。如图 2-2 所示，甲所期望的白色与企业 A 生产的标准白色（点 C）是不一样的，差距越大则所需额外支付给厂商的价格就越高。

正是由于存在两方面的异质性，每种产品在产品空间上都有自己的特定位置，在某细分市场上，产品的差异化特性使其不能被轻易取代，具备了排他性。此时提供该产品的厂商在市场上能处于垄断地位（Chamberlin，1933）。这意味着，区别于同质化产品，差异化产品因价格变动而丧失所有市场的可能性较低。所以产品差异化是厂商追求的理想状态。

其实，数字贸易中产品差异化的实践运用更为广泛。但是，要实现数字产品的差异化并获得市场支配地位，则须满足以下两点关键因素。一是数据的可获取性。在数据可自由流动的条件下，数据流动快、规模大，使数字贸易厂商相较于传统厂商更容易获得丰富且详细的用户偏好资料，并基于此为客户提供符合个性需求的差异化服务。二是接近于零的额外生产成本。但是，由于数字产品本身具有非常强的可修改性，因此对数字产品进行差异化生产的成本其实不高（Choi，1997）。所以，实现跨境数据的自由流动是数字产品进行差异化生产的关键所在，数据流动可以为厂商生产异质化产品提供更多的便利。

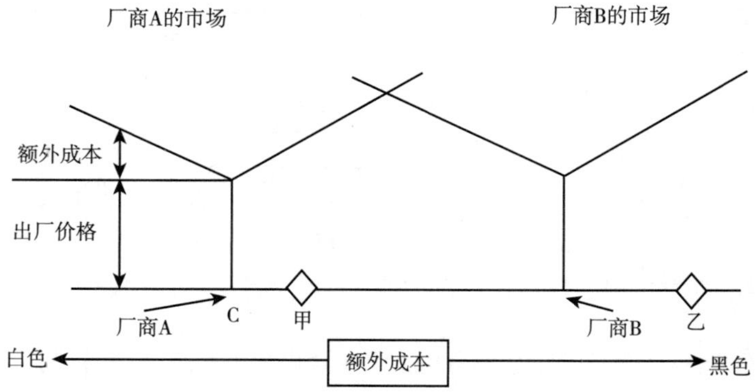

图 2-2 横向差异化产品

资料来源：Choi，Soon-Yong，Stahl，Dale，Whinston，Andrew. The Economies of Electronic Commerce [M]. Macmillan Techniael Publishing，1997.

数字产品具有更强的异质性将使其所有者具有更强势的市场地位。数字产品差异化生产时，厂商所面临的消费者需求弹性较小，具有一定的市场支配能力，其他厂商也不能自如地进出市场。即使厂商抬高了某差异化产品价格，其市场份额也不会因此大幅缩减。如图 2-3 所示，差异化产品的需求曲线相对陡峭，相比同质产品，异质化产品可以给厂商更大的价格调整空间。与此同时，即便市场中其他同类产品价格下降了，也不会侵吞差异化产品的市场份额。这意味着差异化产品的厂商会在一定程度上起到市场支配者的作用，尤其是对于存在特定产品偏好的消费者。因此，差异化厂商可以在获取用户信息的基础上，根据市场需求制定可获得最大利润的价格，而非成为价格的接受者。需要注意的是，这种价格和垄断是短期的，因为利润的优势会随着新厂商的进入而消失。

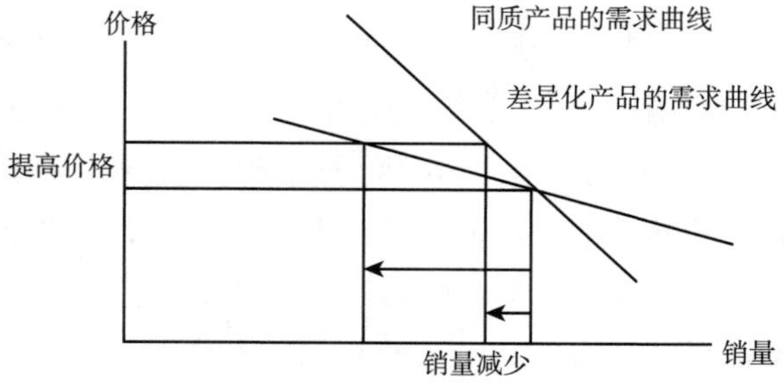

图 2-3 差异化数字产品垄断市场前后对比

资料来源：Choi，Soon-Yong，Stahl，Dale，Whinston，Andrew. The Economies of Electronic Commerce [M]. Macmillan Techniael Publishing，1997.

基于此，数字技术基础较好的国家倾向于在数字贸易协定中增加跨境数据自由流动的条款。数字经济强国一般在数字产业具有领先的技术优势，当其根据消费者的个性化需求对数字产品进行差异化生产时，调节甚至改造所需要的技术成本较低。依托于这些数字技术基础，如果数字经济强国能在对外输出数字服务时能充分实现数字产品差异化，那么至少在短期内由于这些产品的需求弹性较低，它可获得强势的市场主导地位，提高自身在价格制定上的话语权。由于实现产品差异化的前提条件是大量获取其他经济体的数据资源，因此大力促进跨境数据的流通，以最大限度地获取他国用户信息以及机构信息是数字经济强国构建高标准数字贸易规则时的重要关切。但跨境数据的获取涉及数字贸易中的用户隐私、个人数据安全甚至国家安全等问题。因此对数据的监管程度成为各大经济体制定数据相关的数字贸易规则时的分歧所在。

2. 基于“差别定价”视角分析跨境数据流动诉求

寻求差别定价是数字贸易国家积极倡导跨境数据自由流动的另一个解释。差别定价是指根据用户的不同需求和特性对同一产品进行区别定价。不同用户对同一产品所愿意支付的价格也是不一样的。例如，相比收入低或者需求低的消费者，收入高或者有更高需求的群体可能愿意支付更高的价格。企业可基于用户的最大支付意愿进行差别定价，对前者征收较低的价格，对后者则制定较高的价格。相比制定统一的价格，差别定价可使厂商尽最大可能地榨取消费者剩余，获得更多的利润。如图 2 – 4 所示，当企业对某一产品施行统一定价时，总收益为区域 ECDO。当企业能根据消费者的需求进行区别定价时，对处于 A 点的用户可采用最高价格售出产品，对于处在 C 点的用户则采用统一定价时的价格。此时，区域 ADC 的消费者剩余也会成为总收益的一部分。所以，差别定价可增加总收益。

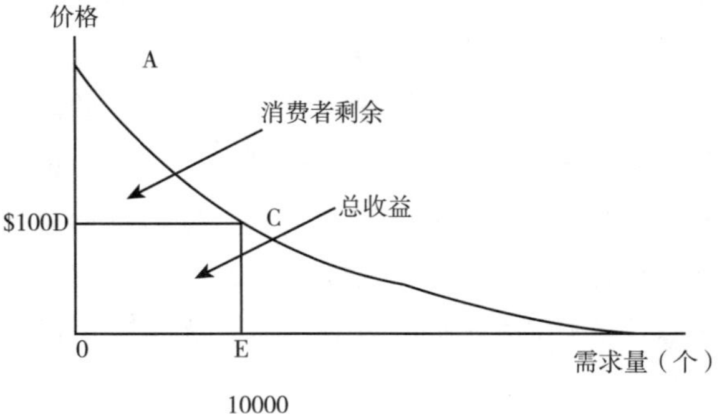

图 2 – 4　差别定价前后的收益

资料来源：Choi, Soon – Yong, Stahl, Dale, Whinston, Andrew. The Economies of Electronic Commerce [M]. Macmillan Techniael Publishing, 1997.

在传统经济中，要实现完全的差别定价是有难度的。这主要有以下两个原因：一是因为要精准定位用户画像，就需要投入极高的调研成本方能准确获知用户个体的偏好。而且，由于没有识别用户个体购物动机的有效手段，所以传统的有效竞争性市场仅停留在以消费者群体为单位，根据动机来制定不同的价格，或直接采用统一的定价方式，而不考虑不同消费者独自的产品评价；二是差别定价这种模式需要防止消费者间的转售，即需求曲线左边估价较高的用户从需求曲线右边估价较低的用户处购买。因为转售者可以通过“低价买，高价卖”的方式，以低于厂商制定价格的水平卖给愿意支付高价的客户，并从中套取利润。但是，在传统的贸易模式交易中，这种转售的现象难以避免。而这种套利行为一旦出现，将导致厂商的差别定价策略受挫。

在传统的实物市场中，企业实现差别定价需要较高的成本。随着时代的发展，信息通信技术和互联网技术不断提高，数字贸易中厂商可利用有利的技术条件，让每个单独的消费者支付其所愿意的最高价格（Choi，1997）。

在数字贸易中，由于数据流通速度快、信息量丰富且容易获得，所以具有难度的差别定价运营模式是有办法实现的。然而，要真正实现对数字产品的差别定价还需要构建一定的技术基础和实践环境，这主要表现在以下三个方面。一是企业可以获得详细的消费者信息，因为这可以让企业区分不同消费者的情况以及购买动机并制定相应的价格。与传统产品相比，数字贸易产品主要是通过电子平台进行交易和运输，所以平台会存储大量的用户数据。所以，相对传统贸易来说，数字企业可以通过数字技术收集消费者的相关信息，而且成本更低，途径更多，也更便利。二是云计算服务的普及让企业可以高效地针对不同的消费者制定不同价格。三是让消费者单独付账的技术较为成熟，可以有效地防止转售情况的发生。因此，要实现对数字产品的区别定价，我们不仅要保证有成熟的数字基础设施的支持，还需要促进跨境数据的自由流动，进而降低数字企业区分客户群体的成本。

因此，同差异化生产一样，跨境数据自由流动也是数字企业进行差别定价的重要关切。“跨境数据自由流动”和“数据存储非强制本地化”是收集消费者相关信息，进而实现差别定价的一个基本前提。目前，以美国为代表的坚持或倡导“美式模板”数字贸易规则的经济体都积极寻求跨境数据自由流动条款。美国是全球人工智能和云计算等数字服务的提供大国，美国厂商希望能更多地获得详细的用户信息，由此区分不同消费者的购买动机并制定差异化的价格。这可在不增加生产成本的同时，提升销售或者出口总额。

但是，如上文所述，虽然数字技术的发展让大量获取市场信息成为可能，但是获取涉及用户喜好的数据，会牵涉消费者隐私、言论自由甚至是国家安全等法律问题。事实上，当前对于因数据管制力度不够所引发的隐私侵权问题，无论是美国本身还是其他国家都有不少反对的声音。例如印度，它一直以来都是数据保护主义者，2019年印度提出的《个人数据保护法案》就对跨境数据流动提出了限制性要求，并计划建成一个中央的数据保护系统。尽管该法案在2022年8月初被废除了，但是印度并没有官方承认放弃对跨境数据的保护。因此，在数据流动和隐私保护之间的矛盾没有得到缓和之前，数字贸易强国在数字贸易规则方面的诉求仍会遇到阻碍。

（二）市场扩张理论：规模经济和外部性

跨境数据自由流动是数字贸易国家了解他国市场消费者消费倾向和消费意愿的重要前提，这是具有比较优势的数字贸易国家促进数字产品和服务出口的第一步。然而，要更好地实现数字产品和服务出口，数字贸易国家还需得到他国的市场准入承诺。以下将从规模经济和外部性两个方面来解释数字贸易国家寻求市场准入条款背后的原因。

1. 基于“规模经济”视角分析市场准入扩张诉求

克鲁格曼（1988）认为，“规模经济”是指随着生产规模的扩大，平均总成本不断下降从而引起经济效益增加的现象。这是因为随着市场规模的扩大，越来越多的产品分摊了固定成本，此时如果边际成本保持不变，那么产品的平均成本将下降。在规模经济理论中，我们把产品总成本分为固定成本和变动成本。固定成本是企业刚开始生产时就必须付出的投入，包括研发成本、土地和基础设施投入等。无论最终生产的产品是一件还是多件，总的固定成本都是不变的，即这些成本投入后不会因后续操作而发生改变和撤回，因此又被称为“沉没成本（sunk cost）”。而变动成本则是每多生产一件产品需要再增加的额外投入，例如技术、材料和劳动。

具体来说，规模经济理论可以分为外部规模经济理论和内部规模经济理论。而应用较多的是“内部规模经济”模型，该模型的成本函数如式⑤所示。L_i和 q_i分别表示某特定产品 i 的劳动投入量和产量，φ 表示企业生产率，则 q_i/φ 代表生产q_i单位 i 产品的劳动投入量。f 为固定劳动投入（固定成本）。如果等式两边同时除以产量 q_i，可得出单位产量的劳动投入量的表达式（如式⑥），此时国际贸易中产品 i 的固定成本随着产量的增加而减少，实现规模经济；贸易参与者因成本降低而从贸易中获益。

$$L_i = f + \frac{q_i}{\varphi} \quad ⑤$$

$$\overline{L_i} = \frac{L_i}{q_i} = \frac{f}{q_i} + \frac{1}{\varphi} \quad ⑥$$

然而，相比传统产品，数字产品的规模经济效应会更显著。这与数字产品的特征相关，数字产品本身其实具有很强的非排他性，复制成本极低且能保证质量，所以其生产的可变成本很低（余世英，2011）。因此，在多数情况下，数字产品的总成本被认为只涵盖不变成本，可变成本趋近于零，固定成本在总成本中的比重则增加。以互联网服务为例，其不变成本主要是基础设施投入成本，可变成本则是提供互联网联通服务所需要的带宽费用等，所以可变成本远低于固定成本。

因此，当数字产品的销售规模达到一定的门槛时，固定成本将占数字贸易总成本的绝大部分份额。根据规模经济理论，固定成本会随着产量下降而减少。随着市场规模的扩大，且由于边际成本较少甚至不断趋向于零，平均成本会不断下降，最终实现规模经济。此时其他竞争者相比之下缺乏成本优势，即使强行参与竞争也会导致双方企业都在非最优的水平上运营，因此不会参与竞争。以上分析表明，数字产品的所有者是否盈利，与其生产和销售规模休戚相关。这就促使数字贸易强国非常渴望打开他国市场，扩大其数字产品的出口规模。

综上所述，为了更好促进数字产品出口，并获得规模经济，数字贸易规则须在两个方面有所体现：一是确保跨境数据流动的畅通无阻，二是让其他经济体降低各种非关税壁垒，承诺开放自身的数字贸易各大部门或者产业的市场。各国为满足这两个条件，积极对外缔结数字贸易规则，以确保顺利进入境外市场。目前，美国是数字贸易强国。从美国签订的 RTAs 来看，它积极促进数字产品出口的立场显而易见，实现规模经济成为美国对外扩张数字贸易市场的重要目标。美国也力求让自身的数字产业在国际上获取最大的边际利润。

2. 基于“外部性”视角分析市场准入扩张诉求

外部性是数字贸易国家积极寻求市场准入扩张条款的另一个解释。从第一节的学习我们了解到，外部性是指生产者或消费者行为对其他个体乃至社会利益产生的影响。在传统的国际贸易理论中，外部性影响不会体现在产品价格上，生产者和消费者本身不需为外部性支付私人成本（privatecost），也不会因外部性得到额外利益。存在外部性的情况下，政府未干预的市场资源配置是无效的，社会成本曲线和需求曲线决定了最优产出水平。外部性的差异会导致社会产量出现过多或过少的情况。

根据外部性的影响，可将其分为正外部性和负外部性两种类型。存在正外部性时，个体行为会对他人或社会产生正向积极的影响，但个体并没有因此而获得额外收益。典型的正外部性如：每人都在家门口安装照明设施，那么夜晚整个区域会被照亮。但作为个体而言，安装灯的每户人家不会因为照亮整个区域而有额外的收益。与之相反，存在负外部性时，个体的行为会对他人或社会产生负向消极的影响，且个体不会因此付出额外的成本。如汽车排放尾气，虽然产生了污染环境的负面效果，提高了社会成本，但汽车生产商和车主不需要额外支付生产成本和个人成本（Mankiw，2020）。当存在正外部性时，社会成本（social cost）小于私人成本。即社会产出水平高于市场均衡数量，市场产出量低于社会需求量（市场最优产量）。此时，厂商提供的商品是不能满足市场真实需求的，厂商需要将外部性的影响也考虑进去。当存在负外部性时，社会成本高于私人成本，社会产出水平小于无外部性时市场的均衡数量，无外部性时市场的均衡产量高于社会需求量。

为使市场配置在外部性作用下依然有效，政府常采用将社会成本纳入生产成本的方式进行成本调整。具体而言，政府可对产生负外部性的企业（如造成环境污染的铝企业）采取收税的办法以提高其成本；对产生正外部性的企业（如产生技术外溢的高科技企业）提供补贴，以补偿其虽给社会带来福利却不能直接获得的利益。科斯定理则考虑了政府未介入时调整外部性带来的资源配置问题：可通过市场解决外部性。当谈判交易成本为零时，无论产权归属如何，非政府双方的谈判都可使市场资源得到有效配置。但事实上，交易成本为零的情况并未很好地匹配现实，因此政府在调整资源配置时起到了重要作用。

数字产品具有很强的外部性。区别于传统产品，数字产品的外部性效应会体现在价格之上。另外，数字产品近年体现出越来越明显的正外部性，这主要呈现在如下两方面。

第一，数字产品具有显而易见的正外部性，越多人使用某一数字产品，相应产品的价值将提升。如图 2－5 所示，当数字产品价值上升，消费者愿意支付的价格也随之提升，整个社会的均衡点将从 C1 向右偏移至 C2，社会均衡价格和产量也相应提高。典型的例子如：网络游戏的玩家越多，这个游戏就更加有趣味；软件使用的人越多，则该软件越容易成为行业标准，从而垄断市场；当越多用户习惯于使用特定平台时，软件开发商则会越多地使用该平台。因此，这些数字企业会争取尽快进入海外市场以充分发挥先发优势，成为行业标准以实现正外部性。

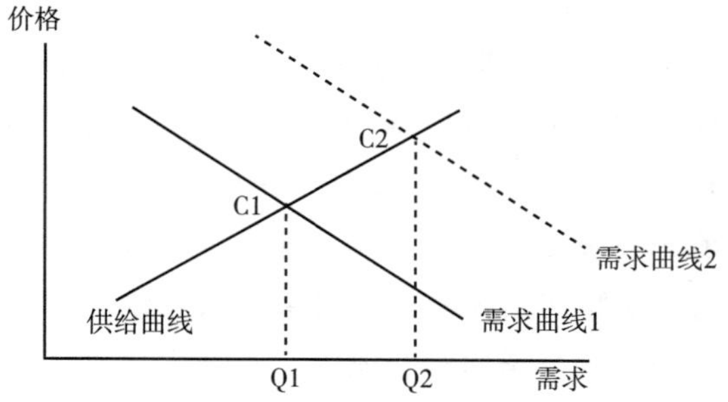

图 2－5　数字产品的正外部性

资料来源：高鸿业．西方经济学（微观部分）［M］．北京：中国人民大学出版社，2021.

第二，数字产品（服务）的部分负外部性逐渐向正外部性转移。这是数字技术快速进步和广泛应用带来的影响。虽然过去用户数量的增加会造成严重的网络拥堵，大幅降低用户体验。但正如摩尔定律所言，互联网的性能（如宽带和数据流通速度）正以几何级数的增长速度在发展。因此网络拥堵等造成的负外部性现象得到很大的改善。与此相反的是，由于越来越多的消费者使用互联网，互联网成为数字产品依托的技术标准，具有了难以替代的竞争力，即呈现出正外部性。负外部性能转成正外部性的另一个例子则是，最初跨境电商服务的发展打击了传统实体商户，其原因在于，实体商户未能及时顺应数字时代的变迁，仍采用传统的物流、成本和信息获取方式，其运营成本高于电商平台。但随着线下与线上融合发展，线上运营不仅是给虚拟用户提供平台，更有助于提升实体商户的销量和知名度。传统实体用户通过与线上操作相结合，能够接触到更多的机遇和市场。此时电商平台用户的增多亦逐步给这些传统实体用户带来正外部性。

总体看，由于数字产品和服务具有显而易见的正外部性，且随着数字技术和基础设施的发展完善，其负外部性正在逐渐转向正外部性。而且，数字产品的外部性可以体现在价格上，当数字产品的消费规模越大，市场的均衡价格越高，生产者或服务提供者受益越多。因此，为了充分利用数字产品的外部性效应，数字贸易强国也积极寻求进入外国市场，扩展市场规模。

这里同样以美国为例，对于作为数字贸易强国的美国而言，当其数字产品的销售超越一定的门槛值时，可以发挥数字产品的正外部性效用，实现利润最大化。正外部性与规模经济所带来的经济效益激励着美国致力于谋求拓展海外数字产品市场，以提高美国数字产品的对外销售数量。因此，在当前数字经济发展腾飞的大背景下，扩大数字产品市场成为美国对外输出数字贸易规则时的关键目标。事实上，美国在“美式模板”中构建了不少具有雄心的数字贸易规则，以降低各种数字贸易壁垒，提高市场准入水平，进而实现扩大市场的目的。

（三）知识产权保护背后的理论“市场垄断”

数字贸易强国为了促进数字产品和服务的出口，积极寻求跨境数据自由流动和他国市场准入承诺。在确保数字产品和服务的出口之外，数字贸易强国还会对数字产品的保护提出要求。这是因为，在数字贸易中，数字产品多是知识密集型的，依托于互联网流通，具有可复制性强、扩散速度快和范围广等特殊属性。未经授权的数字产品传播是不可控的，会严重侵蚀知识产权所有者的市场。如果不对产品的扩散加以限制，将导致一种产品只能卖出一件，第二件之后被无限制复制并形成盗版横行的局面，获取成本将很小甚至为零。所以，在贸易过程中，为了防止产品被模仿和盗版，保护数字知识产权不受侵犯是至关重要的，这直接关系到数字企业在市场的垄断地位。

1. 市场垄断

“市场垄断”理论认为，如果市场只有一家企业，即企业是某种产品的唯一卖家，该产品在市场上没有相近的替代品，那么该企业会被认为是垄断厂商，该市场被认为是完全垄断市场。产生垄断的根本原因是其他企业参与竞争的门槛太高。门槛主要有三类，一是关键资源高度稀缺，二是政府所构建的独特许可，三是技术原因和规模经济所导致的。

在传统经济学中，垄断和竞争是一组相互矛盾的概念。按照垄断程度不同，市场可以被分为完全垄断市场、寡头垄断市场和垄断竞争市场。当某一产品在市场占据了垄断地位，其需求就很少受到其他产品价格上的竞争威胁。但是，竞争的缺乏也会有其缺点，市场缺乏竞争会导致市场资源配置失灵。而且，垄断企业也可以基于市场需求来控制和操纵价格。例如，由于垄断产品的需求弹性低，垄断厂商常常通过控制供给量来抬高价格，这使消费者的需求得不到满足，并成为垄断产品价格的接受者（Mankiw，2020）。

2. 数字贸易中的市场垄断现象

在数字贸易领域，不少产品是基于智力开发出来的知识产权产品（如软件），这种知识类产品往往需要企业投入较多的时间和精力来研发和创造。但是，如果知识产权被盗用，该知识产权的所有者获取利润的权利就得不到保障，投资也得不到回报，企业将不再投入研发知识产权产品，这不利于技术创新和进步，从长远来看将损害公众利益。因此，政府和企业都致力于保护知识产权，来限制数字产品未经授权的复制和传播。政府部门制定了包括版权法在内的知识产权保护规制，以确保数字知识产权所有者的产业利益不受侵害。企业则对数字产品进行加密和更新以防止知识产权泄露。这些措施成为保护数字知识产权的重要手段。不过，如果数字企业限制知识产权的使用，就会导致其他企业在没有许可或者授权的情况下难以进入该产品市场，这也就形成了垄断。

但区别于传统的垄断市场，这种数字产品的垄断是暂时性的。首先，数字贸易市场具有很高的不确定性，企业如果没有应市场需求对产品进行更新换代，垄断产品将很容易被新出现的数字产品所取代；其次，即使一种数字产品占据了垄断地位，拥有高技术水平的竞争者也会不断进入市场，形成新的竞争。因此，在数字贸易市场中，垄断与竞争并非相互对立的关系，这一点与传统意义上的垄断是不一致的。这也导致垄断企业在制定数字产品价格时受到市场竞争的制约，没有传统贸易市场垄断厂商那种定价权。

同时，数字产品垄断的暂时性也说明了数字产品生命周期的短期性。数字产品技术外溢快，学习效应强，生命周期会被大大缩短。所以，在这种情况下，成为行业标准是保持企业竞争地位的有力手段，扩大市场规模是成为行业标准的重要前提，故垄断厂商需要低价销售数字产品，此时消费者的福利也会因此得以提高（Choi，1997）。

除此之外，数字知识产权的垄断还面临着鼓励创新的挑战。如果对数字知识产权实施过强的保护将不利于知识的运用和创新。也就是说，对知识产权的保护需要适当。所以，政府往往在赋予知识产权所有权或者版权的同时，要求“促进科学和艺术进步”（如美国《版权法》）。这是出于公众利益所提出的要求，即在不侵犯版权的前提下进行知识产权使用（即“正当使用”）。

值得注意的是，在贸易谈判中，过高的知识产权保护水平通常也会引起发展中国家的不满。如何取得知识产权保护和正当使用中的平衡，成为捍卫数字知识产权垄断地位的一大挑战（Choi，1997）。

3. 各方对数字知识产权的保护情况

从目前已经签订的《美墨加协定》《美日数字贸易协定》和《全面与进步跨太平洋伙伴关系协定》来看，美国、日本、墨西哥、加拿大等国家都强调了对数字知识产权的保护，且标准较高，具体包含源代码保护和数字技术非强制本地化等。而从《数字经济伙伴关系协定》和《区域全面经济伙伴关系协定》来看，大多数发展中国家，例如中国、印度等都承诺进一步开展对话，这与国家的数字经济发展情况相关。

美国的数字产业中包含了大量数字知识产权密集型产品，在 RTAs 框架下关于数字贸易中的“知识产权保护”问题，美国的利益诉求主要聚焦于两点：一是保护依托信息通信技术实现跨境传输的数字内容产品的版权、著作权等；二是保障云计算、人工智能等新兴产业（产品）中关键技术的非强制转让权。美国主张对数字知识产权实施强保护，一方面希望能避免数字知识产权侵权以保障美国数字产品的市场垄断优势地位。美国从源代码、算法以及技术保护等角度出发，要求对数字知识产权保护设定高标准，可以避免美国数字知识技术外溢，此时缺乏底层核心技术的其他经济体厂商要靠自主研发来开发数字产品会较为困难。因此知识产权门槛可从根源上阻碍其他经济体产品进入市场，美国的数字产品可持续保持市场垄断地位。另一方面，美国希望能让知识密集型的数字产品成为竞争性市场的行业标准进而垄断市场。在竞争性垄断市场中，美国数字企业并不会轻易地利用其垄断地位来减少数字产品的供给，抬高数字产品的价格。相反，有时候它们甚至会降低价格进行销售，如微软在发展中国家大幅调低操作系统的价格。降价销售可让美国的产品快速占领海外市场，进而成为行业标准并保持产品竞争力，以夯实其垄断地位。

而诸如印度等发展中经济体，由于数字技术基础不足，国内的数字产业仍处于幼稚阶段，单靠本国自主研发创造需要较长时间，所以在与数字强国进行贸易时，它们希望能够学习到数字贸易强国的先进技术，帮助本国企业的快速发展。因此，在与数字贸易强国签订协定时，发展中经济体对数字知识产权的保护仍保持较为宽松的态度。

第三节 数字贸易的扩展性理论

一、数字产品需求分布理论："二八定律"和"长尾理论"

（一）二八定律

1897 年，意大利经济学家帕累托（Vilfredo Pareto）通过研究 19 世纪英格兰的财富、收入、人口的统计数据发现，在英格兰，财富分配并不公平，80% 的财富被 20% 的人口占有，即大多数的财富被少数人占有。更为重要的是，这一规律在其他许多国家和地区都普遍成立，这就是"二八定律"，又称帕累托法则。"二八定律"揭示了经济活动中的一种不平衡的关系和规律，即少数人（物）可以造成主要的、重大的影响。

这一定律在传统经济模式下广泛存在，并在传统商业模式下被广泛应用。"二八定律"认为企业 80% 的销售额来自于 20% 的顾客，80% 的利润来自于 20% 的顾客。这主要有以下两方面的原因。一方面，消费者集群更容易向生产者提供信息，即大多数生产者明显可以察觉到一群消费倾向相同的消费者形成了一个市场，然后为他们提供产品，虽然这部分消费者是占了全部消费者的 20% 左右，但是对生产者来说这部分生产是其企业主营业务，是有利可图的；另一方面，对于生产者来说，为其他 80% 的各种各样的消费者提供产品是高成本的。首先，生产者在收集这类消费者的消费需求时是困难的，在他们之间存在着许许多多的消费倾向，过于分散，所以生产者开发这类消费市场的成本太高，盈利太少。其次，正是因为非大众需求的消费者处于同一消费倾向下的数量太少，所以对生产者来说为他们提供产品是难以实现规模经济的。

然而，随着数字经济的发展，二八定律不断受到冲击，因为实践表明某些公司的利润不仅依赖于传统的 20% 的优质客户，随着互联网发展而衍生出来的电子商务企业的利润也依赖于其他 80% 的客户，这就是著名的长尾理论。

（二）长尾理论

1. 静态长尾理论

"长尾"这一概念是由克里斯·安德森（Chris Anderson）最早提出来的。安德森通过对 Amazon、Rhapsody、Netflix 等网络零售公司的大量销售数据进行实证分析后发现，互联网商品的需求曲线与传统经济学中的需求曲线截然不同——拖着一条长长的尾巴，即呈现出统计学中的"长尾分布"的形状。这种需求曲线的头部较短，而尾部特别长，表明需求较小而数量众多的尾部所占的市场份额与需求较大而数量不多的头部所占的市场份额大体相同。这种拖了一条长尾巴的需求曲线被安德森称为"长尾"（见图 2-6）。

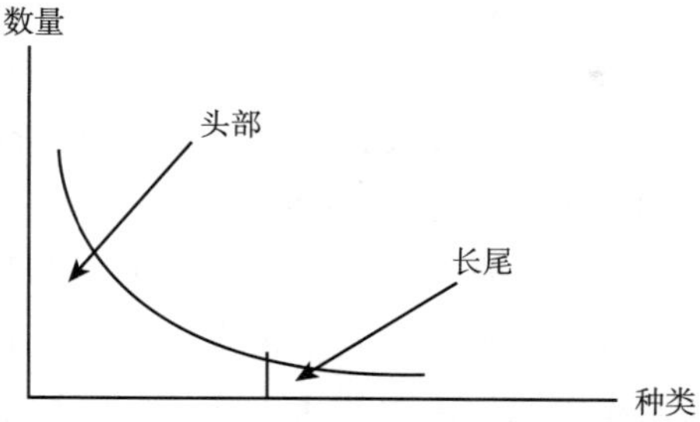

图 2-6　长尾理论下的需求曲线

资料来源：克里斯·安德森：长尾理论［M］. 北京：中信出版社，2015.

在数字经济时代下，数字产品消费者的消费倾向更加多样化，在数字产品市场中，消费者需求分布也符合长尾理论，即数字产品需求曲线表现出被拉平的趋势。其实，造成这种需求曲线形态转变的原因主要有以下三个。

（1）互联网平台的普及。当今，在信息通信技术和科技高速发展的时代下，每个人都可以是生产者，即每个人都可以通过合法的渠道在互联网平台为他人提供数字产品和服务，这使得在新的数字贸易市场中有更多样和充足的产品和服务供给，消费者的消费选择空间空前膨胀，长尾更长。

（2）传播工具的普及。在互联网时代，由于网络信息技术和数字技术的应用，传播的空间大大扩展，传播的时间与成本大大缩短，有效提高了利基产品接触到更多潜在消费者的可能性，使长尾市场更具有流动性。这种流动性带来了更多消费的同时，抬高了需求曲线尾端部分，扩大了曲线之下的面积。

（3）有效连接供给和需求两端。虚拟经济时代，连接供给与需求的形式多种多样，可以是搜索引擎、自动推荐、商品评论，也可以是诸如博客、脸书等社交网络等形式，营销方式被彻底改变。这降低了消费者的搜寻时间与成本，进一步扩大了消费者对利基市场（niche market，高度专业化的细分市场）和产品的需求，推动需求向利基市场转移。

因此，互联网新经济为存在于需求曲线尾部的利基市场的开发创造了条件。简单来说，由于在数字经济时代下生产者更容易接触到利基市场，所以生产者也更愿意为该市场提供产品，并且正是生产者的这种主动性，数字产品需求曲线的长尾越趋明显。

2. 动态长尾理论

在长尾理论提出之后，众多的国内外学者纷纷对其进行深入研究。Kumiko Hattori 和 Tetsuya Hattori（2008）利用数学模型对长尾的统计学特点进行深入分析；中国学者姜奇平（2007）强调了需求方规模经济的作用，并提出了范围经济与长尾的连接；Curran 等（2006）和 Anderson（2006）则将长尾理论运用到管理理论与企业营销的实践分析中。

但是，不同的学者对长尾理论的态度并不一致。

一方面，金宏伟（2007）、李佩佩（2008）认为长尾理论其实是对二八定律在新的经济环境和新的商业运营模式下的一个补充与完善。在空间无限的网络经济时代，边际生产成本和边际销售成本正逐渐趋近于零，产品也变得更加丰饶，所以长尾理论的出现是将网络经济中的利基产品以及由于客观条件而无法实现的利基市场推上了新的经济舞台。

另一方面，Elberse（2008）和王海岳（2008）等则对长尾理论质疑。Elberse（2008）运用数理统计的方法对文化、娱乐、媒体行业的网络零售数据与实体店零售数据进行了实证分析，发现人们在网络中的购买行为模式和在现实中一样，而且热卖品的销售依然是企业利润的主要来源，互联网的作用非但没有使热卖品的地位被削弱，还得到了加强。王海岳（2008）也指出，即使在网络经济时代，商品的边际成本递减也是有条件的，无限扩大的长尾只能是武断的假定。

针对有关长尾理论的各种讨论，安德森进一步提出了动态化的长尾理论。他认为需求曲线的头部和尾部不能完全割裂，因为两个部分并不矛盾，而是相辅相成的。头部的热门产品与尾部的利基产品可以相互转化，是一个动态变化的过程。其中，安德森强调了长尾曲线头部需求的变化性，他将头部的热卖品分为三类：①可信的热门，即优秀的产品并广受欢迎；②人为的热门，即较差的产品，由于轰动效应成为暂时的热门产品，会迅速衰落变成冷门；③“干杯”的热门，即通过口头传播获得好评的产品，其最具潜力，能够快速壮大。

☞ 背景材料 2.3

长尾理论在淘宝中的应用

淘宝是阿里巴巴集团于 2003 年创立的，是中国具有较大影响力的电子商务平台。淘宝网有一句宣传语，叫“尽在淘宝”。通俗来讲，这句宣传语或许可以这么说，在淘宝，只有你想不到的东西，没有你买不到的东西。淘宝上的卖家不只销售热门的产品，也售卖冷门的、小众的商品，所以淘宝可以被认为是开发利基市场的一个典型案例。

在物物交换的年代，因为地理的隔阂，我们难以找到一个准确的贸易伙伴，即双方都想交换，且双方的物品都是对方想要的商品。当然，货币的出现解决了这个难题。然而，在拥有货币的年代，我们同样遇到了贸易难题。由于信息不对称性和信息搜寻的高成本性，厂家只能轻易知道市场大部分消费者的消费需求，不了解或难以了解小部分群体的消费需求。所以绝大部分的厂家只会向消费需求类似的大群体提供产品，而对于小众群体，厂商难以向其提供产品。

随着互联网和通信技术的发展，信息搜寻的成本大幅降低，交易过程中的信息不对称问题也得到了很好改善。在互联网平台上，买家和卖家都能轻易知道对方的存在。对于厂商来说，虽然为小众市场提供产品难以实现规模经济，但是，由于交易的成本降低，厂商并不会无利可图。况且，小众商品厂商适当提价时，大多数小众商品消费者也基本能接受。

淘宝就是这样的网络交易平台之一。商家入驻淘宝的门槛较低，使得淘宝里有各种各样的商家，这就形成一个商品长尾市场。平时在线下渠道难以买到的商品在淘宝应有尽有，例如一颗小小的纽扣、一个行李箱密码扣等稀奇且小众需求的商品。毕竟，这么单一的产品线无法支撑起线下门店的开销成本。此时，如果众多的长尾市场乘以销量，那么利润并不会比热门产品少。无尽的商品种类是淘宝的关键。

资料来源：张旭媛. 长尾理论在电商企业中的应用——以“淘宝”为例 [J]. 电子商务，2019 (07)：20 - 21.

二、网络经济学理论

自20世纪80年代以来，互联网技术和信息通信技术开始快速普及与应用，网络经济也因此渐渐浮出水面。其实，网络经济虽然是一种有别于传统经济的新经济形态，但与传统经济的内在逻辑基本上是一致的，本质还是经济学，只不过是运用了新的技术。广泛来讲，网络经济是指通过网络平台进行的经济贸易活动，故也属于数字贸易的一种重要形式，所以网络经济学理论也是我们学习数字贸易理论的一个重要内容。

（一）网络经济学三大定律

随着网络平台和网络技术的进一步使用，人们发现并总结了网络环境下的三大定律，即摩尔定律、梅特卡夫定律和达维多定律。由于网络经济学理论的发展与三大定律密切相关，因此我们也须了解三大定律。

1. 摩尔定律

摩尔定律是因特尔（Inter）公司的工程师戈登·摩尔（Gordon Moore）于1965年所提出的关于信息技术创新速度的一种规律。摩尔在对计算机储存器的研究中发现集成电路芯片上的可容纳的晶体管数目在18个月后就会增加一倍，性能也会翻一番，这意味着芯片的速度每5年会增加约10倍。

摩尔定律阐述了一种未来的趋势，即网络设备的性能会越来越好。此外，由于电路集成度越高，晶体管的价格就越便宜，所以未来网络设备会呈现出价格越低且性能越好的特性，这极大促进了网络用户的增加，为网络经济的发展奠定了坚实的基础。

2. 梅特卡夫定律

梅特卡夫定律是乔治·吉尔德（George Gilder）于1993年提出的，并以计算机网络先驱罗伯特·梅特卡夫（Robert Metcalfe）的姓氏来命名的关于网络价值和网络技术发展的定律，它的本质其实是网络外部性。该定律认为网络经济效益的大小与网络用户数量的平方呈正相关关系，并且存在规模效应，即网络用户越多，网络价值越大。具体来说，当一个网络环境存在N个用户时，网络总价值取决于N（N - 1）。因此，梅特卡夫定律的出现也为电子商务或平台经济的诞生奠定了理论基础。

3. 达维多定律

达维多定律也是英特尔（Inter）公司的高级职员所提出的一种网络市场规律。英特尔公司的副总裁威廉·H. 达维多（William H Davidow）认为如果一家互联网企业想要在市场上占据主导地位，那么它应该作为新产品开发的先驱者，这就是所谓的“先进入者优势”。如果一家企业不能作为第一者首先进入新市场，而是作为第二者、第三者，甚至更后者进入市场，那么它所能占据的市场份额，或者所能获得的利益将远不如第一者。因此，达维多定律也为网络企业制定企业战略提供了理论前提。

（二）双边市场理论

双边市场理论是网络经济模式下的一个重要理论，在正式介绍双边市场理论之前，我们有必要先了解一下网络外部性，因为网络外部性是双边市场存在的基础。其实，外部性的具体内涵在前文早已提及，而网络外部性只不过是外部性在网络经济模式下的一种适用。在20世纪80年代，Katz和Shapiro首次较为正式地阐述了“网络外部性”这一概念，并具体将其分为直接外部性与间接外部性。简单来说，网络外部性是指网络用户使用某种产品或服务所获得的效用与用户数量呈正相关关系，即当某种网络产品和服务的用户数量越多，我们使用该种产品和服务所获得的效用越大。直接网络外部性是指用户数量的增加使得其他消费者的使用效用增加的现象；而间接网络外部性是指随着一种产品用户数量的增加，市场出现了更多的可供选择的低价互补产品，使得消费者更愿意购买该产品，而间接提高了该产品的价值的现象。

对于网络经济下的这种外部性特征，许多学者对其进行研究，Rochet、Tirole和Armstrong等学者在对网络外部性的研究中发现网络外部性是双边市场存在的原因，故依此提出双边市场理论。具体而言，双边市场是指在该市场中同时存在着两个不同的群体，他们通过平台相互联系，然后由于网络外部性的存在，平台中一方群体的利益情况取决于平台中另一方群体的规模，即同时使用某一产品和服务的其他用户数量。

基于网络经济下的双边市场特征，平台企业形成了新的定价策略和竞争战略。2004年，Rochet和Tirole两位学者确定了影响双边市场定价的几个基本因素，例如需求弹性、平台竞争、提供商的相对市场势力等。在双边市场中，各平台企业会努力提高平台的用户基数，并努力控制用户的流失，以获取市场竞争力。

在双边市场中，平台企业具有赢家通吃的特点，这就是所谓的“达维多定律”，即市场的先进入者能占据市场的较大份额，而后来者只能占据较小份额，或是没有能力参与市场竞争。

本章小结

数字贸易是一种新兴的贸易形式，它与传统贸易有着非常紧密的联系，又有着一些本质上的区别，如数字产品所具有的流通速度快、复制成本低等性质。因此，一方面，传统经济学理论可以用来阐释一国为什么积极促进数字产品和服务出口，以及具有比较优势的数字贸易国家积极构建数字贸易规则背后的利益驱动所在。另一方面，这些理论在数字贸易的应用上与传统贸易也存在差异。把握数字贸易区别于传统贸易的新特征，更好地发挥传统贸易理论对数字贸易新现象的解释作用。

第一，数字贸易是基于比较优势开展的。数字贸易强国的数字产业具有比较优势，出口数字服务可提升本国的福利，因此数字贸易强国积极构建数字贸易规则以推动数字贸易的发展。

第二，在规则输出的“轮轴－辐条”模式中，“轮轴国”能获取更多的福利，包括自主对外扩张的“辐条国”市场，以及“轮轴国”在规则制定上的话语权和影响力。因此具有比较优势的数字贸易国家积极主导与签订大量 RTAs，以更快地实现数字贸易规则对外输出，及更快速和有效地占有更多的缔约方市场。

第三，数字贸易中细化市场、精准定位消费者群体以进行“差异化生产”成为常态。而这需要大量的消费者数据资源作为后盾。因此大量获取消费者数据成为数字贸易强国促进数字产品和服务出口的重要前提。

第四，数字贸易国家希望通过大量获取消费者数据，以根据消费者的需求就同一产品进行差别定价。这也是数字贸易强国致力于推进和深化数据跨境流动自由化水平的根本动因。

第五，数字产品的规模经济效应。数字产品的输出具有较强的规模效应。因为不少数字产品的产出需要在硬件上投入固定的沉没成本，而边际成本为零，因此数字产业的发展对市场规模具有较强的依赖性。数字贸易强国通过对外输出数字贸易规则，争取为本国的数字产品和服务获得更广阔的市场空间，以产生规模经济效应。

第六，数字贸易也体现了较强的外部性。大部分数字产品具有正外部性，使用的消费者越多，数字产品的价值也会随之提高。与此同时，一部分数字产品具有负外部性，会随着消费者的增多而给产品本身带来负担，也会给传统行业带来冲击。但随着 ICT 的广泛应用和发展，这些负外部性也逐渐消失，并转化为正外部性。因此，获取更大的市场和更多的用户是数字贸易强国构建数字贸易规则的核心目标之一。

第七，厂商对数字知识产权产品的垄断行为。数字产品多是知识产权密集型的，需要在研发初期投入大量成本，并且数字产品具有容易复制传播的特性，因此在法规上构建数字知识产权保护规则以及在技术上防止核心内容非法扩散，对于知识产权权利所有人而言是非常重要的，是数字产品保持竞争力的重要前提，同时也是数字企业垄断市场的基础。但是，过度的知识产权保护会不利于产品的创新升级。因此，一国应该在知识产权保护和促进创新中寻找平衡。

数字贸易强国一般在数字技术上具有优势，因此主要服务于知识产权密集型的产品输出。所以，知识产权的保护对数字贸易强国来说非常重要。另外，除了保护知识产权，数字贸易强国亦会采取其他营销策略来发挥其在知识产权上的垄断优势。针对因在知识产权上具备优势而处于垄断竞争性市场的数字产品，数字企业有时会利用降价来占据海外市场，通过让产品成为行业标准来保持产品竞争力，进而实现市场垄断。

此外，数字贸易的扩展性理论包含了需求分布理论和网络经济学理论。其一，关于数字产品的需求分布。长尾理论解释了数字贸易区别于传统的贸易模式下的需求分布特征。

如市场非头部的80%的企业提供了超过20%的产品；消费者对数字产品的消费倾向更加多样化，但是企业并不仅仅只对消费需求相似的消费者提供产品，也对其他80%处于利基市场下的消费者提供产品。这是因为在数字贸易下企业开拓利基市场的成本更低。其二，网络经济学理论。网络经济学的三大定律和双边市场理论对数字技术快速发展、网络外部性和企业发展趋向进行了解释。

思考题

1. 请简述重商主义“货币差额论”和“贸易差额论”的异同点。
2. 请简述国际贸易保护和自由化政策的理论依据。
3. 请简述一国积极寻求跨境数据自由流动的背后原因。
4. 请尝试分析美国近些年扩展数字贸易规则的路径。
5. 根据数字产品需求分布的规律，请分析为何数字贸易下利基市场的数量会大幅增加。

第三章　基于跨境电商平台提供的产品和服务

▶学习目标

1. 理解跨境电商的基本概念。能够清晰阐述跨境电商的定义、特点、分类以及在全球贸易中的重要性。

2. 了解跨境电商的发展历程。了解电子商务的三个发展阶段：萌芽成长期、发展巩固期、成熟重塑期。学习跨境电子商务的发展历程，包括其在国际贸易中的作用和演变。

3. 掌握跨境电商的主要模式和平台。了解并比较不同跨境电商模式的优缺点，如B2B、B2C、C2C等，并能识别分析主流跨境电商平台（如亚马逊、阿里巴巴国际站、eBay等）的运营特点和服务流程。

4. 了解中国跨境电商的发展情况。学习中国跨境电商的政策环境和市场规模。了解中国跨境电商的监管模式如9610、1210和1239等。

5. 探讨跨境电商对中国经济发展的影响。分析跨境电商如何促进中国开放型经济的发展及跨境电商在构建国内国际双循环新发展格局中的作用。

▶思政目标

1. 增强创新驱动发展意识。分析跨境电商的发展历程、主要模式和平台运营特点，引导学生认识到创新是推动跨境电商发展的关键因素。鼓励学生关注跨境电商领域的新技术、新模式和新业态，培养创新思维和实践能力，为推动经济社会发展贡献力量。

2. 弘扬诚信文化与责任感。强调跨境电商平台在提供产品和服务时应遵循诚信原则，保障消费者权益和知识产权。引导学生树立诚信意识和责任感，积极参与跨境电商领域的诚信建设，为推动社会诚信体系完善贡献力量。

第一节　概　况

一、跨境电商的定义

根据参与主体的覆盖范围，可从广义和狭义两个维度对跨境电商进行定义。

（一）广义

在广义上，跨境电商亦被称为在线贸易、国际电子商务等。它是一种国际贸易活动。在此活动中，个人或者企业这些分属不同关境的交易主体通过跨境电子商务平台实现支付结算和进行交易。商品交付通过跨境物流完成。

UNCTAD（2023）依据贸易是否使用了数字手段，将跨境电商定义为数字订购贸易（Digitally Ordered Trade），即通过计算机网络，采用专门为接收或下达订单而设计的方法，在国际上销售或购买商品或服务。其中又包含了少部分数字交付贸易（Digtally Delivered Trade）。

在参与主体上，广义的跨境电商并未限制参与主体的规模。它既包括企业与企业之间基于电商平台的跨境贸易（B2B），也包括企业与个人（B2C）、个人与个人（C2C）利用电商平台实现的跨境交易。

（二）狭义

在狭义上，跨境电商一般特指基于电商平台实现的跨境零售，是指分属不同关境的交易主体，借助电商平台或者互联网进行跨境支付结算并达成跨境交易。快件、小包是主要的跨境物流方式。在参与主体上，覆盖的主要是小型企业或者个人消费者进行的交易。由于参与主体规模通常较小，因此碎片化的小额交易也是狭义跨境电商的主要组成部分。鉴于目前跨境电商的发展给中小企业和个人参与国际贸易带来较多机遇，因此本书主要采用狭义跨境电商这一口径，对基于电商平台的交易及发展历程进行学习。

值得注意的是，大数据搜集以及移动客户端的普及，进一步推动了狭义跨境电商的发展。如在B2C这一跨境电商口径中，包含了基于移动客户端实现的跨境电商（Mobile e-commerce）、通过社交互动实现的社交电商（Social e-commerce）。

二、典型特征

在数字技术的推动下，跨境电商近年来快速发展。这对全球贸易发展以及国际贸易参与主体的构成带来了巨大变化。依托数字交付实现的跨境电商亦是数字贸易的重要分支。在跨境电商中，传统的贸易强国仍占据主导地位。如美国的电商市场规模约占全球的1/3，欧盟的市场规模亦和美国相近。另外，亚太地区也呈现出巨大的发展潜力。从总体来看，跨境电商主要呈现普遍存在性、数字化和发展迅猛这三大典型特征。

（一）普遍存在性

具体而言，跨境电商的普遍存在性主要体现在全球化和去中心化两方面。

一是全球化特性。电商全球化减缓了地理距离给传统国际贸易带来的负面影响，国际贸易成本也大幅下降。依托于快速发展的互联网、因特网和移动客户端等数字技术，如今多种产品和服务可以通过网络平台等媒介，实现跨境传输。其一，对于服务而言，为数不少的新服务可以克服地理距离带来的阻碍作用，走向国际市场。如教育培训服务以往受限于地理位置，难以进行跨境服务提供，需要进行面对面交易。但在跨境电商平台的支持下，通过线上传输，跨境提供这些服务的可能性大幅提高。服务提供者不需要在物理上跨越国境，就可以对外提供高附加值服务。这有力地促进了服务贸易全球化的发展。其二，对于实体产品而言，信息传输的全球化推动中小微个体实现了高效的跨境供需对接。而且，伴随跨境电商物流的发展，跨境投递的效率大幅提高，减少了地理距离带来的物流障碍。这给全球货物贸易发展带来了新的驱动力，扩大了国际贸易在全球的覆盖范围。

二是去中心化特性。去中心化特性，指多个节点都可以成为交易的主导者，都可获得参与国际贸易的机会。在传统国际贸易中，交易的参与主体为大型企业。相比而言，在跨境电商快速发展的背景下，即便是规模较小的经济主体也开始参与国际贸易，成为了跨境贸易的重要主体。甚至于在微观层面，个人也可以成为国际贸易的直接参与者。这是因为在跨境电商中，无论是供求方还是需求方，在物流、资金流、信息流三方面都得到了更多数字技术上的支持。数字技术的发展满足了中小企业参与全球贸易的基本诉求。这也给跨境电商的中小微个体带来了更多的市场准入机遇。基于去中心化特性，加入跨境电商的主体规模和类别大幅增加，为国际贸易带来更多的业态模式。换言之，国际贸易不再局限于传统贸易的大型企业，亦普遍覆盖了跨境电商的中小企业。

（二）数字密集化

数字技术既推动了国际贸易的数字化，也促进了跨境电商的发展。具体而言，跨境电商数字化特征主要涵盖瞬时性、无形性和信息化三方面内容。

一是瞬时性。瞬时性也被称为即时性。在数字技术的支撑下，信息在一瞬间即可实现跨境传输，这使数字化产品在瞬间即可完成跨境提供。从技术上看，瞬时性主要是基于 TCP/IP 技术来实现的。以聊天社交软件为例，可以发现多个数据处理的流程可在瞬间完成，即跨境发送信息具备瞬时性。具体而言，信息传输的流程可以分为以下几个步骤。首先，服务器将该信息分解为数百万个数据包。其次，这些数据包基于 TCP/IP 协议，在数量众多的网络路径中选取较为快速的通道，发往目的服务器。最后，数据包重新被组织整合，转发给接收方。这种技术使基于跨境电子商务平台实现的多个国际贸易环节，如订货、付款、交货等都能在瞬间得以完成，大幅提高了国际贸易在实践中的效率。

二是无形性。依托于能瞬间传输完成大量数据的数字技术，跨境电子商务提供的产品和服务体现了无形特性。其一，无形的数字服务。服务本身具有无形性，以往受制于技术的限制，不少服务需要通过当面交付来实现交易。但跨境电商平台的发展使无形的服务也实现了跨境提供，大幅增加了国际贸易中服务的规模和种类。无形的数字化服务也发展成国际贸易的重要组成部分。但与此同时，这也给服务业带来挑战，因为数字产品或者服务本身的复制成本极低，未经授权的复制行为可以损害服务提供者的知识产权权益，引致知识产权侵权问题。其二，无形性融入了跨境电商海关程序。传统的货物贸易面临的海关环境纷繁复杂，其中多项纸质通关文件的处理和提交降低了通关的效率。依托于线上传输的无形特性，无纸化的法律约束力也开始逐步受到各方认可。通关无纸化发展起来，跨境电商的贸易便利化水平得以提升。但是各方对无纸化通关文件的标准制定、法律约束力认可度等方面存在分歧。总体来看，产品的无形性是跨境电商得以快速发展的重要特征。但与此同时，这也为各方的监管规制带来挑战。

三是信息化。伴随数字技术的发展，跨境电商的信息量不断扩大，信息精度也大幅提升。其一，在信息丰富度方面。在传统贸易中，产品或服务提供者往往需要权衡信息丰富度和用户覆盖面两者之间的关系。当传统企业需要获取更为丰富的用户信息时，就需要减少关注的用户数量。因为如果要从特定用户身上获取丰富信息，往往需要投入比较多的时间和精力。这意味着，传统企业伴随自身关注用户数量的增加，其投入在各用户个体上的精力就会减少，其获取的个体用户信息丰富度就会相应缩减。与之相反，在跨境电商时代，数字企业利用大数据技术能够大批量获取消费者信息，信息的丰富度伴随用户数量的增加大幅提升。换言之，数字企业不需要像传统贸易一般，在信息量和用户数量之间作出权衡。其二，在信息密集度方面。信息化体现在数字企业可以获取高质量的信息上。在数字技术的推动下，跨境电商平台的供给方和需求方可以获取的信息量比传统交易更多，且能以更低成本获取更高质量的信息。

跨境电商的信息化呈现了上述的信息丰富度以及信息密集度特性。利用可以获取丰富且高质量信息的优势，跨境电商企业也得以提供更为多样化的产品，并为自身带来更大的利润。如电商平台基于丰富和高质量的信息获取，可以在精准判断消费者偏好的基础上提供产品和服务。又如，对于通过卖广告赚取利润的电商搜索引擎而言，可以在低成本获取高质量信息的基础上，根据消费者的个人画像在消费者搜索结果中推送相关广告信息，提高广告转化率。

但与此同时，信息的获取出现了不对等的现象。在跨境电商发展初期，大量以及高质量信息的获取降低了中小微企业进入市场的门槛。但伴随跨境电商企业的发展，高质量信息开始呈现不均匀的分布状态。大型数字企业密集地占有更多的信息资源，加剧了市场主体之间的信息不对称性。另外，信息的不规范使用还会带来一系列涉及个人、产业乃至国家层面的数据安全问题。

（三）发展速度快

数字技术更新换代的速度非常快，成为支撑跨境电商迅速发展的重要因素。如根据摩尔定律，集成电路上的晶体管数目每隔 18—24 个月便会增加 1 倍。换言之，每 2 年处理器的性能提升一倍，价格也相应降为此前一半。数字技术的快速发展给跨境电商带来了巨大机遇。

在跨境电商发展腾飞之前，互联网作为基础技术已经有了 30 余年的发展历史。互联网在全球达成统一的标准，成为全球跨境电商用户所使用的核心技术。但由于网络带宽和互联网普及率等因素的限制，导致电商企业并未伴随互联网的发展而普及。到了 20 世纪 90 年代中期，万维网的出现使结合多种观感技术进行信息展示成为可能，全球电商的发展也实现了真正的起步。依托于因特网这一标准技术，电子商务快速接入了全球市场，实现了正向的网络外部性并获得了巨大的经济收益。

2007 年，智能手机开始普及，成为促进跨境电商发展的重要契机。它让更大范围的中小微企业甚至个人也可以借助移动客户端参与到跨境电商之中。基于移动电商平台实现交易的产品服务和类型也更加多样化。除了以往的线上零售等电子商务商业模式以外，移动客户端还促进了基于社交网络提供的交易，或者基于用户的地理位置来提供的电商服务，实现了市场供需的高效匹配。数字技术的快速发展不仅提升了闲置资源的使用效率，还扩大了市场规模和产品种类，跨境电商的整体经济效益得以提升。在区域分布上，跨境电商也给亚太地区的数字经济发展带来重要机遇。亚太地区在跨境电商的市场规模、数字金融环境、物流运输成本上具有优势。在移动客户端的推动下，目前亚太 B2C 电商服务体量已经超过了北美、欧洲，成为推动跨境电商发展的重要主体。

值得注意的是，新兴跨境电商市场的增长迅猛。尤其是亚太地区的电商规模近年来不断增长，B2C 的规模甚至超过北美和欧洲，发展潜力巨大。

三、发展历程

早在 20 世纪 60 年代末期，人们就已经开始用电报展开商务活动。随着全球主要国家的经济蓬勃发展，贸易往来日渐频繁，为了更高效、安全地处理日益增长的贸易业务，电子商务成为极受企业青睐的一种贸易模式。电子商务是以现代通信网络为载体，以实体货物为交易标的，通过信息通信技术的有效使用，实现商品的线上化交易的贸易活动。

随着经济全球化的推进，电子商务跨越关境发展出了跨境电子商务。其中，跨境电子商务是电子商务的重要组成部分，是指分属不同国家或地区的交易主体所实现的电子商务活动。在电子商务日渐成熟后，伴随人工智能、大数据、云计算等数字技术的发展，数字技术与贸易的融合逐渐深化，全球贸易的数字化进程加速，基于电商平台提供的产品和服务亦成为数字贸易的重要内容。

（一）电子商务的发展历程

电子商务（e-commerce）指利用互联网、万维网以及移动设备上运行的 App 和浏览器来进行的商务交易。电子商务是由技术驱动的，大量应用了数字计算和数字通信技术。技术包括与包交换通信、TCP/IP 协议等端口协议、客户机/服务器处理模式、云计算、移动数字平台、网络服务器等。在电子商务萌芽之前，基础数字技术已然经历了较长的发展阶段，成长为可直接运用于电子商务的技术，包括电子数据交换中心（Electronic Data

Interchange，EDI）、万维网（WWW）、超文本标记语言（Hyper Text Markup Language，HTML）和超文本传输协议（Hyper Text Transfer Protocol，HTTP）。20 世纪 70 年代末期，一家名为 Baxter Healthcare 的制药企业开始使用电话调制解调器，使医院能够直接订购该企业的产品，这是 B2B 电子商务的早期雏形。20 世纪 80 年代，EDI 标准逐步形成，企业开始利用专有网络交换商业资料，通过数字化方式进行商务交易。EDI 技术在降低文件处理成本、提高贸易效率、克服跨境贸易中语言文化等方面的障碍、加速货物和资金的流转等方面起到了重要作用。EDI 在 20 世纪 80 年代末迅猛发展起来，美国和西欧一些发达国家最先采用 EDI 方式进行贸易。1990 年，蒂姆·伯纳斯·李（Tim Berners Lee）和罗伯特·凯里奥（Robert Cailliau）建立了一个名为万维网的超文本项目。李使用 NeXT 计算机创建了第一个网络服务器，并编写了第一个网络浏览器。1991 年，网络作为互联网上的公开服务首次亮相。之后，他结合超文本与互联网，开发出网址、HTML 和 HTTP。这些信息技术的进步大力推动了电子商务系统的形成。

在这些技术的推动下，电子商务处于萌芽发展阶段。电子商务的发展历程可大致分为三个阶段：萌芽成长期、发展巩固期、成熟重塑期（见图 3－1）。

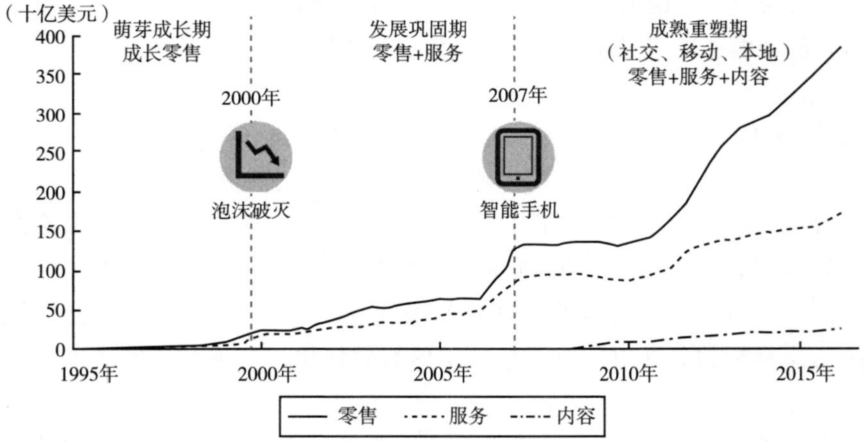

图 3－1 电子商务发展历程

资料来源：肯尼思·劳东，卡罗尔·奎尔乔·特拉弗，劳帼龄．电子商务：商业、技术和社会［M］．北京：中国人民大学出版社，2021.

1. 电子商务萌芽成长期

电子商务萌芽成长期指 1995—2000 年。在这一阶段，电子商务是“技术推动”型的，即技术的创新发展可能带来的超额利润是电子商务成长的核心动力。

数字技术的发展让全球统一的通信和计算环境得以形成，人们将成千上万的信息和数据存储到由 HTML 页面组成的统一知识库中。EDI 技术使得企业间数据自动交换成为现实，大大提升了交易效率。无纸化的传输技术被广泛应用于贸易环节中。受限于互联网的带宽，企业只能通过互联网销售简单商品，市场营销仅展示简单静态广告。

1995 年，电子商务平台企业亚马逊在美国正式登记注册，开展纸质书网络售卖业务，用户在平台上通过银行卡或信用卡实现线上支付。交易实现线上结算是电子商务发展过程中的里程碑，线上化的交易结算相对于传统的支付方式更为高效、安全、便利。此后电子商务的发展进入了快车道。从 1995 年到 1999 年，许多公司建立了自己的网络页面，并开始在网上进行交易；1996 年，美国的电子商务交易产生了 7.07 亿美元的收入，1997 年增加到 26 亿美元，1998 年增加到 58 亿美元。从 1998 年 10 月到 2000 年 4 月，有 300 多家互联网公司进行了首次公开募股。互联网的收益也从 1996 年的 2.67 亿美元增加到 1997 年的 9.07 亿美元，1999 年达到 30 亿美元。亚马逊的销售额从 1996 年的不到 1600 万美元增加到 1999 年的 16 亿美元。不到 3 年时间，戴尔的日销售额从不到 100 万美元增加到 4000 万美元。到 2000 年底，美国的电子商务网站已有大约 60 万个。

由于电子商务是这一时期备受关注的新经济增长点，因此备受资本的关注。伴随电子商务的发展，大量风险投资涌入电子商务市场。但随着 2000 年互联网泡沫的破裂，成千上万在风险投资支持下快速发展起来的电商企业受到了负面影响而倒闭。这也宣告了电子商务萌芽期成长的结束。

在电子商务萌芽期，相关法规也伴随电子商务的发展开始不断完善。1996 年 12 月，联合国国际贸易法委员会制定通过了《电子商务示范法》，为各国电子商务立法提供了一个范本。1996 年底，世贸组织达成了便于电子商务发展的第一个国际协议——《信息技术协议》；1997 年 4 月欧盟出台了《欧洲电子商务动议》，同年 7 月美国公布了《全球电子商务框架》，联合国贸发组织召开了全球电子商务专家会议；1998 年 5 月世贸组织 132 个成员国签署了《关于电子商务的宣言》。但是这些协定以倡导性语言为主，或者有效期限较短、议题覆盖面较小。因此，电子商务规制体系的发展和监管措施还有待进一步构建。

从经济学的市场竞争角度来看，早期的电子商务呈现以下三种特征。

其一，它是近乎完美的市场，具有信息摩擦低和“去中介化”（disintermediation）[①] 的特征。基于互联网技术衍生出的数字市场中，无数的消费者和生产者获得全球任何市场相关信息的门槛都有所降低，买卖双方获得的信息是一致的。消费者与生产者获取信息的成本大大降低，市场中的信息不对称大幅减少。这就达成了无摩擦商务（friction - free commerce），即一种信息平均分布的交易状态。因此，这一阶段的电子商务市场可谓趋近于“完美市场”。

信息技术的发展也让生产者与消费者建立起直接联系，消除了生产者和消费者之间的中间商，实现了“去中介化”（disintermediation）。此时交易成本很低，价格可以根据需求动态调整，中间参与者的数量减少，不公平竞争的优势不复存在。

其二，在这类新兴市场中出现先行者（first mover）[②] 优势。先进入市场者将获得超额

① 去中介化（disintermediation），是在给定的供应链中移除某些中介作用的组织或业务处理层，一方面降低了成本，另一方面提高了渠道效率。简单地说就是产品的生产方将产品直接送达至终端用户手里，没有中间商赚差价。

② 先行者（first mover），指最早进入某一特定领域的市场并迅速获得市场份额的企业。

利润。此时，电子商务环境下的网络企业的先行者使消费者习惯其企业特性，产生网络效应（network effect）[①]。即伴随用户的增加，产品吸引力有所提升，商业利润亦随之增加。

相比于传统零售企业，电子商务企业能够更有效地开展商务活动，更好地吸引新顾客和留住顾客。但早期电子商务环境、市场份额、网络使用人数等重要指标在成长阶段容易出现波动，因此商家在获得超额利润前，可能需要先承受几年的亏损。

2. 电子商务发展巩固期

在电子商务发展巩固时期（2001—2006 年），电子商务由原来的“技术推动”转变为“业务推动”。在萌芽期，电子商务主要是依托于数字技术的创新发展实现起步。而在发展巩固期，宽带网络已然普及，互联网营销技术持续升级。电商企业的商业利润来源主要是业务范围的扩大。电子商务所涵盖的范围变得更为广阔。具体而言，发展巩固期的电子商务主要呈现以下特征。

其一，在产品种类上，发展巩固期的涵盖类目多于萌芽期。零售产品不再局限于萌芽期涵盖的简单零售产品，而是进一步扩展至复杂产品。除此以外，还纳入了金融服务、旅游等更为复杂的服务。

其二，多样化的互联网营销不断成长。电子商务基于搜索引擎所提供的广告营销服务进一步发展，如依据用户搜索历史和内容提供的搜索引擎广告。

其三，各类企业制定与实施网络政策的网络范围更为广泛，从原来的网站拓展到了电子邮件、页面展示、搜索引擎等，并且建立起社区反馈机制。

其四，从“去中介化”发展为“强化中间商”。在电子商务萌芽期，低信息摩擦使生产者和消费者可以省略传统中介环节，进行直接对接。但伴随电子商务的成长，电商平台这一中间商的作用越发凸显。电子平台和买卖双方共同构成的“双边市场”成为这一时期典型的电子商务形式。在电商平台的作用下，电子商务市场也从近乎“完美市场”演化为“非完美市场”，因为信息可能被个体企业所占有，信息摩擦水平上升。此时参与者获得的价格、成本和质量等信息出现不对称。

企业有了现金流就有了未来发展的动力和资本。越来越多的企业参与到电子商务中来，基于互联网进行的电子商务能够实现远距离、全覆盖、大规模的贸易活动。这一阶段的参与主体覆盖面涵盖中小企业和大企业。这一阶段的法规构建相比于上一阶段更为完善，覆盖的电子商务议题也进一步增加。

3. 电子商务成熟重塑期

电子商务成熟重塑期（2007 年至今），依托于移动技术的快速发展，电子商务规模也快速攀升。其覆盖范围除了发展巩固期的零售和服务以外，还催生出“内容”这一模块。“个人”维度的用户也可以创造并共享传播内容给庞大的受众，并在用户间产生高度互动和吸引大量的用户群体（如脸书）。在这一阶段，其平台营销方式更为多样。

---

① 网络效应（network effect），随着用户数量的增加，不利于规模经济的情况将不断得到改善，所有用户都可能从网络规模的扩大中获得更大的价值。此时，网络的价值呈几何级数增长。

随着电子商务的应用覆盖面越来越广泛，其逐渐成为贸易当中的重要方式。电子商务的业务对象、业务模式以及业务需求日渐丰富。除了 B2B、B2C、C2C 模式涵盖更多内容以外，移动技术的发展还催生出更为多样化的电商模式，如移动商务（moblie e-commerce）和社交电子商务（social e-commerce）。多元化的电子商务模式，促进了电商营收的稳定增长，资本的加大投入进一步促进市场整合。

在此期间，电子商务具有以下特征。

一是市场集中度提高。在马太效应的持续作用下，部分中小企业逐渐走向没落或被并购。大企业通过并购实现优势互补，进一步扩大规模与市场份额，市场集中度进一步提高。

二是多元化发展。进入成熟重塑期后，电子商务平台开始开辟新业务以期找寻新的利润增长点。随着互联网技术的不断进步，涌现了社群平台、社区购物、直播带货、短视频营销等新业态，新的零售模式也在不断发展。

三是提质增效优化体验。随着电子商务业务的逐渐成熟和多样化，消费者对电商效率与质量等方面提出更高的要求，客户黏性和客户忠实度越来越受到企业重视。与此同时，相关一系列法律法规的出台使得电子商务的营商环境、市场监管机制愈发完善，消费者权益得到保障。以上要素倒逼企业努力提质增效，优化其所提供的服务。

（二）跨境电子商务的发展历程

跨境电商是电子商务的重要组成部分。跨境电商（Cross - border Ecommerce）是指分属不同关境的交易主体，以实体货物为贸易标的，通过电子商务平台达成交易、进行支付结算，并通过跨境物流送达商品、完成交易的国际商业活动。跨境电子商务是在外贸电子商务的基础上发展演变而来的，是电子商务跨越关境的产物。为了解决传统外贸电子商务在进行过程中境内外环节冗长、跨境业务效率低、国际流通成本高等问题，跨境电商作为新型国际贸易模式开始被应用。作为一种国际贸易新业态，跨境电商将传统国际贸易加以网络化、电子化，以电子技术和物流为主要手段，以商务为核心，把传统的销售、购物渠道移到网上。它打破了国家与地区有形和无形的壁垒，减少了中间环节，大幅节约成本，在全世界范围内迅猛发展。电子商务巨头亚马逊和 eBay 先后于 1998 年和 1999 年进入欧洲市场，1999 年来自中国的阿里巴巴国际站成立，跨境电子商务开始兴起。

跨境电子商务是电子商务的子类别，是电子商务在国际贸易层面的延伸。跨境电商的发展历程可分为以下三个阶段。

1. 跨境电子商务萌芽期

在跨境电子商务发展初期，交易双方借助跨境电子商务平台所提供的网络信息实现信息共享与交流。该平台的主要功能是信息撮合，但其他跨境贸易环节仍在线下进行。早期的跨境电子商务的参与主体以大企业为主，贸易模式以进行信息撮合的 B2B 为主。

跨境电子商务是电子商务的子类别，跨境电子商务在萌芽初期，区别于传统电子商务，呈现出以下特征。

第一，交易主体。传统电子商务的交易主体大部分时候是同一国内的企业和个人。而在萌芽初期，跨境电子商务的交易主体则包括境内外的企业和个人。

第二，业务环节。跨境电子商务的实质是国际贸易，相比于传统电子商务，它包含了许多国际元素，增加了海关申报、进出口税务、外汇结算等一系列具有国际性质的环节。

第三，使用规则。由于跨境电子商务萌芽期的业务跨越了关境，因此传统电子商务采用的边境后规制面临挑战。国际上开始形成通用的统一贸易规则，一些国家与地区开始对此制定了区域性的贸易协定。

2. 跨境电子商务成长期

进入成长期，互联网技术的日益成熟，以及跨境电子商务需求的不断增加，跨境电子商务平台功能日益完善，相关系统架构已基本能够实现跨境电商产品信息展示、在线交流、交易等相关功能。跨境电商从以信息撮合为主发展为交易撮合为主，跨境电商规模呈现出快速增长趋势。

当线上支付成为现实，跨境电子商务平台的业务水平有了极大的提高。这一时期的跨境电商平台在线上交易与支付功能之后，进一步实现了物流等流程的线上化。跨境电子商务平台作用也逐渐凸显，并且呈现出主导作用，由原先的展示功能转变为由更高级算法实现的商品搜索、匹配、推荐等功能。平台功能的完善使其更为成熟、抗风险能力逐渐提高，技术门槛降低，带动了大批中小企业进入，涌现出一批创业者。随着中小企业也参与到电子商务中来，跨境电子商务的发展不断提速。

综上所述，这一阶段跨境电子商务的线上业务环节更为完善，平台作用更为明显，参与主体更为丰富。

3. 跨境电子商务成熟期

进入 21 世纪以来，科技发展日新月异，科技革命之间的间隔时间越来越短，国际贸易环境变化加剧，跨境电子商务进入成熟期。该阶段跨境电子商务的重要特征为：模式多样化和交易数据沉淀。模式多样化指的是跨境电子商务模式发展出了 B2B、B2C、C2C、B2B2C 等多种业务模式；交易数据沉淀指人工智能和云计算等数字技术的出现使跨境电子商务平台上的海量交易数据能够实现精准度极高的匹配，为国际贸易提供全方位的数据服务。跨国企业中的龙头电商企业如亚马逊、阿里巴巴等逐步建立起集采购、分销、零售等环节于一体的跨境电子商务供应链服务平台。

与此同时，跨境电子商务平台进一步全球化，数字技术的发展使其可以更精准、高效地整合、匹配全球数字贸易的买卖双方的信息，推动了国际贸易的个性化、普惠化发展，逐渐突破传统国际贸易以大额订单为主的局限性，在贸易中给予中小微企业更多的机会。

在这一阶段，全球各主要经济体的发展格局也发生了变化。2010 年以前，北美及亚太地区的电子商务零售业务较为繁荣，美国、新西兰、日本与中国的零售电子商务销售渗透率较高。2011 年开始，亚太地区的电子商务发展迅速，零售电子商务销售渗透率在 2012 年之后超越了北美地区，这一时期中国的电子商务业务也发展迅速（见图 3－2）。

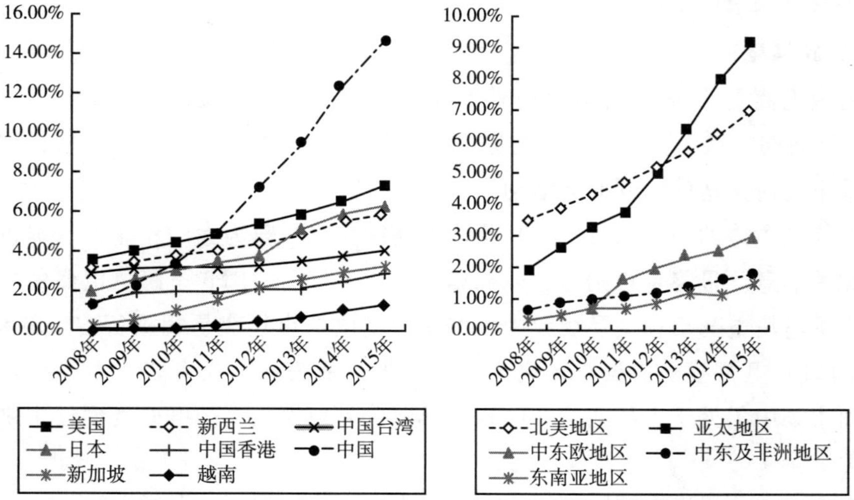

图 3－2　2008—2015 年各国及地区零售电子商务销售渗透率

资料来源：eMarketer

第二节　主要内容

一、商业模式分类

传统跨境电商依据不同的基准可分成多种类型（见表 3－1）。

表 3－1　跨境电商分类表

分类依据		具体类目
终端主体规模		B2B；B2C；C2C
平台盈利模式		跨境大宗电子商务交易平台（大宗 B2B），以及综合门类小额批发零售平台（小宗 B2B）
平台运营方属性		第三方开放型平台；自营型平台
其他区分方式	服务类型或交易流程	交易前提供信息服务的平台；交易中在线交易平台；交易后外贸综合服务平台
	进出口货物	出口型跨境电商；进口型跨境电商
	销售品类	垂直型跨境电商；综合型跨境电商

（一）按照参与终端主体规模区分

按照参与终端主体规模区分，可把跨境电子商务分成 B2B、B2C 和 C2C 三种类型。

1. B2B 跨境电商

B2B 跨境电商是企业级的国际商业活动，指企业与企业之间（Business - to - Business）通过互联网跨境平台进行商品与服务等数据信息的传递后，达成交易，完成支付结算和进行线下物流配送的国际商业活动。

从参与终端主体的规模来看，B2B 跨境电商的卖家一般为大中型企业，提供企业产品与服务等相关信息。最终客户则为企业或集团客户。目前，B2B 是跨境电商的主要构成部分。如在中国跨境电商市场交易规模中，B2B 跨境电商市场交易规模所占份额将近 90%。2020 年美国的 B2B 规模也占据整体电商规模的近九成份额。换言之，大中型企业级交易在跨境电商市场中仍处于主导地位。B2B 是目前业务规模最大的电商类型，未来仍有巨大的发展潜力。

代表性企业：阿里巴巴国际站、大龙网、中国制造网和环球资源网等。

2. B2C 跨境电商

B2C 跨境电商指的是企业（Busines）针对个人（Consumer）开展的跨境电子商务零售活动。具体而言，是指不同关境的企业作为上端，面向作为终端的个人消费者，直接在线上开展产品和服务的销售。B2C 跨境电商是一种国际商业活动。其中的交易、支付结算都是通过电商平台完成，商品送达则通过跨境物流来实现。

目前我国 B2C 类的跨境电子商务在整体跨境电商的交易规模中的比重正在逐年攀升，在未来或将迎来大规模增长。尤其是在互联网技术等数字技术的普及以及移动手机客户端的推动下，B2C 类型的跨境电商备受关注。

代表性企业：阿里巴巴速卖通（Aliexpress）、eBay、敦煌网、兰亭集势、京东全球购等。

3. C2C 跨境电商

C2C 跨境电商是分属不同关境的个人主体依托第三方平台进行的贸易活动。买卖双方都为个人（Consumer），个人卖方对个人买方在线销售产品和服务。具体而言，个人卖方通过第三方电商平台发布产品和服务内容（如售卖、产品信息、价格等）；个人买方则在平台上进行筛选。最终买卖双方通过电商平台达成交易、进行支付结算，通过跨境物流送达商品、最终完成交易。C2C 虽然是一种规模有限的小众国际商业活动模式，但在跨境电商市场中一直存在至今，具有重大的发展意义。

代表性企业：阿里巴巴淘宝国际版、eBay 等。

（二）按照平台盈利模式区分

在 B2B 跨境电商服务的平台里，可依据盈利模式对其进行进一步细分。它涵盖传统跨境大宗电子商务交易平台（大宗 B2B），以及综合门类小额批发零售平台（小宗 B2B）。

1. 跨境大宗交易平台（B2B）

平台本身为境内外会员企业提供自主线上电子商务营销服务，平台上进行的是大宗 B2B 交易。在这种模式下，大宗意味着大额的交易量和商品量。大宗 B2B 通过平台传输采购商或供应商等合作伙伴的商品或服务信息，并最终促成买卖双方企业达成交易。这类平台的推广渠道多样，包括网站、线下展会等。主要特点是与传统贸易联系较大，而且订单集中、批量较大。大宗 B2B 的交易洽谈和货物物流都在线下完成。其盈利来源是会员费以及营销推广费等。

代表性企业：中国制造网、环球资源网和阿里巴巴国际站。

2. 综合类跨境小额交易平台（小宗 B2B 或 B2C）

这种模式下的网站平台是一个独立的促进交易的第三方销售平台。买卖双方通过平台提供的商品信息下单成交。这种模式的主要特点是批量比较小，但是贸易频率较高，多直接面向消费者，且订单比较分散。物流由快递公司或邮局间接负责货物的报关程序。网站平台本身作为促进交易的第三方，并不参与货物物流及货款的支付环节。这种平台以促进小宗 B2B 或 B2C 交易为主。

盈利来源：基于成交价格提取一定比例的佣金。其中，小宗 B2B 或 B2C 平台本身的属性为促进交易的第三方，不直接参与物流、资金流等交易环节。包括佣金、会员费、广告费等增值服务费。

代表性企业：阿里速卖通、敦煌网等。

3. 垂直类跨境小额交易平台（独立 B2C）模式

这种平台模式下企业自建 B2C 平台，平台包含物流、支付和客服体系。依托于该平台，企业自己联系国内外贸企业作为平台供货商，买断货源，并将产品销往海外。

盈利来源：主要为商品的销售收入，通过买卖差价盈利。

代表性企业：兰亭集势、帝科思、米兰网等。

（三）按照平台运营方属性区分

按照平台运营方本身是否直接销售商品，可将跨境电商平台分为第三方开放型平台和自营型平台。

1. 第三方开放型平台

第三方开放型平台本身并不直接从事商品的购买与销售。这种平台通过线上搭建商城，整合物流、支付、运营等服务资源，吸引品牌商、制造商等商家及经销商等买家入驻，为其提供跨境电商交易服务，从而推动商品的跨境销售。一般而言，平台上商品种类较为丰富、网站流量较大，各项服务方便快捷。但是，平台作为第三方，不能很好地保障商品的质量。第三方开放型平台的主要盈利模式是收取平台入驻商家佣金及增值服务佣金。

代表性企业：阿里巴巴国际站、阿里巴巴速卖通、敦煌网、环球资源网。

2. 自营型平台

自营型平台本身直接购买和销售商品。这种平台通过搭建线上平台来整合供应商资源。它们以较低的进价采购商品，然后以较高的售价出售商品。由于商品基本上都是平台自营的，平台本身会对商品品质进行背书。一般而言，自营型平台的货源稳定，且配套服务方便快捷，可信赖度较高。但与此同时，它的总体运营成本较高，平台需要承担退换货、商品滞销等所有问题，相比第三方开放型平台，面临着较高的运营风险和融资需求。自营型平台的盈利模式主要是通过“低价买，高价卖”来赚取商品差价。

代表性企业：兰亭集势、炽昂科技（FocalPrice）、京东全球购、网易考拉。

（四）其他区分方式

除了上述区分方式，还可依据不同口径对跨境电商进行区分。典型的如按照服务类型或交易流程进行划分、按照进出口货物流向划分以及按照销售商品的品类范围进行划分。

1. 按照服务类型或交易流程划分

通常而言，跨境电商平台在不同交易流程所提供的服务类型具有异质性。依据这一口径的差异，可把跨境电商分成三种类型。

其一，交易前的提供信息服务的平台。在这一流程，平台主要为境内外入驻会员商户提供网络营销渠道。平台通过展示和传递供应商等商户的产品信息，促进买卖双方（供应商和采购商）完成跨境电商交易。

代表性企业：阿里巴巴国际站、中国制造网、环球市场网、环球资源网。

其二，交易中的在线交易平台。在这一流程，电商平台除了围绕产品和服务提供信息服务以外，还通过平台提供一系列购物环节，包括搜索、咨询、对比、下单、支付、物流、评价等。这种平台提供的服务较为全面，逐步成为目前跨境电商的主流模式。

代表性企业：阿里巴巴速卖通、敦煌网、炽昂科技。

其三，交易后的外贸综合服务平台。在这一流程，电商平台为平台商户供应上述信息服务和在线交易等服务环节之后，为商户提供全流程一条龙服务或者物流、通关等交易后的关键服务，并对商户收取一定的服务费用。

代表性企业：一达通、世贸通。

2. 按照进出口货物流向划分

按照跨境电商进出口货物流动的方向，跨境电子商务分为出口跨境电子商务和进口跨境电子商务两种。

其一，出口型跨境电商。出口型跨境电商指出口企业通过跨境电商平台实现商品展示、完成交易以及运用跨境物流渠道完成出口至国际市场的一系列贸易活动流程。相比于进口型跨境电商，出口型跨境电商在中国占据了主导地位。

代表性企业：阿里巴巴速卖通、亚马逊海外购、eBay 和兰亭集势等。

其二，进口型跨境电商。进口型跨境电商是指将境外的商品通过跨境电子商务平台往境内市场销售的贸易活动。中国也有进口型跨境电商平台，这些平台一般为自营型，买方一般为国内的终端消费者。近年来中国这类型平台也在政策支持下利用国内保税仓提高物流效率。这种类型电商的终端买方通常为个人消费者。其物流速度比国际物流快，但慢于国内电子商务（见本章第三节部分内容）。

代表性企业：天猫国际、京东全球购、洋码头和小红书等。

3. 按照涉及销售品类划分

按照销售品类是集中于一个垂直领域进行交易，还是覆盖多方面的综合性内容，可将跨境电商划分为垂直型跨境电商和综合型跨境电商两类。

其一，垂直型跨境电商。垂直型跨境电商及销售产品会局限在一个特定范围中，包括产品类垂直跨境电商和地域性垂直跨境电商。产品类垂直跨境电商即平台上所售商品是聚焦于某个特定行业或某个细分市场，深化和扩大这一领域的影响力，如母婴用品和建材类产品等。地域性垂直跨境电商即平台商品只专注在某一特定地域或区域进行销售。

代表性企业：易单网、蜜芽。

其二，综合型跨境电商。综合型跨境电商指的是电商平台上所销售商品的品类涉及多行业多方面，具有综合性，种类较多，覆盖面较广。该类型平台的商品覆盖范围和垂直型跨境电商形成鲜明对比。

代表性企业：阿里巴巴速卖通、亚马逊、eBay 和 Wish。

二、核心要素

跨境电商的发展主要受到以下三大要素的影响。

（一）资金流

跨境电商背景下，国际贸易出现了新的支付手段和融资方式。跨境电商的资金流涉及第三方支付、供应链金融以及数字货币等内容。这让电商企业可以在线上实现跨境资金流通；这也让中小企业获得更多的资金支持来参与国际贸易（详见第四章第二节）。

（二）信息流

跨境电商依托于信息流通来提供服务。在 ICT 技术的支持下，信息得以自由流通，电商企业也因此得以缓解地理带来的制约，得以跨境提供产品或服务。同时，信息流也让跨境电商企业可以基于大数据分析用户偏好，提升产品质量（详见第五章；第三章第二节）。

（三）物流

1. 物流的定义

物流指在贸易活动中被交易的实物标的从生产企业或者商家仓储位置转移到买家手中的过程及其有关活动的总称。物流包括搬运、包装、运输、储存、保管、配送和流通加工等。

2. 跨境电商与物流的关系

跨境电商和物流这两者间呈相互促进的关系。伴随物流的数字化以及服务类型、覆盖区域范围的扩大，跨境电商的发展也得到了支撑。同时，跨境电商的发展也给物流服务带来了更多的机遇，扩大了国际贸易中面向中小微个体的物流服务诉求，物流服务也因此得到了更为广泛的用户基础。

3. 跨境电商物流的特征

在跨境电商快速发展的背景下，物流服务也呈现出以下与跨境电商相呼应的典型特征。

一是国际化。跨境电商具有全球化的特征（见上一节跨境电商的“普遍存在性”特征），因此跨境电商的物流也有跨越边境的国际化特征。

跨境交易通常是由不同的业务主体在不同国境之内开展业务的。因此跨境电商的货物需要在地理上跨越国境，也给物流带来了挑战。相比边境内部的运输，这种跨境运输往往需要跨越较长的路程。同时，跨境电商也可能面临复杂的法规管理与业务操作规范。例如，跨境电商的物流可能需要面临两次以上的通关程序。如铁路运输从中国往欧盟需要经过多个经济体。由于每个经济体在通关上具有不同的法规，因此需要各国间在通关程序以及基础设施上的友好协作，来提高物流效率。

二是分散化。狭义的跨境电商指的是 B2C 这种模式。在跨境电商 B2C 模式中，C 端买家来自不同的国家或地区。他们越过了传统贸易的批发渠道，直接向跨境电商的卖家下订单。因此跨境电商的订单呈现了扁平化和碎片化的特征。在此背景下，跨境电商物流在东道国的运输收件方也分散化至不同个体，较为广泛地采用了快递这种形式。因此区别于采用集装箱进行货物大批量运输的传统物流，跨境电商物流呈现了分散化特征。

即便跨境电商是运用海外仓这种新型的运输模式，在跨境物流的头程运输中采用“大批运输”这种物流方式，到达边境后的“后程运输”也需要依据消费者的个体订单，采用快递等方式进行分散化的物流运输。因此，总体来看跨境电商物流具备分散化这一典型特征。

三是信息化。信息技术革命催生了跨境电商。与此相对应，跨境电商物流也自然呈现出信息化或数字化的特征。在先进技术手段的支持下，跨境电商物流实现了高效的全程追踪和管理、安全化和透明化，跨境电商的客户体验和运营效率也得以提升。

具体而言，这些先进技术手段包括跨境电商物流通过企业资源计划（ERP）、物流管理系统（TMS）、物联网（IoT）、全球定位系统（GPS）、区块链技术、大数据分析、电子数据交换（EDI）、条形码和二维码技术以及云计算等。

（1）企业资源计划（ERP）

ERP是对企业各业务流程进行集成的软件系统。ERP有助于企业进行管理和协调，包括订单、库存、财务、物流、人力资源、生产、供应链、客户关系和数据分析等。ERP的优点在于可以对企业的库存水平进行实时监控，跟踪货物的运输状态，帮助企业进行财务核算和成本控制，提供详细的数据分析和报表功能。ERP可将上述企业不同部门的数据流程集结在一个系统中。这种集成性有助于提高物流数据的一致性和业务的协调性。

具体在实践上，ERP可以帮助跨境电商平台整合订单信息，实现订单的自动化处理，有助于保障跨境电商信息的一致性，满足海外仓等多种物流方式对信息规范的严格要求。例如，亚马逊等海外仓对单据填报信息有标准化要求，利用ERP则可提高企业填单效率，实现网络订单和快递订单自动匹配。

（2）物流管理系统（TMS）

TMS可追踪运输中货物的实时动态（如货物位置信息、运输进度等）。TMS通过对接物流公司的系统，可对货物从货物到交付的全流程实现可视化管理。

（3）物联网（IoT）

物联网在跨境电商的实践中起到了重要作用。物联网即为通过物与物之间进行信息交换，实现智能化识别和管理。例如，IoT传感器可实时监控仓库中的库存情况。当库存不足时，系统会自动发出补货通知，避免缺货情况的发生。另外，IoT也可满足物品对特定温湿度控制的要求。例如，对于生鲜食品或药品，IoT传感器可实时对仓库环境进行监测并调节，以保证商品质量。

（4）全球定位系统（GPS）

GPS技术可帮助跨境电商物流跟踪运输车辆、船只、飞机等的地理位置。结合物流管理系统，提供精确的位置信息，确保货物按时到达目的地。

☞ 背景材料 3.1

跨境电商案例：亚马逊公司

成立于1994年的亚马逊公司（Amazon），是美国最大的一家网络电子商务公司，位于华盛顿州的西雅图。亚马逊是网络上最早开始经营电子商务的公司之一，从最开始只经营网络的书籍销售业务，其业务到现在已经拓展到范围相当广的其他产品，类别包括图书、影视、音乐和游戏、数码下载、电子和电脑、家居和园艺用品、玩具、婴幼儿用品、杂货、服饰、鞋类、珠宝、健康和美容用品、体育、户外用品、工具以及汽车和工业产品等。亚马逊已成为全球商品品种最多的网上零售商和全球第二大互联网企业，其名下还包括了AlexaInternet、a9、lab126和互联网电影数据库（Internet Movie Database，IMDB）等子公司。

亚马逊网络书店可以说实现了商业模式的破坏式创新。网络销售的方式改变了盈利模式中的成本结构要素。相较于传统书店，网络销售没有实体店面的高额固定成本支出，使成本大幅下降，从而保证产品价格远低于实体经营的竞争对手。亚马逊在这一阶段得益于外部互联网技术的推动，通过商业模式中成本结构、目标市场和产品服务三个要素的改变，实现了商业模式的创新（见图3-3）。

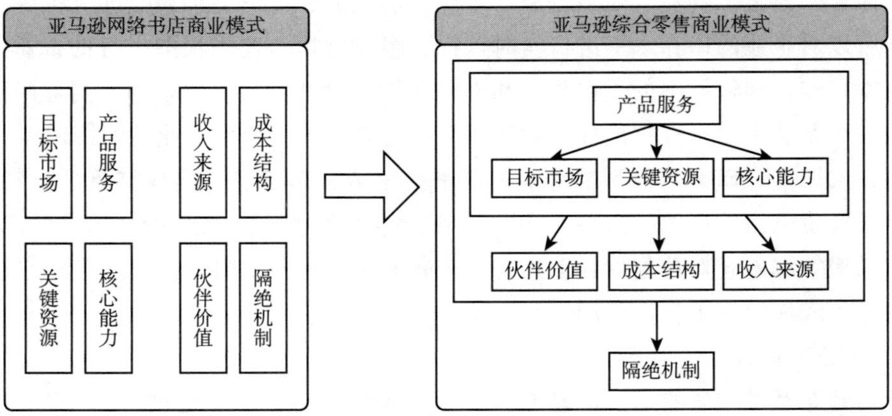

图3-3 亚马逊综合零售商业模式创新

亚马逊控制着近一半的美国在线销售市场，目前互联网零售商500强中有1/3以上在亚马逊上销售。亚马逊不仅是电商平台，还是零售商、物流供应商，甚至扩展到实体店。

亚马逊在早期发展过程中并未盈利，而是产生了巨额亏损，但是依然吸引了大量投资者。亚马逊创始人贝佐斯（Bezos）把亚马逊定位成“2050年地球上最大的书店”。早期亚马逊采取了大规模的扩张策略，以巨大的损失额亏损换取营业规模，成立于1994年的亚马逊用了不到两年的时间使网站上市，1997年亚马逊开展线上购物时已经在图书网络零售上显示出巨大优势。那一年亚马逊的员工人数从185人增加到614人，配送中心的容量从5万平方英尺增加到28.5万平方英尺，图书库存超过了20万册。

亚马逊成为跨境电商巨头有许多重要因素，其中几项是：重视电子商务基础设施布局、重视客户体验、充分利用数据。

（1）重视电子商务基础设施布局

亚马逊早期的投资旨在提前进行多行业布局，在巨额亏损的同时进行跨部门整合，成为占主导地位的在线零售商和互联网基础设施提供商。亚马逊在履行和分销方面的效率对其成功至关重要，特别是它比竞争对手更快地为在线客户提供服务的能力。它在美国各地60多家配送中心的大量投资（相比之下，普通零售商有两到三家）每年都有回报，越来越多的消费者选择在网上购买产品。FBA服务是亚马逊在构建电子商务基础设施方面的一大举措。FBA服务即亚马逊物流服务，是亚马逊针对第三方卖家推出的一站式履约服务。亚马逊将自身平台开放给第三方卖家，将其库存纳入亚马逊全球的物流网络，第三方卖家可以选择支付一定的FBA费用，将货物发送到亚马逊的履约中心，亚马逊为其提供拣货、包装以及终端配送的服务，并收取服务费用。收到订单后，亚马逊完成与自营商品几乎相同的整套履约流程，主要包括：储存、分拣、配送、客服和退换货等。在同等时效水平下，FBA 服务价格通常低于商家通过 UPS 等快递商自行履约的价格，具有较高性价比的 FBA 服务有效加速了第三方卖家入驻亚马逊，进而实现品类的快速拓展。亚马逊凭借 FBA 服务在在线零售商的主导地位，获得了与快递行业的巨大议价能力，使亚马逊能够通过创建自己的物流和配送服务体系来扩大其对其他零售商的统治。2012 年，亚马逊收购了 Kiva Systems 来提高公司的物流效率，同时积极开发机器人分货系统，实现智能分仓、就近分仓、预测配送等模式，保证购买的商品与购买者之间距离最优化。亚马逊开发出的无人配送货物机“亚马逊一号”，能够将食品生鲜在最短的时间内配送到消费者手中。亚马逊通过扩大对电子商务基础设施的掌控范围来实现业务领域的扩张。零售业务公司在从实体业务向电子商务平台转型时通常会遇到不少困难，但因为亚马逊的产品和物流能力，即使是在互联网行业十分出色的竞争对手也难以与亚马逊竞争。到 2013 年底，亚马逊的销售额为 740 亿美元，并已连续五年实现盈利。

（2）重视客户体验

除了在电子商务基础设施上投入大量的精力，亚马逊成功的另一秘诀在于重视客户体验。贝佐斯向电子商务贯彻了两个全面理念：在全球建立以客户为中心的企业，并创造一个让客户可以轻松地购买商品的环境。亚马逊的营销策略旨在加强亚马逊的品牌名称，增加 Amazon. com 网站的客户流量，建立客户忠诚度，鼓励重复购买，并增加服务收入机会。以客户为中心的另一含义是代表客户进行创新。亚马逊认为，创新仅仅意味着搜索顾客不知道他们想要的东西，并交付给他们。以顾客为中心的第三种含义与互联网的个性化本质相关，亚马逊通过推出“你的商店服务”来满足每个顾客的个性化需求，以最广泛的价格提供方便、精选的服务。创建于 2015 年的亚马逊 Prime 是一项会员订阅服务，用户只需支付 119 美元的年费或 12. 99 美元的月费即可成为会员。会员本身具有购买和送货的巨大优势。无论最低购物价值或额外费用如何，黄金会员都可以在次日享受送货服务。两天内交货的有超过 1 亿种不同的产品可供选择，次日交货约 1000 万种。2019 年亚马逊开始为买家提供自主安排送货的选项，买家可自己决定送货时间。全球物流市场的趋势是致力于在同一天实现有利可图的交付。亚马逊顺应这一趋势，与其他零售商展开竞争，所有零售商都希望成为第一个能够将当天送达作为标准选择的零售商之一。根据亚马逊的设定，拥有黄金会员资格买家的超过 35 美元的订单可在当天免费送货。

（3）充分利用数据

亚马逊认为其从客户那里获取的数据是其最重要的资产之一。亚马逊能够收集无穷无尽的关于购物者的有用信息，并通过电子邮件和网站本身来销售更多的东西。每当客户从亚马逊购买东西或仅登录不购买东西时，亚马逊就会收集关于该客户的各种信息：客户如何浏览网站，客户将什么商品放进购物车，客户放弃了哪些商品，以及客户如何搜索产品。到 2014 年，亚马逊在客户数据的管理和使用方面获得了巨大的客户信任，在消费者隐私保护方面，消费者更信任亚马逊，而不是谷歌、脸书、推特和苹果。

上述几点是亚马逊在发展跨境电商业务中支撑跨境电子商务客户服务平台，实现端到端贸易的重要手段。从图书销售商到全球购物平台，亚马逊在跨境电商行业取得的巨大成功背后有诸多因素都值得探讨，其发展历程也讲述着全球跨境电商的变化进程，亚马逊的成长之路和未来走向都与跨境电商、数字经济紧密相连。

第三节 中国的发展情况

电子商务是中国国民经济增长的新引擎，也是中国高质量发展的重要方面。其中，以“互联网+外贸”为典型特征的跨境电商近年来快速发展，对中国发展开放型经济、强化供应链韧性以及塑造中国经济发展新动能起到了关键性的作用。

一、中国的电子商务

相比于全球电子商务，中国电子商务起步较晚。但在政策推动、消费需求扩大和技术发展的背景下成长迅速，涌现出阿里巴巴、京东、当当网、易趣网等一大批电子商务企业。中国目前有5.2%的电子商务网站成立于20世纪90年代。1997年，中国化工信息网正式在互联网上提供服务，开拓了网络化工的先河，是全国第一个介入行业网站服务的国有机构。1997年，“易贸通”推出B2B贸易入门网站“TRADEeasy.com”。1997年12月，中国化工网（英文版）上线，成为国内第一家垂直B2B电子商务商业网站。1998年10月，美商网（又名“相逢中国”）获多家美国知名VC千万美金投资，是最早进入中国B2B电子商务市场的海外网站，开全球B2B电子商务先河。1998年2月，由焦点科技运营的中国制造网（英文版）在南京上线。1998年6月18日，京东公司成立。1998年12月，阿里巴巴正式在开曼群岛注册成立，1999年3月其子公司阿里巴巴中国在中国杭州创建。1999年8月，邵亦波创办国内首家C2C电子商务平台“易趣网”。1999年5月，“中国电子商务第一人”王峻涛创办“8848”涉水电子商务，并在当年融资260万美元，标志着国内第一家B2C电子商务网站诞生。1999年9月6日，中国国际电子商务应用博览会在北京举行，是中国第一次全面推出的电子商务技术与应用成果大型汇报会（见表3-2）。

表3-2 全球电子商务和中国电子商务的发展历程

所处阶段	全球电子商务	中国电子商务
萌芽期	1995—2000年	1997—2002年
发展巩固期	2001—2006年	2003—2009年
重塑期	2007年至今	2013年至今

中国电子商务的真正腾飞始于2006—2007年。在这一阶段，中国的互联网环境得到

了极大改善，在硬件设施建设、技术创新、法律法规等方面实现极大改进，电子商务日渐普及。由阿里巴巴的成功上市引起的“财富效应”使得众多创业者与投资者对电子商务的关注与投资热情高涨，中国电子商务的网站数量、服务与盈利模式更为丰富。

在 2008 年金融危机的影响下，国外市场需求萎靡不振，许多出口企业由外贸转内销，内贸在线 B2B 与垂直细分 B2C 得到了新一轮的快速发展，许多 B2C 服务商得到了数目可观的风险投资的资本青睐。在 C2C 方面，搜索巨头百度介入其中，让网购客户有了更多的选择，电子商务行业的竞争更趋激烈。据中国 B2B 研究中心调查显示，在这两年时间内建立的电子商务网站就占总数的 22.3%，其中的 75.4% 则专注于 B2C，该阶段对行业的优胜劣汰步伐加快，模式、产品、服务等创新层出不穷（见图 3－4、图 3－5）。

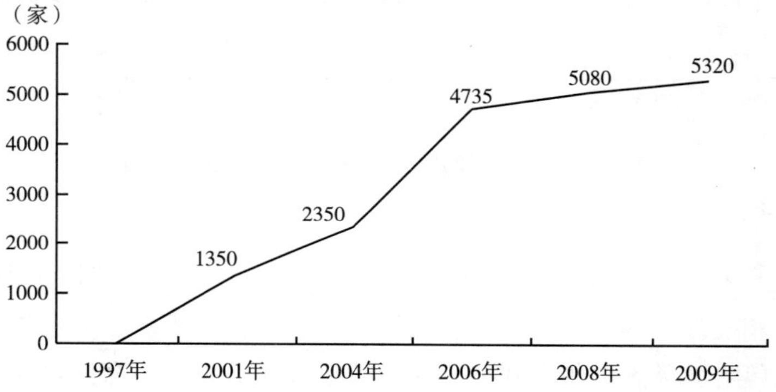

图 3－4　1997—2009 年中国 B2B 电子商务服务企业数量增长情况

资料来源：中国 B2B 研究中心.

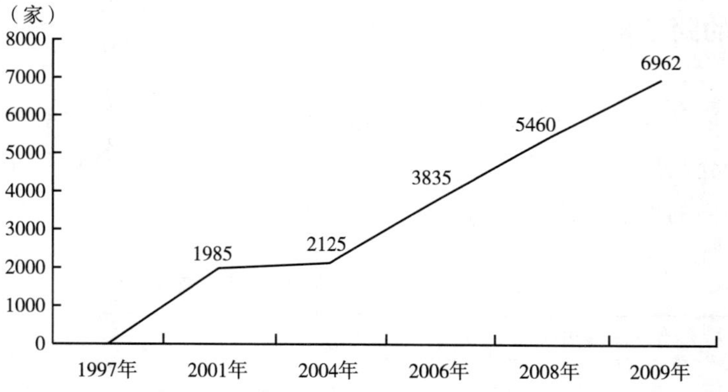

图 3－5　1997—2009 年中国 B2B、C2C 电子商务服务企业数量增长情况

资料来源：中国 B2B 研究中心.

自 2011 年以来，中国电子商务发展势头迅猛，国家统计局数据显示，2016—2020 年，全国网上零售额从 5.16 万亿元增长到 11.76 万亿元，年均增长率为 22.9%。2020 年全国电子商务交易额达 37.21 万亿元，同比增长 4.5%。与此同时，电子商务营商环境持续改善。“十三五”期间，《电子商务法》正式实施，电子商务标准、诚信体系建设不断完善，市场规制进一步完善；电子商务公共服务做优做强，政策解读、在线办事、数据开放、人才培养等公共服务进一步丰富。电子商务示范体系建设稳步推进，2020 年国家电子商务示范基地扩容至 127 家，示范基地布局进一步优化，引领作用进一步凸显（见图 3-6）。

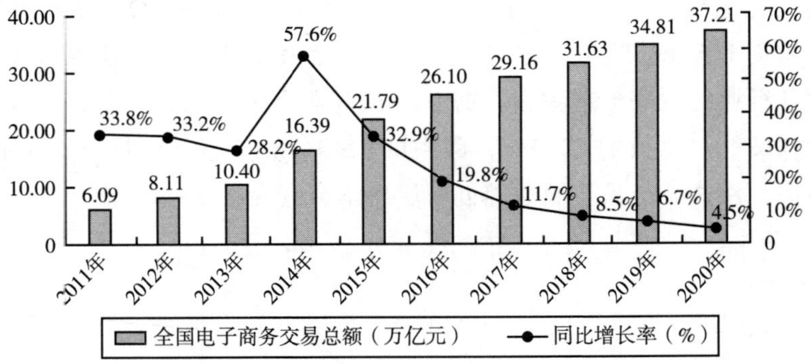

图 3-6　2011—2020 年全国电子商务交易总额

资料来源：国家统计局.

2020 年，电子商务经受住了新冠疫情的严峻考验，为服务构建以国内大循环为主体、国内国际双循环相互促进的新发展格局提供了重要力量。在线电子商务创新活跃，直播电子商务为农产品等各类品牌提供了数字化零售新模式，B2B 电子商务加速带动了供应链上下游企业数字化协同。农村电子商务助力脱贫攻坚顺利收官，跨境电子商务成为疫情发生以来稳定外贸的中坚力量，RCEP 协议签署推进“丝路电商”合作新发展。

二、中国的跨境电商

跨境电商发展是“十四五”时期规划目标的重要组成部分，其中引导企业优化海外仓布局、推动海外仓高质量发展是中国推动跨境电商发展的重要关切所在（见表 3-3）。目前中国的跨境电商的发展模式是以出口为主导，进口为辅。

表 3-3　中国对跨境电商领域的“十四五”时期规划目标

发布时间	规划名称	发展目标
2022 年 1 月	《“十四五”现代流通体系建设规划》	规划提出发展外贸新业态，促进跨境贸易多元化发展，鼓励跨境电商平台完善功能，引导企业优化海外仓布局，提高商品跨境流通效率
2021 年 9 月	《国企电子商务创新发展行动》	推动跨境电商协同发展
2021 年 9 月	《“十四五”商务发展规划》	倡导开放共赢，支持跨境电商和海外仓的发展
2021 年 7 月	《“十四五”商务发展规划》	推动外贸创新发展，开展跨境电商“十百千万”专项行动、规则和标准建设专项行动、海外仓高质量发展专项行动等

续表

发布时间	规划名称	发展目标
2021 年 7 月	《国务院办公厅关于加快发展外贸新业态模式的意见》	在全国适用跨境电商 B2B 直接出口、跨境电商出口海外仓监管模式，便利跨境电商进出口退换货管理，优化跨境电商零售模式进口商品清单；到 2025 年，力争培育 100 家左右的优秀海外仓企业，并依托海外仓建立覆盖全球、协同发展的新型外贸物流网络
2021 年 3 月	《中华人民共和国国民经济和社会发展第十四个五年规划和 2035 年远景目标纲要》	加快发展跨境电商，鼓励建设海外仓，保障外贸产业链供应链顺畅运转

资料来源：中国跨境电商服务行业趋势报告［R］．艾瑞咨询．

在中国跨境电子商务发展的起步阶段（1999—2004 年），跨境电商主要采用线上展示与线下交易相结合的外贸信息服务模式。在此发展阶段，第三方交易平台主要的功能是为企业信息以及产品提供网络展示平台，但不在网络上涉及交易环节。随着国际贸易的蓬勃发展，企业对跨境电子商务平台的服务需求逐渐丰富，从而促进跨境电商平台开始拓展除了纯展示商品信息以外的其他功能。从 2004 年敦煌网成立持续到 2013 年，跨境电商平台开始将线下交易、支付、物流等流程纳入网络平台中，逐步打造起在线交易平台；2013 年跨境电商增速达到 50%，中国跨境电商迈入实现了全产业链在线化的阶段，平台承载力显著增强，B2C 平台占比逐步提升；从 2018 年至今，大型跨境电商开始展开精细化运营，全面整合供应链，融合供应链的各环节，不断出现新零售、直播营销等创新模式，跨境电商正式进入全新的发展阶段。

随着国家鼓励发展跨境电子商务的相关政策陆续出台，以及消费者对跨境电子商务认可度逐渐提高，越来越多的企业加入了跨境电子商务中，中国跨境电子商务在规模、质量等方面实现了较大幅度的提升，跨境电商水平及国际影响力显著提高。在 2015 年 3 月批准设立中国（杭州）跨境电子商务综合试验区之后，国务院先后于 2016 年 1 月、2018 年 7 月、2019 年 12 月和 2020 年 4 月在天津、上海、苏州、洛阳、南宁、长沙、芜湖、湛江、绵阳、营口等城市和地区分 5 批设立了 105 个跨境电商综合试验区，中国通过一系列优惠政策全力支持试点城市区域的跨境电商发展。从 2005 年到 2020 年，中国跨境电子商务交易规模持续扩大。其中，2011 年和 2013 年的交易规模增长率达到 50% 以上（见图 3－7）。2020 年中国跨境电子商务进出口总额达到 16900 亿元，按可比口径计算[①]，同比增长 31.1%，体现出新冠疫情时期中国跨境电商的强大韧性（见图 3－8）。

① 2020 年海关总署增列监管方式代码 9710、9810，相关数据均按可比口径计算。

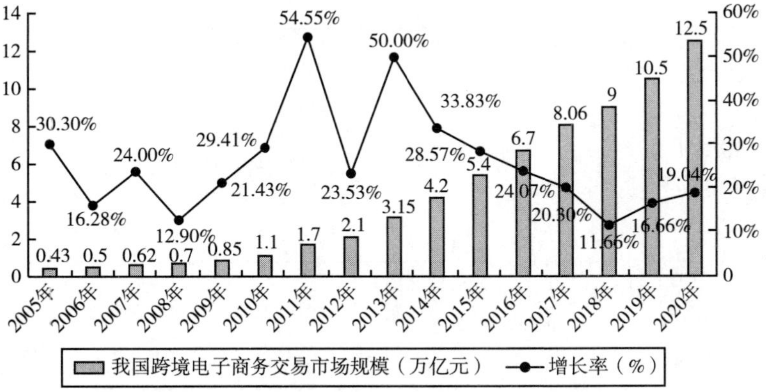

图 3－7　中国跨境电子商务交易市场规模及增长率

资料来源：中国电子商务中心.

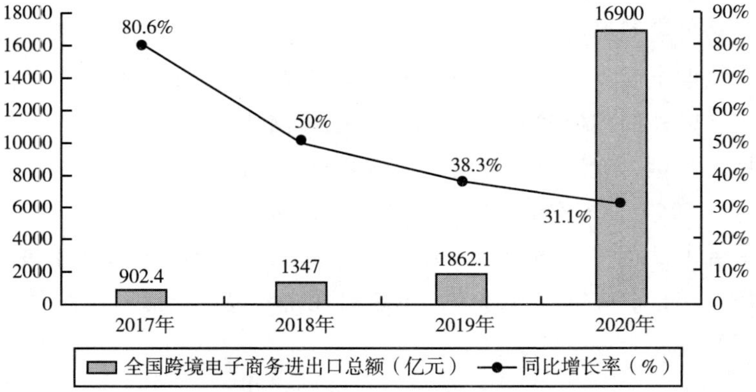

图 3－8　全国跨境电子商务进出口总额及增速（2017—2020 年）

资料来源：海关总署.

2020 年，新冠疫情给全球经济带来了巨大冲击，作为新兴贸易业态的跨境电子商务凭借其线上化、多边化、本地化、非接触式交货、交易链条短等优势，在新冠疫情的冲击下实现逆势增长，呈现出高速增长态势，成为稳定外贸环境的重要力量、拉动“双循环”新格局的关键纽带，为外贸企业应对疫情冲击发挥了积极作用。据海关统计，2020 年受新冠疫情影响，线上消费增加，进一步刺激了中国跨境电子商务出口贸易增长。2020 年中国跨境电子商务进出口总额达 1.69 万亿元，增长了 31.1%，占当年 GDP 的比重达到 1.5%，其中跨境电子商务出口额达到 1.12 万亿元，增长了 40.1%，出口的占比接近 70%。2021 年上半年中国跨境电子商务进出口总额达 8867 亿元，同比增长 28.6%。其中，出口额为 6036 亿元，增长了 44.1%；进口额为 2831 亿元，增长了 4.6%。海外市场的巨大需求和出口跨境电子商务企业自身的发展，将吸引更多线下企业将交易转移到线上平台，促进中国出口跨境电子商务的发展。

三、中国的跨境电商零售监管模式

一般而言，跨境电商进口在发展初期主要采用代购、海淘、一般贸易等模式。但伴随跨境电商业务量的快速增长，这些模式在通关效率和物流监管等多方面面临着多重挑战。对此，中国在2013年开始推行跨境电子商务综合试验区，并陆续推出了多批次跨境电子商务综合试验区，形成了覆盖全国各大区域的跨境电商发展布局。在跨境电商监管模式方面，中国针对跨境电商零售的进出口推出和发展了一系列监管模式（如9610、1210和1239），为构建跨境电商的良好营商环境、优化跨境电商监管体系起到了重要作用。各试点城市根据自身特色进行政策创新，结合9610、1210和1239等监管模式，完善跨境电商进出口业务的运行（见表3-4）。

表3-4　　跨境电商监管模式涉及法规

发文字号	发布日期	主要内容
海关总署公告2014年第12号	2014年1月24日	增列海关监管方式代码“9610”（跨境贸易电子商务）
海关总署公告2014年第57号	2014年7月30日	增列海关监管方式代码“1210”（保税跨境贸易电子商务）
海关总署公告2018年第194号	2018年12月10日	《关于跨境电子商务零售进出口商品有关监管事宜的公告》针对跨境电子商务直购进口商品、“网购保税进口”（1210）、网购保税进口A（1239）的通关管理，以及跨境电子商务零售进口模式下的退货管理进行规定。适用范围包括北上广等37个城市（地区）
商财发〔2018〕486号	2018年11月28日	《关于完善跨境电子商务零售进口监管有关工作的通知》明确跨境电商零售进口的海关监管方式代码（包含1210和9610）、参与主体和监管依据
商财发〔2021〕39号	2021年3月18日	《关于扩大跨境电商零售进口试点、严格落实监管要求的通知》扩大1210网购保税进口的实施范围
税务总局公告2023年第4号	2023年1月30日	《跨境电子商务出口退运商品税收政策的公告》跨境电子商务海关监管代码（1210、9610、9710、9810）项下申报出口的税收规定

☞ 背景材料3.2

2014年1月和7月，海关总署分别颁布海关总署公告2014年第12号和海关总署公告2014年第57号两份文件，增列了“9610（跨境贸易电子商务）”和“1210（保税跨境贸易电子商务）”两种海关监管方式。2016年12月第75号文件增列海关监管方式代码“1239”，全称“保税跨境贸易电子商务A”，简称“保税电商A”。适用于境内电子商务企业通过海关特殊监管区域或保税物流中心（B型）一线进境的跨境电子商务零售进口商品。

四位海关监管代码中，前两位是依据海关监管要求以及计算机管理的需要划分的。其中，“96”代表“跨境”，“12”代表“保税”。后两位则是海关统计代码，“10”代表“一般贸易”。

（一）跨境贸易电子商务（9610）

海关总署在海关总署公告2014年第12号中增列海关监管方式代码“9610”，全称为跨境贸易电子商务，简称“电子商务”。该监管模式适用于境内个人或电子商务企业通过电子商务交易平台实现交易，并采用“清单核放、汇总申报”模式办理通关手续的电子商务零售进出口商品（通过海关特殊监管区域或保税监管场所一线的电子商务零售进出口商品除外）。

以“9610”海关监管方式开展电子商务零售进出口业务的电子商务企业、监管场所经营企业、支付企业和物流企业应当按照规定向海关备案，并通过电子商务通关服务平台实时向电子商务通关管理平台传送交易、支付、仓储和物流等数据。

1. 9610直购进口

9610海关监管方式下的进口亦被称为直购进口。该模式的服务对象主要是中国个人和电商企业。依据其清关模式的特性，9610直购进口亦被称为“集货模式”。适用于境内个人或电子商务企业通过电子商务交易平台实现交易，并采用“清单核放、汇总申报”模式办理通关手续的电子商务零售进出口商品。

在9610直购进口模式下，订购人或消费者在跨境电商平台上购买商品后，电子商务企业或平台企业、支付企业、物流企业分别向海关传输“三单信息”。商家将多个已售出商品统一打包，通过国际物流运送至国内的海关监管作业场所（保税仓库的暂存区）。

电商企业拆大包按小包（单个订单包裹）逐个申报，电子商务企业或其代理人为每件商品办理海关通关和纳税手续。经海关查验放行后，再由国内快递派送至消费者。这种方式适用于销售品类宽泛琐碎、不易批量备货的跨境电商企业；也适用于在境外先集货再发往进口国的情形。因该模式在商品种类的多样性上具有优势，多被经营品类较宽泛的跨境电商平台及海外电商企业所采用。该模式按照正面清单及备注列明适用范围管理，备注栏提示的“仅限网购保税商品”则不适用9610模式。

2. 保税跨境贸易电子商务（1210）和保税跨境贸易电子商务A（1239）

“1210”是海关总署公告2014年第57号增列的海关监管方式代码，全称“保税跨境贸易电子商务”，简称“保税电商”。海关总署公告2014年第57号规定，“1210”适用于境内个人或电子商务企业在经海关认可的电子商务平台实现跨境交易，并通过海关特殊监管区域或保税监管场所进出的电子商务零售进出境商品（海关特殊监管区域、保税监管场所与境内区外（场所外）之间通过电子商务平台交易的零售进出口商品不适用该监管方式）。用于进口时，“1210”监管方式仅限经批准开展跨境贸易电子商务进口试点的海关特殊监管区域和保税物流中心（B型）。开展跨境贸易电子商务零售进出口业务的电子商务企业、海关特殊监管区域或保税监管场所内跨境贸易电子商务经营企业、支付企业和物流企业应当按照规定向海关备案，并通过电子商务平台实时传送交易、支付、仓储和物流等数据。

“1210”模式的进口也被称为“备货清关”模式，因为“1210”模式下跨境电商商家是先备货再获得消费者订单。具体而言，“1210”模式下跨境电商商家借助大数据技术对适合销售的产品进行预判，提前将未获得消费者订单的境外商品批量打包并备货至海关监管下的保税物流中心，再将商品录入网络电商平台进行销售。消费者下单后，电商商家根据订单为每件商品办理海关通关手续，在保税仓库完成贴面单和打包，经海关查验放行后，由电商企业委托国内快递派送至消费者手中。每个订单附有海关单据。如果商品未能售出，则不能通过保税中心，且无须报关即可退回国外。

海关总署公告 2016 年第 75 号增列海关监管方式代码“1239”，全称“保税跨境贸易电子商务 A”，简称“保税电商 A”。适用于境内电子商务企业通过海关特殊监管区域或保税物流中心（B 型）一线进境的跨境电子商务零售进口商品。

在“1210 网购保税进口”和“1239 网购保税进口 A”模式下，商品通过国际物流批量运输至境内，进入海关特殊监管区域或保税物流中心（B 型）〔以下简称区域（中心）〕专用仓库仓储备货。境内消费者在电商平台下单购买商品后，办理出区域（中心）手续，由国内物流送达境内消费者。

（二）多种监管模式的比对

☞ 背景材料 3.3

4.8 新政

对于跨境电商零售进口，财政部会同海关总署、国家税务总局于 2016 年 3 月 24 日发布新的税收政策，该政策适用于从其他国家或地区进口的、《跨境电子商务零售进口商品清单》范围内商品，于 2016 年 4 月 8 日起执行，这也被称为“4.8 新政”。该政策改变了跨境电商零售进口的监管方式。

具体而言，4.8 新政前，中国比照邮递物品监管方式，对进境电子商务零售商品征收行邮税。4.8 新政则首次明确跨境电商进口商品的交易具有贸易属性，即商品由最初默认的物品属性确定为现在的货物属性，按照货物征收关税和进口环节增值税、消费税。

中国对进出境商品区分为货物和物品执行不同的税制。其中，对进境货物征收进口关税和进口环节增值税、消费税；对非贸易属性的进境行李、邮递物品等，将关税和进口环节增值税、消费税三税合一，合并征收进境物品进口税，俗称行邮税。

中国一直对个人自用、合理数量的跨境电商零售进口商品在实际操作中按行邮税征税，大部分商品税率为 10%，总体上低于国内销售的同类一般贸易进口货物和国产货物的税赋。此次改革则明确了跨境电商零售进口商品的贸易属性。

三部门明确，跨境电商零售进口商品的单次交易限值为人民币 2000 元，个人年度交易限值为人民币 20000 元。在限值以内进口的跨境电商零售进口商品，关税税率暂设为

0%；进口环节增值税、消费税取消免征税额，暂按法定应纳税额的70%征收。超过单次限值、累加后超过个人年度限值的单次交易，以及完税价格超过2000元限值的单个不可分割商品，均按照一般贸易方式全额征税。

国务院关税税则委员会同时调整行邮税政策，将原有四档税率10%、20%、30%、50%，整合为15%、30%和60%三档税率。其中，15%税率对应最惠国税率为零的商品；60%税率对应征收消费税的高档消费品；其他商品执行30%税率。

资料来源：中国政府网.

网购保税进口（1210）与网购保税进口A（1239）

三种跨境电商监管模式“9610”“1210”“1239”都是在跨境电商快速发展的背景下，中国推出的监管模式，有助于提高通关便利化水平，促进跨境电商的进一步发展。目前三种监管模式下的税收优惠政策是相同的，都适用跨境电商综合税。个人年度限值内的商品关税则为0，进口过程中的增值税等税种则按照规定的70%予以征缴，相比于一般货物的税收政策更为优惠。不同之处在于以下几点。

（1）商品品类、消费者下单所在环节不同。适用商品品类不同。一是对于三种监管模式所适用的类目，可通过《跨境电子商务零售进口商品清单》查询。不同模式有其对应的商品类目，商品类目可采用的进口模式并不唯一。从商品属性上看，消费者重复选购的商品、大众产品可同时适用于直购以及保税进口；一些长尾产品或者没有固定规格和固定型号的商品，则更为适用直购模式。

在跨境电商进口中，“9610”为“集货清关”，需要先有订单再发货，在物流上需要消费者等待跨境运输的第一程物流时间，适用于跨境电商发展后，各电商平台业务量快速增加的阶段。这有助于海关对平台进行统一监管。而“1210”为“备货清关”，是先把货物发送至国内的保税物流中心后，再对消费者进行销售。消费者下单后，商品通过国内物流发送至消费者手中，相比于“9610”节省了消费者等待第一程物流的时间。不利之处在于，“1210”需要商家提前备货，会带来资金压力。因此，“1210”模式在通关便利化、税收以及质押融资等方面的便利化优惠政策，推动了这种电商发展模式的发展。

（2）在实施地理范围上。“9610”模式没有对实施城市进行限制。因此，理论上中国境内任一城市均可实施。与此相对，“1210”的范围则受到了限制。“1210”这种模式用于进口时仅限经批准开展跨境贸易电子商务进口试点的海关特殊监管区域和保税物流中心（B型）。相比而言，“1239”监管模式也适用于境内电子商务企业通过海关特殊监管区域或保税物流中心（B型）一线进境的跨境电子商务零售进口商品。但是，“1210”海关监管方式进境的商品，不得转入适用“1239”模式的城市继续开展跨境电子商务零售进口业务。网购保税进口商品可在同一区域（中心）内的企业间进行流转。总体来看，“1239”模式在跨境电商进口监管模式的适用区域上对“1210”模式进行了补充。

近年来，“1210”适用范围不断扩大，而“1239”的范围不断缩减。商务部等6部委推出的《关于扩大跨境电商零售进口试点、严格落实监管要求的通知》（商财发〔2021〕39号）明确，将跨境电商零售试点扩大至所有自贸试验区、跨境电商综试区、综合保税区、进口贸易促进创新示范区、保税物流中心（B 型）所在城市（及区域）。今后相关城市（区域）经所在地海关确认符合监管要求后，即可按照《商务部 发展改革委 财政部 海关总署 税务总局 市场监管总局关于完善跨境电子商务零售进口监管有关工作的通知》（商财发〔2018〕486 号）要求，开展“1210”保税进口业务。换言之，“1210”网购保税进口这种监管模式实施范围不断扩大，“1239”这种监管模式的适用范围将逐步减小。

（3）物流速度和成本不同。

其一，无论是直购模式还是保税模式，两者都可以大批量地进行物流运输，分摊到单件商品的物流成本也因此缩减。但如前所述，直购进口是卖家获得消费者订单再进行跨境运输，保税进口则是在跨境运输至进口国保税物流中心后再等待消费者订单。因此，消费者在这两种模式发货时的等待市场是不一样的。与此相对应的是，如果消费者对所购商品不满或者需要退换货时，直购模式和保税模式的退换货成本也是不一样的。在“9610”模式下，消费者可能面临退换货耗时较长、退货手续复杂等问题。而网络保税进口的“1210”或者“1239”则允许消费者进行退换货。此时退换货手续较为简单，物流等待时间也较短。

其二，直购和保税模式在商品在海关监管作业场所存放的时间是存在区别的。直购模式的商品本身有对应的消费者订单，在海关监管作业场所存放的时间较短，往往是立刻放行。保税模式下的“1210”和“1239”则可以在物流中心或者特殊监管区域存放较长时间。

本章小结

跨境电商作为电子商务的一个重要分支，近年来在数字技术的推动下快速发展。本章节全面剖析了跨境电商的内涵、特征、发展历程以及中国在跨境电商领域的实践和监管模式，以期提供一个系统的跨境电商知识框架。

跨境电商是指跨越不同关境的交易主体通过电子商务平台进行的交易活动。广义上的跨境电商包括所有利用数字手段的国际贸易，而狭义上的跨境电商特指基于电商平台的跨境零售。其典型特征包括普遍存在性、数字化和快速发展。跨境电商的发展历程可分为萌芽成长期、发展巩固期和成熟重塑期。从最初的电子商务到现代的数字化贸易，跨境电商不断演进，逐渐成为全球贸易的重要组成部分。特别是互联网和移动技术的普及，为跨境电商奠定了坚实的技术基础。

跨境电商的商业模式多样，主要包括 B2B、B2C 和 C2C 等类型。B2B 模式涉及大宗交易，而 B2C 模式则更侧重于面向个人消费者的零售。其按平台运营方属性可分为第三方开放型平台和自营型平台，也可根据服务类型、交易流程、进出口货物流向、销售品类等进行分类。跨境电商的核心要素包括资金流、信息流和物流。资金流涉及支付和结算，信息流关乎数据的收集和分析，物流则是商品从生产者到消费者手中的物理流动。这三个要素是跨境电商运营的基础，缺一不可。

中国电子商务的真正腾飞始于2006—2007年，互联网环境的改善、硬件设施建设、技术创新和法律法规的完善，推动了电子商务的快速发展。中国电子商务网站数量、服务与盈利模式不断丰富，跨境电商也逐步兴起。近年来中国跨境电商发展迅速，已成为国民经济增长的新引擎。中国出台了一系列政策支持跨境电商的发展，设立了多个跨境电商综合试验区，推动了行业的创新和成长。中国跨境电商以出口为主导、进口为辅的发展模式，为全球贸易的繁荣做出了贡献。中国针对跨境电商零售进口推出了多种监管模式，以适应不同的业务需求和提高通关效率。这些监管模式有助于构建良好的营商环境，促进跨境电商的健康发展。

随着人工智能、大数据、区块链等技术的不断发展，跨境电商将更加注重技术创新和应用。这些技术将进一步提升跨境电商的运营效率、客户体验和安全性。中国在这个领域的发展尤为迅速，不仅推动了国内产业的升级，也为世界贸易的繁荣做出了贡献。未来，随着技术的不断进步和政策环境的优化，跨境电商有望迎来更广阔的发展空间。

思考题

1. 跨境电商与传统贸易相比有哪些区别与优势？
2. 请简述跨境电商的典型特征及其广义和狭义定义。
3. 请简述跨境电商的商业模式分类。
4. 跨境电商的监管模式“9610”和“1210”有什么区别？
5. 根据本章内容，解释为什么数字技术的发展对跨境电商至关重要？
6. 试述跨境电商目前面临的主要挑战与未来发展趋势。

第四章　数字贸易中的金融服务

▶学习目标

1. 理解数字贸易金融服务的概念、特点和分类，掌握数字金融服务在全球经济中的作用。

2. 熟悉金融服务在数字贸易中的作用，了解金融服务如何为数字贸易提供资金支持、风险管理和结算便利；认识不同类型的金融服务，如电子支付、供应链金融和数字货币等在数字贸易中的应用场景。

3. 学习数字贸易中的金融创新，跟踪金融科技在数字贸易中的最新发展，如区块链、人工智能、大数据等技术的应用；分析这些创新对金融服务和数字贸易的影响，以及带来的机遇和挑战。

4. 掌握金融服务工具的使用，培养风险评估与管理能力：学会识别数字贸易中的金融风险，如信用风险、市场风险、操作风险等；掌握风险评估方法和风险管理策略，降低数字贸易中的金融风险。

▶思政目标

1. 通过数字贸易金融服务相关内容的学习，学会从大局观的视角分析问题，了解国家对数字贸易中的金融服务的支持和引导方向，提高辩证思维能力，增强问题意识。

2. 通过学习数字贸易中的金融服务相关的政治理论和热点事件，提高学生的政治素养和政治敏锐性。培养学生的政治判断能力，使其能够正确分析和评价数字贸易中的金融服务领域的政治现象和政策举措。

3. 学习金融服务领域的法律法规，增强学生的法治观念和合规意识，为进一步学习奠定基础。引导学生在数字贸易中的金融服务活动中遵守法律法规，维护金融市场秩序和国家金融安全。

第一节 概 况

一、定义和分类

在定义上，传统的金融服务指金融业提供的多样化服务，这些服务具备多种功能。具体而言，传统的金融服务包括融资投资、储蓄、信贷、结算、证券买卖、商业保险和金融信息咨询等多方面的服务。

值得注意的是，近年来在数字技术快速发展的背景下，金融服务也呈现出新气象。数字贸易的发展给传统金融服务的构成带来了巨大影响，催生出不少新型的数字金融服务，也让传统的金融服务接入了更广泛的市场。结合中国人民银行等十部委定义的“互联网金融”和金融稳定理事会定义的“金融科技”，黄益平等（2018）将数字金融界定为“传统金融机构与互联网公司利用数字技术实现融资、支付、投资和其他新型金融业务模式”[①]。

在金融服务的分类上，国际组织提供了典型的传统金融服务分类模式。世界贸易组织（World Trade Organization，WTO）认为金融服务涵盖保险及其相关服务，以及所有银行和其他金融服务（保险除外）。经济合作组织（Organization for Economic Co - operation and Development，OECD）则对金融相关服务作出了更为细致的分类，即金融（包括明确收费的及其他金融服务和间接衡量金融中介服务 FISIM）；保险（保险及退休金服务、直接保险、再保险、辅助保险、养老金和标准化担保服务）。

二、发展历程

在数字贸易金融服务的发展过程中，新兴数字企业和传统金融机构这两种主体起到了重要作用。根据这两个主体在提供数字金融服务过程中主导地位的不同，可大致将数字贸易的金融服务发展历程分为两个阶段：一是金融企业数字化，二是数字企业金融化。

（一）第一阶段：金融企业数字化

在这一阶段，传统金融企业开始在线上提供金融服务。这一阶段起始于 20 世纪 90 年代。这一时代亦处于互联网等数字基础技术发展腾飞的初始阶段。在数字技术的推动下，传统金融机构将部分线下服务推向线上平台，实现了服务接入的便利化。在这一阶段，数字贸易金融服务的主体是传统的金融企业，它结合了数字技术来提供传统金融服务。在数字技术的支持下，传统金融服务打破了时间和空间的限制，大幅缩减了交易和运营成本，

① 此为结合中国人民银行等十部委定义的“互联网金融”和金融稳定理事会定义的“金融科技”所作出的界定。

扩大了金融服务覆盖的用户群体范围。

例如，中国建设银行在20世纪末宣布推出线上金融服务，成为中国首家开通网上银行的国有银行。这是传统银行依托数字技术来提供金融服务的重要事件，体现了传统金融企业数字化这一金融行业发展的新趋势。

（二）第二阶段：数字企业金融化

在这一阶段，数字企业成为提供数字贸易金融服务的重要主体。21世纪初，在数字技术的推动下，互联网企业等数字企业诞生了。这些非金融机构也开始利用数字技术提供一系列金融服务，如线上支付、P2P、众筹以及供应链金融等。伴随用户需求不断提升，市场上提供金融服务的主体结构也发生了变化。以往金融服务的提供主体是传统的金融企业，如今新兴数字企业也开始提供数字化金融服务。如2013年互联网企业阿里巴巴旗下的支付宝和金融机构天弘基金合作推出余额宝，在短短的3个月内吸引到的经济规模近500亿元。这是一个典型的数字企业实现金融化，甚至和金融机构相融合的事件。

总体而言，数字企业金融化主要得益于以下三方面外部环境的助力。

一是监管环境相对宽松。在互联网企业提供金融服务初期，数字化的金融服务可谓一种新型服务，与此相配套的法律法规发展相对而言是有所滞后的。如对于提供金融服务的数字企业本身是属于互联网企业还是金融企业，是否需要和传统金融机构一样受到最低准备金率约束等，这些方面的法规是较为缺乏的。在较为宽松的监管环境下，互联网企业提供的创新型数字金融服务也得以快速发展。但与此同时，相应法规也亟待发展，以减少潜在的金融风险。

二是数字技术的快速发展。这让互联网企业得以基于数字平台提供线上金融服务。尤其是伴随线上支付、大数据、数据挖掘和云计算等技术的发展，互联网企业可以获取大量信息并为使用平台的个体进行画像。这让互联网企业可以有针对性地为用户提供更为丰富的新型金融服务，如跨境电商的供应链金融即为典型的例子。

三是用户群体规模的扩大。互联网企业通过提供线上零售等服务，吸引了大量用户群体，这也使大量资本集聚在平台。用户和资本的快速扩张，为非金融机构提供金融服务奠定了重要的资源基础。

值得注意的是，金融企业数字化快速发展的同时，数字企业的金融化趋势也初现端倪。两个过程并非独立发展，而是存在交叉并起到相互促进作用。总体来看，数字贸易金融服务的发展使得金融行业和数字行业相互渗透。金融脱媒现象加剧，传统的金融竞争格局也因此被打破。与此同时，这些新趋势给法规监管带来了不少挑战，相应法规有待配套和发展。

三、特点

数字贸易的金融服务在数字技术的支持下快速发展，呈现出以下典型特征。

（一）具有普惠金融属性

数字贸易的金融服务具有普惠性。相比于传统的金融服务而言，数字贸易金融服务的覆盖范围更为广泛，普惠覆盖的主体包含服务的提供方以及接受方。

传统的金融服务并不具备普惠性。因为传统金融服务的参与主体往往遵循二八定律，即头部的大型企业或者优质客户更容易获得金融服务资源。相反，非头部的中小企业在国际贸易中则容易面临融资难的问题，不利于抵御国际贸易的多重风险。

造成该现象的重要原因之一在于大型企业和中小型企业的融资能力差异。因为大型企业通常有较多的固定资产进行抵押或者较高的征信水平，所以传统的金融机构比较倾向于为大型企业提供资金支持等金融服务。相比于大型企业，中小型企业较难从传统金融机构中获取资金支持。因此在传统的国际贸易中，中小企业更容易面临货款回收慢、资金无法及时回笼等问题。大型企业在传统国际贸易的融资中更具优势，因此也更具参与度。

数字技术的发展则大幅提升了国际贸易金融服务的普惠性。在数字贸易的金融服务中，数字技术提高了“长尾市场”的市场准入水平。“长尾市场”个体数量庞大，这种金融服务市场的扩围实质上是大面积地将“长尾市场”的中小型企业以及个人用户纳入了信贷市场，即数字贸易金融服务普惠化至中小微个体。对于中小微个体而言，数字贸易金融的普惠化不仅体现在它覆盖了资金的需求方，还涵盖了资金的盈余方。

其一，对于资金的盈余方而言，数字技术的发展大幅降低了金融投资门槛，让更多的中小型资金盈余方可以进行金融投资。虽然这吸引到的单笔金额不高，但由于中小微客户的资金盈余方数量众多，因此在总量上大幅扩大了融资供给总量。即金融服务普惠化至广泛的中小微个体。

例如，支付宝和天弘基金在 2013 年 6 月联合推出的余额宝在 20 天内就已吸引了两百多万用户，存量转入资金规模近 60 亿元。虽然人均投资额远远低于传统基金用户的 7 万 ~8 万元，仅为 1913 元，但普惠化性质让其在总量上汇集了大量投资基金。

其二，对于资金需求方而言，数字金融让范围广泛的“长尾市场”群体可以获取金融服务。如前所述，中小微个体虽然拥有旺盛的金融服务需求，但在传统贸易中受制于企业规模及征信水平，往往面临着融资难等问题。对此，数字技术的发展降低了中小微主体在国际贸易中的融资门槛。典型的如，跨境电商中小型企业可以通过电商平台这一“核心企业”的信用担保获取融资，抵御国际贸易风险（见下一节“供应链金融”）。因此数字贸易的金融服务也普惠化至中小微型的资金需求方。

综合来看，在数字贸易的金融服务中，无论是对于资金盈余方还是资金需求方，获益主体都是“长尾市场”的中小企业。事实上，中小企业在经济中占据重要作用，如我国中小企业占企业总比九成以上，出口贸易额占总出口比重近七成。数字贸易金融的普惠化特征促使更多中小企业参与国际贸易，也因此扩大了国际贸易的参与主体范围。

（二）金融服务低成本化

依托于数字技术的快速发展，以及数据流动成本的下降，数字贸易的金融服务呈现出低成本化的趋向，这主要体现在以下三方面：交易成本、经营成本以及融资成本。

其一，交易成本。传统的金融服务的借贷交易成本覆盖内容广泛，包括贷款信息收集成本、签约成本、信用评价成本、贷后管理成本以及评审费、公证费、评估费等各种费用。这往往需要金融服务提供方投入不少人力和时间资源去甄别客户信用以及管控风险，使得金融服务的交易成本居高不下。

与此相对，数字贸易金融服务的信息获取方式大幅降低了交易双方的信息搜寻成本、征信成本和时间成本。金融服务提供方可以基于大量业务运营过程搜集而来的数据进行信用甄别并识别风险。典型的如，阿里金融依托于它与阿里巴巴、天猫和淘宝等多平台的信息共享来进行金融信贷审批。相比于传统的金融服务而言，数字贸易的金融服务在单笔融资贷款上更具交易成本优势。

其二，经营成本。传统的金融服务往往依托于线下网点来进行运营。与此相对，数字贸易的金融服务实现了“去网点化”，虚拟网点的发展让传统的金融分支机构和营业网点得以大幅削减。另外，线上金融服务的发展也降低了雇用大量传统营业和销售人员的必要性。这些新发展从人力、物力等方面大量节约了数字贸易金融服务的经营成本。

其三，融资成本。尤其对于中小微主体而言，数字金融服务在融资方面的选择空间更大。如在资金来源、融资方式、期限和规模方面都有了更多选择。这种多样化降低了金融服务需求者的融资门槛，让它们有了更大的融资空间。例如在利息的计算方面，数字金融具有了更多创新性的方式。一是在利息计算方式上，推出了日息、月息等选择。二是在利息起息时间上，可从金融需求和从账户中取款时计算。这和传统金融借贷中按照资金到位时点开始计算这种方式相比存在区别，更为灵活。另外，在还款期限上，还有随借随还和还款时间不限定等方式。这种和传统金融服务存在差别的特征降低了数字金融的借贷融资成本。

（三）大量运用大数据

大数据一般指的是海量、复杂的数据集。数字技术所支持的金融服务和数据密切相关。在数字贸易中，金融业兼备大数据的生产者和使用者的双重身份。一方面，大数据在推动数字贸易金融服务发展的过程中起到重要作用。依托于大数据技术，金融服务类型及覆盖群体得以快速扩大。通过获取大数据的信息以及结合云计算、社交网络和搜索引擎等技术，这种新兴的金融服务对数据的获取和运用可谓其核心竞争力。另一方面，金融服务市场的不断扩大也进一步驱动大数据技术发展。因为数字金融服务的发展本身产生了海量数据，也对数字技术提出了更高的要求。

综合来看，大数据处理技术的提高至少在以下两方面促进了数字贸易金融服务的运营发展。

其一，提升了信息处理的效率。这在数字贸易早期也提高了参与服务交易双方的数据可得性，削弱了信息的不对称性，减少了参与主体在交易里的中间环节。这尤其有助于线上平台的卖家精准评估消费者偏好，并针对相应的细分市场提供产品，实现高度的产品差异化。

其二，整合碎片化的数据。提供金融服务的线上平台除了可以自己积累资金流、物流和信息流等方面的数据，还可从多个维度搜集信息。如社交网络平台的用户反馈以及海关、工商、税务、电力等外部数据。这些数据都是较为碎片化的信息，单独使用的价值普遍不高。但通过数字技术的整合可以反映出网络主体的财务信息、经营业绩和行为偏好。而且，这些零碎化数据本身伪造程度较低，因此通过整合这些数据所获取的信息更为真实可靠。

但是，伴随参与者获取大数据权限的不同，利用大数据所获取的信息资源更容易聚集在部分参与主体的手中。这容易引起服务供需方的信息不对称，带来道德风险以及逆向选择问题。

（四）金融服务去中介化

数字贸易的金融服务提高了中小微个体进行交易的可能性。金融服务供给方和需求方可以将金融信息发布在平台上，由平台直接对市场供需进行匹配。在这一过程中，以往交易流程的中介环节大幅减少。在金融中介参与度减少的情况下，提高了市场充分集合交易的可能性和对接效率，金融服务交易成本也因此得以缩减。

这种金融服务去中介化的特性对于减少空间和时间距离的负面影响也起到了重要作用。因为金融服务去中介化除了降低成本以外，还可以扩大金融服务的参与群体。如农村等偏远地区也从中受益。农村本身线下中介网点缺乏，接触到金融服务的机会较少。伴随互联网尤其是移动平台的普及，金融服务业突破了时间和地域的限制，开始覆盖这些偏远地区。这使得在没有传统金融中介机构参与的情况下，金融交易也可以在这些地方随时进行。

第二节　主要内容

一、线上支付与结算

数字贸易中的支付方式包括线下支付和线上支付。线下支付方式常见于基于电商平台交易的货物贸易。线上支付方式则一般基于第三方支付平台来实现线上交易，而这种交易可用于零售货物甚至是大宗商品交易，也可适用于服务贸易。

线下支付方式为传统贸易所普遍使用，支付途径往往与服务或产品在线上展示服务或产品的平台是区分开来的。传统的线上支付包括汇款、托收和信用证等，广泛应用于跨境大额贸易中。这些支付方式起码要经过七个以上业务流程方能到账，需要进出口双方银行等多方的参与，存在较长的滞后期。而伴随数字技术的发展所诞生的线上支付方式则可以较好地弥补这些缺点。本部分将对数字贸易中的线上支付方式进行解析。

（一）线上支付方式概述

线上支付是支付领域的新方式，信息通信技术的快速发展给金融服务带来的重大影响亦体现在线上支付上。线上支付也可以称为互联网支付，是指通过计算机、手机等设备，依托互联网发起支付指令、转移货币资金的服务（见《关于促进互联网金融健康发展的指导意见》第七条）。线上支付的主要特征是操作简便、服务对象广泛和支付便捷安全。具体而言，线上支付与线下支付在支付形式、应用范围、特性上的比照如表 4－1 所示。

表 4－1　　数字贸易中线上支付与线下支付比照

	线下支付（传统国际贸易支付）	线上支付（新型数字贸易支付）
支付形式	汇付、托收和信用证	直接支付：通过平台链接的网银、信用卡、第三方支付工具
应用范围	1. 金额比较大的交易； 2. B2B（金额大小介于大宗贸易和网络零售之间）	1. B2B、B2C； 2. 货物贸易（跨境网络零售业务）；服务贸易（境外住宿、餐饮、留学缴费）
特性	程序复杂、时效性较差、不为零散客户（B2C 交易）提供服务	操作便捷、服务对象广泛和支付便捷安全

区别于传统线下支付汇付、托收和信用证的繁杂手段，线上支付采用直接支付的方式更为简便。比照传统的线下支付方式，如今线上支付主要体现出以下四大特征。

1. 服务对象更为广泛，中小微企业和个人获得更多机遇

传统的线下跨境支付多服务于大型的企业，让不少中小企业或进行小规模交易的个人在支付结算时面临诸多不便。线上支付所服务的对象则更加多样化，可以服务于中小微企业和个人，有助于中小微企业和个人在国际贸易突破资金和技术方面的限制，拥有更好的硬件环境去接入海外市场。这也是让更多中小企业甚至个人参与到国际贸易中来的重要技术支持。而大批量的中小微企业支付需求也反向推动了线上支付的发展，两者相互推动发展。

2. 操作流程更为简便，可大幅减少交易成本

从技术上看，支付平台为用户提供了接入多家银行卡支付的可能性。采用线上支付来进行购物是非常便捷的，因为线上支付交易中银行的支付结算通常由平台负责对接，可以为用户减少烦琐的流程操作。相比而言，国际贸易的传统线下支付烦琐的操作程序会使资金的流转产生滞后性，给出口方的资金周转带来困难。货款回流慢对于本身流动资金普遍不充足的中小微企业而言是一种巨大的风险。因此，线上支付流程更为简便，交易成本也较低。

3. 交易的安全性能不断提高，但仍存在操作风险

区别于传统的银行，通过第三方平台进行线上支付与结算可以避免透露金融信息给交易的另一方。从这个角度来看，线上支付可以大幅降低信息泄露的概率，保障交易信息的安全性。但与此同时，第三方平台本身存在着较大的信用风险，即用户要面临自身信息被移交给银行之外第三方的情况。因此，线上支付对第三方运营商本身的操作规范要求比较高。如果第三方平台越权使用数据，将使用户的信息安全得不到保障。不过，目前第三方平台的法制环境也越发规范和完善，避免第三方支付平台在未授权的情况下使用用户信息。

4. 跨境第三方支付相关法制存在差异，存在信用风险

在数字贸易高速发展的大背景下，通过第三方支付平台提供的与银行之间的支付接口进行支付的方式也快速发展。按照用户数量来排名，全球支付平台的排名分别是微信（Wechat Pay）、支付宝（Alipay）、Applepay、PayPal 和 SumsungPay。而在基于跨境电商平台提供的零售服务中，支付宝和 PayPal 的表现尤为瞩目。但不同支付平台设定的规制差异也体现在这两大平台上。

PayPal 是美国 eBay 旗下的第三方支付工具，具有安全、快速、方便的特征。一是安全性，在 PayPal 上进行支付的消费者不需要将银行卡或银行账户的详细信息透露给他人，可以较大程度地保证信息的安全。二是效率高，基于 PayPal 的支付平台，可向拥有电子邮件地址的任何人进行付款。三是便利性，注册快捷，只要有一个电子邮件地址便可以在注册后方便且安全地使用 PayPal 线上收付款。在这些优点的推动下，PayPal 不断发展，如今在国际上已经具有较高的国际知名度。它覆盖范围广，支持近 200 个国家和地区的交易，支持二十多个币种。它尤其受到欧美客户的青睐，因此也成为接入欧美市场中的一个重要支付工具。但是，这种支付方式存在一个问题，即该平台的买卖双方权利不平衡：相比于商家的利益，它更倾向于保障买家的权益。在实践中，使用 PayPal 商家的账户容易因纠纷而被冻结，其利益也因此受到损害。

值得注意的是，阿里巴巴速卖通和敦煌网都曾支持过信用卡和 PayPal 的支付方式，但是现在都终止了与 PayPal 的合作关系，只剩下信用卡作为主要的支付方式。原因在于前述的 PayPal 维护买家利益的倾向。阿里巴巴速卖通网站本身存在部分仿制品牌，如果该商家使用 PayPal 则容易在被消费者投诉后遭遇支付账号被冻结的情况。速卖通上有不少中小企业卖家，账户冻结对于这些卖家而言是难以接受的。支付宝是中国知名的第三方支付工具，用户数量较多，但成为国际主流的支付工具仍存在一定距离。虽然阿里巴巴也在努力地推进支付宝在国际市场的认可度，并且已与 30 多个国家和地区的网站建立了合作关系，但是使用者主要还是中国人，暂时难以撼动 PayPal 的国际性第三方支付工具的地位。中国跨境电商网站缺乏国际性的支付工具会对其交易量产生较大影响。

☞ 背景材料 4.1

全球主要移动支付平台活跃用户量排名

如图 4-1 所示，截至 2020 年底，微信支付（WeChat Pay）拥有 11.51 亿年度活跃用户，居全球之首；截至 2020 年 6 月，根据蚂蚁集团数据显示，支付宝拥有超过 7.29 亿年度活跃用户，规模居全球移动支付机构第二；在苹果手机用户中，ApplePay 用户数量迅速增长，以 4.41 亿用户位列第三；PayPal 创立时间最早，以 3.05 亿用户规模位列全球第四；SamsungPay 吸引了 5100 万名用户，排名第五。Amazon Pay 和 Google Pay 也分别拥有 5000 万和 3900 万的用户数量。

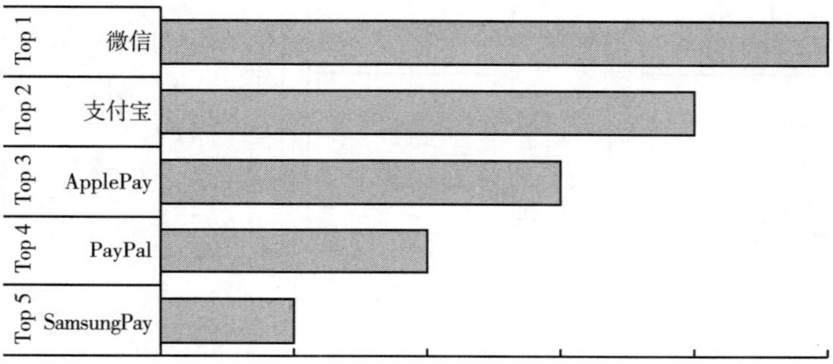

图 4-1　2020 年全球主要移动支付平台活跃用户量排名

资料来源：根据 Saleforce 数据整理.

（二）线上支付的主要模式和流程

线上支付方式主要包含两种，分别是担保型支付和网关型支付。无论是哪一种，支付平台都担任着“支付网关”的角色。支付网关是商家用来接受客户的借记卡或信用卡购买的一种技术。这个术语不仅包括实体零售店中的实体读卡器，还包括在线商店中的支付处理门户网站。近年来，实体支付网关已经开始接受使用二维码或近场通信（NFC）技术的手机支付。根据支付网关担任的角色是其本身会沉淀支付款项还是只提供支付通道，支付模式可以分成以下两类：担保型支付和网关型支付。

1. 担保型支付

付款人通过支付平台向付款人账户所在的商业银行提交支付指令。担保型支付平台在从商业银行接收到交易款项后，并不立即将该笔款项支付给收款方，而是在平台上保留一段时间，直到交易中的付款方确认收到所购商品或享受到相应服务后，再支付款项给收款方。其操作流程如图 4-2 所示，国际支付宝和 PayPal 为典型的担保型支付平台。

2. 网关型支付

如图 4-3 所示，网关型支付平台只作为支付通道，将客户发出的支付指令传递给支付平台，支付平台将此信息通知收付款用户并进行账户结算。由银行将网络上金融数据转换为金融机构内部数据，指派的第三方处理商家支付信息和顾客的支付指令。在目前第三方线上支付企业所支持的模式中，网关型支付平台是较为普遍的一种。典型网关型支付模式之一为信用卡。

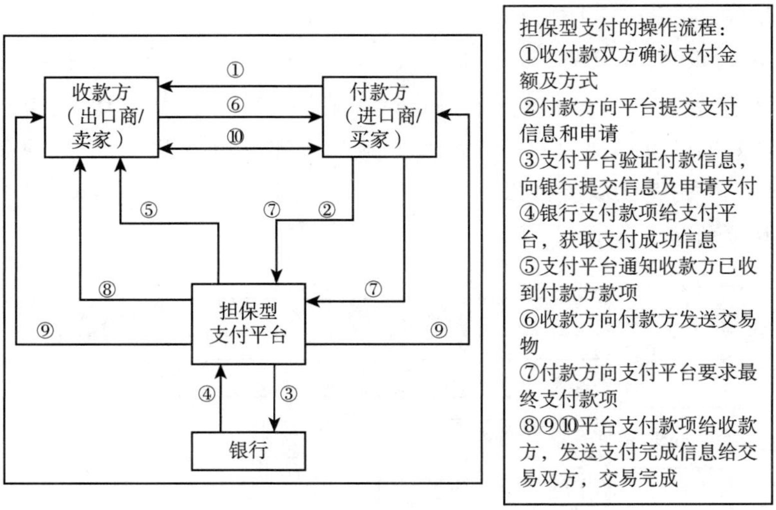

图 4-2 担保型支付流程

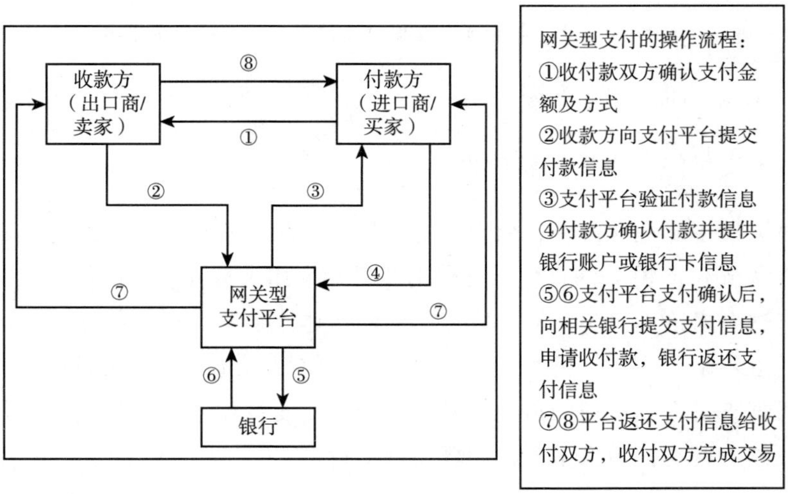

图 4-3 网关型支付流程

☞ 背景材料 4.2

线上支付在中国的发展情况

根据 Statista 发布的《FinTech Report 2021 - Digital Payments》，2020 年全球最大的数字支付市场是中国，数字支付规模达 24965 亿美元，占比 45.6%；其次为美国，数字支付市场规模为 10354 亿美元，占比 18.915%；2020 年欧洲数字支付市场规模为 9198 亿美元，占比16.80%。从移动支付平台活跃用户数量上看，中国同样占有较大优势。随着中国庞大的人口推动其移动支付行业的发展，中国科技公司在全球移动支付市场的作用越发凸显。

☞ 背景材料4.3

中国支付系统业务金额统计

中国的网上支付跨行清算系统自2016年起呈现高速上升的趋势。如图4-4所示，中国四类支付系统（大额支付系统、小额支付系统、网上支付跨行清算系统、同城票据清算系统）的业务金额整体呈现支付上升的趋势。其中，网上支付跨行清算系统从2012年的35630亿元上升至2018年的89054亿元，升幅超过140%。2014年正是互联网金融发展政策放开的黄金期，而中国的网上支付也在数字技术和相应政策制定的背景下得以快速发展。

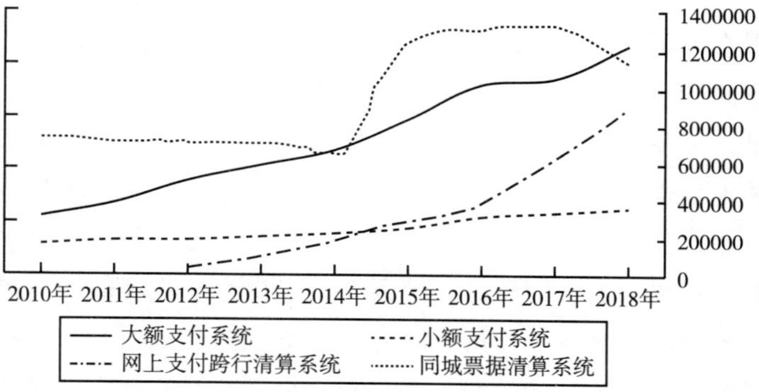

图4-4 2010—2018年中国支付系统业务金额统计（单位：亿元）

资料来源：根据《中国金融年鉴》整理.

二、供应链金融

供应链（Supply chain）是指生产及流通过程中，涉及将产品或服务提供给最终用户活动的上游与下游企业所形成的网链结构。供应链金融（Supply Chain Financing）则把融资服务融入交易之中。供应链金融在数字贸易中的运用日益广泛。尤其是在以中小企业为主体的跨境交易中，它为贸易主体降低风险，乃至提高其所在供应链核心企业及上下游企业的协同和整体竞争力。供应链金融缓解了中小企业的融资困难问题。现在已经和数字贸易息息相关，如基于电商平台的零售服务即为典型代表。

（一）供应链金融的内涵和构成特征

1. 供应链金融的内涵

供应链金融是一种金融交易形式。在这种交易中，第三方代表客户为供应商授信并提供融资，从而促进交易。此外，它还指银行和其他金融机构用来管理投入供应链的资本并为相关各方降低风险的技术和做法。作为银行借贷业务中的一种新事物，供应链金融在传统金融服务的基础上实现了不少创新和发展，让更大范围的市场主体享受到了金融服务。整体来看，供应链金融在结构、服务对象和操作流程上亦与传统金融服务存在不少区别。

在传统金融服务中，银行会单独评估不同企业个体的财务报表数据并进行单独授信，这意味着银行对不同企业所进行的授信业务之间往往呈现相互独立的关系。因此，企业本身的资产、规模和既有信用水平就至关重要，因为银行往往优先选择大型企业为贷款对象。大型企业亦成为传统金融融资服务中活跃的"核心企业"。"核心企业"是传统金融服务的关注重心。相比而言，在传统金融服务中，中小企业尤其是供销类的小企业在进行融资时，所面临的门槛则较高。受限于信息的获取成本和传统的运营范式，交易的整个流程这种更能体现企业实际运营情况的信息则较少受到关注。对企业的评估的内容和方式也较为单一，多局限在固定资产等范围。因此，传统金融服务对固定资产持有量较少的中小企业是不利的，也间接增加了中小企业获取银行授信和融资的难度。

值得注意的是，伴随全球产品生产和运营协作程度的提高和供应链条的延长，中小企业在国际贸易中的地位也日益提升。伴随而来的是中小企业对融资服务诉求的增加。在国际贸易的过程中，相比于国内贸易，企业往往会面临更多的不确定因素。比较典型的挑战在于规制文化差异、距离和资金回转时长等因素，都会为企业增加潜在的成本。中小企业相较于大型企业，本身资金量较少，抗风险能力较弱。在负面冲击（如商品跨境运输时间过长导致的资金回笼进程变慢）下比较容易出现资金链断裂的情况，因此中小企业对融资存在较大需求。但如前所述，传统的金融范式对中小企业的授信和融资是不利的。在传统金融服务借贷难的背景下，供应链金融应运而生。

2. 供应链金融的构成特征

区别于传统金融服务，供应链金融的构成呈现了不少新特征。其一，从参与主体的数目来看，供应链金融更加多元化，金融服务对象也因此进一步得到扩张。如表 4 - 2 所示，供应链金融的构成主体有四部分。一是金融机构，二是融资企业，三是核心企业，四是物流企业。传统金融服务的借贷服务主体则为金融机构和融资企业。

表 4 - 2　　供应链金融与传统金融借贷构成比对

构成主体	传统金融借贷	供应链金融
金融机构	资金提供方（如银行）	资金提供方（如银行），平台亦可充当资金提供的角色
融资企业	以大型企业为主	扩张中小企业融资市场
核心企业	融资企业亦被称为"核心企业"	平台企业
物流企业	无	承担物流管理、监管担保等重要角色

其二，供应链金融的构成主体依然和传统的借贷服务存在共通性，但是供应链金融所涵盖的内容以及负责范围存在较大区别。如表 4－2 所示，供应链金融和传统金融借贷服务都涵盖金融机构和融资企业。在金融机构方面，两者的供资方都包括银行。而在供应链金融之中，金融机构则有新的血液注入。如部分作为“核心企业”的平台企业本身就得到金融科技（Fintech）的资金支持，而不需要另外找寻金融机构来提供资金（见背景材料 4.4）。

☞ 背景材料 4.4

平台（核心企业）的资金来源分类

如图 4－5 所示，从平台乃至供应链金融的资金来源来看，供应链金融有以下两种构成模式。

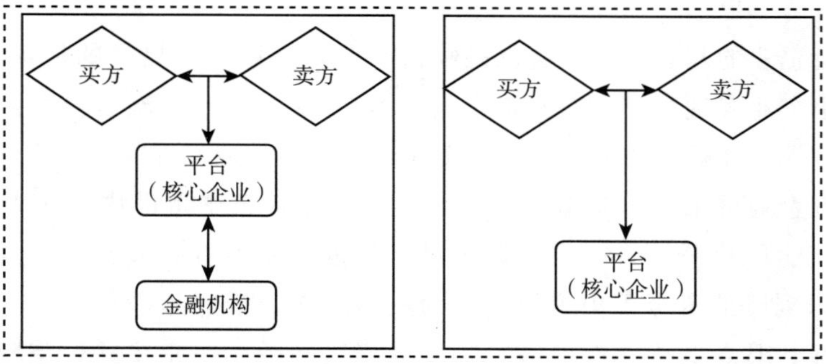

图 4－5　供应链金融中平台（核心企业）的两种融资方式

一是平台受到金融机构的资金支持。如平台依据买家的票据清单来推进融资业务。资金则由个别银行、金融技术公司和其他行业参与者（如财团）提供（见图 4－5，左图）。这也是本章关注的重点。

二是平台直接帮助买方和供应商协调付款条件。其中不需要第三方金融机构进行资金支持（见图 4－5，右图），因为“平台”本身就获得了金融科技（Fintech）公司提供的资金，或者平台本身规模较大，具备充足的资金。因此在供应链金融的框架下可直接和买卖双方协调修改付款条件。

资料来源：The 2020 McKinsey Global Payments Report：Supply－chain Finance：A Case of Convergent Evolution?

其三，供应链金融新增了一些功能性组成部分。一是核心企业。从功能上来看，传统金融借贷中并不具备供应链金融背景下的“核心企业”。传统金融借贷服务中的融资企业以大型企业为主。由于大型企业在供应链金融中的重要性，有时亦会被称为“核心企业”，但这与供应链金融中承担担保作用的核心企业在功能上大相径庭。在供应链金融中，核心企业（如平台企业）为融资企业提供重要的信用支持。另外，核心企业本身是否能良好运作亦成为左右供应链金融运行情况的核心因素。二是物流企业。物流企业在供应链金融中起到了非常重要的作用。物流企业在供应链金融中除了发挥其本身运输、仓储、配送等重要作用以外，还直接影响供应链金融各主体能否良好协作，乃至供应链金融整体的顺利和有效运作。从功能来看，如图 4－6 所示，物流企业在供应链金融中主要承担三项职能。

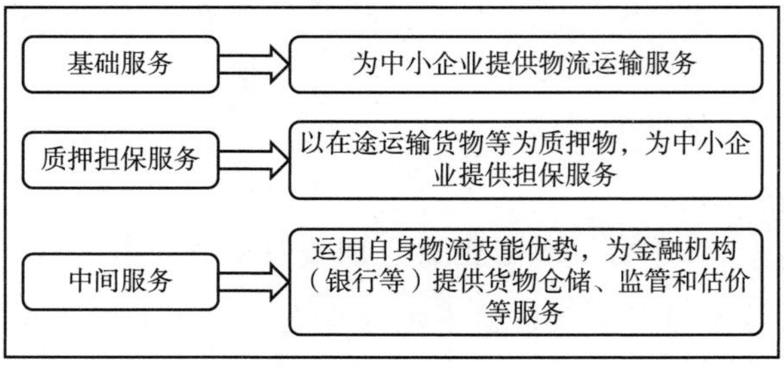

图 4－6 供应链金融中物流企业的三大功能

第一，物流企业的基础服务。这也是物流企业发展以来所提供的最基础的服务内容。它可以帮助中小企业实现物流服务外包，相比中小企业自建物流运输业务的成本而言更低，可以帮助中小企业降低物流成本，乃至比较便利高效地实现跨境物流运输。

第二，物流企业的质押担保服务。物流企业在供应链中帮助中小企业从银行获取授信。区别于传统金融借贷服务，供应链金融中的抵押品不再局限于固定资产。物流过程中的产品以及未到账的资金等内容皆可较为灵活地作为抵押品进行担保。其中，物流行业不乏大型企业，具备为中小企业进行担保的资质。中小企业在进行跨境贸易时，其在运途中的货物由物流企业进行监管。因此，物流企业可以此为抵押物为中小企业进行融资担保。

第三，物流企业的中间服务。这种服务可与物流企业的质押担保服务存在关联。在供应链金融中，中小企业可以仓储或者物流途中的货物进行抵押。这在增加其获得质押担保的可能性时，亦为金融机构（尤其是银行）带来了挑战。对于银行而言，传统的金融借贷服务的抵押品往往局限于固定资产或者大型企业的担保。因此在对抵押品进行监管时，具有可遵循的监管模式，比较有利于银行进行管理。而在供应链金融之中，尤其是跨境电商的仓储和物流途中的货物比较零散化，对于银行而言要进行监管是比较困难的。因为在这种情况下，要求监管者对物流等流程和零碎化产品的估价非常熟悉。从事金融业务的银行往往在物流业务上人才匮乏，如果重新培养则成本较大，且效率提升速度较慢。另外，这些产品往往处于物流企业的监管之下，银行要对这些抵押品进行直接管理的沟通成本较高。有鉴于此，物流企业为供应链金融提供了中间服务。即物流企业发挥其在物流管理、物流人才上和技术设备上的优势，为银行提供仓储监管质物价格评估以及拍卖服务等中间服务。这可弥补银行在质押物监管方面上的劣势。

☞ 背景材料 4.5

中国的物流企业和供应链金融

目前中国有不少大型的物流企业已经在国际贸易中或多或少地从事了供应链金融的业务。这些物流企业不乏中国物流的领军企业，颇具代表性和国际影响力。根据供应链金融服务提供程度的不同，可以将这些领军物流企业分成两类。

一是将供应链金融作为备选业务，目标是确保供应链整体安全性。企业 ZA 和企业 ZB 是典型的例子。它们都提供特定的供应链金融服务，最终目的在于满足客户的金融诉求和提高物流基础服务的质量。

ZA 是中国最大的国有物流公司，也是世界领先的综合物流服务商之一。ZA 是中国第一家从事航空货运的上市公司，其核心业务包括航空货运代理、快递服务和综合物流。其国际货运代理业务一直位居国内市场首位。关于质押融资服务，2013 年该公司因与某贸易公司交易而遭受巨大损失。虽然 ZA 高层认为作为一家物流公司，它仅提供仓储服务，不应为质押融资承担损失。但由于他们在票据上盖了章，因此必须承担风险和损失，该损失甚至是 ZA 两三年利润的 2－3 倍。因此，在这一事件发生后，他们决定仅做物流，不开展其他业务。但后来该企业还是提供了物流相关的金融服务。如具备一定信用的客户可以延期付款。但基本原则是付款期不应超过 30 天。

ZB 也没有将供应链金融设置成主要业务。ZB 总部设在中国上海，注册资本 5 亿元人民币。该公司的主要业务涉及物流服务。2008 年，公司通过 ISO 9001 国际质量体系认证，成为以冷链、一般运输、化工等为核心业务的国家“AAAAA”级综合物流企业。ZB 为客户提供依托国道线路的公路整车运输、配送、仓储等领域的综合服务。作为支持系统，该公司拥有自己的驾校、加油站、汽修、汽车零部件和制冷设备公司，进一步优化运输运营链，为全国车辆运营和管理提供全面的后勤支持。它的目标是在众多行业形成集群效应，并搭建一个开放的平台来提供应用环境。物流金融服务是 ZB 物流涵盖的四大服务之一。ZB 把金融作为促进和连接各个领域的关键，希望发展全产业链的金融。ZB 旗下的物流子公司高层提出不想让该企业成为贸易公司。他们想走的是专业的物流路线，而非商业一体化路线。他们为满足客户的金融诉求，确实提供金融服务。但这些服务的客户对资金的需求不高。当客户在周转资金方面遇到困难时，ZB 会提供资金帮助他们购买商品。如果分销商信用良好，该物流企业则提供财务支持，并为下游供应商（如运输公司）提供保险、贷款和保理服务。但这些金融服务以 ZB 的现有市场客户为目标。

二是将供应链金融设置为主营业务，以提高自身财务业绩。ZC 和 ZD 是其中的代表性物流企业。对于它们来说，供应链金融不仅是满足现有客户财务需求的工具，还是他们提高财务业绩的核心业务部门之一。ZC 集团也是一家中国企业集团。该集团涉足多个行业，如航空、房地产、金融服务、旅游、物流等。ZC 集团一直在积极扩大与国内和国际公司的合作，并已花费超过 30 亿美元进行海外收购，目标是到 2030 年成为世界 50 强公司之一。ZC 物流成立于 2009 年，是 ZC 集团的五大核心业务之一。ZC 物流涵盖四大类，包括物流投资、物流金融服务、供应链管理和智能制造。该集团从事造船、海运、空运、大宗商品贸易、冷链系统等物流业务。ZD 是在上海成立的一家私营物流公司，提供全面和标准化的供应链服务，包括外贸代理、金融服务、清关、物流（国际海运和空运）、仓储等。自 2011 年以来，ZD 一直致力于开发其电子商务平台，旨在为中小企业提供物流解决方案，实现内部物流电子化。ZD 的 CEO 认为第三方物流能有效协助客户解决运作上的困难、简化复杂情况、分散不必要的集中度，以及化劣势为优势。这降低了客户的物流成本，提高了客户的市场竞争力。ZD 负责人认为，第三方物流公司从事供应链金融业务是有好处的，因为银行等金融机构无法直接进入供应链。然而，第三方物流公司控制着物流，并能很好地进入供应链。目前，由于信息不对称，银行向中小企业提供的保理服务并不多。然而，这一差距为第三方物流公司带来了巨大的机遇。

由于国际航运市场不景气，ZC 物流近年来收入减少。作为对策，ZC 集团于 2017 年初将 ZD 物流与其技术子公司 ZC EcoTech 合并，以实现更好的协同效应，并专注于进一步发展第三方物流。正如 ZC 高层所言："我们可以在航贸中心租赁生产资料和贸易产品，也可以办理借贷、结算、质押担保、保险等业务。只有提升金融服务，才能形成产业集聚，才能成为行业大亨。" ZC 认识到中国有许多中小企业。这些公司成本高，利润低，很难获得贷款。银行不熟悉他们的行业，因此无法提供定制服务来满足他们的需求。ZC 知道他们的需求，可以进行行业信用调查，为这些公司提供资金支持，并向银行提供数据，以说服后者放贷。现在，ZC 开始申请各种许可证，以提供金融服务，并将其系统从线下扩展至线上。

资料来源：Shuting Li，Xiangfeng Chen. The Role of Supply Chain Finance in Third - party Logistics Industry：A Case Study from China [J]. International Journal of Logistics Research and Applications，2018.

（二）供应链金融的发展历程

供应链金融之中，平台（核心企业）是一个关键的主体，可为借方融资进行信用担保。伴随国际贸易的发展，国际供应链金融亦应运而生。国际供应链金融发展的根源在于数字技术和大型物流企业集团的迅速发展。一方面，数字技术的普及让更多中小企业与境外产生联系并获取资金支持。如互联网基础设施让中小企业接触了更广阔的海外市场，大数据云计算让平台可以准确把握贸易企业的信息并为其进行融资担保；大幅提高了中小企业获取金融机构融资的可能性。另一方面，物流企业本身运输仓储基础业务的发展，让中小企业基于数字平台与境外买方达成交易后，使用物流服务进行零散化货物的跨境运输成为可能。而且，物流企业的业务扩展，如物流企业和金融服务的交叉扩大了金融信贷服务的覆盖范围。金融信贷服务不再局限于传统的固定资产抵押或大型企业背书，还可以使用供应链中的应收账款或仓储货物进行抵押。金融和物流企业联手提供了综合性的服务。这些都为中小企业获取融资并参与国际贸易提供了重要的资金支持。

从发展历程来看，在不断自我完善与丰富的过程中，如今供应链金融的形式和服务主体也日益丰富。供应链金融从早期的初具雏形到如今基于大数据，采用多种质押方式为各中小企业进行服务，经历了不同的发展阶段。值得注意的是，伴随数字形式的零售业务的发展，中国的供应链金融服务相比境外而言更为多样化。中国的供应链金融覆盖多种主体和形式，不同属性的组合让供应链金融服务跨越多个行业，更为丰富多彩。从整体来看，供应链金融的发展可以分成三个阶段。

1. 第一阶段，线下 1 + N 模式（1 家核心企业 + N 家上下游企业）

这一时期，互联网等数字技术尚未发展普及。众多为核心企业服务的中小微企业（N）需要融资。区别于传统的金融融资银行和借款企业的点对点关系，这一阶段银行和参与供应链金融的“N 家企业”呈现了点对线的联系。但在这一时期，银行并没有参与到供应链金融的实际运营之中，而是依托核心企业提供的信用支撑，为中小企业授信和提供融资。该模式给银行带来两种风险，即信用风险和操作风险。

（1）信用风险。因为银行授信的依据是核心企业提供的信息（如该企业的存货数量、销售周期等）。此时银行对这些信息的真实性难以准确把握，较难避免重复抵押的情况。

（2）操作风险。在实际操作的过程中，银行可能面临着质押监管的操作风险。因为抵押物品在中小企业、核心企业和物流企业间流通，缺乏物流服务基础的银行如果要对这些物品进行监管，则需要较大投入，在操作上不具备优势。

2. 第二阶段，线上“1 + N”（1 家核心企业数据 + 多家上下游企业）

线上“1 + N”相比于第一阶段线下“1 + N”，增加了“数据”这一关键要素。核心企业和银行之间的信息传输运用了线上传输数据的功能。基于数字技术，“1”家核心企业可以及时同步大量信息给银行，银行则可及时获取核心企业及其上下游企业间的供应链环节（采购、交付）的进程。这种方式大幅提高了银行获取信息的效率和稳定性，推进多主体间协作，使供应链金融能在线上高效展开业务。

☞ 背景材料 4.6

沃尔玛

沃尔玛（Walmart）是世界 500 强企业之一。截至 2017 年，沃尔玛在全球 28 个经济体拥有近 11700 家门店，每周服务全球约 2.6 亿名顾客。虽然它的核心仍然是折扣商品和杂货，但它已经积极地向电子商务领域扩张：沃尔玛 2016 年已经成为仅次于亚马逊的美国第二大在线零售商，并推出了名为“沃尔玛支付 2”的移动支付系统。伴随沃尔玛的发展，供应商融资难的问题愈发凸显。沃尔玛的上游供应商和沃尔玛构成了紧密的供应链体系，其中不乏中小型企业。沃尔玛推出的不少促销活动亦需要这些供应商的大量供货。但是这些供应商受限于自身的资产规模等原因无法实现有效抵押，通过传统的金融借贷方式难以从银行获得资金支持。因此，资金短缺成为长期困扰中小企业供应商乃至沃尔玛整条供应链的问题。对此，沃尔玛供应商融资方案应运而生。银行可依托沃尔玛这一大型跨国企业的信用，结合对物流、信息流、现金流的管理，为供应商在采购、生产和销售等多个环节提供融资支持。

这种基于大数据的管理模式需要传输上下游企业和中游核心企业交易的相关信息，增强银行和核心企业之间的联系。但伴随供应链条参与主体数量的增加和链条长度的延长复杂化，各垂直细分行业又具有差异化的属性。银行没有办法基于供应链整体视角对借方的中小微企业的运营情况进行有效把握。信息的不充分导致银行自身对上下游中小微企业缺乏全面详细的了解。银行在没有充分获取信息的情况下难以确保中小企业的信用问题并进行监管。这也是第二阶段供应链金融所面临的核心问题，掣肘了供应链金融的进一步发展。

3. 第三阶段，线上“N + N”（核心企业 + 多家上下游企业 + 全数据）

伴随数字技术和电商云平台的发展，供应链金融数据获取、存储和处理能力大幅提升。在数字技术发展的推动下，电商云服务平台的搭建颠覆了过往以融资为核心的供应链模式，转为以关注企业整个上下游过程为核心。多个主体如上游和下游企业不再是相互独立的个体，而是构成了相互作用的网络。这一时期供应链金融在数字技术、抵押方式和参与主体上都展现出新现象。

在数字技术方面，供应链金融引入了大数据、云服务和区块链等新兴技术后，可谓突破了传统融资方式的瓶颈。如区块链具备了去中心化、可追溯性和不可篡改等特性，云服务和大数据则保证了数据的存储和供给。这些技术的出现让金融机构和核心企业可以获取借方中小企业在供应链中的完整信息，且保证数据的安全性和可靠性，满足了金融借贷业务对信用评估的诉求。

在抵押方式方面，第三阶段的种类更加多样。区别于传统金融贷款，供应链金融目前用以抵押的资产主要有三类：（1）应收账款等应收类资产；（2）存货；（3）预付账款等资产。它们对应的融资模式则分别为应收账款融资模式、基于供应链金融的融通仓融资模式以及保兑仓融资模式。

在参与主体方面，供应链金融的参与方的功能呈现生态化。物流行业的加入及其提供服务的多样化也推动了供应链金融的发展。提供信用支持的主体不再局限于单一的核心企业，突破了单个供应链条的限制。核心企业在这一过程中起到增信的作用，为中小企业的信用进行背书。

与此相对应，供应链金融给多个主体带来了不少新机遇。物流企业的业务范围不再局限于以往的仓储运输等基础服务，也致力于质押担保服务和评估、监管、处置等中间服务。银行的客户群体和业绩空间亦得以扩大。

（三）供应链金融的特点

供应链金融经过多年的发展，目前已经在汽车、跨境电商等多个行业得到应用。供应链金融可提供多样化服务，也可根据服务对象的不同进行灵活调整。总体来看，现代的供应链金融呈现了以下鲜明的特征。

1. 供应链金融是短期信贷类产品

供应链金融这种信贷类服务一般是短期的，即贷款期限在一年以内（含一年）的流动性贷款。供应链金融整合了多方数据资源提供个性化的金融服务方案，本质上是为中小企业提供信贷类服务。它的服务涵盖以下三项。第一，资金融通。这包括针对供应商的存货质押和应收账款质押贷款以及保理等服务，针对分销商的仓单、预付款和原材料质押融资等。第二，中间增值服务。促进供应链金融顺利运行的各种服务，如咨询调查和应收账款清收等。第三，其他服务。如服务于核心企业，为其资产和负债等业务提供服务。

2. 供应链金融的发展依托于数字技术运营

现代化供应链金融和数字技术密不可分。数字技术的支持是供应链金融从“1 + N”发展至“N + N”阶段的重要前提。供应链金融“N + N”时代，金融机构的评价和授信需要大数据的信用支持。在运用大数据的情况下，企业本身的运营信息，其所处供应链链条中各主体的协作情况，乃至该行业所处的宏观环境的信息获取都成为可能。这对于结合宏微观情况对企业和供应链的信息真实性、运营情况和抗风险能力进行把握非常重要，最终影响到评估的有效性和准确性。另外，有赖于区块链的技术支持，信息的真实性和及时性也得以保证。数字技术帮供应链金融摆脱了传统金融服务中信息缺乏和不对称的掣肘，使供应链金融更具发展前景。

3. 供应链金融具备自偿性、封闭性和连续性等特征

第一，自偿性。供应链金融的融资对象非常多样化，但其针对的目标流动性较差，但具备良好的自偿性。自偿性即贸易产生的现金流为还款来源。如基于电商平台的跨境零售服务所提供的商品面临着国际物流等多种因素所带来的挑战，账款回收周期较长，风险较大。供应链金融则以应付账款等为抵押物，为这些面临风险的中小企业进行融资。而企业则用买方提供给金融机构支付的账款还款，具备了自偿性特征。第二，金融机构所提供的贷款只能专款专用。贷款操作的流程是封闭性的，只能用于供应链条之中，借方难以将资金置于其他用途。第三，连续性。针对同一中小企业的小额融资需求，银行如果多次审核放款则时间和操作成本较大。由于供应链的上下游企业之间会反复持续发生同类贸易行为，对于同一主体在同一供应链中的贷款诉求，银行可反复为其提供授信。在质押品额度不高于银行授信额度的前提下，企业可在特定时间内使用授信。

三、数字货币

虽然各国的实体货币依然在流通，但是一些发达国家的实体货币的使用已显著减少。另外，新冠疫情的暴发加速了向数字支付方式的转变。“十四五”规划中提出建设现代中央银行制度，完善货币供应调控机制，稳妥推进数字货币研发，健全市场化利率形成和传导机制。数字货币是数字贸易乃至数字经济发展的热点问题，值得关注。

（一）数字货币基础技术：区块链

早期的区块链发展是以比特币的诞生为标志的。从最开始应用于数字货币（如货币的转移、兑换和支付等），到金融市场的多种交易（如股票、债券和期货等），再到各种社会生活场景应用（如政府、科学和文化等），区块链的应用范围愈加广泛。这个过程，亦被形容为去中心化应用（Dapp）、自治公司（DAC）、自治组织（DAO）、自治社会（DAS）的演变①。

区块链一般涵盖公有链、私有链、许可链。联盟链则涵盖了私有链和许可链。

（1）公有链（Public Blockchain）。公有链的开放对象为任何人。在公有链中，任何人都无须授权即可加入和参与区块链网络的核心活动。区块链中公有链的去中心化程度最高，也被称为“完全去中心化区块链”，它是去中心化程度最高的区块链，机构和程序员都无权干涉用户。但公有链亦因此具有难以监管的特点。公有链需要通过发行代币来激励记账。比特币是一种典型的公有链。

（2）私有链（Private Blockchain）。私有链的开放对象为单独个人或实体，即只允许经过验证的参与者的选定条目；运营商有权覆盖、编辑或删除区块链上的必要条目。

（3）联盟链（Consortium Blockchain）。联盟链的开放对象为特定组织团体。联盟链是一种“半私有”系统，有一个被授权的用户群体，可跨多个组织工作。联盟链的“去中心化”程度处于公有链和私有链之间。

（4）许可链（Permissioned Blockchain）。许可链既具有私有链属性，也具有公有链属性。在许可链中，参与区块链的每一节点都要经过许可。从该角度看，许可链涵盖了私有链和联盟链。部分许可链不需要通过代币来鼓励竞争记账，因此没有代币机制②。

目前在数字金融发展的过程中，区块链的以下特征发挥了重要作用。

（1）去中心化。区块链技术的协议是创建一个共享的、加密的交易和其他信息的数据库。交易双方通过一个共识机制即可达成价值转移，无须依赖中央系统负责清算和处理相关交易信息。它没有一个集中的数据存储地，每一个节点都拥有数据副本。相比于传统中心化的金融交易范式，区块链可节约建立可靠中心化处理机构的成本，其点对点的运行模式亦可避免将重要数据泄露给第三方，降低成本的同时提高了安全性。

（2）不可篡改性。区块链数据具有极高的稳定性和可靠性。因为经验证后数据的记录基本上是不可逆的。修改数据需要同时控制互助51%以上的节点，单个节点无法执行修改操作。整个系统节点数目越多，防篡改性能就越强。由于节点数目众多且匿名，多个节点达成共识是相当困难的。以区块链为基础构建的账本的防篡改属性能够保障金融数据乃至交易的安全性。

（3）高可信度。区块链中每个节点都是平等的。区块链具有透明度，通过公开接口，任何人都可查询区块链数据和开发相关应用。区块链的自治性即数据交换依托的是一套公开透明的算法而非人为操作。另外区块链在生成的区块和数据链上加盖了时间戳，让信息

---

① 对应的英文原名分别是 Decentralized application，Dapp；Decentralized Autonomous Corporation，DAC；Decentralized Autonomous Organization，DAO；Decentralized Autonomous Society，DAS。

② 资料来源：investopedia 欧科云链。链接：https：//www. oklink. com/academy/zh/the - difference - between - public - blobkchain - and - consortium - blockchain

https：//www. investopedia. com/news/public - private - permissioned - blockchains - compared/#：~：text = In% 20a% 20public% 20blockchain% 2C% 20anyone% 20is% 20free% 20to，or% 20delete% 20the% 20necessary% 20entries% 20on% 20the% 20blockchain. zhuanlan. zhihu. com/p/269058499

具备了可追溯性。这些都可大幅减少金融业中的人为干预和错误，保证数据上传后的真实性，提高用户对金融数据乃至行业的信任度。

（4）匿名性。如在基于区块链技术的比特币交易中，交易者无须公开个体身份信息即可获得信任。因为区块链上基于共识机制的交易遵循的是固定算法，依托的是对算法机器的信任。该匿名性可以省去个人提交信息的冗杂程序，从根源上避免个人敏感金融信息的泄露，实现个人隐私保护。但这亦给政府部门带来监管上的挑战（杜均，2018）。

上述区块链的特征相互间亦有所联系。在这些特征的共同作用下，区块链技术在保护个人隐私和数据安全上都有着卓越的性能。相较于在操作成本、互信和信息泄露上存在诸多问题的传统金融行业，区块链的共识机制让金融行业实现无第三方担保的点对点的交易，这种交易互信程度高，且有助于维护个人在信息上的权益。目前全球大型金融机构乃至央行都对区块链开展了相关研究和试点。基于区块链的金融应用接连不断，衍生出来的供应链金融和数字货币亦备受瞩目。

（二）数字货币类型

根据是否为法定货币，可将数字货币分成两种类型。

1. 非法定货币：比特币

根据欧洲央行（2012）的定义，虚拟货币是一种不受政府监管的数字货币。它由开发者发行和控制、在一个虚拟社区的成员间流通。根据是否可用法定货币进行自由兑换或购买，可将虚拟货币分为三种。一是完全不可和法定货币自由兑换（双向兑换）的虚拟货币。典型的有网络游戏币，这种虚拟货币可在网上虚拟社区中获取使用。二是可用法定货币来购买获取的虚拟货币，但这种虚拟货币亦不可和法定货币进行自由兑换。典型的如用于购买商品和服务的百度币和腾讯 Q 币等。三是可和法定货币实现双向自由兑换的虚拟货币，如本节关注的比特币和莱特币等（徐忠等，2016）。

具体而言，比特币的内涵、运行机制、发行和发展如下。

（1）比特币的内涵。比特币是 2009 年推出的加密虚拟货币，近十多年来备受关注，可谓其他加密虚拟货币的前身。它们本质上是由分散的网络管理的虚拟货币，而不是像政府发行的法定货币那样由单一机构管理。关于比特币的发明者是谁，至今仍众说纷纭。但可以确定的是，比特币走向全球离不开“中本聪”（Satoshi Nakamoto）的推动。“中本聪”可能是群体，亦可能是个人。“中本聪”提出了传统货币体系中银行所潜在的问题，如准备金不足和用户隐私安全等。而比特币则是脱离传统货币体系运行机制的一种新型虚拟货币。比特币是一种基于区块链的技术所支持的共识机制发展起来的，具有实验性和去中心化特征的在线加密货币，它允许用户直接向彼此发送付款。比特币不具有物理载体；只有不同比特币地址之间的交易记录，或比特币支付的可能目标地址。

（2）比特币交易的运行机制。比特币交易是记录在区块链（或记录所有确认交易的共享公共分类账）中的比特币钱包之间的价值转移。区块链的完整性和时间顺序由加密算法强制执行。比特币网络不受中央机构的管理——管理、交易和发行货币是由网络共同进行的。比特币是一种典型的公有链，获取比特币有两种方式，一是通过比特币交易平台进行购买；二是“挖掘”（mining）。挖掘是指将交易记录添加到区块链的过程。矿工（miner）通过参与并提供计算能力来解决复杂算法从而可以挖掘区块或确认交易。确认操作需要通过非常严格的、由网络验证的加密规则方可实现。比特币是矿工完成工作的奖励。伴随挖矿所得奖励的减少，为获取挖矿所伴随而来的算力消耗的能量与日俱增。

比特币的使用比较简单。比特币的交易需要用户下载比特币钱包（Bitcoin Wallet）。比特币钱包保存着一段名为私钥（private key）的保密数据，用于签署交易和提供来自钱包所有者的数字证据。用户在存储和接收货币时，可以使用特定的比特币网络浏览器或手机应用程序实现比特币在钱包之间的转移。只要连接上比特币交易平台中的钱包，就可以从传统银行或从他人账户中购买比特币，也可通过将现金转入比特币 ATM 机的方式来购买比特币。

（3）比特币的发行和发展。比特币的供应受比特币软件和系统用户协议的监管，任何政府、银行、组织或个人都不能操纵。每次矿工确认一个新的区块时，比特币就会被创建。随着时间的推移，每个区块获得的比特币数量将会减少，这与黄金等大宗商品的开采速度相似。

比特币的升值速度很快。2010 年比特币的首次公开交易价仅为 0.03 美元。2013 年比特币的价格出现了指数级的增长：1 月 2 日，比特币的价值为 13.16 美元；4 月 1 日，突破 100 美元；11 月 29 日，创下了 1242 美元的历史新高，其价格首度超过黄金。比特币呈指数级的升值空间吸引了不少投资者的注意力。支持比特币交易的比特币 ATM 数量的快速增长，从 2014 年的 8 台增长到 2021 年的 32579 台[①]。美银美林（Bank Of America Merrill Lynch）外汇（FX）策略师于 2013 年 12 月预测，比特币既是“一种交换媒介，也是一种价值储存方式”，它可以成为“电子商务的一种主要支付手段，并可能成为传统汇款提供商的有力竞争对手”（David Woo，2013）。

但与此同时，比特币的交易存在不少不确定因素和风险点，这也导致比特币的价格近年呈现跌宕起伏的态势。2014 年，比特币价格出现了断崖式下降，下跌超过 56%。因此相较于当年其他数字货币（法定货币和虚拟货币），比特币表现是不好的，跌幅甚至超过同年俄罗斯卢布的贬值幅度。在同一年，也传出了关于比特币的负面新闻，如比特币支付公司创始人和总裁 Charlie Shrem 创立了 BitInstant 并取得了巨大的成功。他进行的比特币交易大约占总体的 30%。但 2014 年 Shrem 因为间接参与了丝绸之路 100 万美元额度比特币的洗钱活动而被判处 2 年监禁。这也体现出比特币在合法性上是存在风险的[②]。

（4）比特币的优缺点。货币具有两种重要作用：交换媒介和价值储存。如表 4-3 所示，比特币在交换媒介和储存价值上存在不少优缺点。比特币的一些属性一方面让其成为了炙手可热的虚拟货币，另一方面也让它备受各界质疑。

---

① https://coinatmradar.com/charts/growth/.

② 资料来源：www.investopedia.com.

表 4-3 比特币的优缺点

	交换媒介	储存价值
优点	低交易成本	有限的供给保证了价值
	比现金更安全、更透明、更便携	规避资本管制
	抑制了尝试使用替代数字货币	巨额收益与风险敏感资产呈负相关（与黄金类似）
缺点	进一步的交易将增加交易成本	价格波动
	交易不便于监管	铸币税的归属问题（归比特币挖矿机，即计算产生比特币的工具所得）
	付款确认有所延迟	非法定货币

相比于传统的货币交易方式，比特币的交易更为便捷高效，交易成本也低。但与此同时也存在不少缺点。

第一，比特币的价格波动问题。比特币没有其他可作为背书的锚点，因此它的价格会出现大起大落。而比特币数量只有 2000 万枚的稀缺性似乎可以保持它的价值地位，但是事实上不同的新型加密虚拟货币的出现也给比特币带来了冲击。这意味着比特币靠共识机制和投机所达到的价格是不稳固的。

第二，它不是普遍意义上的法定货币。虽然它试图挑战主权货币（如美元）的垄断地位，但这也让各方政府对其产生怀疑。虽然被多个经济体（如德国、美国和日本）承认其合法性，但难以成为法定货币。又由于其去中心化的特征，让政府对其监管甚为艰难，甚至让其被用以洗钱等黑色交易。但值得注意的是，比特币被少数国家界定为法定货币。2021 年 6 月，出于摆脱美元影响的需要，拉美国家萨尔瓦多通过了《萨尔瓦多比特币法》，将比特币法定货币化提上实施日程。2021 年 9 月，萨尔瓦多正式宣布比特币成为该国继美元后的第二种法定货币，成为世界上首个赋予比特币合法地位的国家。在配套设施上，萨尔瓦多政府在全国各地安装了 200 台比特币 ATM 机，用户可通过 ATM 机将加密货币兑换为美元；并通过萨尔瓦多共和国银行（Bandesal）设立了 1.5 亿美元的基金来支持这些交易（王飞，2022）。不过，由于比特币匿名性、去中心化和波动性等特征，绝大多数国家对私人数字货币的态度较为谨慎。将比特币设置为法定货币的国家属于少数群体。

第三，交易速度慢和缺乏监管。关于此前被认为适用于电商的说法，比特币目前看来并不具备与既有付账方式一样的优越性。比特币的交易速度较慢，需要挖矿者的共识方可以得到验证。对基于电商平台的零售服务而言，在国内层面比特币的付账速度不如 VISA、微信和支付宝，跨境传送虽然可以避开各方的重重监管，但也容易在监控缺失的情况下产生犯罪（何为和罗勇，2021）。

一些比特币的支持者认为比特币有朝一日将取代法定货币成为主要的支付方式，因为它们能够提供即时交易。他们认为，如果说赋予法定货币的信任或“共识”在于支持它的政府，那么赋予加密的信任则在于区块链技术。但到目前为止，像比特币这样的加密货币还没有真正成为一种交易媒介。虽然一些供应商和企业接受加密支付，但世界各地的大多数交易都是用法定货币进行的。事实上，比特币等加密虚拟货币的波动性使其作为一种支付方式不那么理想。如使用比特币来支付薪水，比特币的大幅波动可能会在短短几天内大幅增加和缩小个人的收入（Inyoung Hwang，2021）。

目前比特币已经实现了“中本聪”的两个设想：去中心化和点对点（端对端）的交易方式，还有一项就是实现基于强大脚本体系所运营的货币，这一设想已被以太坊这一个开源的区块链底层系统所实现（杜均，2018）。

2. 法定货币：央行数字货币

法定货币（Fiat Currency）是由发行政府支持的、不与黄金等实物商品挂钩的货币。美元、欧元、英镑和日元等现代货币都是法定货币。20 世纪，各国为了摆脱和黄金直接挂钩的金本位制，推动了当前法定货币体系的发展。

在这一体系中，法定货币的价值是由政府赋予的，其价值升跌受市场供需的影响。在供应方面，法定货币的供应由中央银行控制。中央银行测算经济运行所需求的货币数量并发行。风险在于大量发行货币可能会引发恶性通货膨胀：快速且失控的价格上涨将会给经济带来负面影响。在需求方面，对法定货币的信心是一个重要影响因素。而中央银行不合理的发行行为或者不稳定的政府不利于树立需求市场的信心。供需方面的这些因素共同影响着货币价值。

中央银行数字货币（Central Bank Digital Currency，CBDC）是各国中央银行创建、发行的一种法定虚拟货币。央行数字货币由中央银行以代币形式或与货币相关的电子记录发行。中央银行对该货币保持完全的权威和监管。根据货币的供给对象和规模，可将央行数字货币分为两种类型：批发型和零售型。其一，批发型央行数字货币主要由金融机构使用。面向金融机构发行的批发型货币，可用于跨境支付、投融资结算等内容。其二，零售型央行数字货币由消费者和企业使用，类似实体货币。满足国内零售支付需求的零售型货币，可用于满足个人的生活需要。伴随数字技术尤其是区块链的发展，央行数字货币也开始备受关注。国际清算银行（BIS）2020 年 1 月发现，80% 的央行正在研究和试验央行数字货币。对于许多国家来说，央行数字货币在金融体系和货币政策中的实施仍处于早期阶段；未来央行数字货币仍有较大发展空间。相比于比特币、其他线上支付方式和传统的现金，央行数字货币呈现以下优点。

第一，相比于比特币“去中心化”特征导致的管制困难，CBDC 符合中央银行管理法定货币上的“中心化”诉求。CBDC 可构建在区块链技术的基础之上①。这听起来有点矛盾，因为区块链具有“去中心化”的特征，而 CBDC 则可通过区块链技术强化央行的“中心化”控制力。这是因为区块链涵盖了公有链和私有链。公有链允许用户在任何有计算机和网络的地方加入；私有链保留了大部分公有链特征，但用户的加入需要来自中心节点的

① CBDC 并不一定基于区块链技术。波士顿联邦储备银行正在与密歇根理工学院的数字货币计划合作开发一个有效的 CBDC 模型。区块链包含在研究中；但是，目前尚不清楚 CBDC 是否会使用分布式账本和共识机制。引用 Federal Reserve Bank of Boston. “Project Hamilton Phase 1 Executive Summary.” Accessed Feb. 9, 2022.

授权。CBDC 大多采用私有链或许可链进行验证，借此实现央行在控制上的“中心化”。许可链是符合金融交易系统诉求的，因为在金融交易系统中采用用户实名制，许可链可保护这些用户隐私。因此比特币区块链网络存在“去中心化”特征，而 CBDC 可能是“底层去中心化区块链交易网络和上层中心化机构”的结合体。

第二，相比于大部分其他线上支付方式，CBDC 可省略中间多个环节。消费者个体在日常连上手机的线上支付中，常见方式有两种。一是采用手机银行提供的网关应用进行支付，二是通过扫商店的二维码用微信或支付宝支付。前者的资金流需要通过消费者使用银行卡的发卡行通过后台转到售货者的银行账户之中。后者的资金流则通过绑定商业银行账户的第三方支付账户转到出售方的第三方支付账户。这两种方式的共通之处在于都要通过商业银行所参与的多个环节。而 CBDC 本身就具有货币属性，它点对点的资金流动方式和现金交易有相似的地方：可省去银行后台清算和结算的多个环节，提高效率。另外，传统通过银行的支付服务在层层转账的过程中，保留在各层服务器的数据不乏篡改和数据出错的可能性。尤其是在跨境传输之中，金融数据可能会在国际中间机构层层转账的某个环节中暴露给第三方。而利用区块链等技术，CBDC 可以通过点对点传输实现“去中心化”，有效规避这些风险。

第三，相比于传统的现金支付，CBDC 具有成本和监管上的优势。在货币流通的成本上，现金纸硬币的生产和修补费用是一笔大数目。如 2018 年美联储就支出了 8 亿美元（Ye C，Desouza K C，et al.）来发行维持纸硬币。使用 CBDC 可以省去存储、携带现金的环节和由此带来的成本。而在监管上，由于现金具有匿名性，使用现金会存在偷税漏税等非法活动的可能性。而 CBDC 依托于区块链等技术具有可追溯性的特征，央行对 CBDC 参与的金融活动具有追踪能力，可有效规避金融非法活动。

由此可见，CBDC 能进行点对点的交易，具有高效、减少错误和损耗等优点。目前世界主要央行都在关注数字货币，不少经济体已将 CBDC 推进了试验阶段。CBDC 虽然具备了上述优点，但其推广使用也面临着不少难题，如技术选择、隐私保护和传统观念等。事实上，目前央行数字货币尚处于试验阶段。在中国，CBDC 也处于试验阶段。央行于 2021 年 3 月建议数字货币制定一套全球规则。而对于 CBDC 涉及的隐私权问题，中国人民银行数字货币研究所所长穆长春在中国发展高层论坛 2021 年会上表示可在技术上实现“小额匿名、大额可溯”，这样既可保护用户隐私，也可对非法金融活动进行追溯。

第三节 中国的发展情况

一、发展概况

中国的金融服务不断发展，该服务的对外输出动向也备受关注。在中国的数字金融企业中，提供境外服务的企业占比可观。不少中国的数字金融企业已经或计划“走出去”，采用独立或合作的方式跨境提供服务。从区域分布来看，这些企业提供跨境服务的目的地依次分布于东南亚、北美和欧洲等地区。这些地区本身在数字金融发展上颇具优势。

在这些合作伙伴中，东南亚地区的数字金融发展迅速，吸引了不少数字金融企业投资。北美则市场规模大，在金融方面具备技术优势。欧洲地区的居民数字技术水平普遍较高，数字金融市场亦较为成熟。故这些地区成为中国对外输出数字金融服务的重要目的地。

中国的数字金融有两个重要的发展节点，分别是2003年以支付宝为代表的数字支付功能的诞生和2013年移动支付技术的发展。这两个节点将中国数字金融的发展历程划分为以下三个阶段。

1. 第一阶段：传统金融业的数字化（20世纪80年代至2003年）

中国数字金融发展的第一阶段可以追溯到40余年前。2003年则被视为一个重要分水岭。中国金融业在2003年之后逐步实现了银行、证券等传统金融机构的数字化。这标志着数字金融的早期形式初现端倪。这一阶段的金融业数字化更多的是采用新模式来提供传统金融服务，给予了金融更多的服务提供方式。但是，这并未对传统金融业务的过程内容带来根本性改变。

2. 第二阶段：线上支付的兴起与信任建立（2003年至2012年）

2003年，以支付宝为代表的线上第三方支付服务不断发展，标志着中国数字金融进入了一个新的发展阶段。虽然在全球范围内，支付宝并非最早提供线上第三方金融服务，但它很好地与中国的消费习惯和商业结构相匹配，在中国取得了巨大成功。在电商平台发展初期，进行交易的商家与消费者普遍规模较小，相互间缺乏信任关系。在这种情况下，阿里巴巴平台作为信用中介鼓励中小微企业乃至个体之间的交易，并通过支付宝赋能消费者和商家之间的交易。随着支付宝的不断推广，线上交易这种商业模式迅速发展。

3. 第三阶段：移动支付的崛起与发展（2013年至今）

2013年微信支付的出现改变了移动支付的市场格局。上一发展阶段，消费者习惯使用支付宝作为支付工具之后，形成了一定的支付工具转移成本。然而，微信采用了“发红包”游戏的方式，推动节假日朋友之间相互发送红包或在社交群里抢红包。被抢到的红包会存放在微信支付账户中，而抢到红包的人需要将其消费。在这种模式的推动下，人们之间的线上资金往来有所增加，消费者养成了使用微信支付的习惯。至此，中国移动支付领域形成了两个重要通道，即支付宝和微信支付。这两个通道的形成方式也有所不同，支付宝是通过信用中介建立支付渠道，而微信则是通过社交关系建立支付渠道。

在这一阶段，跨境金融服务平台也开始不断发展。国家外汇管理局2019年运用区块链和应用程序编程接口等新兴数字技术，引入外部监管数据（如税务、海关、工商等）和行业数据（如出口信用保险等），搭建了多部门数据共享开放大平台，支持银行贸易融资数据信息全流程线上核验。首批试点地区包括江苏、福建和浙江三省的省会城市以及上海、重庆。线上贸易融资试验覆盖中国银行、工商银行等14家银行400余个机构。随后，试点区域不断扩大至北京、天津和广东等多个省、直辖市和自治区。伴随跨境平台角色定位、风险管理和数据技术安全等关键环节不断完善，各地区也上线了多种平台金融便利化服务。例如，山东、广东等地区陆续推出资本项目收入支付便利化真实性审核服务，陕西的中欧班列“长安号”和青岛的境内运费外汇支付等应用。截至2022年末，跨境金融类平台累计上线并推广了融资应用类场景9个、便利应用类场景3个，参与的法人银行机构已达800多家（贺捷，2023）。

此外，伴随互联网公司等数字企业进入金融支付领域，互联网小贷、P2P互联网金融和互联网众筹等新兴金融模式也不断发展。这些新型数字金融模式开始在中国金融系统内生根发芽，并迅速普及至各个金融业领域，成为跨境数字金融服务的重要基石。

二、主要内容

国务院2021年印发的《“十四五”数字经济发展规划》指出，在“十四五”时期需协同推进数字产业化和产业数字化，赋能传统产业转型升级。全面加快金融服务数字化转型；推动产业互联网融通应用，培育供应链金融等融通发展模式，以数字技术促进产业融合发展。中国在这些官方文件中，强调了数字技术在金融服务及其转型升级中的赋能作用。在实践中，中国企业近年在国际贸易中也开始广泛地使用区块链、云计算等数字技术，对外提供金融服务。在此过程中，中国在技术应用、产品研发、经营管理等多方面积累了丰富经验，覆盖了多种细分金融服务。其中，头部的跨境金融科技业务包含了平台赋能科技、普惠科技和支付科技等。这些业务在数字金融服务中占比较大，是具有代表性的数字金融服务。

（一）平台赋能科技业务

平台赋能科技业务利用具有较强优势的数字技术，赋能金融业数字化转型，为金融机构、企业提供复合式技术应用与解决方案，驱动业务的突破和发展。

平台服务是数字化转型的重要支撑保障。国家发展改革委（2020年）指出，需要鼓励各类平台、开源社区、第三方机构面向广大中小微企业提供数字化转型所需的开发工具及公共性服务。支持数字化转型服务咨询机构和区域数字化服务载体建设，丰富各类园区、特色小镇的数字化服务功能。创新订单融资、供应链金融、信用担保等金融产品和服务。拓展数字化转型多层次人才和专业型技能培训服务。以政府购买服务、专项补助等方式，鼓励平台面向中小微企业和灵活就业者提供免费或优惠服务①。中国需要深入贯彻落实党的二十大精神，持续推动金融科技高质量发展，全面推进金融数字化转型，为全面建

① 见发改高技〔2020〕552号，国家发展改革委中央网信办印发《关于推进“上云用数赋智”行动 培育新经济发展实施方案》的通知。

设社会主义现代化国家贡献金融力量①。具体而言，平台赋能科技业务推动数字化转型可以分为以下两类。

一是数字平台企业推动金融数字化转型。阿里巴巴、华为等数字企业着力于打造综合性解决方案，全面赋能金融数字化转型。这更好地匹配了多元化的金融机构需求。这些数字或 IT 企业不再满足于提供单一标准化的产品和解决方案，也不再局限于提供独立的网络架构解决方案，而是转型为提供全栈式（Full - Stack）端到端服务闭环。它们提供端对端的综合服务，这种形式要求掌握多种技术，覆盖顶层规划、产品交付实施、运营服务和后期技术支撑等多项业务，以匹配金融机构的数字化转型整体需求。例如，共建产业链上下游厂商生态圈，深度绑定厂商形成一体化解决方案，以满足客户需求。又如，云厂商围绕云原生技术基座为客户提供更为生态化、综合性的深度技术栈，此时需要与数据、存储、安全、硬件资源等多厂商展开合作。

二是金融机构输出优势数字技术。赋能多行业数字化转型。金融机构的科技能力正逐步向农业、教育、医疗等多个领域输出，加速其他行业数字化转型进程。例如，在农业领域，工行通过物联网、区块链、卫星遥感等技术，构建“兴农通”乡村金融服务专属 App，提升农业数字自动化采集和智能化分析能力。在教育领域，中行利用大数据、人工智能等技术，搭建了“教育数字大脑”，探索建设“数字校园”建设，赋能智慧教育发展。在网点运营中，金融机构广泛应用大数据、AI、RPA 等新兴技术，进行平台和业务流程建设以及迭代自助设备等，持续提升网点资源利用效率。如多家银行利用扩展的生态服务群体推出社区、商超和养老等服务，实现金融网点向社会网点转型（中国信息通信研究院，2022）。

（二）普惠科技类业务

在国家推进普惠金融高质量发展的政策导向下，普惠科技类业务实现了快速增长。这类业务致力于提升金融普惠水平，使融资方式和支付手段更为灵活便利。其数据处理方式亦变得更为高效，可以更为广泛地满足中小型用户的需求。它推动了农村、小微企业和特殊群体的普惠金融服务发展，缩小了数字鸿沟。

区别于现代化的数字金融服务，传统的金融服务遵循的是二八定律的特性。其中，头部 20% 的优质客户往往占据了大多数金融资源。伴随金融科技的发展，金融服务普惠至剩下的 80% 群体，将“长尾市场”的中小微客户纳入信贷市场之中。如本章第一节所述，这种普惠性同时惠及资金需求方以及资金盈余方，降低了中小微个体参与市场投资和进行金融融资的门槛，提高了中小微个体在经济发展中的活力。

事实上，中小微个体在中国经济发展中具有重要作用。中小企业无论是在企业数量、对全国 GDP 和税收的贡献、出口占比，还是在城镇就业上都占据了大半份额。因此，中小微企业本身对金融服务有旺盛的需求。但受制于本身的企业规模以及征信水平，中小微

---

① 央行，2022，http：//finance. people. com. cn/n1/2022/1202/c1004 - 32578909. html.

企业较难在传统金融机构中获得投、融资服务。而普惠科技类业务通过金融创新，增加了融资渠道，可赋能长期处于社会低端但数量庞大的“长尾市场”的中小微客户。

阿里巴巴集团为小微企业和网商个人创业者提供互联网化、批量化、数据化的金融服务。

典型的如，蚂蚁微贷（原阿里小贷）通过互联网数据化运营模式，为阿里巴巴、淘宝、天猫等电子商务平台上的小微企业、个人创业者提供融资服务。这些群体难以在传统金融渠道进行融资，但可以通过创新性的金融科技获取可持续性的、普惠性的电子商务金融服务，如纯信用小额贷款。这些服务具备金额小、期限短、随借随还的特性。又如，余额宝等互联网基金的推出满足了金融消费者碎片化的理财需求，市场参与者进一步普惠至大众，收益也更加普惠消费者。特别对于农村居民而言，传统金融机构的线下网点较少分布在他们的居住地，增加了他们直接接入金融服务的难度。而以移动手机终端为主要模式的科技类业务能使广大农民更好地接入金融服务，具备了明显的普惠性特征。

（三）支付科技类业务

支付科技是采用5G、区块链、大数据和人工智能等数字技术发展而来的新支付模式。支付科技赋能移动支付市场，提供具有便捷性和安全性的服务，可通过融通资金流和信息流解决企业资金运转问题。它能改造传统支付场景，最终实现产业转型升级。从模式上看，支付科技赋能了第三方支付和银行支付等模式。

1. 第三方支付

第三方支付是指在信誉保障和实力上较具优势的独立机构，通过对接银联或网联，促进交易双方进行交易的网络支付模式。整个第三方支付产业链条涵盖三个主体：第三方支付机构、清算机构（包括银联/网联）和监管机构（包括中国人民银行和中国支付清算协会）。

其一，清算机构提供清算和支付网络服务，包括银联、网联和联通公司等。在第三方支付产业链条中，清算机构的盈利模式是向账户端机构和受理端机构收取网络服务费。

其二，监管机构包括中国人民银行及其分支机构，按照属地原则进行监管。具体而言，监管机构是以《非金融机构支付服务管理办法》为政策基础，中国人民银行为主导，商业银行和行业自律管理为辅助，执行监管职能。在这一监管体系中，中国支付清算协会接受政府主管部门委托，监督和检查第三方支付机构与支付、清算和结算相关的经营行为。

其三，银行第三方支付机构的核心业务包括运营、风控和计算。它作为支付的中介，连接上游的发卡行以及银联/网联，下游的B端商户（Business，多为企业）和C端客户（Customer，多为个人或终端用户）。可依据收益方式、支付服务提供主体、服务内容以及是否跨境等方面，对第三方支付进行分类。

根据收益方式不同，第三方支付机构可分为有形和无形两种模式。有形收益来源主要有两种，一是向商户收取交易佣金，获取交易手续费或者接入费。二是利用沉淀资金，获取利息等利益收入。无形收益则是通过分析、利用平台上的用户数据和交易记录，提供数字化运营及支付解决方案，获取技术服务费等。

根据支付机构服务的核心主体、提供的服务内容以及是否支持跨境支付，可将第三方支付机构分为四种类型：账户侧支付机构、跨境支付机构、收单侧支付机构和聚合支付机构。

一是账户侧支付机构，主要为 C 端即个人客户提供支付服务，也为 B 端商户提供收单（Pay－in）服务，代表商户处理来自个人消费者的银行卡或账户付款，如图 4－7 所示。需要注意的是，电商模式下收单服务的商户为平台本身。目前账户侧支付服务的 C 端市场已经饱和，该类支付机构竞争日趋激烈。其中，中小型 C 端难以撼动头部机构的市场地位。它们目前获取收益的主要路径是通过支付入口，将用户导流至生活或金融服务。C 端的用户粘性较高，市场呈现“双寡头”格局，如支付宝和财付通在 2022 年的移动支付市场份额超过 9 成。在《中华人民共和国反垄断法》的作用下，该市场集中度出现了小幅下降。典型的账户侧支付机构为支付宝、微信支付和京东支付等。

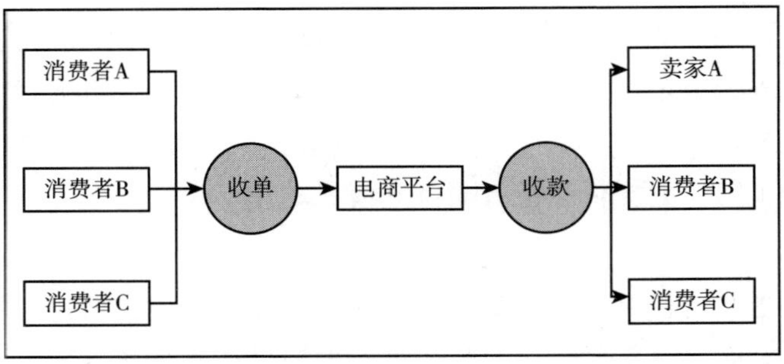

图 4－7 电商的收单和收款链条

二是跨境支付机构，主要为 C 端（即个人客户）提供跨境的线上和线下支付服务。与此同时，这类机构可为跨境电商提供收款（即平台收到款项后分发给平台卖家，Pay－out）以及数字化运营服务。代表性的支付机构为 PayPal（首家进入中国支付服务市场的外资机构）、Alipay、Airwallex 和万里汇等。

三是收单侧支付机构，针对大型 B 端客户提供支付、收单服务以及数字化经营服务，交易手续费是该类机构的重要收入来源。相比于账户侧支付服务而言，收单侧支付服务具有较高的定制水平，即不同 B 端支付服务提供者所侧重的行业具有异质性。同时，该支付服务的 B 端客户用户粘性相对较低，影响用户决策的重要因素是支付服务提供商的综合实力，如服务的多元化程度。在疫情影响下，将布局转向 B 端市场的支付服务提供商也在不断增长。收单侧支付机构的典型代表为易保支付、快钱、拉卡拉和银盛支付等。

四是聚合支付机构，主要针对 B 端客户提供聚合支付服务。在硬件方面，提供收款机具等终端。在软件方面，提供 SaaS 软件（Software as Service，通过互联网提供软件应用的服务模式）和其他商户运营服务。同时，它也提供收单服务。典型的聚合支付服务提供商为收钱吧、哆啦宝、付呗等。

总体来看，在中国第三方支付机构的目标市场中，C 端市场日趋饱和，第三方支付服务开始在具有较大发展空间的 B 端进行布局，提供具有支付行业特征的 SaaS 服务等内容，以推动支付科技服务的二次增长。伴随着第三方支付业务快速发展，中国法规的监管体系也在不断完善。支付持牌机构数量持续减少，2015 年支付牌照注销量为 3 家，而到 2022 年 7 月已有 19 家机构被注销，严监管已成为常态。同时，第三方支付反垄断取得了一定成效，支付宝和微信均与银联云闪付实现收款码扫码互认，打破了第三方支付的封闭生态。

2. 银行支付

银行支付即银行处理的电子支付业务。一般而言，行业稳步增长。银行支付包含银行网上支付、银行移动支付和银行电话支付。近年来，电子支付行业稳步增长。其中，银行网上支付和移动支付截至 2022 年占据了银行支付的绝大部分份额。在数字赋能的背景下，银行移动支付市场不再局限于一二线城市，而是垂直下沉至更多市场。同时，银行支付市场在老年群体中的普及率也不断提升。这些都增加了居民对移动支付的依赖度。银行移动支付已成为主流的银行支付手段，在多种银行支付业务中呈现出明显的增长率。

本章小结

数字贸易在当今全球经济中占据着日益重要的地位，它呈现出诸多特点，如高度数字化、交易便捷高效、跨越国界等，使传统的贸易模式发生了重大变革，也对支撑数字贸易发展的金融服务提出了新的要求。一方面，电子支付成为数字贸易的重要支付手段，为交易提供了快速、安全的结算方式。供应链金融则有助于解决数字贸易企业的资金流问题，提高了供应链的效率。数字信贷为创新型数字贸易企业提供了资金支持，促进其发展壮大。另一方面，金融创新如区块链技术在数字贸易中的应用，提高了交易的透明度和安全性，降低了信任成本；人工智能和大数据则为金融机构提供了更精准的风险评估和客户服务。

同时，数字贸易中的金融服务也面临着一系列挑战。信用风险、市场风险和操作风险等金融风险在数字贸易中更加复杂多变。不同国家和地区的政策法规差异也给数字贸易金融服务的跨境发展造成了一定的障碍。为了应对这些挑战，需要不断提升金融服务的水平和能力。在知识掌握方面，要深入理解数字贸易和金融服务的概念、特点及相互关系，学习金融创新技术的应用。在技能提升方面，掌握金融服务工具的使用，培养风险评估与管理能力，提高沟通与合作能力。在实践应用方面，积极参与数字贸易项目的金融服务实践，分析成功案例，关注政策法规变化并提出合理建议。

总之，数字贸易中的金融服务是一个充满机遇与挑战的领域。只有不断学习、创新和实践，才能更好地发挥金融服务在数字贸易中的作用，推动数字贸易的持续健康发展。

思考题

1. 数字贸易的发展给传统金融服务带来了什么变化？

2. 数字贸易中线上支付与线下支付有什么区别？线上支付具有哪些特征？

3. 按照网关是否起到担保作用，可以把数字贸易中的线上支付方式分为什么类型？请简述主要操作流程。

4. 供应链和供应链金融分别指代什么？

5. 与传统金融借贷服务相比，供应链金融的结构呈现什么特征？

6. 供应链金融是如何发展起来的？各发展阶段分别呈现什么特征？

7. 供应链金融有什么特征？

第五章　数字贸易中的电信服务

数字贸易在信息通信技术（简称 ICT）的支持下迅速发展，为数字贸易提供支撑的数字技术主要包括两方面：ICT 制造和 ICT 服务。其中，ICT 服务技术提供各类生产性服务支持，如通信服务、云计算服务、人工智能服务等。这些服务支持与电信服务紧密相关，随着数字贸易的兴起发展，电信业务迎来发展新格局。随着移动互联网、云计算等新技术新业务的发展，电信市场的国际化水平进一步提升，促进了跨境数据的流动和跨境服务的提供。

《2020 年我国数字贸易发展报告》显示中国数字贸易顺差同比增长 46.1%。在数字贸易电信服务的各产业中，电信、计算机和信息服务贸易顺差最大，成为中国最具海外优势的数字服务产业之一。中国在电信等领域的国际市场竞争力正在稳步提升。接下来我们将学习数字经济时代电信行业的发展过程及趋向。

▶学习目标

1. 了解电信服务在数字贸易中的重要地位和作用，明白在数字贸易中电信相关的关键基础设施。

2. 熟悉电信服务的主要类型和业务模式，包括移动通信、固定通信、宽带网络等不同服务的特点。

3. 掌握电信服务相关的技术原理，如网络架构、通信协议、5G 等新一代通信技术的优势。

4. 学习国内外关于数字贸易中电信服务的政策法规，了解其对市场准入、数据安全、消费者权益保护等方面的规定。

▶思政目标

1. 数字贸易中的电信服务为人们提供了更加便捷、高效的信息获取和交流渠道，拓展了人们的发展空间。通过了解电信服务的内涵、地位和业务模式，可以培养自身的创新思维观念和合作共赢理念，提升自身素质和能力，实现自身的全面发展。

2. 电信服务作为数字贸易的基础设施，属于经济基础的一部分。其发展水平和政策引入直接影响着数字贸易的规模和质量，进而影响国家的经济实力。通过对数字贸易中电信服务的分析，可以更好地理解经济基础和上层建筑之间的辩证关系。

3. 数字贸易中的电信服务是当今世界经济发展的重要内容，对国家的竞争力和人民的生活水平有着重要影响。通过学习和了解这一领域的发展，可以增强历史使命感，认识到自身肩负的历史使命，培养自己的责任意识和主观能动性，积极投身于科技创新和社会发展，为实现中华民族伟大复兴的中国梦贡献力量。

第一节 概 况

数字贸易的发展态势之一是ICT服务贸易先导性作用凸显。得益于全球信息通信网络越来越完善，以及国际网络互联互通水平持续提升，以软件服务和信息服务贸易为代表的ICT服务贸易增长迅猛。

一、定义与分类

（一）电信服务定义

国际层面的多边组织和国内层面的官方部门，都对电信以及电信服务的内涵进行了界定。

1. 中国电信服务定义与分类

《中华人民共和国电信条例》对“电信”及“电信服务”的定义如下。

其一，电信指利用有线或无线的电磁或者光电系统，传送、发射或者接收任何形式信息的活动。这里的信息内容包括语音、文字、数据、图像等。

其二，电信服务指依据国家规定的电信服务标准，电信业务经营者向电信用户提供的服务。

2. 国际电信联盟的定义

国际电信联盟在《1996/1997年世界电信发展报告》中，界定了“国际电信贸易”，即“跨越国界的电信设备或服务的贸易”。

其一，国际电信设备贸易，泛指以货币为交易媒介，在世界各地间进行的电信设备交换活动。国际电信设备贸易可广泛发生在多个经济体间，如本国与他国间，或其他国家之间的贸易活动。

其二，电信服务是指通过电信基础设施，为客户提供的实时信息（声音、数据、图像等）传递活动。国际电信服务贸易的定义存在狭义和广义之分。

狭义：指在不同经济体间，或属于不同经济体的电信局或站之间提供的国际电信服务活动，但不限制电信服务的性质。

广义：除了传统视角下的电信服务贸易，还包括通过跨境直接投资进行的电信贸易。

3. 《国际电信规则》的定义

《国际电信规则》（International Telecommunications Regulation，ITR）对电信以及电信服务进行了界定。“电信”在ITR中是指利用电磁系统（如光学、导线、无线电），传输、发送或接收任何性质信息（如符号、信号、文字、图像、声音）。“国际电信服务”是指不同国家和地区之间，由电信部门或站点提供的电子通信服务。

4.《服务贸易总协定》的定义

在多边框架下，关税与贸易总协定服务贸易谈判组在1991年就服务贸易的谈判范围进行了商谈，主张以部门为单位对服务贸易进行分类。电信服务也涵盖于这些门类之中。在此基础上，乌拉圭回合的《服务贸易总协定》（简称GATS）电信服务附录界定：“电信服务”指传送与接收任何电磁信号的服务。进一步细化，“电信服务”即指通过电信基础设施，为客户提供的实时信息（如声音、数据、图像等）传递活动。

（二）全球贸易中的电信服务分类

1. 中国的分类

工业和信息化部依据《中华人民共和国电信条例》修订的《电信业务分类目录》把电信业务分为两大类：“A. 基础电信业务”和“B. 增值电信业务”。分类具体涵盖的内容见表5-1。

表5-1　电信业务分类

<table>
<tr><td rowspan="16">A.
基础电信业务</td><td colspan="2">A1 第一类基础电信业务</td><td colspan="2">A2 第二类基础电信业务</td></tr>
<tr><td rowspan="4">A11 固定通信业务</td><td>A11-1 固定网本地通信业务</td><td>A21 集群通信业务</td><td>A21-1 数字集群通信业务</td></tr>
<tr><td>A11-2 固定网国内长途通信业务</td><td colspan="2">A22 无线寻呼业务</td></tr>
<tr><td>A11-3 固定网国际长途通信业务</td><td rowspan="2">A23 第二类卫星通信业务</td><td>A23-1 卫星转发器出租、出售业务</td></tr>
<tr><td>A11-4 国际通信设施服务业务</td><td>A23-2 国内甚小口径终端地球站通信业务</td></tr>
<tr><td rowspan="3">A12 蜂窝移动通信业务</td><td>A12-1 第二代数字蜂窝移动通信业务</td><td>A24 第二类数据通信业务</td><td>A24-1 固定网国内数据传送业务</td></tr>
<tr><td>A12-2 第三代数字蜂窝移动通信业务</td><td rowspan="3">A25 网络接入设施服务业务</td><td>A25-1 无线接入设施服务业务</td></tr>
<tr><td>A12-3 LTE/第四代数字蜂窝移动通信业务</td><td>A25-2 有线接入设施服务业务</td></tr>
<tr><td rowspan="2">A13 第一类卫星通信业务</td><td>A13-1 卫星移动通信业务</td><td>A25-3 用户驻地网业务</td></tr>
<tr><td>A13-2 卫星固定通信业务</td><td colspan="2">A26 国内通信设施服务业务</td></tr>
<tr><td rowspan="4">A14 第一类数据通信业务</td><td>A14-1 互联网国际数据传送业务</td><td colspan="2">A27 网络托管业务</td></tr>
<tr><td>A14-2 互联网国内数据传送业务</td><td colspan="2" rowspan="5"></td></tr>
<tr><td>A14-3 互联网本地数据传送业务</td></tr>
<tr><td>A14-4 国际数据通信业务</td></tr>
<tr><td rowspan="2">A15 IP电话业务</td><td>A15-1 国内IP电话业务</td></tr>
<tr><td>A15-2 国际IP电话业务</td></tr>
</table>

续表

	B1 第一类增值电信业务	B2 第二类增值电信业务	
B. 增值电信业务	B11 互联网数据中心业务	B21 在线数据处理与交易处理业务	
	B12 内容分发网络业务	B22 国内多方通信服务业务	
	B13 国内互联网虚拟专用网业务	B23 存储转发类业务	
	B14 互联网接入服务业务	B24 呼叫中心业务	B24 - 1 国内呼叫中心业务
			B24 - 2 离岸呼叫中心业务
		B25 信息服务业务	
		B26 编码和规程转换业务	B26 - 1 域名解析服务业务

资料来源：工业和信息化部．电信业务分类目录（2015 年版）.

2. 世界贸易组织的分类

世界贸易组织在电信分类上和美国联邦通信委员会（Federal Communication Committee，FCC）是一致的，把电信服务分为基础电信和增值电信服务两大类。

其一，基础电信为信息流通传播提供基础设施，是以电话、电报和电子传真为主的服务。在这些技术支持下，衍生的服务种类包括线路交换数字传输服务，如交换数字传输服务、私人租赁线路服务、模拟和数字移动电话服务、寻呼和个人通信服务、电视信号传输服务、长途无线电系统服务、海底电缆服务、移动和固定卫星通信服务、电话会议等。

其二，增值电信服务是基于电信网络提供的，除基础电信服务以外的任何服务。目前主要依托于计算机网络提供的电信服务，包括电子和语音邮件、电子商务以及其他在线计算机服务。

另外，多边框架下的 GATS 也在“通信服务”项下对电信服务进行了分类，具体涵盖内容见表 5 - 2。

表 5 - 2　《服务贸易总协定》服务部门分类 GNSW120 的电信部分

……		
2. 通信服务	A. 邮政服务	……
	B. 速递服务	……
	C. 电信服务	a. 语音电话服务
		b. 集束切换数据传输服务
		c. 线路切换数据传输服务
		d. 电传服务
		e. 电报服务
		f. 传真服务
		g. 私有线路租赁服务

续表

2. 通信服务	C. 电信服务	h. 电子邮件服务
		i. 语音邮件服务
		j. 在线信息和数据调用服务
		k. 电子数据交换服务
		l. 增值传真服务
	D. 视听服务	……
	E. 其他	……
……		

资料来源：WTO 官网.

二、发展历程

（一）第一阶段：传统电信服务萌芽（19 世纪中期至 20 世纪初期）

早期的传统电信服务主要依托于电报和电话通信来提供。在技术发展的推动下，电信服务经历了从仅仅传递文字信息，发展到传播声音甚至图像的过程。这一阶段正处于第一与第二次工业革命期间。得益于生产技术的提高，国际层面的贸易活动往来频繁，催生了巨大的信息交互需求，电信技术也因此被广泛运用。但世界各经济体在使用电信技术交流的过程中，面临不少挑战。为了克服种种障碍，它们不仅在技术层面对电信进行了升级与改进，也在国际合作层面促成了电信领域国际协定与组织的建立。国际电信联盟即为典型的组织代表。在此背景下，全球电信服务贸易治理格局开始形成。

1. 电报时代

最初，电信是指依托于电报发明的电子通信。这时的通信方式以有线电报为主。人们可以利用电报来缓解距离带来的障碍，实现文字信息传送。19 世纪 30 年代，有线电报通信试验成功后，依托电磁系统传递信息的电信事业迅速发展。美国人 S. F. B. 莫尔斯 1835 年创造了电报通信用的莫尔斯电码，1837 年在机械师 A. L. 维尔的帮助下研制出了电磁式电报机（后被称为莫尔斯人工电报机），并在纽约试验成功。自此，莫尔斯电码和人工电报机在世界范围得到广泛应用。最初，传送电报所依托的基础设施是架空铁线，适用范围局限在陆地。1850 年，英国和法国之间铺设了加涂防护性古塔波胶的海底电报线缆。次年，它们开通了常规服务。1858 年越洋电报通信得以实现，第一条跨大西洋的电报电缆铺设成功。后来，各大洲间铺设了大量海底电缆，全球层面的电报通信网自此形成。

但在当时，电信服务的消息传递被迫中断的可能性较高。尤其是在各国交界处，当信息跨越国界进入另一个司法管辖区的特定系统时风险较大。为了简化信息传递程序，各国开始在区域协议中就电信服务进行磋商。在欧洲，来自 20 个国家的代表在巴黎举行国际电报大会，寻找克服障碍并提高服务效率的方法。各国代表提出将制定一套框架，内容包括：实现电报设备标准化；操作说明、国际资费和结算规则统一化等。1865 年 5 月 17 日，第一部《国际电报公约》由其 20 个创始成员在巴黎签署，5 月 17 日也自此成为世界电信和信息社会日。另外，它们成立国际电报联盟（国际电联的前身）来负责监督这份协议的后续修订工作。

2. 电话时代

电信行业的电话时代开启的标志是 1876 年美国科学家 A. G. 贝尔发明了电话。1880 年，许多城市之间架设了电话线，开始提供长途电话服务。一些欧洲国家也纷纷设立电话局。早期的电话机非常简陋，通话质量和可通话距离都不尽如人意。后期伴随新技术的诞生，通话质量有所提高，通话距离有所延长，如炭精粉送话器①的问世，传输话音的单铁线改为使用双铜线，都对电信服务的发展起到重要作用。1885 年在柏林举行的国际电报大会上，国际电联开始起草电话相关的国际法规。1889 年，A. B. 史端乔发明的自动交换步进制电话交换机能同时容纳多个用户电话并减少劳务费用。1899 年美国 M. I. 普平教授成功推动加感技术的发展，将基于电缆传输电话的通信距离延长了 3 倍以上。

3. 无线电时代

19 世纪 90 年代，无线电（亦称为“无线电报”）诞生。1900 年，奥布里・费森登首次实现了实验性的人声传输。

但类似于早期电报，无线电使用过程中也面临不少问题。其中最为典型的是技术标准不一引致的信息沟通难题。如船上与陆上的无线电设备类型不一，导致发送的消息可能会被彼岸电台拒绝。因此，为了在国际层面建立统一的无线电报通信标准，1906 年第一届国际无线电报大会在柏林举行，出席此次大会的代表来自 29 个国家。大会决定了中心管理部门由国际电联局担任，该局无线电报处于 1907 年 5 月 1 日开始运行。1925 年，在巴黎国际电报大会召开的国际会议中，国际电报咨询委员会（CCIT）成立，国际长途电话咨询委员会（CCIF）正式成为国际电联的一部分。1927 年国际无线电咨询委员会（CCIR）在华盛顿举行的无线电报大会中成立。CCIT、CCIF 和 CCIR 这 3 个委员会共同负责协调这些电信领域的技术研究，并起草国际标准。1932 年，70 多个国家的代表在马德里通过会议把《国际电报公约》和《国际无线电公约》合并为《国际电信公约》，同时把国际电报联盟改名为国际电信联盟。新公约于 1934 年 1 月 1 日正式生效，标志着该联盟正式成立。1947 年，国际电信联盟成为联合国的一个专门机构，其结构和工作方法也进行了相应调整，开始以国际电信联盟名义出版年度报告，如图 5 - 1、图 5 - 2 所示，报告中涵盖了各国的电报通信量。1956 年，CCIF 和 CCIT 合并，组成了国际电话电报咨询委员会（CCITT）。

---

① 送话器：送话器是指用于通信系统中的传声器。

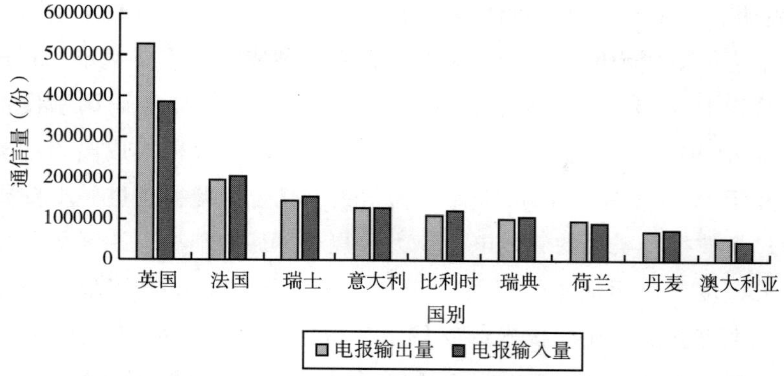

图 5－1　ITU 通报的欧洲国家电报通信量（1947 年）

资料来源：国际电信联盟 1947 年统计报告.

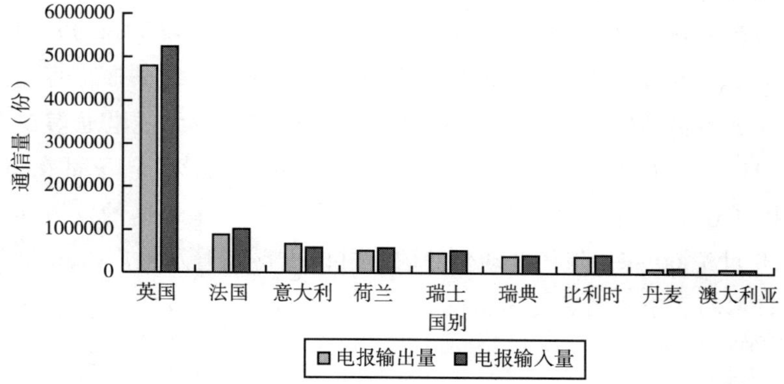

图 5－2　ITU 通报的非欧洲国家电报通信量（1947 年）

资料来源：国际电信联盟 1947 年统计报告.

随后，无线电电话、电视机等新技术相继出现。伴随电子通信技术不断更新换代，人类社会迎来电信技术与电信治理格局革新。国际电信服务贸易也在电信技术的推动下蓬勃发展。然而随着国际贸易的业务数量和信息复杂度逐渐增加，原有电信技术的成本高和易被干扰等不足之处逐渐显现。为了更好地应对这些挑战，电信服务迎来了数字化的新里程碑。

（二）第二阶段：电信服务逐步数字化（20 世纪中期至 20 世纪末期）

在第二阶段，电信服务逐步数字化，这主要体现为两点，一是模式通信到数字通信；二是互联网和万维网的发展。

1. 从模拟通信到数字通信

以下技术的发展对数字通信时代的开启至关重要。

首先，“脉码调制”的发明开启了数字通信时代。“脉码调制”[①] 于 1939 年由英国人

① 脉码调制：脉冲编码调制（Pulse Code Modulation），简称 PCM。脉码调制是对连续变化的模拟信号进行处理、量化、编码后转换为数字信号的一种调制方式。

A. H. 里夫斯发明，可将长期以来电话通信使用的模拟信号转化成数字信号，电信行业也因此进入了数字通信时代。但受限于当时电子管的过高成本，该技术难以在通信业务中推广。虽然晶体管于 1948 年问世，但直到 1962 年才发展出 24 路脉码调制设备并应用于市内通信网。20 世纪 60 年代，脉码调制在集成电路尤其是大规模集成电路的支撑下变得更为简单易行，并于 1975 年复用至 4032 路。通信数字化也因此得到进一步发展。

其次，通过微波接力实现的无线电通信大幅提升了通信能力。由于该技术可节省大量铜和铅，在建设速度、使用成本，以及应对一些地区无法铺设电缆难题等方面都具有优势，很快普及至世界各地。在此技术的支持下，微波线路上也可装用 1800 ~ 2700 路载波电话，极大地提高了通信能力。微波接力通信与同轴电缆共同为建设国内自动长途电话网奠定了技术的重要基础。数字通信是一种用数字信号作为载体来传输信息的通信方式。数字通信可以传输电报、数据等数字信号，也可传输经过数字化处理的语音和图像等模拟信号。无线电通信技术融合数字通信技术的应用，提升了系统频段资源的利用效率，稳定接收信号，增强了无线电信号的抗干扰能力，并且扩大了通信系统的通信容量。同时，提供多种通信服务（如数据传输等），从而保证用户信息的安全。无线电通信技术的发展成为数字通信进步的动力。如图 5 - 3 所示，美国、日本、英国等多个国家都在 20 世纪 50 ~ 70 年代设置了全国长途电话自动化网络。更进一步，得益于卫星通信的发展和海底同轴电话电缆的建成，20 世纪 60 ~ 70 年代自动化的国际电话也得到普及推广。20 世纪 70 年代后，美国、欧盟、日本的固定电话数逐步攀升。

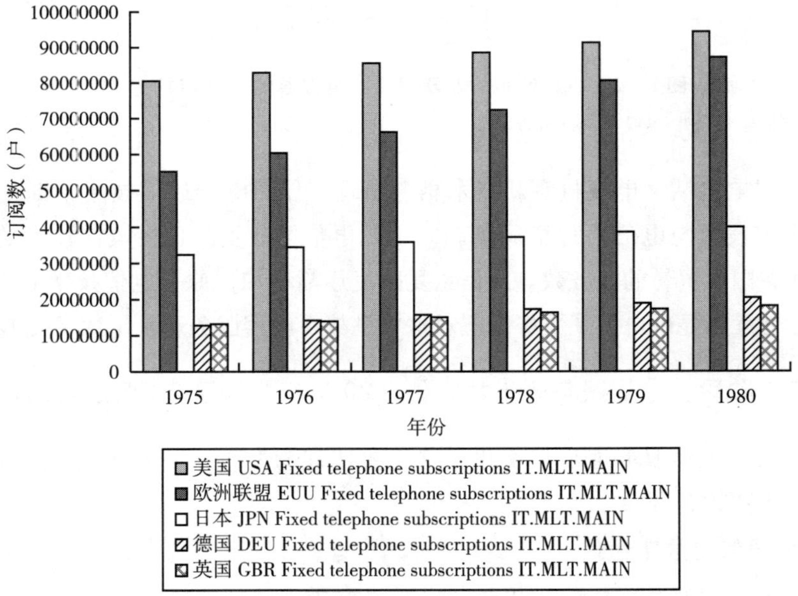

图 5 - 3 固定电话订阅数（1975—1980 年）

资料来源：世界银行公开数据 Fixed telephone subscriptions | Data（worldbank. org. cn）。此图中固定电话订阅数指模拟固定电话线路、IP 话音（VoIP）订阅、固定无线本地环路（WLL）订阅、ISDN 语音通道等量和固定公用付费电话的活动数量的总和。

再次，是模拟网向数字网的演化。在此阶段，由于存储程序控制电子交换机已研制成功，一条数字电话电路可比模拟电话电路传递效率提高十几倍至几十倍。这使得数字通信模式具有更大的优越性。随着电子计算机在各领域的应用越来越广泛，数字通信的地位也逐步提升。在此基础上，现代传输设备如光纤通信，以及卫星通信等技术的发展，也大幅提高了数字信号的传送效率。在这些技术的带动下，通信网从模拟网发展为数字网。这可将多项电信业务整合于同一综合业务通信网（Integrated Services Digital Network，ISDN）内，业务包括电话、电报、数据、传真、图像等。在这一阶段，如图 5－4、图 5－5 所示，英国、德国、法国和日本等国家的 ISDN 普及规模位于世界前列。

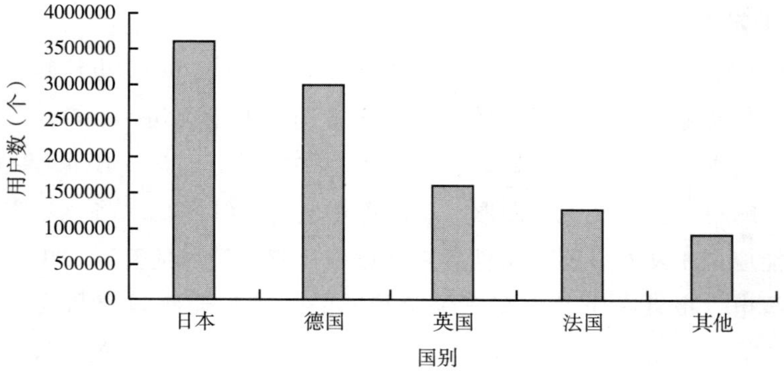

图 5－4　1995 年全球 ISDN 用户数统计（1）

资料来源：龚向阳．宽带通信网原理［M］．北京：北京邮电大学出版社，2006.

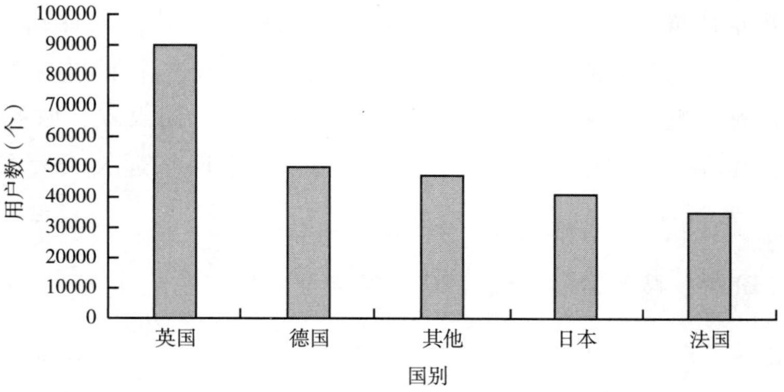

图 5－5　1995 年全球 ISDN 用户数统计（2）

资料来源：龚向阳．宽带通信网原理［M］．北京：北京邮电大学出版社，2006.

数字通信发展对电信服务的质量提高具有重要意义。与模拟通信相比，数字通信具有明显优点。因为它抗干扰能力强，所以通信质量不容易受距离的影响，能适应各类型通信业务的要求。另外，数字通信对大规模集成电路、保密通信和计算机管理适配度较高。但与此同时，数字通信也存在不足之处，即占用的信道频带较宽。20 世纪 90 年代，数字通信向能提供超高速、大容量和长距离服务这一方向发展。数字通信日益成熟的高效编码技术和实用化的语声编码，将推动新的数字化智能终端进一步发展。

2. 互联网的发展

互联网、万维网是推动电子商务发展的重要技术动力。互联网（Internet），又称国际网络（根据音译也被叫做因特网），指的是网络与网络之间串联成的庞大网络，是由建立在通用标准上的计算机网络组成的全球性网络。初创于20世纪60年代的互联网实现了企业、教育机构、政府部门以及个人的互联，能够向用户提供各类服务。互联网浪潮从20世纪90年代开始席卷全球，人类社会的信息化进程进入了新阶段。当大部分国家和地区连入互联网后，互联网成为集中了全世界各类信息的最大信息基地。

3. 万维网的发展

出现于20世纪90年代初期的万维网（World Wide Web/the Web）是一个在互联网基础设施上运行的信息系统，它是早期的“杀手级应用”（the killer app）。万维网能够提供众多可利用搜索引擎查找到的网页链接，网页由超文本标记语言（Hyper Text Markup Language，HTML）编写，包含文本、图形、动画等对象。万维网技术将色彩声音和视频功能添加到原本只能应用于文本交流、文件传输和远程计算等领域的互联网中，将其建立成为具备电视、无线电、报纸杂志乃至图书馆等特质的基础沟通跨国家和信息存储系统。自1993年以来万维网的网络内容一直呈现出指数级增长，它与互联网的持续成长是电信服务发展史的重要一环，为电子商务带来关键的技术进步动力。

由于搜索引擎只能检索到部分已知的网页，而目前尚未有能够准确地测量现有网页数量的方法，所以万维网真实的大小暂时无人可知。谷歌已能检索出超过30000万亿不重复的统一资源定位符（Uniform Resource Locator，URL，又称为网址），除了这些处在“表层”的可见网页，还存在数量可能是表层网络500~1000倍的“深度网络”。深度网络包含着无法被谷歌等搜索引擎检索的数据库以及其他订阅内容、加密内容等。事实上，搜索引擎的索引在网络内容中只占一小部分，深度网络远大于表层/可见网络的规模。

（三）第三阶段：移动通信时代（20世纪末至今）

移动通信是一种现代化的重要数字技术。这种技术是结合电子计算机与移动互联网发展而来的重要成果之一。移动通信技术已经历了四代的技术更新发展，迈入了第五代发展的时代（即5G移动通信技术）。综合来看，这几代移动通信技术是目前改变世界的主要技术之一，也是数字贸易得以发展的基础技术。根据不同时期移动通信技术的典型特征，可将其发展历程划分为三大阶段。

1. 第一、第二代移动通信技术

其一，第一代移动通信技术（1G）。制定于20世纪80年代的1G发展与移动蜂窝电话系统密切相关。全球第一个移动蜂窝电话系统于1978年底由美国贝尔试验室成功研制。该系统的全称为先进移动电话系统（Advanced Mobile Phone System，AMPS）。1G依托的是最初阶段的模拟、仅限语音的蜂窝电话标准。

在世界上最具影响力的1G系统主要有两个。一是美国AMPS制式的移动通信系统。在1G时代，美国AMPS制式的移动通信系统运营覆盖的国家或地区曾经超过72个，直到1997年该系统还被部分地区使用。二是英国TACS制式的1G系统。在美国发展1G的同一时期，采用英国TACS制式的1G系统的国家或地区近30个。

除此以外，为数不少的国家也建立了具有影响力的1G系统，如日本的JTACS，西德的C－Netz，法国的Radiocom 2000和意大利的RTMI，以及应用于东欧国家和俄罗斯的Nordic移动电话（NMT）（见图5－6）。

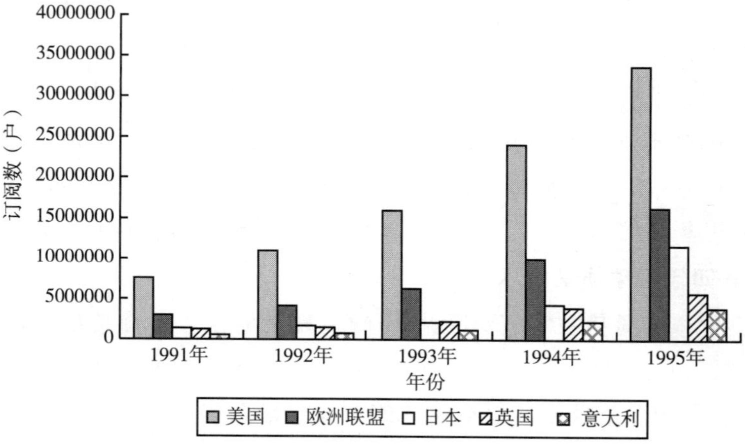

图5－6　移动蜂窝电话订阅数（1991—1995年）

注：移动蜂窝电话订阅指对使用移动电话技术提供访问PSTN的公共移动电话服务的订阅。

资料来源：世界银行公开数据，Mobile cellular subscriptions | Data（worldbank. org. cn）.

因为1G系统采用的模拟技术存在许多不足之处，如：容量有限、制式太多、互不兼容、保密性差、通话质量不高、不能提供数据业务和自动漫游等。随着移动通信技术的更新换代，以及模拟通信向数字通信发展，这种模拟蜂窝服务逐步被第二代移动通信技术所取代。

其二，第二代移动通信技术（2G）。自20世纪90年代以来，以数字技术为主体的2G系统得到了极大发展。与1G的模拟蜂窝移动通信相比，2G具有较强的数字化特征，且保密性强，频谱利用率及标准化程度高，可提供的业务更为丰富。移动通信自此进入了新的发展阶段，成为重要的通信方式。

具体而言，2G主要有两种技术体制，一是时分多址（Time division multiple access，TDMA）。2G时代采用TDMA体制的通信标准主要有：欧洲的GSM①、美国的D－AMPS②

---

① GSM（Global System for Mobile Communications），由欧洲电信标准组织European Telecommunications Standards Institute制定的一个数字移动通信标准标准。

② D－AMPS（Digital－Advanced mobile phone system），先进移动电话服务的数字版本，是美国cellulartelephone（移动电话）服务最开始的类似标准。

和日本的 PDC[①]。二是以码分多址（Code Division Multiple Access，CDMA）为特征的移动通信系统。CDMA 除提供话音业务外也提供低速的数据业务。CDMA 技术体制的通信标准主要为美国 CDMA（IS－95）[②]。CDMA 的优点是可直接扩频和较强的抗干扰性。在核心技术上，2G 核心网仍然以电路交换为基础。在 2G 时代，欧洲的全球应用通信（GSM）成员诺基亚是全球最大的手机终端、基站及系统供应商。它打破了电信界北美企业一家独大的局面。截至 2004 年，诺基亚拥有了 1284 项第二代移动通信标准 GSM 专利，约占全部 GSM 专利的 35%。

在业务种类方面，1G 和 2G 主要为用户提供短信和语音业务，从电报发明到 GPRS 诞生，电信业务以传播文字和声音信息为主。随着互联网的普及和广泛运用，移动通信迈入 2G 往第三代移动通信技术（3G）过渡的 2.5G 时代。在 2.5G 时代，数据服务的需求有所提升，通用无线分组业务（General packet radio service，GPRS）诞生。GPRS 可为 GSM 用户提供分组形式的数据业务，适用的数据传输多具有间断性、突发性、高频和少量等特征。虽然 GPRS 也适用于大数据传输，但这种情况并不常见。具体而言，GPRS 主要应用领域为：E-mail 电子邮件、WWW 浏览、WAP 业务、电子商务、信息查询、远程监控。

2. 第三、第四代移动通信技术

其一，第三代移动通信技术（3G）。3G 的出现是电信业务由传统转向现代电信的重要标志。3G 出现之前，电信用户对移动通信及电信服务的需求主要是话音业务和短信业务。在 3G 时代，用户对电信服务数据业务的主流需求为多样化、个性化、多媒体化和移动化。

具体而言，3G 是指支持高速数据传输的蜂窝移动通信技术。3G 系统将无线通信与国际互联网等多媒体结合起来，让声音和数据信息的同时传输成为可能。3G 标准统称为 IMT－2000 国际移动通信标准，该标准又涵盖多个分支。如欧洲提出的 WCDMA、中国提出的 TD－SCDMA 和美国提出的 CDMA2000 均为通用的 3G 标准。其中，WCDMA 和 CDMA2000 的应用最为广泛。随后，第 4 个通用的 3G 标准 Wimax 由美国的 IEEE 提出。全球 3G 业务在 2004 年后，进入快速发展阶段。在这一时期，3G 服务市场中位居前列的国家的地理分布范围较广，包括亚洲的日本和韩国、欧洲的意大利和英国以及美洲的美国（见图 5－7）。

值得注意的是，移动互联网的出现给通信服务的发展带来重要机遇。当时，电信领域的移动通信和因特网增长很快，两者相结合，发展出了移动互联网。移动互联网的使用有助于综合运用信息资源与便利通信，让电信服务打破时空和设备的限制。在移动应用终端的萌芽时期，其应用模式主要以 WAP（无线应用协议）为基础。当时，手机利用自带的支持 WAP 协议的浏览器来帮助企业访问 WAP 门户网站，这也成为移动互联网发展的主要形式。WAP 只要求移动电话和 WAP 代理服务器的支持，不要求改动现有的移动通信网络

① PDC（Personal Digital Cellular）是一种由日本开发与使用的 2G 移动电话通信标准。

② IS－95 是由美国高通公司发起的第一个基于 CDMA 数字蜂窝标准。

协议。WAP 应用把 Internet 网上 HTML 的信息转换为采用 WML 描述，使其展现在移动电话的显示屏上。在早期，WAP 广泛应用于多种网络，如 GSM、CDMA 和 TDMA 等。

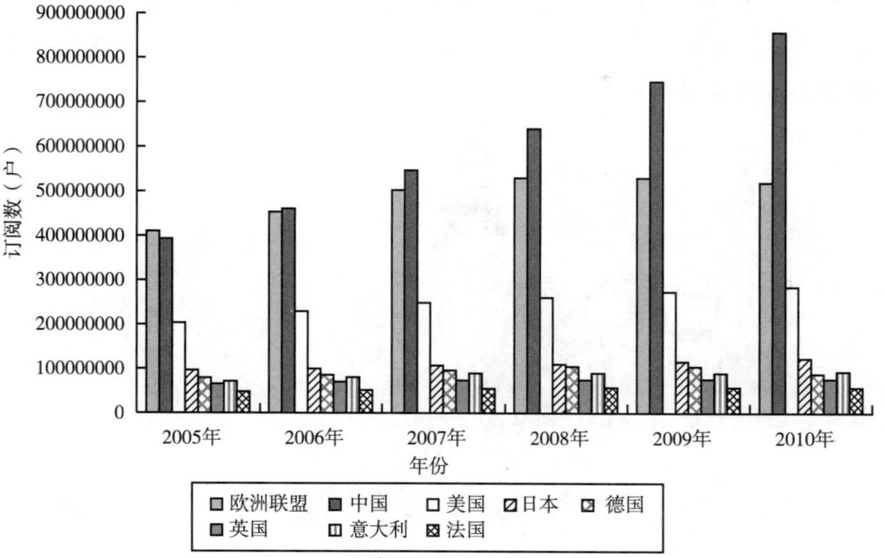

图 5－7　移动蜂窝电话订阅数（2005—2010 年）

资料来源：世界银行公开数据，Mobile cellular subscriptions | Data（worldbank. org. cn）.

其二，第四代移动通信技术（4G）。4G 是 3G 不断优化升级和进行创新后，发展而来的移动通信技术。4G 的技术研发在其普遍运用之前已有近 10 年的积累。早在 2000 年，国际电联成立了 ITU－R WP8F 组，主要对 4G 或 B3G 的无线技术、频谱、业务等内容进行研究。不少国家也致力于 4G 的技术开发，研究 4G 的技术业务特征、发展和标准化方向。如韩国于 2002 年成立了 4G 主要特征（4G vision）研究委员会。同年，日本成立了移动 IT 论坛（mobile IT Forum，mITF），日本的主要电子电气公司参加了该论坛。2002 年底 IEEE 在美国成立了 IEEE 802. 20 标准化项目，其主要目标是建立一个移动宽带无线接入（Mobile Broadband Wireless Access，MBWA）的标准。

4G 不仅继承了 3G 的优势，还发展出一系列 4G 特有的优点。其中，WLAN 技术是 4G 的发展重点。海外运营商于 2010 年开始进行 4G 规模建设，当时的美国、日本和韩国在 4G 网络建设上领先一步。但欧洲及发展中国家也积极发展。如中国于 2013 年 12 月 4 日正式向三大运营商发布 4G 牌照，并于 2014 年开始进入 4G（LTE）商用时代。

电子商务技术在进入 21 世纪后的新走向还有移动平台（mobile platform）。作为互联网基础设施的新发展节点，移动平台使智能手机、平板电脑、超薄本等各种移动设备能够通过无线网络或移动通信服务连接到互联网，移动平台在互联网接入中越来越重要。除了硬件上的革新，移动平台也改变了人们与互联网的互动方式。2007 年问世的苹果手机和在 2010 年出现的 iPad 从软件角度更新了人们使用互联网的方式。自 2008 年苹果公司的应用商店上线，App（application 的缩写，意为应用程序，俗称手机软件）进入了通信、媒体、娱乐、物流、教育、医疗保健等领域。

移动设备在互联网接入中重要性的增加可以通过网络用户的行为情况体现。如图5-8所示，其展示了2016年美国人口连接互联网所使用的设备情况。2016年在美国，有超过3.6亿台移动设备可以联网（在美国平均每人有1台以上设备），美国93%的网络用户都有使用移动设备进行联网的行为。

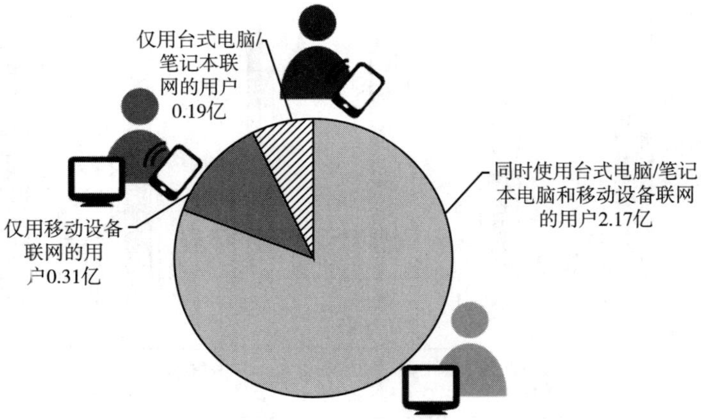

图5-8 2016年美国的互联网接入情况

资料来源：Based on data from eMarketer, Inc., 2016c.

3. 第五代移动通信技术

移动通信技术更新迭代速度快。近年来，它保持着约每十年一更新的发展速度，推动了第五代移动通信技术（5G）的问世。5G作为新一代宽带移动通信技术，具有高速率、低时延和大连接特点。另外，5G通信设施是实现人机物互联的网络基础设施。5G技术发展背后的主要助力有以下两点。一是以长期演进技术（LTE）为代表的4G系统的全面商用。二是移动数据需求爆炸式增长。三是移动互联网的广泛应用。在5G发展时期，接入移动互联网的数字设备越来越多，服务和应用的种类日渐多样化。如图5-9、图5-10所示，全球互联网使用规模、宽带用户数持续增长。前两点让5G系统的研发提上日程，第三点则进一步推动了5G的普及。

针对5G的具体实践，国际电信联盟（ITU）提出5G的三大类应用场景，分别为增强移动宽带（eMBB）、超高可靠低时延通信（uRLLC）和海量机器类通信（mMTC）。首先，eMBB主要是为了解决移动互联网流量爆炸式增长所带来的用户诉求，可以提升移动互联网用户的应用体验。其次，uRLLC是用于满足对时延以及数据流通可靠性要求极高的垂直行业甚至细分领域在应用上的需求，主要面向工业控制、远程医疗、自动驾驶等部门或产业分支。最后，mMTC主要面向以数据采集和传感为目标的业务应用需求，业务包括智慧城市、智能家居、环境监测等。

总体来看，移动通信系统的发展时间较短，但其发展规模和对经济发展的贡献是爆炸式的，给当前人们的通信和生活模式带来了巨大变化。每一次移动通信技术的革新，都使得电信服务迈入了新的发展阶段。伴随移动通信系统的容量不断提高，数据传输速率和移动性变得更高，催生出新的业务需求和更多的业务服务。尤其是5G时代的移动通信系统网络功能更为丰富、网络架构亦更为复杂，进一步推动了移动通信与物联网、云计算等新兴数字技术的紧密结合。

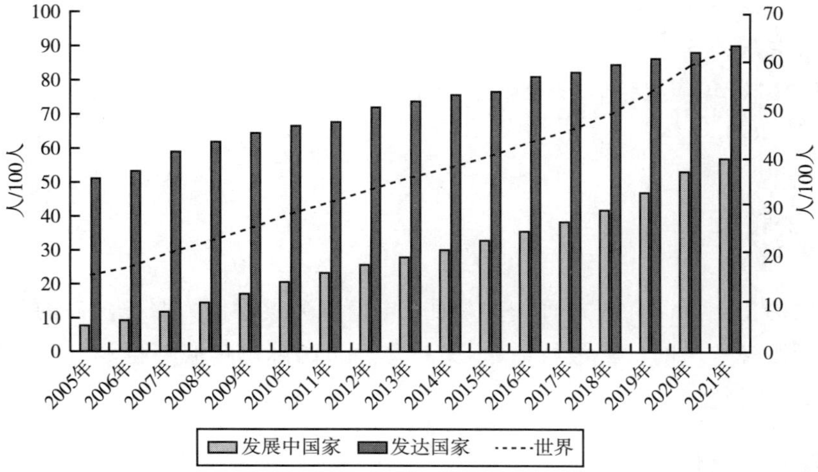

图5－9　使用互联网的个人数量（每100人中的人数）（2005—2021年）

注：图5－9展示了从第一代移动通信技术到第五代移动通信技术互联网世界使用情况的变化。

资料来源：ITU统计数据.

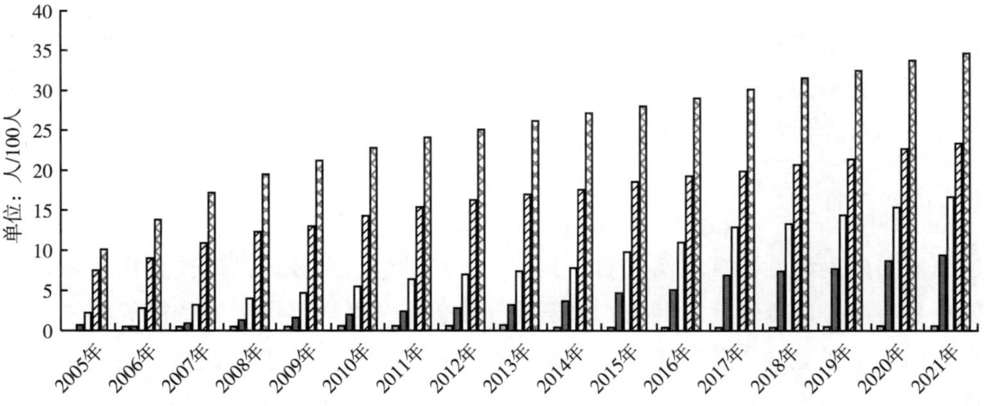

图5－10　宽带订阅数量（每100人中的人数）（2005—2021年）

注：图5－10展示了从第一代移动通信技术到第五代移动通信技术宽带订阅数量的变化。

资料来源：ITU统计数据.

☞ 背景材料5.1

5G技术的飞速发展推动了移动通信技术在人工智能、大数据挖掘等数字领域的广泛应用。在此背景下，5G技术受到各大经济体的重视，各方致力于在资金运营和国际协作上推动 5G 的发展。在资金运营方面，欧盟于 2013 年 2 月已宣布就 5G 技术的发展拨款 5000 万欧元，并提出于 2020 年推出成熟标准。2014 年 5 月 8 日，日本电信营运商 NTT DoCoMo 正式宣布将与 Ericsson、Nokia、Samsung 等六家厂商共同合作，开始测试高速 5G 网络。该网络传输速度可高达 10Gbps，超越现有 4G 网络承载能力的 1000 倍。在国际协作方面，第一届全球 5G 大会于 2016 年 5 月 31 日在北京举行，会议由来自中国、欧盟、美国、日本和韩国的 5 个 5G 推进组织联合主办。

资料来源：雪球 . 5G 竞速赛打响，全面建设抢占市场！［OL］. 雪球网，2018：https：//xueqiu. com/3264664628/112272623.

三、主要特征

国际电信的主要特征有两方面。一方面，电信服务贸易作为服务贸易的一种，它具备类似其他国际服务贸易的“一般特征”。另一方面，国际电信服务也具有不少区别于其他部门服务的典型特征。

（一）服务贸易性

国际电信服务是服务贸易的重要分支，具有显著的服务贸易性特征。服务贸易性是指贸易过程中交易的产品是服务，而非实物。虽然电信贸易的范围覆盖服务和实物，但其中的电信服务交易对象主要是服务。因为电信运营商提供的电信业务可以服务形式存在，所以电信贸易具有非实物交易的特性。具体而言，电信服务的服务贸易性体现为不可感知性、贸易标的无形性、生产过程与消费的不可分离性、贸易主体地位的重要性、贸易服务的差异性、不可存储性等。

（二）网络性

通信网络的网络性体现在两方面。其一，网络是电信服务提供的重要技术基础，因此电信服务具有明显的网络性。其二，电信服务覆盖多个网络节点。该特征的具体表现之一为全程全网。全程全网指业务通过一系列节点流程从发起端到达接收端，途中通过终端设备、传输链路、交换设备以及相应的信令系统、通信协议和运行支撑系统的共同协作。全程全网能够让不同的企业用户共同参与至同一网络进行通信。电信用户在日常生活中，总能够通过各类电信行业的网络性产业与其他主体产生节点联系。节点的联系包括个人之间、企业之间、国家之间、企业乃至国家之间。在国际层面，电信服务覆盖的时间与空间范围更大，具有比国内电信服务更为明显的网络性特征。

（三）市场准入备受重视

电信行业具有较高的市场准入壁垒，但这一格局正逐步被改变。在 21 世纪以前，由于电信服务本身具有敏感属性，因此大多以政企合一的形式经营，电信服务也因而具备了自然垄断性这一基本经济特征。随着科技进步，全球经济一体化趋势日益明显，世界范围内各方对电信信息迅捷顺畅程度，乃至电信市场开放的诉求有所提升。在非歧视的基础上，通过放松规制来对国外竞争者进行市场开放，有利于降低各企业投入的电信服务成本。电信服务市场开放有助于中小企业增加其产出和出口；也有助于提升大企业的专业化水平。因此，国际层面电信服务网络的完整性，电信服务的互联互通乃至统一大市场逐渐成为各方对外输出电信服务的核心关切所在。降低电信服务的市场准入壁垒，提高市场开放水平也因此成为构建电信服务营商环境的重要内容。

其中，电信服务市场准入水平的提升与私有化密不可分。私有化伴随着市场开放，能够为各方电信发展进步提供新机遇，有利于打破垄断格局。事实上，近年来全球电信服务的私有化程度较高。各经济体通过放松规制、完善互联等促进自由化和私有化的手段，改变了电信业的寡头垄断格局。截至 2004 年底，在 ITU 统计的 201 个国家和地区中，有 113 个实现了私有化。在世界电信总收入中，私有化的电信运营商占据了 85%。电信业的私有化变革和市场自由化发展加速了电信业竞争格局的重组和形成，促进了电信服务的发展和繁荣。随着全球电信市场准入水平逐步提高，各国国内电信垄断水平将逐渐降低。此时，竞争成为电信市场的主要特征，大批新兴电信公司涌现，新的市场平衡在市场结构不断的调整与升级中逐渐形成。

但是，各方的电信服务市场准入程度存在较大差距。电信服务市场开放程度与经济主体发展水平联系紧密。发达程度越高的国家和地区，在国际规则层面越积极推动电信服务市场开放；相反，发达程度越低的国家和地区，在市场开放层面的规制制定上越有所滞后。如图 5 - 11 所示，以信息和通信技术服务出口值为例，可以看出不同发展水平的国家在该领域的开放程度差异。

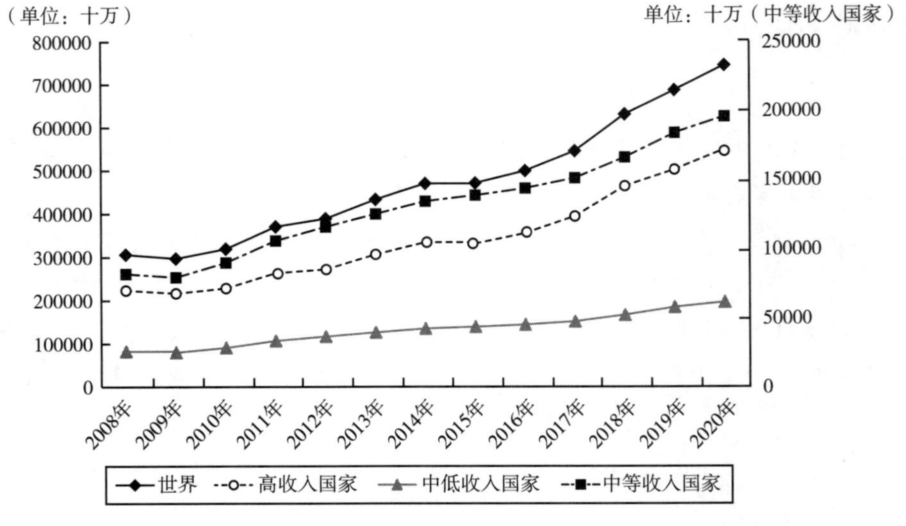

图 5 - 11　信息和通信技术（ICT）服务出口（BoP，现价美元）

资料来源：世界银行公开数据，Mobile cellular subscriptions | Data（worldbank. org. cn）.

（四）产业体系复杂化

当前国际电信服务核心竞争力在于其提供的一揽子信息服务，即整合了咨询、规划、设计、网络建设与维护、系统集成、软件开发、运营支撑、供应链管理以及呼叫中心等内容。在这些技术发展的支持下，国际电信服务不再局限于单一的传统电信部门，同时还涵盖了其他通信部门。国际电信服务不再是单一的通信产业链，而是日益向融合多产业部门于一体的复杂产业生态体系转变，部门包括电信、互联网、传媒与娱乐等。

尤其在移动互联网时代，贸易参与主体日渐多元化，跨行业的业务融合也进一步加深，从而催生出多种新应用和新业态。其中，智能终端、云计算、物联网等技术是电信服务广泛应用的场所。在产业体系复杂化的过程中，也给予了多个经济体参与整个电信行业的供应链条的机遇。在此背景下，通过移动客户端提供的线上零售服务业跨越国境，实现快速发展。

第二节 主要内容

伴随移动互联网、云计算等新技术新业务的发展，电信市场的国际化和数字化水平进一步提升，跨境服务和跨境的数据流动已经成为常态。因为数字贸易本身是借助现代信息网络完成和交易的数字产品和服务。所以，在信息通信技术的支持下，数字贸易迅速发展。在此背景下，与数字贸易密切相关的电信业务迎来发展新格局。下文将阐述数字经济时代电信业务以及电信服务贸易的行业发展过程，并对其发展前景进行展望。

☞ **背景材料 5.2**

“互联网”与“因特网”概念辨析

数字贸易中的电信业务大多与网络应用相关联。虽然普遍将“互联网”与“因特网”两者相等同，但两者在概念上存在区别。其一，“互联网”为普通名词，外文写法为全字母小写的 internet，泛指由计算机网络（包括局域网、城域网、广域网等）组成的网络。其二，“因特网”为专用名词，外文写法为大写开头的 Internet，特指由 TCP/IP 协议构建的互联网（internet）。因特网是互联网的一个子类别，是目前全球最大的一个电子计算机互联网，是由美国的 ARPA 网①发展演变而来的。下文提到的电信业务将对互联网与因特网作出区分。

① 美国国防部高级研究计划局（ARPA）主持研制的军用网 ARPAnet。

一、数字贸易中的电信业务

如表 5－3 所示，对数字贸易中的电信服务进行了分类。

表 5－3　　电信业务分类表

电信业务分类		
增值电信业务	第一类增值电信业务	在线数据处理和交易业务
		国内多方通信服务业务
		国内互联网虚拟专用网业务
		互联网数据中心业务
	第二类增值电信业务	存储转发类业务
		呼叫中心业务
		互联网接入服务业务
		信息服务业务
基础电信业务	第一类基础电信业务	固定电话网基础业务
		移动电话网基础业务
		第一类卫星通信业务
		第一类数据通信业务
	第二类基础电信业务	集群通信业务
		无线寻呼业务
		第二类卫星通信业务
		第二类数据通信业务
		网络接入业务
		国内通信设备服务业务
		网络托管业务

资料来源：杜振华．国际电信服务贸易［M］．北京：北京邮电大学出版社，2006.

（一）增值电信业务

根据《中华人民共和国电信条例》，增值电信业务指利用公共网络基础设施提供的电信与信息服务业务[①]。根据业务特征，可将其分为第一类增值电信业务和第二类增值电信业务。下面将分别就这两类业务中与数字贸易较为密切的部分进行介绍。

① 《中华人民共和国电信条例》中华人民共和国国务院令（第 291 号）。

1. 第一类增值电信业务

第一类增值电信业务中，与数字贸易联系较为密切的主要有三部分。一是在线数据处理和交易处理业务；二是国内因特网虚拟专用网业务；三是互联网数据中心业务。

(1) 在线数据处理和交易处理业务。在线数据处理和交易处理业务是指由平台提供的，通过通信网络为用户提供在线数据、交易或事务处理的业务。具体而言，这些业务包括三种：一是交易处理业务，二是电子数据交换业务，三是网络/电子设备数据处理业务。

其一，交易处理业务。交易处理业务包括办理各种银行业务、股票买卖、票务买卖、拍卖商品买卖、费用支付等。这些业务所依托的交易处理系统（Transaction Processing System, TPS）是企业资讯的主要生产者，也是企业内最基础且重要的资讯系统之一。TPS 会收集和保存组织交易的详细记录，处理的交易对企业发展具有重要意义，覆盖多项企业核心业务，包括招聘员工、销售商品、支付员工薪水和订购公司所需货物等。如表 5 – 4 所示，企业会为执行不同企业功能的业务部门建立各自对应的 TPS。TPS 还能提供资讯给其他系统如知识工作系统、管理资讯系统及决策支援系统。

表 5 – 4　　业务部门与交易处理系统（TPS）对照表

业务部门	对应交易处理系统
销售/行销	订单输入系统
生产/制造	品质控制系统
财务/会计	基金管理系统
人力资源	薪资系统及人事资讯系统

如表 5 – 5 所示，依据处理的信息量和效率，通常可将 TPS 分成两种类型：批量处理系统和实时处理系统。一是批量处理系统。该系统对项目进行分组，来解释或批量处理数据集。分组的依据是数据的相似程度。其中，批量处理系统具有更高的计算能力要求。因为系统需要同时查看多组数据，这时系统需要提供足够的算力来减少时间延迟。二是实时处理系统。该系统是一种在交易出现时处理交易的方法。这有助于防止或减少处理延迟，提高运算结果的准确性。

表 5 – 5　　交易处理系统（TPS）类型与特点

交易处理系统类型	特点	示例
批量处理系统	可能会产生时间延迟，用于只需每隔一定周期进行处理的业务	客户在月底为订阅服务付款
实时处理系统	防止时间延迟，能够快速识别和解决错误	电子商务网站的实时信用卡交易

如图 5－12 所示，交易处理系统（TPS）的执行主要涵盖四个功能：输入、处理、存储、输出。交易处理系统（TPS）通过这四个功能的协同工作，实现了从输入到输出的完整交易处理流程，确保了交易的准确性、安全性、及时性和可追溯性。

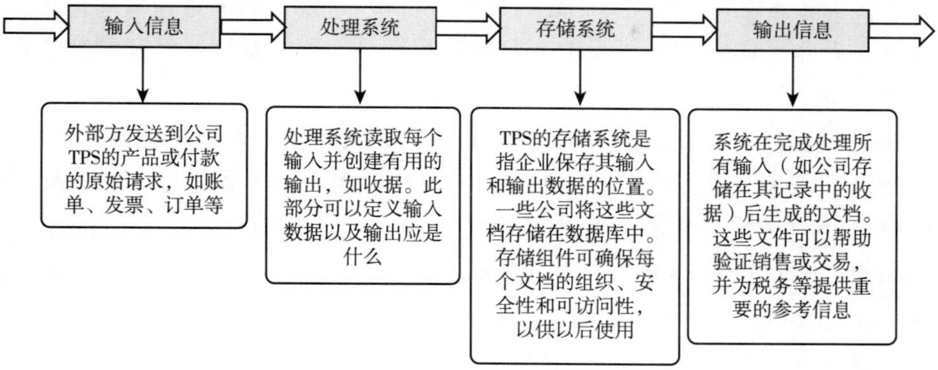

图 5－12　交易处理系统运作图

交易处理业务所依赖的数据库类别众多，包括分层数据库、网络数据库和关系数据库。

一是分层数据库。该数据库由涵盖节点和分支的网络组成。此结构中，节点级别由高至低排序，系统采用自上而下的模式排列数据。

二是网络数据库。该数据库中，数据排列为通过分支链接的节点链。节点的级别越高，分支则越多。级别较低的节点虽然分支较少，但也可连接到多个较高级别的节点。

三是关系数据库。该数据库使用相关表来有效呈现和组合数据。交易处理系统持续使用性能高、完整保护数据能力强、使用门槛低。这些特点有利于数据库稳定处理交易事务、提高交易安全性和适配更广泛的用户群体。这有助于提高交易业务的效率和水平，在数字贸易的发展中起到了不可替代的作用。

☞ 背景材料 5.3

交易业务处理系统——Sabre

Sabre 系统是 IBM 在 1970 年为美国航空公司开发的第一个交易处理系统（TPS），也是交易处理业务发展史中的典型案例。具体而言，Sabre 系统提高了机票预订业务的效率。在 Sabre 出现之前，机票预订都是手动记录在卡片上，然后保存在卡片盒内。随着业务的发展，机票预订信息的数据量逐步加大。当时美国航空公司的旧电脑存在重要信息记录缺失的问题，因为它们只能追踪飞机上预订的座位和剩余座位数量，无法记录订座顾客的具体身份。Sabre 的诞生提高了客户信息管理和机票预订的业务水平。

回顾其发展历程，Sabre 预订系统于 1960 年建成。它是依托 20 世纪 50 年代中期 IBM 建设大型 SAGE（半自动地面环境）防空计算机系统的经验，集成数据处理程序发展而来的。该程序可实时维护准确的乘客信息，被全球的旅行代理机构广泛采用。最初，在两台

IBM 7090 计算机上运行的 Sabre 每天可处理交易业务多达 83000 个。到 1964 年底，该系统每小时可处理的订票交易量上升至 7500 个。这相比于手动卡片交易处理系统而言，具有更高的效率。因为如果手动集中订票，需要大量人力物力使用纸张追踪每个旅行乘客。在时间成本上，手动处理一个预订交易的平均时间是 90 分钟，Sabre 的相应业务处理时间仅为几秒钟。在当时，Sabre 规模仅次于美国政府系统，已经成为最大的私有实时数据处理系统。

1976 年，美国航空公司将 Sabre 推广到旅行代理机构。此时，代理可直接利用 Sabre 订票。1985 年，美国航空公司建设了 easySabre 系统，支持消费者通过互联网或 CompuServe 服务在线访问。在每一发展阶段，Sabre 提供了很多首创体验。

在 Sabre 的支持下，计算机能够即时处理交易、追踪余票、价格和客户，如今，Sabre 在实践上的收入管理模式仍被广泛应用于交易处理业务系统。Sabre 对世界的持续影响已不仅限于旅游行业，还扩展到几乎所有的交易技术；Sabre 极大地推动了基于电商平台的业务发展。

资料来源：雪球 . Sabre——第一个在线订票系统［OL］. 雪球网，2017：https：//xueqiu. com/3993902801/82691873.

其二，电子数据交换业务（Electronic Data Interchange，EDI）。根据国际标准化组织（International Organization for Standardization，ISO）的技术定义，EDI 系统可分为订货信息系统（又称为货物数据交互系统，Trade Data Interchange，TDI）、电子金融汇兑系统（Electronic Fund Transfer，EFT）、交互式应答系统和带有图形资料自动传输的 EDI。

随着国际贸易量迅速增加，传统贸易的沟通方式越来越难以满足全球数字经济的发展诉求。在计算机和通信网络技术快速发展的背景下，EDI 作为“联合国贸易效率计划（1992）”的重要手段，是当时国际贸易领域最先进的贸易方式之一。如图 5 - 13 所示，通过 EDI 技术，企业可以在国际贸易中实现数据交互。EDI 系统按照企业双方共同约定的协议，依据一定特征基准来标准化经济信息。交易双方通过 EDI 的电子数据交换来相互传递贸易单据，包括需求与销售、原料采购、生产制造、银行汇兑及海关申报等。EDI 技术具有诸多优势，如在成本方面可减少文件处理的投入，有助于克服跨境语言文化等方面的障碍，提高货物和资金的流转效率。

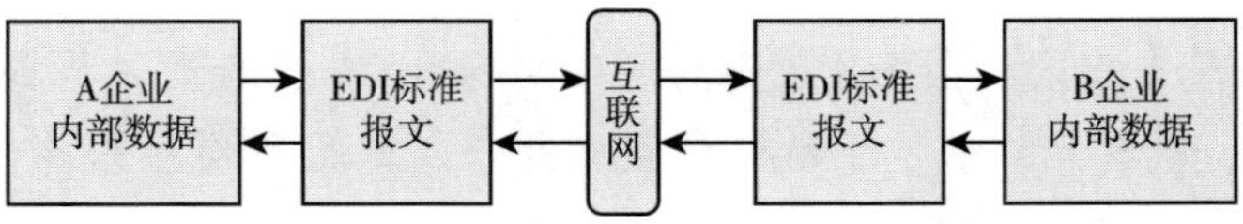

图 5 - 13　EDI 实现过程示意图

目前，EDI 是最为成熟和使用范围最广泛的电子商务应用系统之一。在国际层面，EDI 的根本特征和运作关键是标准化。EDI 标准体系是处于 EDI 应用领域范围内的有机整体，由具有内在联系的标准组成。中国根据 EDI 的国际标准体系、应用实践以及未来发展趋势，制定了 EDI 标准体系。其中，《EDI 系统标准化总体规范》是总体技术文件。根据该规范，EDI 标准体系可分为以下八部分：基础、单证、报文、代码、通信、安全、管理、应用（具体见背景材料 5.7）。

回顾 EDI 的发展历程，EDI 在 20 世纪 60 年代后期被引进美国运输业。1968 年美国运输业的多个公司联合成立了运输数据协调委员会（Transportation Data Coordinating Committee，TDCC）来研究开发电子通信标准，为当今的 EDI 奠定了基础。20 世纪 70 年代初期，银行的支付系统开始使用 EDI。EDI 为商业、行政和日常业务提供技术支持。美国的医院供给网、铁路业等均有使用 EDI。此后其他国家纷纷大范围地使用 EDI 进行商务活动。现如今 EDI 已成为一个必不可少且越来越重要的商务活动手段。EDI 在 20 世纪 80 年代末的发展势头更为迅猛，美国和西欧的一些发达国家最先在贸易中采用 EDI。20 世纪 90 年代末，中国 EDI 技术发展出现高峰。在早期 EDI 技术主要运用于海关业务和搭建贸易电子数据交换系统。它的主要使用者是国家机关和大型企业，使用范围并不广泛。随着互联网的广泛应用和电子商务模式的转变，EDI 技术的使用群体扩展至各类中小企业。EDI 技术也不断发展，如结合标记性语言技术（XML）推出的 XML - EDI 技术。这相比于传统 EDI 技术而言，使用门槛更低。

EDI 发展的另一重要契机是数字经济的兴起。其中，电子商务 B2B 的发展起到重要作用。近几十年，EDI 成为 B2B 交易过程中交换文件的首选手段。在此期间，互联网 B2B 和 AS2 等传输协议、多种基于 XML 的 B2B 文档标准和基于 API 的 B2B 一体化对 EDI 起到了重要补充作用。EDI 的广泛应用改变了交易主体之间的联系，重组了采购商和供应商的关系。曾经，对库存和销售数据进行保密的企业现在进行信息合作，开始共享销售数据。EDI 也改变了生产运营方式，生产商使用零售商的销售数据来预测需求，快速决策商品生产的时机和数量。买家、托运人和供应商在业务上实现了整合与协作。如今，EDI 技术已广泛应用于许多行业和供应链网络，包括采购订单到发票再到报价请求、贷款申请等。IBM 认为，EDI 真正的未来在于推动 B2B 一体化，以及结合物联网、区块链和人工智能等技术，以提供多方供应链协作。EDI 将成为未来的供应链中支持这些创新技术进行文档交换的核心技术。

其三，网络/电子设备数据处理业务。这是一种经营性服务业务，利用公用通信网络和电子设备对远程终端设备进行控制和管理，如远程监控业务。远程监控业务的主要构成是远端设备、传输信道和监控终端。其中，传输部分主要利用公用通信网络进行，而远端设备通过传输网络对监控终端实现远程遥控等操作。伴随业务范围的扩大，企业对 IT 管理系统的需求也随之增加，信息系统规模也随之快速增长。随着系统应用规模的不断扩大，终端设备和服务器的数量也在快速增加。其中，“物联网技术”是电子设备数据处理业务发展到今天的显著成果之一。物联网（Internet of Things）指的是将无处不在的末端设备（Devices）和设施（Facilities），通过各种无线和/或有线的长距离和/或短距离通信网络，实现互联互通（M2M）、应用大集成（Grand Integration）以及基于云计算的 SaaS 营运等模式。其中，物联网技术主要广泛应用于跨境供应链、海关等领域。物联网在内网（Intranet）、外网（Extranet）或互联网环境下，采用适当的信息安全保障机制，提供安全可控乃至个性化的多项管理和服务功能，以实现“管、控、营”一体化。功能包括实时在线监测、定位追溯、报警联动、调度指挥、预案管理、远程控制、安全防范、远程维保、在线升级、统计报表、决策支持、领导桌面等。这些功能强调对“万物”实现“高效、节能、安全、环保”。物联网依托传感器来连接物体与网络，交互数据信息。因为传感器可以获取电子设备上庞大的数据，物联网可以依靠这些数据进行智能分析和处理。此外，云计算、模式识别等智能技术也可依靠物联网的能力与性质，结合传感器和智能处理，应用于物联网，以满足各行各业的用户需求。

在数字贸易背景下，网络/电子设备数据处理技术在产业数字化方面有较多体现。这些电子设备数据处理业务对电子商务发展、跨境贸易价值链的构建和成长起到不可或缺的推动作用。

（2）国内因特网虚拟专用网业务。认识国内因特网虚拟专用网业务（IP－VPN）前，需要先了解虚拟专用网（Virtual Private Network，VPN）。

VPN 就是在公共网络环境下建立的企业内部网络。VPN 提供了一种通过公共非安全介质（如 Internet）建立安全专用连接的技术。虚拟性和专用性是 VPN 的两大特征，其虚拟性表现在任意一对 VPN 用户之间没有专用的物理连接，而是通过网络运营商提供的公共网络来实现通信的；其专用性表现在 VPN 之外的用户无法访问 VPN 内部的资源，VPN 内部用户之间可以实现安全通信。据此，和企业的专网相比，VPN 的优势在于具有相同的安全性、可管理性和效率的同时，维护费用更低且具有更好的可扩展性。

从解决和实施方案角度，国内因特网虚拟专用网业务可分为三类：远程访问虚拟网（Access VPN）、企业内部虚拟网（Intranet VPN）和企业扩展虚拟网（Extranet VPN），这三种类型的 VPN 分别与传统的远程访问网络、企业内部的 Intranet 以及企业网和相关合作伙伴的企业网所构成的 Extranet（外部扩展）相对应。

☞ 背景材料 5.4

1. 远程访问虚拟网（Access VPN）

远程访问虚拟网是小分支机构通过公网远程拨号的方式构筑的虚拟网。

作用机理：Access VPN 通过一个拥有与专用网络相同策略的共享基础设施，提供对企业内部网或外部网的远程访问。

特点和作用：Access VPN 包括能随时使用如模拟拨号 Modem、ISDN、数字用户线路（xDSL）、无线上网和有线电视电缆等拨号技术，安全地连接移动用户、远程工作者或分支机构。这种方式相对传统的拨号访问具有明显的费用优势，对于需要移动办公的企业来说不失为一种经济安全、灵活自由的好方式，所以这种方式通常也是许多大、中型企业所必需的。当然它也可以独自存在，如一些小型商务企业。如果企业的内部人员移动或有远程办公需要，或者商家要提供 B2C 的安全访问服务，就可以考虑使用 Access VPN。

具体应用流程如图 5－14 所示。

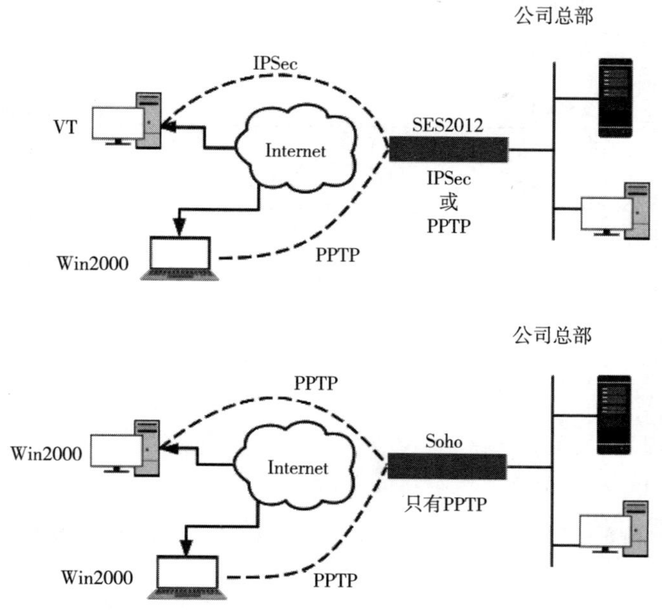

图 5－14　远程访问 VPN 应用（虚线代表相应的 VPN 通道）

2. 企业内部虚拟网（Intranet VPN）

定义：Intranet VPN 即企业的总部与分支机构间通过 VPN 虚拟网进行网络连接。随着企业的跨地区、国际化经营，这是绝大多数大、中型企业所必需的。如果要进行企业内部各分支机构的互联，使用 Intranet VPN 是很好的方式。

作用机理：这种 VPN 是通过公用因特网或者第三方专用网进行连接的，有条件的企业可以采用光纤作为传输介质。

特点和作用：这种 VPN 容易建立连接，连接速度快，而且它能为各分支机构提供整个网络的访问权限。

如图 5－15 所示，起初一家企业分布在各地的机构或分公司之间采用租用专线来进行网络连接。当企业在全国各地乃至世界范围内建立的分公司数量越来越多、业务开展越来越广泛时，企业原本采用的租用专线网络结构趋于复杂，费用昂贵。基于这种情况，利用 VPN 特性，企业可以在因特网上组建世界范围内的 Intranet VPN。Intranet VPN 通过一个使用专用连接的共享基础设施，连接企业总部、远程办事处和分支机构。企业拥有与专用网络的相同政策，包括安全、服务质量、可管理性和可靠性。Intranet VPN 既可以保证网络的互联性，又可以保证信息在整个 Intranet VPN 上安全传输。

3. 企业扩展虚拟网（Extranet VPN）

定义：Extranet VPN 即企业间发生收购、兼并或企业间建立战略联盟后，使不同企业网通过公网来构筑的虚拟网。如果是需要提供 B2B 电子商务之间的安全访问服务，则可以考虑选用 Extranet VPN。

作用机理：如图 5－16 所示，Extranet VPN 通过一个使用专用连接的共享基础设施，将客户、供应商、合作伙伴或兴趣群体连接到企业内部网。企业拥有与专用网络的相同政策，包括安全、服务质量（QoS）、可管理性和可靠性。

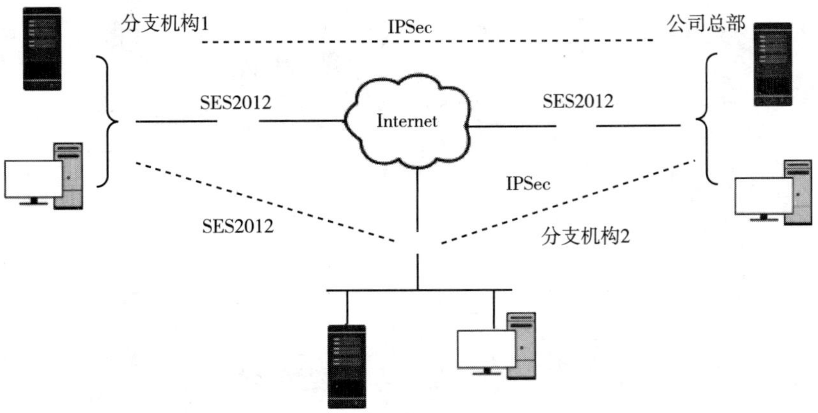

图5-15　企业内部VPN应用（虚线代表相应的VPN通道）

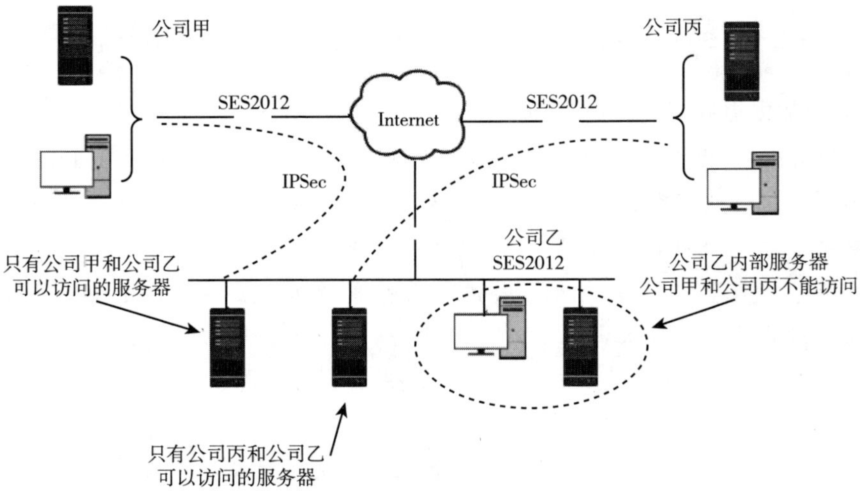

图5-16　企业扩展VPN应用（虚线代表相应的VPN通道）

特点和作用：Extranet VPN对用户的吸引力在于其能容易地对外部网进行部署和管理，外部网的连接可以使用与部署内部网和远端访问VPN相同的架构和协议进行部署。随着信息时代的到来，各个企业越来越重视各种信息的处理，希望可以提供给客户最快捷方便的信息服务，并且通过各种方式了解客户的需要。同时各个企业之间的合作关系也越来越多，信息交换日益频繁。因特网为这样的发展趋势提供了良好的基础，利用VPN技术组建安全的Extranet，既可以向客户、合作伙伴提供有效的信息服务，又可以保证自身内部网络的安全。

资料来源：马旻，郑欣．VPN-电子商务应用的安全平台［J］．电信快报：网络与通信，2001，000（003）：22-26.

随着商务活动的日益频繁，各企业开始允许与其有商务往来的合作方访问企业内部的局域网。在信息交流途径得到简化、信息交流速度得到提升的同时，此举也带来了复杂网络中管理与安全的问题。对于安全可靠的互联网访问通道的需求是虚拟专用网技术诞生的直接原因。随着互联网在企业领域的应用越来越广泛，VPN 作为一种廉价安全的组网方式受到企业的青睐。

国内因特网虚拟专用网业务（IP - VPN），指经营者采用 TCP/IP 协议，通过自有或租用公共互联网网络资源，依靠 ISP 和其他 NSP，为国内用户定制互联网闭合用户群网络的服务。IP - VPN 可以构建可信的安全保密连接，帮助远程用户、公司分支机构、商业伙伴及供应商公司的内部信息数据安全传输。中国工业和信息化部 2001 年发布了《电信业务分类目录》，并分别于 2003 年、2015 年和 2019 年进行了修订。该目录 2003 年将虚拟专用网业务从基础电信业务中分离出来，使其成为增值电信业务的独立分类。随着公司业务的发展和企业分公司数量的增加，企业的信息交互越来越频繁，大量重要的数据和信息在网络中传输，对于数据传输的安全性要求也越来越高。解决虚拟专用网的数据安全性问题主要采用隧道技术（tunneling）、加解密技术（encryption & decryption）、密钥管理技术（key managent）及使用者与设备身份认证技术（authentication）这四项技术。在中国 VPN 发展及应用的主要制约因素在于：客观层面的 Internet 带宽和服务质量问题，主观层面的用户接受度和用户应用匹配度问题。这些障碍因素得到解决后，VPN 加快了企业网的建设步伐，使集团公司不仅能建设内部局域网，而且能够很快地把全国各分公司的局域网连起来，从而真正发挥整个网络的作用，对推动电子商务和电子贸易起到了不可低估的作用。

（3）互联网数据中心业务。互联网数据中心业务（Internet Data Center，IDC），指电信行业相关机构或企业利用已有基础设施资源、带宽资源，构建出来的标准化电信专业级机房环境。IDC 可为企业、政府等提供全方位服务，涵盖服务器托管、租用以及相关增值服务等内容。IDC 自 20 世纪末的互联网泡沫时期开始出现，以满足企业对高效互联网连接的诉求。IDC 在为商业系统部署和操作提供解决方案的过程中不断发展，迎来繁荣。

回顾 IDC 的发展历程，可大致将其分为以下三个阶段：传统数据中心、虚拟化数据中心和云化数据中心。

IDC 第一阶段，传统数据中心。作为第一代数据中心，传统数据中心只提供场地、带宽等基础托管服务，传统数据中心就是物理数据中心，也称为互联网数据中心。第一代数据中心对网络水平的要求不高，提供的外包服务范围较为狭窄。它提供业务的方式主要为出租机架、主机、带宽、机房空间等。

IDC 第二阶段，虚拟化数据中心（Virtual Data Center，VDC）。随着网络技术的发展，数据资源也可进行虚拟化。在此技术的支持下，多租户的资源可进行动态分配和实现端到端业务发放，VDC 也因此可基于多租户租出，逐步虚拟化。具体而言，VDC 可将物理资源抽象整合，资源动态分配和调度，实现数据中心的自动化部署。这些依托虚拟化实现的程序可大幅降低 VDC 的运营成本。另外，VDC 可整合所有硬件（包括服务器、存储器和网络）为单一逻辑资源。这有助于改善应用软件的可用和可测量性，提高系统效率和灵活度。

IDC 第三阶段，云化数据中心（Cloud）。在此阶段，用户在云计算、大数据等应用的推动下，对数据质与量的需求呈指数级增长。云化数据中心也应运而生。云化数据中心是依托云计算架构发展而来的高性能数据中心。在此阶段，IDC 在新产业（移动支付、M2M、智能终端等）的出现和新兴技术（物联网、云计算、大数据等）的支持下，服务水平大幅提升。越来越多的 IDC 依托云计算结构进行搭建，通过强化的算力和虚拟化的数据存储，提供带宽共享、虚拟主机、应用托管、设备综合管理等综合服务。展望 5G 时代，IDC 以数据流量和计算能力为核心驱动力，拥有广阔的发展空间。

经过上述三个阶段的发展，IDC 在节约成本、提高工作效率方面具有显著优势。在数字经济快速发展的背景下，虽然因特网（Internet）或企业内部网（Intranet）的业务处理能力也较为出色，但企业搭建此类数据平台负担较大，因为系统开发和维护需要大量资金与人员。相比而言，IDC 可以更好地满足企业对数据平台成本及效率的需求，为其提供专业高品质的一系列服务支持。IDC 服务的主要对象包括：大型跨国企业机构、互联网服务供应商、互联网内容供应商、电子商务服务供应商、应用软件服务供应商、系统集成供应商、多媒体服务供应商、网站设计及托管供应商。

IDC 服务商可以分成电信运营商和民营服务商（也称为独立第三方）两大类。如图 5 – 17 所示，数据中心的构建依赖于电信运营商，独立于第三方和大型互联网企业，三者之间存在较为复杂的合作关系，在少数场景下亦存在竞争。

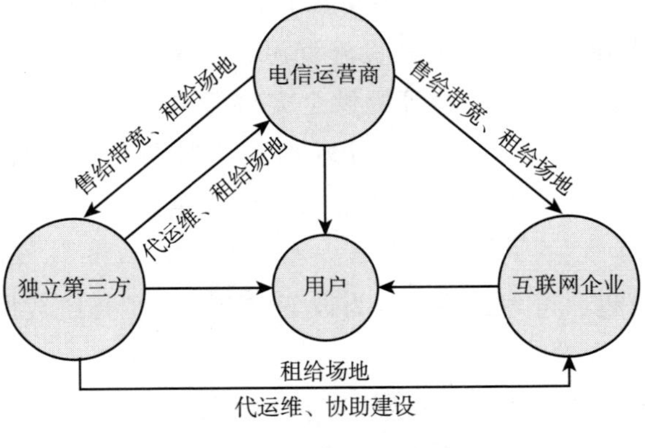

图 5 – 17　不同类型数据中心关系图

资料来源：艾瑞咨询研究院.

如表 5 – 6 所示，电信运营商的核心优势是对带宽等资源的垄断、广泛分布的机房，以及深入县级以下的体系。独立第三方的核心优势在于丰富的建设经验和运维经验。相比于电信运营商，独立第三方因建设速度、服务模式和重视程度等原因，优势渐显。此外，互联网公司的核心优势是统一规划、设计，并有全面虚拟化、云化处理的能力。

表 5－6　不同数据服务商优势对比

服务商	代表企业	优势
电信运营商	中国电信	网络与机房资源丰富； 资金雄厚
	中国联通	
	中国移动	
独立第三方	世纪互联	建设速度快；单个规模大，可满足大客户； 服务灵活
	万国数据	
	光环新网	
互联网公司	腾讯、京东	规划和设计统一，提供全面的虚拟化、云化处理服务

资料来源：艾瑞咨询研究院.

数据在云计算、大数据和人工智能快速发展的背景下，成为重要的资源。过去零碎化的日志数据，大量的非结构化、半结构化数据在数字技术的支持下得以存储和分析，并成为重要的生产要素，流式计算和深度学习，使得这些数据能够实时计算并指导从生产到销售的各个环节。伴随着“互联网＋”的发展，IDC 呈现出五个发展趋势：云计算模式、新一代数据中心、规范化运营、重资产企业跨界、规模化趋势。

2. 第二类增值电信业务

第二类增值电信业务中，与数字贸易较为密切的主要有两部分。一是因特网接入服务业务；二是信息服务业务。

（1）因特网接入服务业务。因特网接入服务业务为各类用户提供因特网接入服务。它依托接入服务器和相应的软硬件资源来建立业务节点。这些业务节点通过利用公用电信基础设施与因特网骨干网相连接。因特网接入服务业务应用主要有两种。一是为因特网信息服务业务（ICP）经营者提供服务，在它们从事信息内容提供、网上交易、在线应用时提供因特网接入服务；二是为普通上网用户等提供服务，在他们需要上网获得相关服务时提供因特网接入服务。

因特网接入服务方式主要有七种，分别是拨号接入（包括固定电话、小灵通、ISDN 拨号接入因特网）；DSL 方式接入（ADSL、VDSL 等）；以太网方式接入；无线方式接入；电缆调制解调器方式（Cable Modem）接入；专线方式接入（包括通过 DDN、FR、ATM、数字电路等专线直接接入因特网）；光纤方式接入（FTTH、FTTP）。

☞ 背景材料 5.5

1. 拨号接入

术语：电话拨号接入即 Modem 拨号接入。

定义：将已有的电话线路，通过安装在计算机上的 Modem[①]，拨号连接到互联网服务

① Modem 即“调制解调器”，俗称“猫”。

提供商（ISP）从而享受互联网服务。

优点：拨号接入设备安装和配置简单，一次性投入成本较低。

缺点：上网传输速率较低和服务质量较差，上网费用较高，用户体验感较差，如用户上网时容易出现电话线路被占用，不能拨打或接听等情况。

2. DSL 方式接入

术语：DSL（Digital Subscriber Line）意为数字用户线路。

定义分类：DSL 是以电话线为传输介质的传输技术组合，包括非对称数字用户线（Asymmetric Digital Subscriber Line，ADSL）、速率自适应数字用户线（Rateadaptive Digital Subscriber Line，RADSL）、速率数字用户线路（High - speed Digital Subscriber Line，HDSL）和甚/超高速数字用户线路（Very - high - bit - rate Digital Subscriber loop，VDSL）等。

特点：DSL 的优点是可以在传递公用电话网络的用户环路上，支持对称和非对称传输模式，解决了经常发生在网络服务供应商和最终用户间的"最后一公里"传输瓶颈问题，速度快、较稳定和费用较低。缺点是用户体验有待提高、速度不稳定、固定电话线路需要安装。同时，它会受到设备和地点的约束，需要安装维护成本。

3. 以太网方式接入

术语：以太网方式接入（以 LAN 为代表）。

定义分类：以太网接入技术是由传统的以太网网络技术发展而来，和电缆调制解调器以及 ADSL 同属宽带接入技术。以太网也被称为 IEEE 802.3 协议，是一项控制数据如何通过 LAN 传输的网络协议。其中，LAN 采用信息化小区的方式，提供 FTTX + LAN 的宽带接入方式。它分配到小区、居民大楼、用户的流量比例分别是千、百、十兆。

特点：以太网在借用传统以太网技术的帧结构和接口的基础上，优化了网络结构和工作方式。它在应用上推动了宽带接入技术的发展，增加了网络管理能力和可靠性，更能满足用户接入带宽的需求。

4. 无线方式接入

术语：无线方式接入因特网。

定义：指使用无线连接的因特网登陆方式，它使用无线电波作为数据传送的媒介。即不需要通过电话线或网络线，而是通过通信信号来进行网络连接。

特点：它的优点是便捷、灵活，无须布线，且可以同时进行多设备连接。缺点是传输速度相对较慢，信号容易受干扰，安全性较低。

5. 电缆调制解调器方式接入

术语：电缆调制解调器又名线缆调制解调器（Cable Modem）。

定义：电缆调制解调器是利用有线电视网络来实现互联网接入的设备。它是近年随着网络应用的扩大而发展起来的，主要用于有线电视网的数据传输。Cable Modem 的传输机理类似于以往的普通 Modem。在原理上，它们都是将数据进行调制后在电缆（Cable）的特定频率范围内传输，接收时进行解调。不同之处在于，它需要通过有线电视 CATV 的某个传输频带进行调制解调。

特点：普通 Modem 的传输介质在用户与交换机之间是独立的，即用户独享通信介质。相比而言，Cable Modem 属于共享介质系统，可以充分利用其他闲暇频段资源进行有线电视信号的传输。

6. 专线方式接入

术语：专线方式接入，代表是数字数据网（DDN）。

定义：数字数据网为用户提供专用的中高速数字数据传信道，采用数字信道来传输数据信号。它可以为用户组织自己的计算机通信网提供重要支持。另外，它也可用于传输压缩的数字话音或传真信号。

特点：数字数据电路涵盖用户线路，主要是以数字传输方式进行的。它有别于模拟线路，为用户提供点对点，乃至点对多点的中高速电路。数字数据话路至少是传统模拟话路的三倍以上。

7. 光纤方式接入

术语：光纤到户（Fibre /Fiber To The Home，FTTH）。

定义：是一种依托于光信号进行光纤通信的传输方法，指将光网络单元（ONU）安装在住家用户或企业用户处。

特点：FTTH 具有更大的带宽，而增强了网络对数据格式、速率、波长和协议的透明性，对环境条件和供电等方面的要求较为宽松，维护和安装有所简化。PON 是一种典型的无源光纤网络，是实现 FTTH 的主要技术。其技术背后的核心概念是将光纤分成更小的段，每个段能够向多个用户传送数据，它提供的带宽可以满足现在和未来各种宽带业务的需要。由于能够通过光纤网络提供可靠、高性能网络服务，PON 技术已成为全球宽带运营商共同关注的热点。

资料来源：

[1] 唐煌. 多用户宽带接入技术研究 [D]. 南京：南京大学.

[2] 伊文斌. 关于以太网接入技术的综合分析探讨 [J]. 科技资讯，2011 (20)：1.

[3] 严萍. 电缆调制解调器 [J]. 电子世界，2000，000 (001)：25.

[4] 林稳章主编；刘越，刘鹤生，田绍川，王江汉副主编. 宽带与数据传输设备及实训 [M]. 成都：西南交通大学出版社，2015：143.

在上述多种因特网接入服务方式之中，宽带接入包括 DSL 方式接入、Cable Modem 方式接入、光纤方式接入等方式。宽带网相对传统拨号上网而言，在速率上具有明显优势。结合大众的普遍认知以及网络多媒体数据的流量水平，一般而言，宽带接入的网络数据传输速率是高于 256Kbps 的。

如图 5－18 所示，随着网络应用和基础设施的优化升级，因特网宽带接入技术的应用规模正在不断扩大。截至 2021 年底，全国宽带接入端口数达到 10.18 亿个，比上年末净增 7180 万个。其中，光纤接入（FTTH/O）端口达到 9.6 亿个，比上年末净增 8017 万个，占比在上年末的 93% 基础之上提升了 1.3%①。

因特网接入服务的生产与消费过程具有高度统一的特性。同时，它具有不可存储、分割和逆转等特性。因特网接入的服务质量要求则突出体现在速度、准确、安全和使用方法。因特网的接入方式和业务类型非常多样，这使得用户在信息交互和共享资源时，可选择更为灵活便利的方式连入因特网。在接入方式多样性的支持下，因特网广泛普及和应用至全球。人们的工作和生活方式也因此被迅速改变。

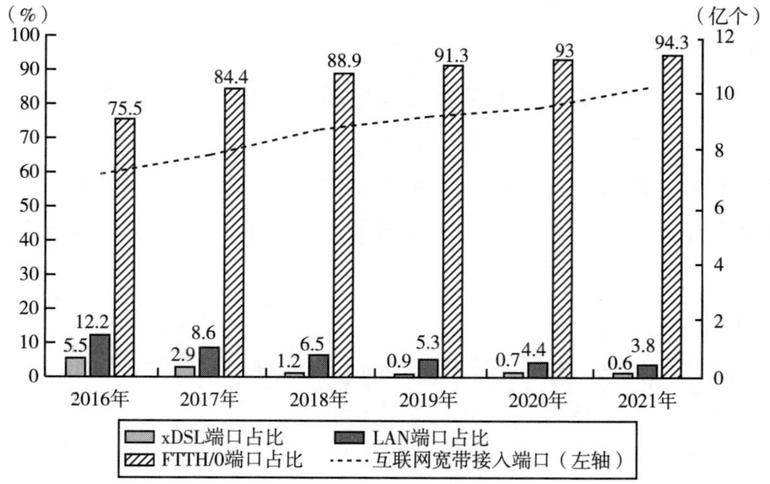

图 5-18 2016—2021 年因特网宽带接入端口发展情况

资料来源：工信部 2021 年通信业统计公报.

（2）信息服务业务。信息服务业务是指通过信息采集、开发、处理和信息平台的建设，通过固定网、移动网或因特网等公众通信网络直接向终端用户提供语音信息服务（声讯服务）或在线信息和数据检索等信息服务的业务。信息服务业务的具体业务类型涵盖了内容服务、娱乐/游戏、商业信息及定位信息等服务。

其中，因特网信息服务业务与数字贸易联系较为密切。因特网信息服务，指通过因特网向上网用户提供信息的服务活动。因特网信息服务可分为经营性业务和非经营性业务。

☞ 背景材料 5.6

经营性业务和非经营性业务的定义

1. 经营性业务

经营性业务是一种以营利为目的的商务活动。该业务的盈利模式主要是通过因特网为网络用户提供信息内容或者在网络平台向用户提供某种在线应用。典型的如，服务器内存空间出租、基于线上平台提供的应用服务。

① 资料来源：工信部 2021 年通信业统计公报.

2. 非经营性业务

非经营性业务是一种无偿的服务活动，利用因特网向上网用户提供具有公开性、共享性信息服务。典型的如，各级政府部门的网站、新闻机构的电子报刊、企业、事业单位和教育科研机构建设的各类公益性网站等。

近年来，满足用户多样化诉求的个性化信息服务成为发展因特网信息服务的核心关切。个性化信息服务，是通过搜集用户使用行为、习惯、偏好和特点等信息，描绘用户的个性化画像，最终向用户提供满足其各种个性化需求的一种服务。近期，个性化信息服务的需求量日益增加。随着计算机、网络与信息处理技术的发展，满足用户的个性化需求，已经成为一种信息服务领域的重要服务理念。这是因为在海量信息中检索需要花费极大的时间与精力成本，且用户有时会受到检索格式与途径的限制。个性化信息服务能有效解决这些问题，对促进信息数据的流动、提高生产力水平具有重要意义。

（二）基础电信业务

《中华人民共和国电信条例》对基础电信的定义为：基础电信业务是指提供公共网络基础设施、公共数据传达和基本语音通信服务的业务。根据 2003 年版《中华人民共和国电信条例》中所附的《电信业务分类目录》，基础电信被分为第一类基础电信业务和第二类基础电信业务。下文将介绍其中与数字贸易联系密切的电信内容，包括第一类基础电信业务中的第一类数据通信业务；第二类基础电信业务中的第二类卫星通信业务、第二类数据通信业务。

1. 第一类数据通信业务

数据通信业务指各类数据传送业务，这些业务的承载和交换功能一般利用因特网、帧中继、ATM、X. 25 分组交换网、DDN 等网络来实现。具体而言，第一类数据通信业务包括因特网数据传送业务、国际数据通信业务及公众电报业务。一是因特网数据传送业务，指利用 IP 技术，将源自用户的 IP 数据从源网络或主机向目标网络或主机传送的业务。二是国际数据通信业务，是通过帧中继和 ATM 等网络，为国家间或国家与地区间的用户提供永久虚电路（PVC）连接，以及利用国际线路或国际专线提供的数据或图书传送业务。三是公众电报业务，发报人交发的报文指通过电报局的电报网传递，将发报人交发的报文投递给收报人的电报业务。其中，采用国内公用电报网传送并投递报文的称为国内公众电报业务，采用国际公用电报网的称为国际公众电报业务。

ATM 是 Asynchronous Transfer Mode（ATM）异步传输模式的缩写，是实现宽带综合业务数字网（Broadband Integrated Services Digital Network，B – ISDN）的业务的核心技术之一，也是第一类数据通信业务的实现手段之一。ATM 是以信元为基础的一种分组交换和复用技术、一种为了多种业务设计的通用的面向连接的传输模式。它适用于局域网和广域网，它具有高速数据传输率和支持许多种类型如声音、数据、传真、实时视频、CD 质量音频和图像的通信。

2. 第二类卫星通信业务

第二类卫星通信业务包括卫星转发器出租、出售业务和国内甚小口径终端地球站（VSAT）通信业务。

一是卫星转发器出租、出售业务，指经营者根据使用者需要，在中国境内将自有或租用的卫星转发器资源出租或出售给使用者。转发器可以是部分转发器容量，也可以是一个或多个完整转发器。在这些业务的实践过程中，一方面，经营者利用其自有或租用的卫星转发器资源，在境内开展相应的出租或出售的经营活动①。另一方面，使用者利用这些卫星转发器资源，可为自己或其他个人乃至单位用户提供服务。

二是VSAT，直译为“甚小孔径终端”，意译为“甚小天线地球站”。VAST是一种卫星通信系统，开发于20世纪80年代中期。VSAT依托传统卫星通信系统发展而来，也称为卫星小数据站或个人地球站。VSAT的全称涵盖“小”是因为系统中小站设备的天线口径通常仅为0.3～1.4m②。另外，国内VSAT是指利用卫星转发器，通过VSAT通信系统中心站的管理和控制，在国内实现中心站与VSAT终端用户（地球站）之间的话音、数据、多媒体通信等传送业务。VSAT地球站则是由甚小口径天线和卫星发射、接收设备组成的地球站③。

3. 第二类数据通信业务

第二类数据通信业务分为固定网国内数据传送业务和无线数据传送业务两种。

一是固定网国内数据传送业务。这种业务不涵盖互联网数据传送业务，指在固定网中以有线方式提供的国内端到端数据传送业务。业务具体包括基于IP承载网、ATM网、X.25分组交换网、DDN网、帧中继网络的数据传送等。按照固定网国内数据传送的业务类型区分，可将其划分为以下几种：虚拟IP专线数据传送业务、PVC数据传送业务、交换虚电路（SVC）数据传送业务、虚拟专用网（不含IP－VPN）业务等④。

二是无线数据传送业务。指以无线方式提供的端到端数据传送业务，这种业务不涵盖在前述基础电信业务条目中。该业务一般可提供区域性的漫游服务，典型的应用为双向寻呼。提供该类业务的系统包括蜂窝数据分组数据（CDPD）、PLANET、NEXNET、Mobitex等系统。

第三节 中国的发展情况

一、概况

随着数字时代的到来，中国的网络技术也在快速发展升级。数字技术的快速发展给中国电信服务带来了重大契机。中国电信服务近年来不断推动对外开放进程，国际化和多元

①③④ 资料来源：广东省通信管理局官网．第二类卫星通信业务（miit.gov.cn）.

② 资料来源：范立南，周昕．网络管理员教程［M］．北京：高等教育出版社，2010.

化水平不断提升。中国境内外的电信产业发展都取得了一定成果。中国自加入 WTO 后积极履行承诺，按时并有序地推动电信服务开放。近年来，中国电信的开放步伐有所提速。

在具体法规层面，伴随数字化电信服务的发展，中国的相关业务规范也得以完善。在中国国内法规层面，中国分别在 2001 年、2003 年、2015 年、2019 年对《电信业务分类目录》进行了修订或重新发布。因应数字化电信服务的发展需要，该目录的涵盖内容和分支设定也出现了变化。如 2019 年该《目录》在 A 类“基础电信业务”，“A12 蜂窝移动通信业务”类别下，增设“A12－4 第五代数字蜂窝移动通信业务”业务子类。具体而言，该业务的表述为利用第五代数字蜂窝移动通信网提供的语音、数据、多媒体通信等业务。其他业务维持不变。该目录内容往往是为了应现实经济发展进行发展规范的。在条目中增加 5G 等内容这一变动也反映出，5G 等数字化电信技术在中国电信产业的重要性是不断提升的，需要发展并完善相关的电信规范。

但与此同时，中国的电信服务贸易依然面临诸多问题。如中国在数字技术方面，中国的国内电信服务贸易相关投入较少；在规制层面，电信市场的法规规范有待完善。近年来，中国不断提升数字领域国际规则标准制定能力，并取得了一系列进展。2021 年，中国参与了金砖国家、二十国集团（G20）、亚太经济合作组织（APEC）等多边机制下数字经济相关议题磋商，多渠道分享介绍自身的互联网发展经验成果，并分别于 2021 年 9 月和 11 月先后申请加入《全面与进步跨太平洋伙伴关系协定》（CPTPP）和《数字经济伙伴关系协定》（DEPA）。电信服务是数字经济框架下重要的议题之一，中国在数字流域国际规则标准制定取得的进展将极大提升我国在国际层面电信服务规则制定的参与度、影响力和话语权。

根据中国商务部发布的《中国数字贸易发展报告》显示，2019 年中国数字贸易顺差同比增长 46.1%，其中，电信、计算机和信息服务贸易顺差最大，成为中国最具海外优势的数字服务产业；2022 年，中国可数字化交付的服务进出口规模再创历史新高，进出口额达 3727.1 亿美元，同比增长 3.4%。其中，实现贸易顺差 483.7 亿美元，比上年增长 175.4 亿美元。2022 年，中国电信、计算机和信息服务贸易规模约为 1209.6 亿美元，同比增长 3.3%。其中，出口规模达 829.2 亿美元，同比增长 7.7%。在电信服务领域，中国的国际市场竞争力正在稳步提升。

二、发展历程

（一）第一阶段：新中国成立初期至改革开放初期

中华人民共和国成立后，迅速推动全国各主要城市的长途电信线路的建设和恢复。中国 20 世纪 50 年代的电子工业和电信工业开始陆续发展出多种电信技术设备。这为中国进一步推动电信服务的发展奠定了重要技术基础。该期间的重要技术设备包括：电传打字电报机、传真机、长途和市内自动电话交换机、各种通信电缆和载波设备、微波接力通信设备、计算机控制自动转报设备、卫星地球站设备、光纤通信设备以及各种自动测试仪表等。

20 世纪五六十年代分别在全国主要干线上开通 12 路载波电话和 60 路对称电缆载波系统。1975 年建成 600 路及 960 路微波接力通信，其线路长达 1.4 万公里线路并覆盖全国 19 个省会和自治区首府，担负了电话、电报通信、报纸传真和电视、广播节目的传送任务。次年初，由北京到上海和杭州之间的中同轴电缆 1800 路载波系统开通。20 世纪 70 年代后期，中国开始研制并于市内电话局间中继线路上测试光纤通信系统。改革开放以后，中国电信业迎来历史性跨越发展。中国电话用户数在 1978—2013 年从 192.5 万户增加到 15 亿户，电话普及率从 0.38% 上涨至 110.5%，移动互联网和固定宽带接入用户数分别突破 8.5 亿户和 1.96 亿户。1980 年中国已在全国 60 个城市间开通了一个低速数据通信网。伴随市场对通信需求的日益增加，各项电信通信能力不断增长。中国从一个通信资源匮乏且基础设施相对落后的国家，逐步发展成为在电信市场、移动通信网络和用户数上都颇具规模的通信大国。

（二）第二阶段：中国加入世界贸易组织至移动客户端发展

中国在这一阶段致力于推进深度对外开放。加入世界贸易组织后，中国在 WTO 框架下对电信服务首次做出开放承诺，并在 2010 年全部履行所有承诺。

中国电信服务进入高于 WTO 框架的开放承诺推进阶段。其一，在外资股比限制方面。中国 2010 年在离岸呼叫中心试点取消了外资股比限制，2014 年上海自贸试验区从地域限制、持股比例、业务范围等方面为增值电信业务“松绑”。另外，《内地与香港关于建立更紧密经贸关系的安排》（CEPA）也涵盖了中国电信领域内针对外商投资最为优惠的开放政策，朝着进一步取消或放宽投资的资质要求、持股比例和行业准入限制，使港澳投资者在更多领域享受准入前国民待遇的总方向推进，更为深入地推进中国电信服务开放。其二，在数据处理方面。国家为了扶持 IDC 产业发展、促进信息消费、拉动内需、推动经济转型升级，在国内规制层面推出了一系列鼓励政策。2013 年 8 月 8 日国务院发布《关于促进信息消费扩大内需的若干意见》，这对促进信息消费以及扩大数据流通规模，乃至推动数字经济的兴起与发展都起到了极为重要的积极作用。

此外，在电信服务技术上，中国宽带接入网进入 21 世纪以来的发展也十分迅速。中国掀起“因特网热”的初期，开通了中国教育和科研网、中国公用计算机互联网、中国科技网和中国金桥信息网四大互联网，同时提供连接因特网服务，使中国的因特网初具规模。这些专业性网站是早期提供因特网信息服务业务的平台。因特网以先进的网络技术和极为丰富的信息资源，深刻而迅速地改变着我们的生活和工作方式。电信服规制和技术的不断优化推动了中国电信服务贸易的快速发展。

（三）第三阶段：移动平台快速发展至今

当前数据正成为重组全球要素资源与全球经济结构、改变全球竞争格局的关键力量。着眼于数据相关产业，推动数字经济的发展也成为中国经济发展计划的重要关切。如中国在 2021 年“十四五”规划纲要提出，将“加快数字化发展，建设数字中国”纳入国家发展的主旋律。“十四五”规划提出，培育壮大人工智能、大数据、区块链、云计算、网络安全等新兴数字产业，提升通信设备、核心电子元器件、关键软件等产业水平。构建基于5G的应用场景和产业生态，在智能交通、智慧物流、智慧能源、智慧医疗等重点领域开展试点示范。鼓励企业开放搜索、电商、社交等数据，发展第三方大数据服务产业，促进共享经济、平台经济健康发展。

在这一阶段中，中国移动电话用户及私人电脑数量不断增加。网络以及电视的普及为互联网数据中心建设提供了优质的发展条件。近年来，随着用户流量和互联网移动接入流量的增长，数据量与数据中心规模也持续扩大。如图 5－19 所示，截至 2017 年年底，中国在用数据中心的机架总规模达到了 166 万架，与 2016 年底相比，增长了 33.4%。超大型数据中心规模达到 28.3 万架；大型数据中心机架规模达到 54.5 万架。2019 年，中国数据中心机架总规模可达 244 万架。

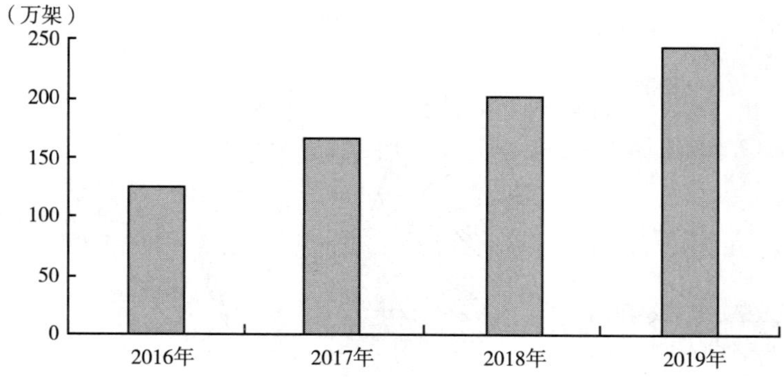

图 5－19 2016—2019 年中国数据中心可用机架数

资料来源：工信部.

三、典型特征

近年来，中国电信业务规模持续扩大，业务种类显著增多，投资主体日趋多元，应用领域不断拓宽，信息内容日益丰富。在社会经济与人民生活中，电信业务的重要性不断提升，推动了信息化的进程，也丰富了人民群众日益增长的文化生活需求。电信服务不仅促进了中国社会经济的发展，还成为中国经济增长的新兴力量。

目前中国电信业务主要呈现以下典型特点。

（一）业务范围不断扩大

在数字技术的推动下，电信业务门类呈现了多样化的趋势，子类别业务应用也逐步实现多元化。业务范围不断扩大，对市场结构的优化和业务经营者的从业机会起到了正面的促进作用。

一是市场结构方面。在电信业务范围扩大的背景下，其市场结构也在不断优化，传统业务保持良好趋势，新兴业务的增收作用不断增强，成为推动电信业收入增长的主要动力。资料显示，2022 年上半年，网络电视（Internet Protocol TV，IPTV）、数据中心、大数据、云计算、物联网等新兴业务收入达到 1624 亿元，同比增长 36.3%，在电信业务收入中的占比为 19.9%，对电信业务收入增长的贡献率达到 69.9%。其中云计算和大数据收入同比增速分别达到 139.2% 和 56.4%，数据中心业务收入同比增长 17.3%，物联网业务收入同比增长 26.9%。

二是在经营者规模方面。伴随电信服务业务市场的迅速发展，电信各类业务经营者数量持续增加，市场规模不断扩大。如图 5－20、图 5－21 所示，根据中国信息通信研究院《国内增值电信业务许可情况分析报告（2021.10）》，2017—2021 年中国信息服务业务经营者数量位列跨地区业务经营者数量排名第一①。从业务范围与经营者规模来看，信息服务业务是构成增值电信业务市场的重要组成部分。

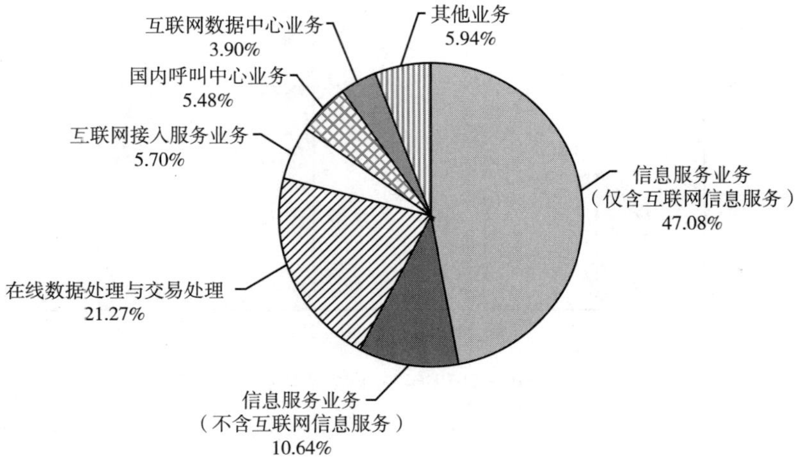

图 5－20 电信业务分类许可情况

资料来源：国内增值电信业务许可情况分析报告［R］. 中国信息通信研究院，2021.

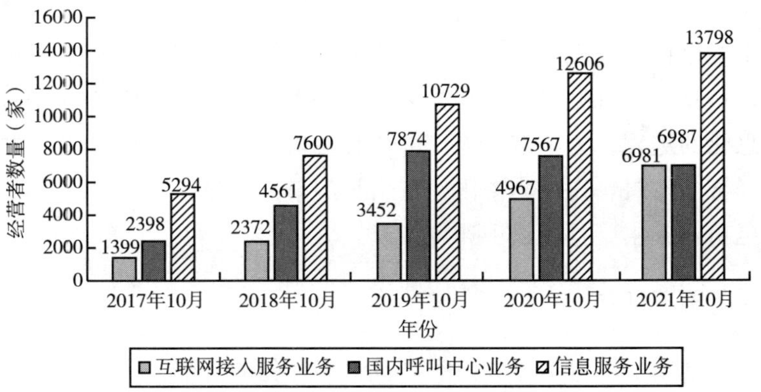

图 5－21 中国跨地区业务经营者数量变化情况

资料来源：中国信息通信研究院.

---

① 资料来源：国内增值电信业务许可情况分析报告［R］. 中国信息通信研究院，2021.

（二）业务应用与新兴技术紧密结合

云计算、大数据、物联网等新兴数字技术快速发展。目前这些技术与中国多个增值电信业务项目紧密结合，大幅提升了电信服务质量与效率。这些动向也对产业链升级起到了带动作用，成为刺激国民经济发展的新增长点。在数字经济背景下，通过与新兴数字技术相结合，增值电信业务也涵盖了信息与数据等生产要素。依托于数字技术，跨境提供电信服务与跨境传输数据亦成为增值电信业务的重要内容。增值电信业务的产业数字化程度也在不断深化。增值电信业务也因此具备了明显的数字化特征。

在多项新兴数字技术中，5G 技术是移动通信技术与新兴技术结合以及数字化的具体体现。作为数字化发展的关键底座，5G 技术将融合边缘计算、云计算、物联网、人工智能、大数据等先进数字技术，为经济社会的数字化转型提供新方法、新路径、新思路，5G 的商用发展将深刻影响中国的数字化发展进程。截至 2021 年 9 月，5G 终端连接数已超过 4.5 亿，用户渗透率突破 27%。同时，新型融合应用产业支撑体系也初步建立。这标志着中国 5G 商用发展正在进入良性循环阶段，在创新应用开发和产业生态营造方面迈出了坚实的步伐。因此，《电信业务分类目录》也将 5G 技术设置为重要的基础电信业务子类。

☞ 背景材料 5.7

EDI 系统各分体系及其应用

1. EDI 基础标准体系

定义：主要由 UN/EDIFACT 的基础标准和开放式 EDI 基础标准两部分组成，是 EDI 的核心标准体系。

特点及应用：其一，EDIFACT 涵盖 7 项基础标准，包括 EDI 术语、EDIFACT 应用级语法规则、语法规则实施指南、报文设计指南和规则、贸易数据元目录、复合数据元目录、段目录、代码表。中国等国家采用了这 7 项标准。其二，开放式 EDI 基础标准是实现开放式 EDI 最重要、最基本的条件，包括业务、法律、通信、安全标准及信息技术方面的通用标准等，ISO/IEC JTC1 SC30 推出《开式 EDI 概念模型》和《开放式 EDI 参考模型》，规定了用于协调和制定现有的和未来的开放式 EDI 标准的总体框架，成为发展开放式 EDI 标准化工作的指南。

2. EDI 单证标准体系

定义：EDI 报文标准发展自业务交易过程，主要体现方式为单证。

特点及应用：单证标准化的主要目标是统一单证中的数据元和纸面格式，内容相当广泛，标准体系涵盖多项单证标准，包括管理、贸易、运输、海关、银行、保险、税务、邮政等方面。

3. EDI 报文标准体系

定义：EDI 报文标准是每一个具体应用数据的结构化体现，所有的数据都以报文的形式传输出去或接收进来。目前全球范围内最广泛使用的EDI报文标准是联合国的EDIFACT和北美的ANSI X12。

特点及应用：EDI报文标准最早主要体现于联合国标准报文（United Nations Standard Message，UNSM），其1987年正式形成时只有十几个报文，而到1999年2月止，UN/EDIFACT D.99A版已包括247个报文，其中有178个联合国标准报文（UNSM）、50个草案报文（Message in Development，MiD）及19个失效报文，涉及海关、银行、保险、运输、法律、税务、统计、旅游、零售、医疗、制造业等诸多领域。最新的EDIFACT版本是D11A。

1979年，美国国家标准学会（ANSI）特许公认标准委员会（ASC）X12为电子交换B2B开发统一的标准。最早的ANSI X12支持北美的不同行业企业的数据交换，发展到今天广泛用于全球范围的数据交换，全球有超过300000家公司在日常业务交易使用X12的EDI标准，X12也为EDIFACT做出过贡献。

其他被广泛使用的EDI报文标准还包括：RosettaNet①（计算机、消费类电子产品、半导体制造商、电信和物流行业）、VDA②（德国和欧洲汽车行业）、VICS③（北美的一般商品零售行业，X12的子集）、SWIFT④（银行和金融机构）、EANCOM⑤（医疗、建筑和出版，EDIFACT的子集）、Tradacoms。⑥（英国的零售业EDI领域仍然广泛使用）等。

4. EDI代码标准体系

定义：代码标准是EDI实现过程中不可缺少的一个组成部分。EDI代码标准体系包括管理、贸易、运输、海关、银行、保险、检验等方面的代码标准。

特点及应用：在EDI传输的数据中，为使各方便于理解收到信息的内容，除了公司名称、地址、人名和一些自由文本内容外，几乎大多数数据都以代码形式发出。

5. EDI通信标准体系

定义：计算机网络通信是EDI得以实现的必备条件，EDI通信标准则是顺利传输以EDI方式发送或接收的数据的基本保证。EDI通信标准体系包括ITU的X.25、X.200/ISO 7498、X.400系列/ISO 10021、X.500系列等，其中X.400系列/ISO 10021标准是一套关于电子邮政的国际标准。虽然这套标准，ISO称为MOTIS，ITU称为MHS，但其技术内容是兼容的，它们和EDI有着更为密切的关系。现在最常用的EDI通信标准包括以下内容。

（1）AS2：采用签名AS、加密和具有MDN（送达回执）的特点，沃尔玛最先使用，目前广泛应用于金融、制造、零售、物流等领域。

---

① RosettaNet是高科技行业中使用的数据交换和文档格式的重要标准。

② 德国汽车工业协会（Verband der Automobilindustrie，VDA）。

③ 美国产业共同商务标准协会（Voluntary Interindustry Commerce Solutions Association，VICS）。

④ 国际资金清算系统（Society for Worldwide Interbank Financial Telecommunications，SWIFT）。

⑤ 流通领域电子数据交换规范，由国际物品编码协会（EAN）制定。

⑥ 交易数据通信标准（Trading Data Communications Standard，Tradacoms）。

（2）OFTP / OFTP2.0：设计用于欧洲汽车行业，现已推广到全球的零售、大型家电、制造业、政府部门、运输、保险行业和银行业等。OFTP2.0 扩展了对超过 500 GB 的大文件传输的支持。

（3）SFTP、FTP/S、HTTP/S、AS1/AS3/AS4 等。

6. EDI 安全标准体系

定义：EDI 安全标准体系包括 EDI 安全规范、电子签名规范、电文认证规范、密钥管理规范、X.435 安全服务、X.509 鉴别框架体系等。为制定 EDIFACT 安全标准，联合国于 1991 年成立了 UN/EDIFACT 安全联合工作组，进行有关标准的制定。

特点及应用：由于经 EDI 传输的数据会涉及商业秘密、金额、订货数量等内容，为防止数据的篡改、遗失，必须通过一系列安全保密的规范给以保证。

7. EDI 管理标准体系

定义：EDI 管理标准体系主要涉及 EDI 标准维护的有关评审指南和规则，包括标准技术评审导则、标准报文与目录文件编制规则、目录维护规则、报文维护规则、技术评审单格式、目录及代码编制原则、EDIFACT 标准版本号与发布号编制原则等。

8. EDI 应用标准体系

定义及应用：EDI 应用标准体系主要指在应用过程中用到的字符集标准及其他相关标准，包括：信息交换用七位编码字符集及其扩充方法；信息交换用汉字编码字符集；通用多八位编码字符集；信息交换用汉字编码字符集辅 2 集、4 集等。

EDI 标准体系的框架结构并非一成不变，它将随着 EDI 技术的发展和 EDI 国际标准的不断完善而将不断地进行更新和充实。

资料来源：MBA 智库.

本章小结

本章介绍了电信服务的定义和分类，并分析了在数字技术快速发展的背景下，电信服务的发展历程及其主要特征。在此基础上，本章对和数字贸易密切相关的增值电信业务以及基础电信业务进行了全面介绍。最后，对中国数字贸易中的电信服务概况、发展历程和典型特征进行了梳理。

通过本章的学习，可以了解到数字技术的快速发展为电信服务带来了新的机遇。5G 网络具有高速率、低延迟、大连接等特点，能够为数字贸易提供更优质的网络服务，支持更多的创新业务应用，如高清视频会议、虚拟现实/增强现实购物、智能物流等，进一步推动了数字贸易的发展。同时，云计算和边缘计算的融合为电信服务提供了更强大的计算能力和数据处理能力。在数字贸易中，企业可以将大量的业务数据存储在云端，并通过边缘计算技术在靠近用户的地方进行数据处理和分析，提高数据处理的效率和响应速度，为用户提供更好的服务体验。

正因此，在数字贸易中，电信服务也面临着日益严峻的网络安全挑战。数据泄露、网络诈骗等安全事件频发，给企业和个人的信息和财产安全带来了严重威胁。因此，加强电信网络的安全防护，提高网络安全技术水平，是数字贸易中电信服务发展的重要任务。由于不同国家和地区的电信监管政策、法规和标准存在差异，导致电信服务在跨境提供时面临着诸多障碍和挑战。例如，数据跨境流动的限制、电信业务的准入门槛等问题，都可能影响数字贸易中电信服务的正常开展。因此，加强国际电信监管合作，协调各国的监管政策，是推动数字贸易中电信服务发展的必然要求。随着数字贸易的不断发展，各国之间在电信服务领域的合作将日益加强。通过建立国际电信合作机制，共同推动电信网络的互联互通、技术标准的统一、业务的跨境合作等，将有助于打破数字贸易中的电信服务壁垒，促进全球数字贸易的发展。

思考题

1. 电信服务经历了几个发展阶段？
2. 电信服务的主要特征有哪些？
3. 第一类增值电信业务中与数字贸易联系较为密切的业务有哪些？
4. 交易处理业务所依赖的数据库有哪些？
5. EDI 系统可分为哪几类？
6. 中国电信服务贸易的典型特征有哪些？

第六章　RTAs 框架下的数字贸易规则

▶学习目标

1. 理解 RTAs 框架下的数字贸易规则相关议题的含义。

2. 能够根据主要经济体签署的区域贸易协定，总结其在不同议题上的主要立场（如美式模板、欧式模板等）。

3. 了解主要经济体在数字贸易规则方面的国内立法情况以及相关产业的发展情况。

4. 能够根据主要经济体在数字贸易规则方面的立场，结合相关案例讨论各经济体如何在现实中最大程度地实现其诉求。

▶思政目标

1. 通过对区域贸易协定下的数字贸易规则的学习和探讨，增强数字贸易中的社会责任意识、国际理念和辩证判断能力。理解企业在开展数字贸易活动时，应关注数据安全、用户隐私保护以及对环境的影响等问题，培养社会责任感和大局意识。

2. 通过对数字贸易规则发展演变历程和趋向的学习，可以引导在创新创业的过程中，在遵守规则的前提下实现技术创新和商业模式创新，培养现代式创新思维和创业精神，增强问题意识，提高问题的解决能力和实践操作能力。

3. 通过对区域贸易协定的研究，认识到各经济体在数字贸易领域中既有合作的需求，也存在一定的利益冲突，从而培养国际视野和跨文化交流能力。

☞ 背景材料 6.1

在世界贸易组织（WTO）成立之初，全球范围内发展数字经济的技术仍处于萌芽阶段，其影响范围、渗透能力都不足以让数字贸易规则的谈判提上 WTO 主要议程。由于 WTO 多边机制在数字贸易规则谈判上成果较少，全球数字贸易规则治理进而转向区域贸易协定（Regional Trade Agreements，RTAs）。在 RTAs 框架下的数字贸易规则谈判中，各经济体根据自身数字贸易发展的不同水平形成相应的规则倾向与诉求。随着《全面与进步跨太平洋伙伴关系协定》（Comprehensive and Progressive Agreement for Trans-Pacific Partnership，CPTPP）、《美加墨协定》（United States – Mexico – Canada Agreement，USMCA）等全球大型高标准 RTAs 的签订与生效，数字贸易规则得到大幅度扩充。中国也采取积极的应对措施，目前中国政府已向有关方面正式提出加入 CPTPP 和 DPEA 的申请，以期进一步对接国际高标准的数字贸易规则。

资料来源：朱福林．全球高标准 RTAs 数字贸易规则演进与中国因应［J］．学术论坛，2022，45（05）：93－105.

第一节 RTAs 框架下的数字贸易规则构建情况

RTAs 指区域贸易协定（Regional Trade Agreements）。

2022 年 9 月 1 日，在北京市举办的 2022 年中国国际服务贸易交易会中，国务院发展研究中心对外经济研究部等机构在相关论坛上联合发布了《数字贸易发展与合作报告 2022》。该报告显示，2021 年全球跨境数字服务贸易的规模达到了 3.86 万亿美元，同比增长 14.3%。据世界贸易组织（WTO）统计，2023 年，全球数字化交付服务出口额 4.25 万亿美元，同比增长 9%，占全球服务出口的 54.2%，规模再创历史新高。2019—2023 年，全球数字化交付服务出口年均增速达 10.8%，高出同期服务出口增速 4.9 个百分点。可见，跨境数字服务贸易成为服务贸易发展的重要推动力。这也体现出数字贸易为传统贸易产业带来的革新，为经济全球化注入新动力。

近年来，由于受到新冠疫情等多种不稳定因素的交织影响，世界经济增长面临诸多挑战。但是，运用数字技术推动经济复苏、实现经济可持续发展成为各国共识。为了使数字贸易的发展更具有包容性，并且更大程度地发挥数字贸易对经济增长的作用，各经济体也在积极探讨具有国际影响力的数字贸易规则构建。相比于在 WTO 框架下展开讨论，在区域贸易协定（RTAs）框架下对数字贸易规则展开讨论更具效率。而且，大型经济体通过在区域层面构建数字贸易规则，通过“轮轴—辐条”效应，提升其在数字贸易方面的规则影响力。在 RTAs 框架下，各缔约方也可以就数字贸易规则，针对金融、电信和知识产权等多个部门的内容展开谈判（陈寰琦，2022）。因此，在数字贸易、数字技术等方面具有发展优势的国家，倾向于通过构建区域贸易协定，体现其立场及诉求。如图 6－1 所示，根据 TAPED 数据库的统计，截至 2022 年 6 月，从签署的数量来看，全球共累计签署 379 部包含数字贸易规则的贸易协定，其中双边贸易协定共有 298 部涉及数字贸易，多边贸易协定共有 36 部涉及数字贸易，其余分类的共有 37 部；从主要经济体所签署的数量来看，欧盟的涉及签署数字贸易的区域贸易协定数量最多，达到 41 部，新加坡、中国等经济体签署的贸易协定中，涉及数字贸易规则的数量也较多。但不同经济体在跨境数据自由流动等议题的覆盖范围及承诺深度上，呈现出较大差别。

目前，国际社会针对数字贸易规则的议题主要围绕“数据相关规则”“数字知识产权相关规则”“特定市场准入规则”“其他数字贸易规则”四个方面进行谈判和协商。本节着眼于以上四个维度，对 RTAs 框架下的数字贸易规则进行梳理介绍。

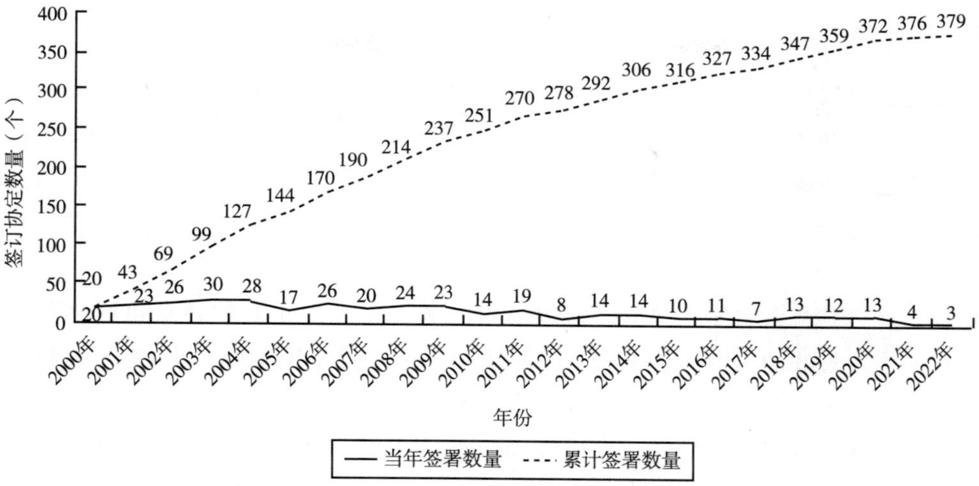

图 6－1　全球历年来涉及数字贸易规则的贸易协定数量统计

资料来源：作者根据 TAPED 数据库（2022－11－03）进行整理.

第二节　数据相关规则

数据是数字贸易的关键生产要素。各经济体在国际上进行数字贸易的前提是，数据能够在各数字贸易参与方间跨境流动。因此在各经济体进行双边或多边谈判过程中，跨境数据的流动和保护成为重要内容。

在数据相关规则的谈判中，“跨境数据自由流动”和“数据储存非强制本地化”这两个议题是各经济体在进行数据贸易谈判时的焦点。因为这些议题与各经济体是否能够进行良性可持续的数字贸易密切相关。根据世界各主要经济体对数字贸易的诉求，可以将其分为美式、欧式及其他国家诉求这三大类别，在学术研究中对前两个类型的研究较多，因此学界又多将前两个类别称为“美式模板”和“欧式模板”。

一、跨境数据自由流动

贸易双方对跨境数据传输所设置的障碍越少，跨境数据的流动和获取则越趋于自由。这对国际经济贸易而言非常重要，因为跨境提供数字服务以及大数据的运用都依托于合理的跨境数据流动。有学者认为，跨境数据自由流动和蒙代尔的“不可能三角”具有可类比相似之处，即在一定的时空维度内，一国的数据保护自主权、数据安全和跨境数据自由流动不能同时实现，最多只能同时满足其中两个目标（黄宁、李杨，2017）。

目前，不少经济体都针对数据流动制定了相应规制。但由于它们在国家安全、经济安全以及产业发展等方面具有差异化的诉求，因此所制定的数据流动也是具有异质性的。

（一）中国对跨境数据自由流动的诉求

中国是数字贸易大国，其对跨境数据自由流动构建规制时提出了保障国家安全的理念，并且在《中华人民共和国网络安全法》《中华人民共和国个人信息保护法》[①] 等国内法律法规中进行明确规定。为了营造国内更健康的网络环境，应对来自外国的“轻量化”网络武器对中国网络的攻击，中国在跨境数据自由流动方面采取了一些监管措施，以保障国家安全。

例如，在信息流入方面，中国国营的网络服务提供商出于对构建绿色网络环境的需要，会设置内容过滤的关键词。国内外的网站运营商若想要申请中国国内的互联网内容提供商许可证，需要按照内容过滤关键词的黑名单做好防扩散工作。在访问外国信息方面，中国对国内的网民设置了长城防火墙（Great Fire Wall）的使用，对多家境外网络进行监管，包括新闻媒体、社交平台、视频平台等行业在内的3000多家外国企业。此外，在有关部门的实际行动方面，自2018年3月31日起，我国工信部在全国范围内对互联网网络接入服务市场开展规范清理工作，加强经营许可与接入资源的管理，维护市场秩序，促进各行业的发展[②]。

中国在跨境数据传输方面采取的各种措施对跨境数据自由流动进行了监管，其作用就像一把“双刃剑”，在净化网络空间的同时，因为在获取数据、提供数字方面都存在限制，不利于外国企业在我国进行跨国经营，同时也不利于我国的中小企业通过海内外电商平台进行数字贸易销售。比如在粤港澳大湾区中聚集着一大批如华为、腾讯、比亚迪等具有数据交易和流通需要的企业，而大湾区现有的跨境数据流动规则体系由于缺乏跨境数据治理的精确性和高效性，因此无法高效率地实现超大规模供给端数据和需求端数据跨境流动，导致不能完全发挥粤港澳大湾区内数字资源的价值（申明浩等，2021）。

为营造良好的数字贸易网络营商环境，中国认为跨境数据自由流动需要在合理的规则框架下进行。在《中欧全面投资协定》（China – EU Comprehensive Agreement on Investment，CAI）中，中欧双方引进了关于金融数据流动方面的合作，在CAI中，中国首次以正面清单的方式，对金融数据在区域内流动进行了承诺，且从协议的内容来看，中欧双方未来在该议题下仍有谈判空间（陈寰琦、何宇航，2021）。虽然在2021年5月20日，欧洲议会以大多数票数通过了冻结中欧投资协定的议案，但是此前在谈判中积累的成果表明中国在该议题下有进一步提升开放水平的决心。

例如，中国进行《区域全面经济伙伴关系协定》（Regional Comprehensive Economic Partnership，RCEP）的贸易谈判时，倡议各经济体在数据获得和数据自由流动方面进行合作。各经济体可以依据自身公共监管诉求，在境内对数据进行监管。同时，中国在RCEP

---

① 见《中华人民共和国网络安全法》第48条；见《中华人民共和国个人信息保护法》第三章 个人信息跨境提供规则。

② 工业和信息化部关于清理规范互联网网络接入服务市场的通知（2017 – 01 – 17）；工业和信息化部关于清理规范互联网网络接入服务市场的通知（scio. gov. cn）。

的数据流相关条款第 12. 14 条、第 12. 15 条中保留了“基本安全利益”例外。

此外，中国于 2021 年 9 月申请加入 CPTPP 以及于 2021 年 11 月申请加入《数字经济伙伴关系协定》（Digital Economy Partnership Agreement，DEPA），都表明中国会进一步在数字贸易方面推进高质量发展，在数字贸易方面对接国际高标准的跨境数据流动规则。事实上，CPTPP 和 DEPA 这两个区域贸易协定都对跨境数据自由流动进行了相应承诺，都要求跨境数据可以进行自由流动，但同时存在监管、公共安全方面的特定例外。相比于 RCEP 而言，DEPA 的跨境数据流动的自由度水平更高，留给缔约方设置管制权限的空间更少。通过比对 RCEP、DEPA 以及 CPTPP 的数据流动规则可以看出，CPTPP 对跨境数据自由流动的承诺水平是最高的：DEPA 的第 4. 3 条中指出“缔约方确认他们在通过电子方式跨境传输信息方面的承诺水平”，同时设有例外条款，如第 4. 3. 1 条中对每一缔约方对电子传输信息针对自身需求进行监管进行了认可，在第 4. 3. 3 条中指出存在“实现合法公共政策目标”的例外设置。此外，DEPA 专门把“审慎例外”放在数字经济协定的“例外”章节中，从而在数字经济领域保留缔约方对数据流动的审慎监管空间。在 CPTPP 中，“审慎例外”是设置在金融服务章节的，目的是防范金融系统性风险。换言之，CPTPP 的“审慎例外”局限在特定章节中。因此，相较 DEPA，CPTPP 在这方面缩减了缔约方进行自主监管的空间。

（二）欧盟对跨境数据自由流动的诉求

☞ 背景材料 6. 2

通用数据保护条例（General Data Protection Regulation，GDPR）的演变过程

通过回溯欧盟关于跨境数据自由流动的规则制定进程，可以看出其在该议题下，欧盟的立法是以“人权”作为出发点，且在发展中趋于保守化。

由于欧洲国家在数据产业的发展中没有占据先发优势，因此在 20 世纪 70 年代，欧共体委员会（Commission of the European Communities，CEC）产业与技术部提出“从美国企业手中夺回欧洲数据处理市场”的战略决策。在这一口号的号召下，欧洲各国纷纷开始在国内进行数据安全立法。这些法律对数据处理者提出了极为严苛的规定，以此实现保护本国公民个人信息安全的立法核心以及保护本国数据产业的立法目标。

1980 年，欧洲主导的经济合作与发展组织通过了《关于隐私保护和个人跨境数据转移指南》（Guidelines on Privacy Protection and Personal Cross - border Data Transfer，简称《OECD 指南》）。在该指南中，正式对“跨境数据自由流动”进行了定义，并且确立了跨境数据处理者在数据处理活动中必须遵循的原则。但由于它仅仅是“指南”，不具备实际的法律效力，因此欧洲理事会（Council of Europe，CE）于 1981 年制定并通过了《个人数据自动化处理的个体保护公约》（Convention for the protection of Individuals with Regard to Automatic Processing of Personal Data，简称《108 公约》）。

《108 公约》是世界首部针对区域内跨境数据自由流动进行规定的法则，它延续了《OECD 指南》的有关内容及原则，减少了在欧盟区域内部跨境数据自由流动的限制，但是对数据流动至区域外仍有严格的措施（易永毫、唐俐，2022）。

1995 年，欧盟制定并通过了《数据保护指令》（Data Protection Directive，简称《95 指令》）。在《95 指令》中，对跨境数据流动的事前审查进行了规定，即需要审批流程才能允许跨境数据的自由流动，并且要求各成员国以国内法的形式确认该指令。

2018 年，GDPR 取代了《95 指令》，其中各项新规则仍有浓重的数据保护主义色彩，只有获得欧盟资质认定标准认定的第三国和国际组织，欧盟的数据才能向其传输受保护的个人数据。

与中国的诉求类似的是，欧盟对“跨境数据隐私保护”的问题也十分看重。早在 21 世纪初，欧盟和美国之间就“跨境数据自由流动”议题达成《安全港协议》（Safe Harbor，2000）。然而在 2013 年，在美国中央情报局工作过的爱德华·斯诺登曝光了美国国家安全局的秘密项目，引发了欧盟方面对美国的极大不满，《安全港协议》也于 2016 年失效。因此对于“跨境数据自由流动”的议题，欧盟持有的态度是在监管的情况下开放跨境数据流动，目的是保证跨国企业能够安全使用公民隐私数据，避免泄露公民隐私数据。

由此可以看出，欧盟围绕“跨境数据自由流动”议题，体现出审慎保守的态度。但与此同时，欧盟也在 GDPR 中通过设置白名单等方式，为跨境数据自由流动提供了可能性。欧盟一方面提升跨境数据流动的管制，另一方面又通过例外条款允许部分数据进行流动。其主要原因如下。

首先，在欧洲民众整体观念中，他们认为保障个人数据安全是人的基本权利。即使在 GDPR 中对个人数据保护及监管进行了严格规范，他们认为该法案仍有进一步提升监管规范的空间。其次，在欧盟产业结构中，其内部缺乏可以与美国互联网巨头抗衡的互联网企业，盲目开放跨境数据自由流动，不利于保护区域内中小型互联网企业的发展，甚至可能威胁本土已经成规模的互联网服务业。而通过“白名单”在特定的范围内允许进行数据流动，促进了跨境数据自由流动，有利于促进数字经济增长，尤其是降低了中小型企业的成本，为社会创造更多的就业机会。

如表 6-1 所示，从欧盟在推动关于保护数据安全的法律建设中，体现出欧盟对个人数据安全保护的重视。2000 年欧盟签署生效《安全港协议》。“斯诺登事件”发生后，推动了《欧盟—美国隐私盾》（EU-US Privacy Shield）的协商，该协议于 2016 年实施生效。再到 2018 年实施的《一般数据保护法案》，要求监管欧盟境外企业获取欧盟数据的行为。回顾欧盟在数据安全保护方面的立法历程，GDPR 的监管水平是较为严格的。另外，在 2019 年的《欧盟—日本 EPA》（Japan-EU Economic Partnership Agreement）的谈判中，并没有在数据跨境流动方面达成协定，双方承诺将继续就此进行谈判。可见，欧盟相对于数据监管而言，在“跨境数据自由流动”自由化议题的谈判进展相对较慢。欧盟更着重在跨境数据的监管上强化规制，并在这个数字贸易细分领域取得了较快进展。

表 6－1　“欧式模板”下跨境数据自由流动的相关规则制度

规则制度	相关条款	条款简述
《关于个人数据处理保护与自由流动指令》（1995）	条款 25（对外）：“只有在服从适用该指令的本国立法没有偏见，……，促在质疑的第三国应当确保充分的保护水平”； 条款 1（对内）：“成员国不得以第 1 部分规定的保护为理由，限制或禁止个人信息在成员国之间的自由流动”	该条款体现了欧盟在保护数据安全方面的立场，在欧盟成员国内数据可以自由流动，但数据流向欧盟之外，需要满足相应的规则
《安全港协议》（2000）	美国的机构需要采取相关规定措施，并承诺遵守“安全港”的七条隐私保护原则，才可以接受、传输来自欧盟的个人数据	美欧之间针对保护隐私权的问题而建立的符合欧盟要求的信息保护标准。但该协议存在漏洞：一些达不到《安全港协议》要求的公司仍继续把数据传输出境 生效时间：2000 年 12 月 失效时间：2016 年
《隐私盾协议》（2016）	承继了《安全港协议》的大部分条款，并且针对欧盟公民的起诉，构建了仲裁、监督机构和争议解决机制，并且提供解决方法	较《安全港协议》，建立了纠纷解决机制，要求美国政府在实施有关监控方案时必须遵守规定。 生效时间：2016 年 失效时间：2020 年 7 月
《一般数据保护法案》（2016）	提出对数据泄露等违规行为进行处罚，例如没有实施符合规定的 IT 安全保障措施、缺乏安全透明的隐私政策、违反跨境数据传输的规定等，规定了两个档次的罚款措施	相较于《隐私盾协议》而言，其可执行度更高，规定更加具体，处罚措施更加严格，要求美国企业接受同欧盟本地企业几乎一样要求的规范措施 生效时间：2018 年 5 月

资料来源：根据《关于个人数据处理保护与自由流动指令》《安全港协议》《隐私盾协议》《一般数据保护法案》；截至 2022 年 9 月 17 日.

☞ 背景材料 6.3

欧盟在跨境数据自由流动规制方面的案例

2010 年开始，来自奥地利的“隐私活动家”马克斯·施雷姆斯就 Facebook 违规使用用户数据，与 Facebook 展开斗争。

2010 年，施雷姆斯要求 Facebook 向他提供用户数据，不久后，他就收到一份长达 1200 页的文件。随后，他加入了关于对抗 Facebook 滥用用户数据的组织，策划多项要求 Facebook 修改政策的活动，不少活动均取得成效，促使 Facebook 删除部分涉及敏感信息的用户数据。2014 年，施雷姆斯又就 Facebook 侵害用户隐私权为由，向法庭提出集体诉讼，为每个 Facebook 用户索偿 500 欧元。他的这两轮诉讼，分别催化了欧盟法院分别在 2015 年裁决《安全港协议》无效，以及在 2020 年裁决《隐私盾协议》无效。

施雷姆斯的第三轮诉讼已于 2021 年由奥地利最高法院移交至欧盟法院，此轮诉讼的核心是 Facebook 处理个人数据的法律依据问题。如果 Facebook 败诉，它将面临向用户支付赔偿金、删除从非法途径收集来的数据等处罚。

2022年2月，法国数据保护监管机构在对本地网站进行数据传输调查后，依据《通用数据保护条例》的相关规定，对谷歌提出整改要求。由于谷歌推出的用于分析网站流量的工具在传输所搜集的数据方面存在泄露给美国情报机构的风险。

施雷姆斯针对Facebook等企业提起的一系列诉讼，以及法国数据保护监管机构要求谷歌公司在信息收集方面进行整改，都体现了欧盟地区的人民对数据安全的重视，同时也为欧盟探索跨境数据自由流动进行立法、执法提供了实践空间。

资料来源：Schrems Ⅱ a summary - all you need to know（https：//www. gdprsummary. com/schrems - ii/）.

（三）美国对跨境数据自由流动的诉求

与中国、欧盟在跨境数据自由流动相关议题的态度存在差异的是，美国在该议题上主张要促进跨境数据自由流动，减少阻碍跨境数据自由流动的壁垒。美国致力于在RTAs中减少对跨境数据自由流动的限制。

美国之所以致力于推动跨境数据自由流动，是因为美国在数字贸易方面占有一定主导权，促进该议题能够为它带来更加丰厚的利益。其动因主要可以从以下方面进行分析。

首先，促进跨境数据自由流动，有助于美国产业通过互联网向其他经济体出口。在数据能够充分跨境流动的前提下，美国企业可直接通过互联网平台对外提供服务，而不需在东道国设立“当地存在”进行实际线下经营来提供服务。这将为美国的零售行业、电信、金融、社交网络等服务行业带来新的机遇。其次，促进跨境数据自由流动有效降低美国本土企业的运营成本，有益于改善美国的经常项目。因为在现行规则体系下，跨境数据进行自由流动尚不需要进行缴税。因此依托数据流动提供服务可以有效减少美国输出服务时在东道国缴纳的税收。最后，促进跨境数据自由流动，能够有效提高美国企业提供服务的质量，在全球范围内扩大市场。对于美国企业而言，尤其是如YouTube、Twitter、Facebook等行业顶尖运营商来说，获得世界范围内的跨境数据，将有助于他们针对地区用户进行分析，勾画出更加具体的用户画像，根据外国用户的偏好提供特色化服务，进而提升其市场份额。

具体而言，美国在跨境数据自由流动议题下的规则层面，坚持减少数据流动障碍。这在美国与其他经济体的区域贸易协定谈判中有着充分体现。如表6-2所示，在2012年实施的《美国—韩国FTA》（U. S. - Korea Free Trade Agreement，KROUS）中，条款15.8规定“缔约方应努力避免对跨境电子商务信息流动强加或维持不必要的障碍”；2015年达成的TPP（Trans-Pacific Partnership Agreement）中，在条款14.11中规定，“每一个缔约方应当允许以电子方式进行跨境信息传输，包括个人信息”，但缔约方结合自身监管要求等公共政策目标之后，可以对跨境数据自由流动进行限制。相比于《美国—韩国FTA》，在TPP中使用了强制性语言来表述。2018年，在USMCA（United States - Mexico - Canada Agreement）中删除了TPP第14.11.1条款，即缔约方即使出于保障数据安全的公共政策目标的要求，也不能限制跨境数据自由流动。换言之，美国规避了缔约方以公共安全或监管需求等为理由限制跨境数据流动的可能性，给了跨境数据自由流动极大的自由度。USMCA 在 2020 年 7 月开始生效。除了缩减数据流动的例外范围以外，在可进行跨境数据流动的种类方面，USMCA 较 TPP 涵盖的范围也更为广阔。USMCA 在金融服务部门的数据方面也承诺了要进行自由流动，对推动政府数据流动也进行了尝试性探索。可见，美国在跨境数据自由流动的核心主张是促进其向高度自由流动的方向发展。

表 6 - 2　“美式模板”中的关于“跨境数据自由流动”议题的代表条款

代表性 FTA	条款内容	简述条款
美国—韩国 FTA（2007）	15.8：各缔约方应认识到在贸易便利中自由信息流动的重要性，同时承认保护个人信息的重要性，缔约方应努力避免对跨境电子商务信息流动强加或维持不必要的障碍	美国首次呼吁各缔约方在贸易方面，应努力推动跨境信息的自由流动，同时努力减少阻碍跨境商务信息流动的障碍。 要点：倡导性条款 达成时间：2010 年 12 月 6 日 生效时间：2012 年 3 月 1 日
TPP（2015）	14.11.1：缔约方承认，每一缔约方可就以电子方式进行的信息传输规定自己的监管要求 14.11.2：当以电子方式进行跨境信息传输的活动是为了涵盖人的商业行为时，每一缔约方应当允许以电子方式进行跨境信息传输，包括个人信息 14.11.3：本条规定不得阻止缔约方为实现合理公共政策目标而采取或与第 2 款不符的措施	要求缔约方允许个人信息以电子的方式进行传送，但同时有例外条款，即没有明确规定要求有数据监管需求的缔约方也要进行跨境数据传输； 要点：相比《美国 - 韩国 FTA》使用了强制性语言，但是有例外条款； 达成时间：2015 年 10 月 5 日，但 2017 年 1 月时任总统特朗普宣布美国退出 TPP
USMCA（2018）	19.11.1：当以电子方式进行跨境信息传输的活动是为了涵盖人的商业行为时，没有缔约方应阻止或限制跨境数据传输，包括个人信息 19.11.2：本条规定不得阻止缔约方为实现合理公共政策目标而采取或与第 2 款不符的措施	删除了 TPP 中的例外条款，即要求缔约方不能以公共安全等为理由，限制跨境数据自由流动的传输； 要点：虽然提高区域内传输数据的自由度，但增加了缔约方实施的难度 达成时间：2018 年 9 月 30 日 生效时间：2020 年 7 月 1 日

资料来源：根据 KORUS、TPP 和 USMCA 的规则文本制作；截至 2022 年 9 月 15 日；网址：https：//ustr.gov/trade - agreements/free - trade - agreements/.

☞ 背景材料 6.4

2021 年 6 月 10 日，滴滴向美国证券委员会递交招股书，申请在纳斯达克或者纽交所上市；

同日，我国首部有关数据安全的法律《中华人民共和国数据安全法》公布，并且于 2021 年 9 月 1 日生效；

2021 年 6 月 30 日，滴滴在美国纽交所挂牌上市；

2021年7月2日，国家网络安全审查办公室（以下简称“网信办”）按照《网络安全审查办法》对滴滴出行开展审查；

2021年7月4日，国家网信办再发通知，依据《中华人民共和国网络安全法》要求全面下线“滴滴出行”App；

2021年7月9日，国家网信办再发通知，要求滴滴旗下另外25款App下架，其他网络、平台也不能为其提供访问和下载业务；

2021年7月10日，国家网信办发出《网络安全审查办法（修订草案征求意见稿）》，明确提出，掌握超过100万用户个人信息的运营商到外国上市，必须进行申报并进行审查；

2022年7月21日，国家网信办依法对滴滴全球股份有限公司做出行政处罚决定，滴滴被罚80.26亿元；

……

在共享经济的潮流下崛起的“滴滴出行”在顷刻之间遭受变故，引起群众热议。

资料来源：新民周刊（《互联网企业数据与国家安全》），2021（26）：8－13；第一财经日报（《滴滴被罚80.26亿元》，2022－07－22）

思考：

1. 该事件体现了我国在跨境数据自由流动方面怎样的立场？
2. 该事件可能会给我国有关部门在跨境数据自由流动方面的立法等带来什么影响？
3. 该事件给我国掌握大量用户数据的企业赴海外上市带来了什么启示？

二、数据储存非强制本地化

☞ 背景材料6.5

特斯拉在中国：所有业务数据都将本地化

特斯拉在中国的数据安全问题一直是国内热议的话题，因为其搜集的数据涉及“关键信息基础设施”，即关乎国家安全问题，所以人们十分关心特斯拉在中国搜集的敏感数据是否会泄露到国外。2021年4月28日，全国信息安全标准化技术委员会关于“信息安全技术、网联汽车、采集数据安全要求”进行意见征集，在其发布的《通知》中明确指出：网联汽车通过摄像头、雷达等传感器从车外环境采集的建筑、道路、交通参与者等数据，以及车辆位置、轨迹相关数据，不得出境。意见征求稿一经发出，就引起了网联汽车用户的热议。对于中国整个智能网联汽车行业而言，也意味着其各项数据收集、存储、分析、应用等活动将会在更加规范的法律环境下进行。

2021年9月26日，在乌镇举办的世界互联网大会如期开幕。本届世界互联网大会，其中一个重要议题是“法治护航数据经济”。特斯拉中国和其他汽车厂商一起，被安排在“网络安全数据”展馆中。面对记者提出的“特斯拉将如何处理客户个人信息和车辆数据”的问题时，特斯拉方面表示：“数据的收集会依照合法合规、最少必要、公开透明原则；数据会完全储存在中国境内，并且通过技术手段确保数据安全；并且通过数据加密技术和专用证书体系确保数据在传输过程中的安全；重要的数据经过主管部门批准后方可出境。”特斯拉方面的回答，有效消解了人们对数据安全的不安。此外，特斯拉方面还表示，在启动上海项目时，计划在中国境内建设数据中心。

资料来源：钱童心．马斯克：特斯拉中国所有业务数据将本地化［N］．第一财经日报，2021－09－28（A09）．

在数字贸易规则中，“数据存储非强制本地化”是涉及跨境数据流动的重要议题。数据储存非强制本地化，是指其他国家在缔约方境内开展经营的前提是，禁止缔约方要求将数据处理器设置在本地。它并不一定直接限制数据出境，但会影响出境数据的质量和数量。“数据非强制本地化”体现了一国的数字主权，对于该议题的推进程度，各经济体有不同的进程。从背景材料 6.5 可以看出，数据的储存安全，尤其是数据是否在本地储存问题是人们十分关切的问题，因此，本节主要介绍中国、欧盟、美国在该议题下的诉求。

（一）中国对“数据储存非强制本地化”的诉求

数据存储是中国推动数字贸易发展和实施中国数字企业走出去战略的重要关切。中国近年来针对数据存储进行了国内法和国际规则两个维度的法规建设。针对国内规制，中国制定了多项专门的数据法律来规范存储数据的管理问题。这也是国际贸易规则构建的重要基石。国际规则层面亦在不断出现新进展。两个维度的法规制定相辅相成，不断地完善中国在数据存储管理上的法规体系。具体而言，中国近年在国内法和国际规则层面的构建进程如下。

一方面，在国内法层面。2021 年 9 月 1 日，中国首部关于数据安全的法律《中华人民共和国数据安全法》正式施行，2021 年 11 月 1 日，《中华人民共和国个人信息保护法》也正式实施。这两部法律对数据的境内储存原则都做出了明确规定。

通过国内立法，体现出中国在“数据储存非强制本土化”的议题下的诉求为：在协定中承诺不强制要求数据计算设施放置在中国境内，但是涉及国家安全、保密数据和公共政策目标等例外情况时，数据出境需要经过审查。可见，中国对待“数据储存非强制本地化”的议题是持谨慎态度的。

《中华人民共和国数据安全法》健全了中国数据安全管理制度，同时明确了数据违规使用方面的法律责任。在《中华人民共和国个人信息保护法》中，第三十六条、第四十条分别就“国家机关处理的个人信息”“关键信息基础设施运营者和处理个人信息达到国家网信部门规定数量的个人信息处理者”在中华人民共和国收集和产生的个人信息储存地进行了规定，要求以上提及的个人信息都必须储存在境内。若有确实需要向境外提供的，应当首先通过国家网信部门组织的安全评估。但在《中华人民共和国个人信息保护法》中第四十条的表述中也有“例外条款”，即“法律、行政法规和国家网信部门规定可以不进行安全评估的，从其规定”。中国要求进行安全评估，意味着当外国需要储存来自中国的数据时，需要使用中国的数据中心和设备。

在国际数字贸易规则层面，中国也积极合理地与其他经济体在该议题下进行协商，并且取得一定进展。在 RCEP 中，中国等缔约国明确电子商务章节下的数据跨境流动的主要要求之一就是“各成员方不能将实施本土化作为在其境内开展业务的条件”“在合规的情况下，各成员方可以规定设施本地化”。保留数据储存的监管空间会更符合 RCEP 成员国不同的现实需要。此外，中国于 2021 年申请加入 CPTPP 和 DEPA，这两个 FTA 框架对“数据非强制本地化”有更强制性的要求：DEPA 对“数据非强制本地化”议题的承诺强度，居于 RCEP 和 CPTPP 之间，在 DEPA 框架下，缔约方可以根据监管要求、且可以在“合理公共政策”的要求下限制对该议题的履约。同样，CPTPP 在第 14.4.3 条中也强调了在“合法公共政策目标”的条件下，缔约国可以对“数据非强制本地化”采取限制。中国申请加入这两个协议，体现了中国在国际贸易谈判中就数据流动进行协商，推动数字贸易发展的意愿。

如表 6－3 所示，体现出我国在国内法层面对数据向境外传输进行规范，这也体现出我国在国际社会上对该议题的诉求。综合来看，中国通过国内立法和国际治理两个方面兼顾了国家数据安全和经济发展的双重目标，在保留监管空间的同时不对其他经济体提出强制性要求。虽然中国在“数据储存非强制本地化”的主张与“美式模板”下的主张是相悖的，但中国的主张体现了部分发展中国家在该议题下的利益诉求，体现出中国在数字贸易规则上区别于“美式模板”或“欧式模板”，存在中式数据流动诉求以及积极参与全球数字贸易治理的意愿。

表 6－3　　中国在“数据储存非强制本地化”条款下的国内法和 FTA 条款

国内法	法律条款
《中华人民共和国网络安全法》 生效时间：2017 年 6 月 1 日	第三十七条：关键信息基础设施的运营者在中华人民共和国境内运营中收集和产生的个人信息和重要数据应当在境内存储。因业务需要，确需向境外提供的，应当按照国家网信部门会同国务院有关部门制定的办法进行安全评估；法律、行政法规另有规定的，依照其规定
《中华人民共和国数据安全法》 生效时间：2021 年 9 月 1 日	第三十一条：关键信息基础设施的运营者在中华人民共和国境内运营中收集和产生的重要数据的出境安全管理，适用《中华人民共和国网络安全法》的规定；其他数据处理者在中华人民共和国境内运营中收集和产生的重要数据的出境安全管理办法，由国家网信部门会同国务院有关部门制定 第三十六条：……非经中华人民共和国主管机关批准，境内的组织、个人不得向国外司法或者执法机构提供储存于中华人民共和国境内的数据
《中华人民共和国个人信息保护法》 生效时间：2021 年 11 月 1 日	第三十六条：国家机关处理的个人信息应当在中华人民共和国境内存储；确需向境外提供的，应当进行安全评估。安全评估可以要求有关部门提供支持与协助 在本法律的第三章中，更具体地确立了“个人信息跨境提供”的规则 第四十条：关键信息基础设施运营者和处理个人信息达到国家网信部门规定数量的个人信息处理者，应当将在中华人民共和国境内收集和产生的个人信息存储在境内。确需向境外提供的，应当通过国家网信部门组织的安全评估；法律、行政法规和国家网信部门规定可以不进行安全评估的，从其规定

续表

国内法	法律条款
《数据出境安全评估办法》 生效时间：2022 年 9 月 1 日	第二条：数据处理者向境外提供在中华人民共和国境内运营中收集和产生的重要数据和个人信息的安全评估，适用于本办法
从国内法中体现我国在该议题下的主张：对于涉及“关键信息基础设施”的数据储存本地化尤为重视，若要向境外传输此类数据，需要经过安全审批方可向境外传输数据	

代表 FTA（已签订与拟加入）	条款
《区域全面经济伙伴关系协定》 （RCEP） 生效时间：2022 年 1 月 1 日	第 14 条 计算机设施的位置 14.1：缔约方认识到每一缔约方对于计算设施的使用或位置可能有各自的措施，包括寻求保证通信安全和保密的要求 14.2：缔约方不得将要求涵盖的人使用该缔约方领土内的计算设施或者将设施置于该缔约方领土之内，作为在该缔约方领土内进行商业行为的条件。 14.3：本条的任何规定不得阻止一缔约方采取或维持
《全面与进步跨太平洋伙伴关系协定》 （CPTPP，拟加入）	第 14.13 条 计算设施的位置 14.13.1 与 14.13.2 的规定与 RCEP 的规定类似，但是第三款存在差异：主要在于 CPTPP 的条款更强调了在“公共政策目标”的前提下限制“数据非强制本地化” 14.13.3：本条中任何内容不得阻止一缔约方为实现合法公共政策目标而采取或维持与第 2 款不一致的措施，只要该措施：1）任何与第二款不符但该缔约方认为是实现其合法的公共政策目标所必要的措施，只要该措施不以构成任意或不合理的歧视或变相的贸易限制的方式适用；或者 2）该缔约方认为对保护其基本安全利益所必要的任何措施。其他缔约方不得对此类措施提出异议
《数字经济伙伴关系协定》 （DEPA，拟加入）	第 4.3.1 条与 RCEP 第 14.1 条类似 第 4.3.2：每一缔约方应允许通过电子方式跨境传输，包括个人信息，如这一活动用于涵盖的人开展业务 第 4.4.3 条与 CPTPP 的类似

资料来源：根据《中华人民共和国网络安全法》《中华人民共和国数据安全法》《中华人民共和国个人信息保护法》《数据出境安全评估办法》、RCEP、CPTPP 以及 DEPA 文本进行整理（2022-09-15）.

（二）欧盟对“数据储存非强制本地化”的诉求

在国际规则构建方面，欧盟对“数据储存非强制本地化”持有谨慎态度。根据 TAPED 数据库的统计，欧盟在 2020 年 12 月 24 日与英国签署《欧盟—英国贸易合作协定》(The EU - UK Trade and Cooperation Agreement)。欧盟在之前签订的双边或多边贸易协定中，并没有在电子商务章节对“禁止或限制数据本地化”条款进行强制性要求。在《欧盟 - 英国贸易合作协定》中，欧盟首次对“数据储存非本地化”议题进行承诺，从而在最大程度上削弱英国“脱欧”给欧洲数字经济发展带来的负面影响。此外，根据 TAPED 数据库的统计，欧盟尚未与其他经济体在“电子商务或数字贸易之外的章节中禁止或限制数据本地化要求的条款”方面达成承诺。因此，李艳华（2021）认为欧盟通过对个人信息等数据进行境外传输设置苛刻的条款，其通过“设置复杂的传输机制”“增加额外措施的限制”“限制情景认定”三个途径，实现“软数据本地化”。因此，欧盟在“数据储存非强制本地化”议题下的诉求主要是实现个人隐私电信“数据储存本地化”。

具体而言，欧盟虽然承诺推进数据储存非强制本地化的实现，但是更多考虑缔约方基础设施的例外。欧盟在该议题下的主张同样是有迹可循的（陈寰琦，2022）：1950 年，欧盟通过人权立法来保护公民的隐私权利，34 个缔约国在欧洲理事会的主持下签署了《人权和基本自由欧洲公约》，在第八条隐私权中规定了人人有权享有使通信得到尊重的权利。1955 年，欧盟颁布了《数据保护指令》（下称“95 指令”）对数据向第三国流动进行了“充分性认定”原则，被欧盟认定对个人数据进行充分保护的国家，才可以与欧盟成员国进行相互间的数据传输。2018 年，欧盟的 GDPR 开始实施，在继承 95 指令的“充分性认定”原则的同时，进一步规定了境外企业获得欧盟数据的前提条件。此外，GDPR 还遵循了“长臂管辖”原则，只要数据属于欧盟境内，不论实际上数据储存在哪里，都会受到欧盟的管制。由于 GDPR 对“充分认定原则”实施了更为严苛的认定标准，这导致许多原本进入了欧盟市场的外国互联网企业需要暂时退出欧盟市场，需要对欧盟市场业务的隐私政策进行更新，并且进行重新整合。例如，阿里巴巴的全球速卖通等中国互联网企业就受到了 GDPR 颁布实施的冲击。

从以上立法进程来看，欧盟的“数据储存非强制本地化”实现程度不高。相反，欧盟的各个成员国针对“数据储存强制本地化”进行了更为具体的规范。例如德国的《电信法案》（Telecommunication Act）附件要求电信服务提供者需要在一定时期内将数据储存在德国境内。此立法使得各个跨境公司在德国提供数字服务时需要进行调整，满足德国法案的要求。以微软 Azure 为例，德国电信的子公司 T - Systems International 是美国微软 Azure 云服务的公司。其在德国境内属于“电信服务提供者”，为满足德国《电信法案》的要求，该企业在德国设立了两个新的数据中心，而且数据需要在德国方面认可的“数据托管人”的监管之下进行储存。

（三）美国对“数据储存非强制本地化”的诉求

议题“数据储存非强制本地化”和“跨境数据自由流动”都是美国在 RTAs 下的代表性核心议题。同在“跨境数据自由流动”议题的诉求标准类似，美国在“数据储存非强制本地化”下的承诺水平是较高的，要尽量规避东道国的强制性数据储存要求。

在区域贸易协定的框架之下，美国对数据储存非强制本地化提出了强制性要求，而且随着时间的推移，在新签署的协议中开始减少对缔约方在基础设施方面的监管要求的考虑，即不断缩减在数字贸易章节下“数据储存非强制本地化”规则中特定例外条款。如表 6 - 4 所示，在协定中的具体体现如下。

美国在 2015 年达成的 TPP 中首次提出“数据储存非强制本地化”的议题，当时仍保留明确的特定例外条款：当缔约国出于“监管要求”和“合理的公共政策目标”的需求时，可以不将数据在本地进行储存。换言之，此时美国虽然针对该议题做出了强制性要求，但也保留了较大的监管空间。尽管如此，该承诺水平还是引起了欧盟和印度等多方经济体的质疑。

不过，这并没有阻挠美国加深该议题承诺水平的进程。美国于2018年签署的USMCA中，在第19.12条上删除了这两条例外条款。而且，“数据储存非强制本地化”的适用范围不再局限于“数字贸易”章，还扩展至“金融服务”章。美国的主张不仅在区域贸易协定中体现，其雄心拓展到涉及更多国家或地区的WTO框架下的谈判之中。如2019年，美国在WTO框架下的电子商务提案（INF/ECOM/23第1/8条）中提出，要求将“数据储存非强制本地化”拓展到限定范围下的金融领域（岳云嵩、霍鹏，2021）。

美国这一系列的行动，都体现出其致力于降低跨境数据在国家之间自由流动的壁垒，从而利于发挥其在云服务等需要海量数据的相关产业上的比较优势的诉求。事实上，“数据储存非强制本地化”也是多个经济体对数据储存采取强制本地化做法的背景下，美国针对国际数据纷争所做出的法规回应。伴随“数据储存非强制本地化”规则承诺水平的提高，美国为其在东道国应对数据储存纷争提供了规则制定的基础。

表6-4　美式模板的“数据储存非强制本地化”条款

代表性FTA	条款内容	核心主张
TPP（2015）电子商务章	14.13.1：各缔约方承认，每一缔约方可就计算设备的使用制定自己的监管要求，包括为寻求确保通信安全和保密的要求 14.13.2：缔约方不得将要求涵盖的人使用该缔约方领土内的计算设施或将设施置于其领土之内作为在其领土内从事经营的条件 14.13.3：本条规定不得阻止缔约方为实现合理公共政策目标而采取或维持与第2款不符的措施，若该措施：（a）之实施未构成任意或不合理的歧视或构成对贸易的变相限制；及（b）对计算设备的适用或位置设定所施加的限制未超过为实现合法目标所必需的限度	推动“数据非强制本地化”的实现，掌握推动高新技术产业的核心数据资料，保证其领导优势
USMCA（2018）数字贸易章	19.12：缔约方不得将要求涵盖的人使用该缔约方领土内的计算设施或将设施置于其领土之内作为在其领土内从事经营的条件	

资料来源：根据TPP和USMCA的规则文本制作；截至2022年9月15日；网址：https：//ustr.gov/trade - agreements/free - trade - agreements/.

第三节　数字知识产权规则

数字知识产权是数字贸易规则谈判的一项重要内容，其中的核心议题主要有：“源代码、算法非强制本地化”“技术非强制转移”以及在技术运用方面对“技术选择的灵活性”“技术非歧视待遇”的规定。数字知识产权规则的标的主要是以信息技术为基础实现数据跨境传输的数字内容版权、著作权以及云计算、人工智能等新兴产业（产品）中涵盖的关键技术等。

本节着眼于数字知识产权的核心议题，讨论各经济体在规则谈判时的主要立场和规则签订动因等内容。

☞ **背景材料 6.6**

大疆创新，是一家致力于用科技创新推动人类进步的公司。通过开发航拍无人机、教育机器人、植保无人机等创新设备，结合机器学习、计算机视觉等计算机技术为机器引入“障碍感知”等功能，使其具备一定的自主飞行能力，为各行业的商事活动带来便利。对于大疆公司而言，飞行数据是其保持创新的源泉，源代码是其进行革新的基础。2020 年，《南方都市报》报道，大疆前员工因泄露公司源代码，被告上法庭。经过深圳法院审判，综合犯罪情节和自愿认罪及悔过表现，以侵犯商业秘密罪判处大疆该前员工有期徒刑 6 个月，并处以罚金 20 万元人民币。

2017 年，安全研究员 Kevin Finister 在大疆的网络安全中发现了一个非常严重的漏洞，该漏洞有导致大疆服务器上的客户敏感信息被大面积泄露的风险。经过大疆公司调查，该漏洞是一名前员工将涉及大疆农业无人机的管理平台和农机喷洒系统的两个模块的代码通过计算机指令上传到开源项目托管平台 GitHub 上，造成源代码泄露，给大疆公司造成了 116.4 万元人民币的经济损失，也影响了该公司的声誉。

资料来源：泄密的代价，大疆员工泄露公司源代码一审判决_Kevin (sohu. com).

一、“源代码、算法非强制本地化”

源代码，是指按照一系列计算机程序设计语言规范书写的文本文件，经过编译转化为目标代码后才能由计算机执行。最常见的源代码格式是文本文件，是体现了设计者期望计算机完成的程序，又被称为“人类写给机器的信”。作为计算机程序中的基础部分，对于国家而言，源代码是一国进行数字创新的基础，对于企业而言，源代码是数字知识产权企业的重要资产。因此，在区域贸易协定框架下，议题“源代码、算法非强制本地化”也在各经济体间引起广泛关注。

（一）各经济体的诉求

1. 美国对“源代码、算法非强制本地化”的诉求

源代码是数字知识产权的重要组成部分，也是美国持续发展新技术、维持其企业竞争力的关键所在。因此，美国对能否持续保护源代码十分重视。具有约束力的“源代码、算法非强制本地化”相关条款也是起源于美国主导的区域贸易协定。

虽然源代码相关议题早已出现于各方签署的协定之中，但是多为倡导性的合作条款。如表 6-5 所示，美国首次对“源代码非强制本地化”进行强制性规定的区域贸易协定是 2015 年签订的 TPP。TPP 第十四章是电子商务章节，其中第 17 条第 1 款就明确提出，缔约方不能够强制要求他国以公开源代码作为市场准入的条件之一。但与此同时，美国在

TPP中明确该规则的适用范围是“大众市场软件”，同时将“关键基础设施”排除在承诺范围之外。在TPP的基础之上，美国在其后和墨西哥、加拿大签订的USMCA中增强了源代码保护规则的约束力。

表6－5 美式模板下“源代码、算法非强制本地化”议题

代表FTA	条款内容	主张
TPP 电子商务章	14.17.1：任何缔约方不得将要求转移或获得另一缔约方的人所拥有的软件源代码作为在其领土内进口、分配、销售或使用该软件及包含该软件的产品的条件 14.17.2：就本条而言，第1款规定的软件限于大众市场软件或含有该软件的产品，不包括关键基础设施所使用的软件 14.17.3：本条不得阻止：(a) 在商业谈判的合同中包含或实施的关于源代码的条款和条件；或(b) 缔约方要求修改软件源代码，使该软件符合与本协定一致的法律或法规 14.17.4：本条不应理解为影响专利申请或已授予专利的有关要求，包括司法机关做出的与专利争端相关的命令，但应遵守缔约方保护未授权披露的法律或实践	要求缔约方不能够强制他方公开源代码，即在该议题下，美国主张实现“源代码非强制本地化”，目的是将技术留在美国本土，掌握引导高新领域的关键技术
USMCA 数字贸易章	19.16.1：任何缔约方不得将要求转移或获得另一缔约方的人所拥有的软件源代码，或者源代码中表达的算法，作为在其领土内进口、分配、销售或使用该软件及包含该软件的产品的条件	

资料来源：根据TPP和USMCA的规则文本制作；截至2022年9月16日；网址：https：//ustr.gov/trade－agreements/free－trade－agreements/.

具体而言，USMCA第19.16条款扩大了TPP规则的适用范围，将“源代码中的算法”添加至“源代码非强制本地化”的标的范畴内。同时USMCA还删除了TPP中的“关键基础设施”例外条款。换言之，即便是“关键基础设施相关软件”这类型可能涉及国家安全问题的内容，也不能脱离“源代码保护”的范畴。无论是“关键基础设施相关软件”还是“大众市场软件”，USMCA缔约方都不能强制要求公开这些软件的源代码和算法。这意味着，USMCA的“源代码非强制化本地化”适用范围更宽泛了。

在技术方面，美国也不断研发、发展防止源代码泄露或算法被恶意嵌入的加密技术。为了保护加密技术不被泄露，美国也对保密技术提供了规则保护。美国在TPP中以附件形式规定，缔约方不能要求产品的生产商与供应商向缔约方或缔约方境内的人进行转让或提供专有的、与产品有关的特定计算。换言之，不能将公开特定计算作为在缔约方市场进行产品生产、销售等商业活动的条件之一。另外，USMCA第十二章C.2条款中，也提出“缔约方不可要求ICT货物的提供商和制造商将转移相关加密内容或提供加密技术权限作为在其领土内制造、销售、分销、进口和使用该ICT货物的条件”。通过制定这些规则，美国为保护源代码、保密技术的所有权提供了更加完善的制度环境。

与美国要求对源代码及相关技术进行保密的诉求相反，不少发展中经济体在该议题下持有公开源代码、算法和加密程序的诉求。根据要求公开的范围不同，主要可将这些诉求

分为三类：一是要求在特定部门公开源代码的经济体；二是要求政府部门使用公开源代码的软件的经济体；三是要求外来软件公开源代码的经济体。这些经济体也以构建规制保护的形式，表明自身的立场。

2. 中国在特定部门的源代码监管要求

如表 6－6 所示，中国的国内规制在特定部门有公开源代码的要求。

表 6－6　　中国在“源代码、算法非强制本地化”的议题的立法

国内法	法律条款
《中华人民共和国密码法》 生效时间：2020 年 1 月 1 日	第三十一条：密码管理部门和有关部门及其工作人员不得要求商用密码从业单位和商用密码检测、认证机构向其披露源代码等密码相关专有信息，并对其在履行职责中知悉的商业秘密和个人隐私严格保密，不得泄露或者非法向他人提供
《中华人民共和国网络安全法》 生效时间：2017 年 6 月 1 日	第二十一条：国家实行网络安全等级保护制度。网络运营者应当按照网络安全等级保护制度的要求，履行安全保护义务，保障网络免受干扰、破坏或者未经授权的访问，防止网络数据泄露或者被窃取、篡改 第三十五条：关键信息基础设施的运营者采购网络产品和服务，可能影响国家安全的，应当通过国家网信部门会同国务院有关部门组织的国家安全审查
《网络安全审查办法》 生效时间：2022 年 2 月 15 日	该办法的作用：明确规定国家建立数据安全审查制度；对国家涉及“关键信息基础设施”的部门开展数据安全审查进行了规范，包括适用范围、审查范围等；保障关键信息基础设施供应链安全。结合关键信息基础设施的数据等级保护要求，不排除有关机关在安全审查中要求运营者提供源代码
从国内法中体现我国在该议题下的主张：对于涉及“关键信息基础设施”的源代码尤为重视，通过各项法律法规规范各有关部门审查过程，保障国家关键数据的安全	
代表 FTA	法律条款
CPTPP （拟加入）	第 14.17 条： 1. 任何缔约方不得将要求转移或获得另一缔约方的人所拥有的软件源代码作为在其领土内进口、分销、销售或使用该软件或含有该软件的产品的条件； 2. 就本条而言，需遵守第 1 款的软件限于大众市场软件或含有该软件的产品，不包括用于关键基础设施的软件

资料来源：根据《中华人民共和国密码法》《中华人民共和国网络安全法》《网络安全审查办法》法条内容和 CPTPP 的规则文本制作；截至 2022 年 9 月 16 日.

首先，涉及关键信息基础设施的软件，需要审查其源代码。为了更好地实施《中华人民共和国网络安全法》，国务院于 2021 年 4 月通过了《关键信息基础设施安全保护条例》，在第十三章中指出专门安全管理机构要对网络安全进行风险评估①。虽然在该法令中没有直接提出要涉及关键信息基础设施的服务提供商提供源代码，但是在“进行风险评估”的

① 参见《关键信息基础设施安全保护条例》（中华人民共和国国务院令 2021 年第 25 号）的相关说明。

过程中，服务商有可能需要备案源代码。

其次，在部分行业要求从事软件外包企业必须提供源代码。例如在金融行业，银监会在 2014 年发布《关于应用安全可控信息技术加强银行业网络安全和信息化建设的指导意见》中就明确规定金融从业机构获取的软件应在银监会备案。金融机构的软件外包开发单位必须提供源代码。从 2014 年开始，中国银监会就加强了对金融行业所使用的软件的监管，并且加快自主开发软件、数据库、服务器等核心设施方面的进程，从而更好地保护中国的金融市场。

最后，《中华人民共和国网络安全法》第二十一条指出要建立网络安全等级保护制度，并在第三十一条中明确指出，涉及关键信息基础设施须实行重点保护（鄢雨虹，2021）。对此，中国建立了一系列标准来规范网络安全等级保护制度的实施，例如《信息安全技术—网络安全等级保护测评要求》（GB/T 28448—2019）、《信息安全技术—网络安全等级保护定级指南》（GB/T 22240—2020）等一系列规范、完善网络安全等级保护制度的国家标准及实施指南。依据《网络安全法》，评级第三级以上的信息安全系统需要提供源代码以进行安全审查。

总体来看，中国国内法与美国的源代码相关条款诉求存在分歧。但随着中国开启申请加入 CPTPP 的进程，可以看出中国在该议题下有着对接高标准数字贸易规则的期望。

3. 印度要求使用公开源代码的软件

在国际规则构建方面，根据 TAPED 数据库的统计，印度从 2003 年到 2022 年 6 月签订的贸易协定中，尚未和其他经济体就“源代码、技术非强制本地化”议题进行承诺。可见印度在该议题下，国际治理的参与度仍有提升的空间。

在国内规制方面，2013 年，印度的通信和信息技术部门发布《为印度政府采用开源软件的政策》，要求从中央部门到地方部门，均要在办公时优先使用开源软件，即优先使用已经公开源代码的软件。印度政府认为，公开源代码的软件能够满足政府办公中对所使用的软件的性能、可控制性、兼容性、安全性以及成本的要求。该政策还要求，如果软件供应商不能够提供开源软件，必须提供正当理由。除此之外，印度将强制披露源代码作为外国企业进入印度市场进行商业活动的条件之一，从而更好地培育本国的软件产业（黄家星，2020）。在具体的国内规制上，2020 年印度根据《信息技术法案》（The Information Technology Act）中的第 69A 节：印度中央政府有权发出指示，禁止公众通过任何计算机资源访问任何信息，对 Tik Tok、WeChat 等互联网应用发出禁令，而且要求相关企业披露源代码。

为了体现开源生态可以满足印度政府部门运作的需要，印度当局积极地在各项政府项目中采用开源技术。基于前期颁布的政策，印度政府部门于 2021 年面向本土的软件开发商，发起了名为#FOSS4GOV 的开发开源软件挑战赛，从而更好地推动本土软件开发商的发展，也为开源系统下的 CRM 和 EPR 软件在医疗、教育、城市治理等方面发展探索更多可能性。

4. 俄罗斯等经济体要求外来软件公开源代码

与印度类似，俄罗斯在“源代码、技术非强制本地化”方面也采取谨慎态度。TAPED 数据库的统计数据显示，从 2000 年到 2019 年，俄罗斯在其参与的八个区域贸易协定中，未就“公开源代码”的相关议题与其他经济体达成承诺。在国内对该议题的实践方面，俄罗斯对外国互联网企业采取了极为严苛的措施，从中体现出俄罗斯在该议题下的主张为：基于维护国家安全、保护国内产业等原因，对外来企业提出强制公开源代码的要求。2014 年俄罗斯提出要求检查苹果、欧洲 SAP 等西方软件公司的源代码，以保证这些公司提供的产品、服务不会存在监视俄罗斯国家机关机密的情况。俄罗斯在该时期的要求，也被认为与受到欧盟的第一轮制裁有关。2018 年，俄罗斯当局又对 SAP、赛门铁克等科技公司提出进行安全产品调查，旨在寻找其中深藏着的安全漏洞。在这轮安全调查中，多个被涉及的科技公司同时也为美国政府提供产品和服务，引起美国政府的不满，部分企业（如 Trend Micro，为美国陆军提供 Tipping Point 软件服务）拒绝了俄罗斯的调查。

为了促进开源软件的开发，俄罗斯总统于 2019 年 10 月批准《2030 年前国家人工智能发展战略》（华盾、封帅，2020），其中提出要建设“人工智能开放库”。在此基础上，俄罗斯计划拨款 35 亿卢布，建立一个开源代码库，提供类似于微软的 GitHub 的开源平台服务。

此外，尼日利亚、巴西等国家也要求特定的软件公开源代码。以上国家之所以对外国企业提出公开源代码才能进入该国市场的要求，主要是出于保护国家安全、促进自身产业发展等原因。

（二）“源代码非强制本地化”主张的动因

1. 规则构建的动因分析

对于主张类似“美式模板”的西方国家而言，缔结“源代码非强制本地化”主要是出于保持在技术产业方面的比较优势、推动新兴技术的发展创新、保护大型数字技术企业的国际市场的目的。

以美国为首的西方国家，在数字技术产业走在世界前列。以美国为例，作为数字技术大国，拥有 IBM、微软、谷歌等世界软件产业巨头。源代码被誉为“皇冠上的钻石”，其重要程度可见一斑。许多新兴技术，如云计算、人工智能等，发展基础是源代码。源代码既是构建新兴产业发展、运行的基础，也是新兴产业持续创造价值的动力所在。

美国等主张“源代码非强制本地化”的国家认为，部分发展中国家强制要求公开源代码和算法的措施是一种非关税壁垒。它们担心即使发展中国家承诺只是对源代码和算法进行审查而不作备份，该过程中也有泄露核心技术的风险。出于对源代码及核心算法泄露的担忧，部分发达国家的新兴技术产业放弃进入对源代码公开有要求的市场。

2. 对发展中国家在该议题的主张进行动因分析

首先，出于对国家安全的考虑。政府机构需要外来软件服务供应商在“关键基础设施”使用的软件进行源代码检测。尤其是在 2013 年曝光“棱镜门”事件后，各国都将“关键基础设施”的数据安全放在重要位置。国家如果不通过安全审查对外来的软件进行检测，很有可能在金融系统、银行系统等关键部门受到他国的监控和攻击。因此，不少发展中国家都要求涉足国内“关键基础设施”领域的外国软件提供源代码，以进行备案或审查，从而最大程度保护本国相关基础设施的安全。

其次，出于促进国内技术行业发展的目标，部分发展中国家要求在特定领域公开源代码。一方面，新兴技术产业的发展是基于已有软件的开源代码作为技术框架。例如人工智能的运行依赖 TensorFlow、Android 和 Linux 等美国数字科技企业所提供的商业软件代码。从底层开始构造这些软件需要投入大量的资源，为了避免研究进度的落后同时减少研发成本，发展中国家的研究机构有获得开源代码和算法的需要。另一方面，西方国家的企业为了避免数据泄露而放弃发展中国家市场。本土企业为了满足国内市场的需要，会根据用户需求进行开发。部分发展中国家通过人才培养、技术积累，也逐渐具备了自主开发核心源代码和算法的能力。以中国、印度、俄罗斯为例，通过积极促进构建开源学习平台，构建属于自己的新兴科技底层框架是可行的。这也有助于维护发展中国家在技术标准上的选择权，减少对发达国家的技术依赖，从长久来看是有利于促进发展中国家技术进步的。

二、技术非强制转移

技术非强制转移，又称技术非强制本地化，指在国际贸易活动中缔约方不得将核心技术转移作为投资、进入市场等活动的前提条件。美国对该议题十分关注，并且致力于推动“技术非强制转移”。因此，本节将主要介绍美国技术非强制转移规则的演变历程及主要内容。

（一）技术非强制转移的演变历程和主要内容

在区域层面的数字贸易规则谈判中，相比“源代码、算法的非强制转移”谈判和促进“加密技术”的应用，“技术非强制转移”相关议题的提出要更早一些。该议题最早可以追溯到 2004 年 1 月生效的《美国－新加坡 FTA》，并且一直到 2018 年达成的 USMCA 也涵盖该议题。可见，区域贸易协定框架下美国对“技术非强制转移”的议题早有规划。

此外，美国还通过在国内颁布、补充相关法律法规，对“技术非强制转移”议题进行补充。美国并未在区域贸易协定正文中界定“技术非强制转移”的技术类别。美国商务部工业安全署（BIS）于 2018 年 11 月公布拟制定针对关键技术和相关产品的出口管制框架。该框架将商业类别、军事、情报等美国本身处于领先地位的技术也列入其中。此框架还限制与数字贸易密切相关的技术出口（如 AI 技术和机器学习技术、数据分析技术等核心前沿科学技术）。

为了保护美国产业在世界的领先地位不被动摇，保持美国产业在核心数字领域制定标准的优势，2020 年 7 月美国正式修订《出口管理条例》。在美国新修订的《出口管理条例》中，美国为防止技术泄露，提出了严苛的要求。美国要求如果一个非美国人在美国或美国之外的地方通过口头或以其他方式交流技术或源代码，则算作“泄露”。即使是美国的科学家参加相关技术研讨会，也只能就“有限的技术”进行讨论（薛澜等，2022）。所谓“有限的技术”，是指美国政府制定的出口管制措施以及与反恐技术相关的非核心或非敏感技术。

自2018年发生中美贸易摩擦以来，美国通过了一系列的法案、条例限制外资对美的投资，如《2019年国防授权法案》《出口管制改革法案》《外国投资风险审查现代化法案》等。更进一步，在2022年8月9日，美国总统拜登签署了《芯片与科学法》，其中第103.6.C条特别指出：受到相应法律管辖的实体，不得参与在该协议定义的任何关于半导体材料扩展的重大交易。通过立法，美国还有针对性地限制接受美国投资的半导体企业在中国扩建或新建与半导体产能相关的企业（魏少军等，2022）。这份多次提及“中国”的美国法律，被学界认为是美国为了遏制中国半导体产业发展所制定的首份法律。以上种种法律措施，体现了美国限制本国技术对外输出，从而达到遏制其他国家高科技发展，维持美国自身在这些领域领先地位的目的，在一定程度上体现了美国“技术非强制转移”的主张。

（二）美国在“技术非强制转移”主张的动因分析

从美国签署“技术非强制转移”法案等一系列动向可以看出，美国倾向于通过设置各种措施限制技术外流，从而保持其技术优势。美国施行“技术非强制转移”规制背后的动因和上述“源代码、算法非强制本地化”的动因是较为类似的。

一方面，美国认为，公开（或转移）技术不能够成为外资进入市场的前提条件，而且美国并不信任他国的“技术安全审查”，认为在该过程中存在泄露核心技术的风险。通过对美国企业核心技术出口采取苛刻标准，能够降低美国企业在海外开拓市场的意愿，形成一道阻碍美国产业进军他国的技术壁垒。另一方面，美国为了保持在科技、军事上的主导权，对技术转移采取较为强硬的措施。根据薛澜等（2022）的统计，中国研究科学和工程人员的数量在2005年超过了美国，2018年中国在研发方面的投资超过了美国。近二十年中国在科技创新领域的迅速发展给美国带来了压力。美国科学与艺术学院在多份研究报告中提出，美国需要采取相应的行动，以维护其在科技领域的领先地位。因此，美国针对“技术非强制转移”议题，从多个方面构建规制以采取管制措施，体现出美国在该议题上的强硬立场。

三、网络服务提供商的第三方侵权责任豁免

网络服务提供商可以分为两大类，第一类是网络中介服务提供商（Internet Service Provider，ISP）。ISP并不直接在互联网上生产内容，而是向其他互联网企业提供信息存储、搜索、传播等技术服务，如搜索引擎百度；第二类是网络内容服务提供商（Internet

Content Provider，ICP），或者门户 ISP，即俗称的门户网站。ICP 是指专门从事发布信息产品的内容提供商。网络内容提供商根据自身经营战略，为目标用户提供信息服务，专门从事某一行业的内容生产活动，如新浪、搜狐等。

从 ISP 和 ICP 的定义来看，二者有明显的区别。在互联网上，网络信息具有来源复杂、流量巨大、更新迭代迅速等特点，导致相关侵权行为较难判定。王洪和谢学凯（2013）认为由于网络服务提供商有提供技术支持的服务，在运营中可能为侵权服务提供了帮助，因此各国在立法上对网络服务提供商有承担第三方责任的要求。

针对“网络服务提供商的第三方侵权责任豁免”这一议题，大型经济体普遍采取认可态度。由于美国、欧盟利用双边、区域性贸易协定在世界范围内推动版权强化执法，“安全港”原则已经被众多国家以立法的形式所采纳，这种趋同性较为明显。在数字贸易规则中，“网络服务提供商的第三方侵权责任豁免”是美国构建数字贸易规则的重点内容。因此，本节将着重讨论，当满足一定条件的网络服务提供商卷入侵权风波时，美国是如何从立法的角度对平台的第三方侵权连带责任进行豁免的，并且针对其主张进行动因分析。此外，还会讨论其他经济体对该议题的主张。

（一）美国对“网络服务提供商的第三方侵权责任豁免”的诉求

1. 主要诉求

美国对该议题的规则构建的历史较久。针对该议题，美国分别从知识产权的侵权责任和非知识产权（如个人隐私）的侵权责任两个领域进行规定。

（1）第三方知识产权侵权责任厘定。如表 6－7 所示，首先，美国针对网络服务提供商的第三方知识产权侵权责任进行豁免，其规则主要涵盖了以下内容。

使用“安全港”原则，对网络服务提供商的第三方知识产权侵权责任进行豁免。“安全港”原则，又称“避风港”原则，该原则首创于 1998 年由美国国会颁布的《美国数字千年版权法》（Digital Millennium Copyright Act），其突出特点在于增加网络服务提供者与版权人的合作，附条件地减免网络服务提供者的中介责任。专门针对网络服务提供商所提供的在线服务设立“安全港”。在符合一定条件的情况下，允许网络服务提供商驶入“安全港”，即网络服务提供商在第三方知识产权侵权的情况下，可以免于承担间接责任。

规定了“安全港”生效的前提条件：实行“通知—删除”程序。一旦网络服务提供商被通知或者意识到存在侵权情况，应该迅速移除或禁止访问位于其网络平台上的相关内容，即网络服务提供商知道存在侵权情况时，需要尽快采取技术手段阻止继续侵权。此外，如果网络服务提供商出于“善意”而错误地删除了平台上的内容，产生的相关责任应该被豁免。

明确规定“安全港”的应用范围。其应用范围主要是针对提供技术的网络服务提供商而设置的。美国设立的网络服务提供商的中介责任豁免规则的内容包括传输、发送材料、提供链接、储存、缓存或链接用户到指定网络位置。通过明确“安全港”的应用范围，能够在一定程度上防止“安全港原则”的滥用。

界定侵权责任认定时，对“知识产权”和“隐私保护”进行平衡的问题。在“美式模板”下，相关条例优先注重对版权所有者权益的保护，当版权所有人和用户隐私相冲突时，希望能够保持与相关隐私立法一致。

表 6-7　美国在知识产权“网络服务提供商第三方侵权责任豁免”的条款

FTA	相关条款	条例作用
TPP（2015）	第 18.82 条 法律救济和安全港 18.82.1：缔约方……，并认识到以符合遵守《TRIPS 协定》第 41 条的方式，提供允许权利持有人对在线环境中发生的本章所涵盖的版权侵权采取有效行动的执行程序的重要性。因此，每一缔约方应保证权利持有人可获得法律救济以处理此类版权侵权，并应为属互联网服务提供商的在线服务建立或设立适当的安全港	缔约方认识到促进中介开展运营需要有法律支持作为继续发展的支撑。因此，为网络中介服务提供商提供法律救济和构建安全港框架
USMCA（2018）	第 20.88.1 条 法律救济和安全港 与 TPP 的相关条款类似	
TPP（2015）	第 18.82 条 法律救济和安全港 18.82.2（a）、（b）：（a）对于第 2 款（c）项和第 2 款（d）项中所指的功能，这些条件应包括要求互联网服务提供商在得知版权侵权的实际情况或意识到明显侵权的事实或情况下，例如收到权利持有人或经授权代表权利持有人的人发来的涉嫌侵权通知，应快速移除或禁止访问驻留在其网络或系统内的材料；（b）根据（a）善意移除或禁止访问材料的互联网服务提供商应被豁免由此产生的任何责任，只要其事先或事后迅速采取合理步骤通知其材料被移除或被禁止访问的人	对网络服务提供商提出了驶入“安全港”的前提，规定了网络服务提供商在知悉侵权行为后，要迅速采取行动，同时提出了对网络服务提供商“善意”误删信息的豁免情况
USMCA（2018）	第 20.88.3 条 法律救济与安全港 与 TPP 的相关条款类似	
TPP（2015）	第 18.82 条 法律救济与安全港 18.82.2：第 1 款（b）项中所述的限制应包括对下列功能的限制：（a）在不对内容进行修改 152 的情况下传送、发送材料或为材料提供连接，或在该技术过程中自动完成的对该材料的中间存储和瞬时存储；（b）通过自动化过程实现高速缓存；（c）根据用户指示，存储 153 驻留在由或为该互联网服务提供商控制或运营的系统或网络上的材料；以及（d）通过使用信息定位工具，包括超链接和目录，将用户指引至或链接至在线位置	从提供服务的角度，规定了能够驶入“安全港”的网络服务提供商的范围
USMCA（2018）	第 20.88.2 条 法律救济与安全港 与 TPP 的相关条款类似	

续表

FTA	相关条款	条例作用
TPP（2015）	第 18.82 条 法律救济与安全港 18.82.7：每一缔约方应依照其法律制度，并在符合正当程序和隐私原则的前提下，规定司法或行政程序，使已经提出法律上充分的版权侵权请求的版权所有人，在寻求信息的目的在于保护或执行该版权的情况下，互联网服务提供商能快速获得该提供商持有的识别涉嫌侵权者的信息	在界定网络服务提供商是否存在侵权责任时，"知识产所有者"和"涉嫌侵权者隐私"的平衡问题
USMCA（2018）	第 20.88.10 条 法律救济与安全港 与 TPP 的相关条款类似	

资料来源：根据 TPP 和 USMCA 的规则文本制作；截至 2022 年 9 月 17 日；网址：https：//ustr. gov/trade – agreements/free – trade – agreements/.

（2）第三方非知识产权侵权责任厘定。针对网络服务提供商的非知识产权侵权责任，美国也在数字贸易规则中进行了相关的豁免规定。美国最早通过国内法的形式对该议题立法：在 1996 年的《通信规范法》第 230 条规定"平台一般不对第三方利用平台服务的非知识产权的侵权损害承担责任"。在美国签订的区域贸易协定中，USMCA 首次列入有关该议题的条款。在第 19.17.2 条"交互式计算机服务"中，规定豁免了网络平台提供者，在内容者涉及人权（如诽谤与言语有关的侵权行为）以及隐私等非知识产权纠纷时，承担连带责任。

2. 动因分析

首先，有助于美国保持在网络服务产业的领先优势。作为网络服务产业的先发国家，美国在该产业中保持显著的比较优势。以电商平台服务为例，2021 年《财富》发布的世界 500 强中，前四的企业中有两家就是来自美国的网络服务提供商。其中，亚马逊的年增长率达到 84.1%。截至 2021 年，亚马逊在过去十年的营收从 340 亿美元跃升至 3860 亿美元。为了保持这一产业优势，美国致力于保障互联网平台的权益，避免互联网平台由于第三方的侵权行为承担责任。

其次，保障了大型网络平台的权益，在溢出效应之下，有助于美国中小型企业获得来自大企业的服务。对于许多中小型企业而言，依托大型网络平台有利于它们链接到更多的客户。如果大型网络平台需要承担由于第三方侵权而带来的法律责任，这样可能会导致平台对中小型企业进行资质审查标准的提高。伴随进入门槛的提高，对于中小型企业而言，它们要进行更加烦琐的申请流程，由此会打击它们通过大平台开展商贸活动的积极性。因此，豁免互联网平台第三方侵权的责任，不仅为大型企业"减负"，同时也提升中小企业通过电子商务平台从事国际贸易的积极性，更充分地发挥大型网络服务提供商的发展优势。

最后，有利于明晰网络侵权的责任。如果在侵权案件中，不明确划定区分责任，对网络服务提供商和第三方都进行处罚，不利于权利所有人在受到侵权时维护自身权益。同时，豁免网络服务提供商的第三方侵权责任，相当于要求内容提供者为第一责任人，对他们起震慑作用，在创作、发布内容时会更为谨慎，进而减少第一责任人，即网络内容的来源处产生的侵权行为。

（二）中国对“网络服务提供商的第三方侵权责任豁免”的立场

在国内法方面，我国在2021年实施的《中华人民共和国民法典》（以下简称《民法典》）第一千一百九十七条规定：网络服务提供者知道或者应当知道网络用户利用其网络服务侵害他人民事权益，未采取必要措施的，与该网络用户承担连带责任。在《民法典》中，我国表明在网络服务提供者“知而不采取”措施的情况下，要求承担相应责任。在区域贸易协定中，《中国—澳大利亚FTA》（Free Trade Agreement between the Government of Australia and the Government of the People's Republic of China，Australia China FTA，2015）中进行了有关“网络服务提供商第三方侵权责任豁免”的规定，并且还就“安全港原则的使用”达成共识；此外，由于CPTPP已就“网络服务提供商的第三方侵权责任豁免”以及“安全港原则”的使用达成承诺，因此中国于2021年申请加入CPTPP的举措，体现了中国对接国际现行治理水平，进行规则衔接的意愿。

（三）欧盟对“网络服务提供商的第三方侵权责任豁免”的立场

欧盟在该议题中的发展过程可从欧盟和其他经济体所签订的区域贸易协定中体现：2008年，欧盟与太平洋诸国签订了《加欧经济伙伴协定》［Economic Partnership Agreement between the CARIFORUM States，of the one part，and the European Community and its Member States，of the other part，Caribbean Forum（CARIFORUM）EC EPA］。在该协定中，欧盟首次对“网络服务提供商的责任”做出规定，但此时未就“安全港原则”进行承诺。但在2010年，欧盟与韩国签订的《欧盟－韩国自由贸易协定》（Free Trade Agreement between the European Union and its Member States，of the one part，and the Republic of Korea，of the other part，EC Korea FTA），欧盟不仅进一步提高了在“网络服务提供商的责任”认定方面的承诺水平，而且首次对“向网络服务提供商提供安全港”的条款进行承诺。

虽然欧盟大致认可“网络服务提供商的第三方侵权责任豁免”，但在“知识产权保护”等涉及隐私的问题上与美国存在分歧。欧盟十分注重隐私，欧洲法院认为欧盟各国无义务要求网络服务提供商在知识产权相关的民事诉讼中公开个人信息。因此是否在知识产权侵权案中公开网络服务提供商的信息成了美欧之间的分歧。此外，欧盟考虑的角度多偏向传统意义及人权，而非从经济角度出发。

欧盟成员国德国通过国内法对该议题进行了更进一步的规范，构建了《通信服务法》《通信服务个人数据保护法》等总共六部法律。德国在该法律体系中，明确了网络内容提供者应该对自己制作和编辑的内容负全部责任，对于中间服务提供商，一般不承担第三方侵权责任。由此可见，虽然欧盟法律在是否公开相关的隐私信息方面和美国存在分歧，但是不论欧盟还是欧盟成员国，都就该侵权责任豁免议题和美国的立场存在一定的相似性。

（四）英国对“网络服务提供商的第三方侵权责任豁免”的诉求

根据TAPED数据库的统计，自2019年以来，英国积极与其他经济体在“网络服务提供商的第三方责任”达成承诺，如《中美洲—联合王国协定》（Central America - United Kingdom Association Agreement，2019）、《新西兰—英国自由贸易协定》（Free Trade Agreement between the United Kingdom of Great Britain and Northern Ireland and New Zealand，2022）等。截至2022年6月，英国在《中美洲—联合王国协定》《新加坡—英国自由贸易协定》（Singapore - UK FTA，2020）、《越南—英国自由贸易协定》（Vietnam - UK FTA，2020）这三份自由贸易协定中就该条款与其他经济体达成了共识。

总体来看，英国在采取“安全港原则”方面持有谨慎态度，可能是为了避免出现“滥用或泛化避风港原则”的现象。“滥用或泛化避风港原则”的危害在于，容易在商业竞争中导致权利人利益受损，在网络服务的运营中，如果网络内容提供者等对网络平台恶意通知指控竞争对手侵犯自己的相关权利，会导致原本正常合法经营的竞争对手的产品被网络服务提供商删除或屏蔽。一旦这种“通知 - 删除”的程序完成，被通知者需要付出巨大代价才能恢复自己的产品（王立梅，2020）。因此，英国对采用“安全港原则”持保守态度，是为了使本土互联网企业在公平的环境下进行竞争。

第四节　特定市场准入规则

免关税政策和非歧视性待遇对外国企业或投资者在目标市场参与公平竞争具有重要意义，因此它们被视为特定市场准入规则的重要组成部分。对于目标市场来说，虽然免关税政策等特定市场准入规则会吸引技术、资金和就业机会的流入，但是它们并不适用于所有市场。因此，磋商“电子传输永久免关税”规则以及确定“非歧视性待遇”对数字产品的适用范围，对于数字贸易的发展而言非常重要。本节主要分析各经济体对“电子传输永久免关税”和“非歧视性待遇对数字产品适用性”的规则立场。

一、电子传输永久免关税

☞ 背景材料6.7

据《证券时报》报道，世贸组织第十二届部长级会议（MC12）于2021年11月30日—12月3日在瑞士日内瓦举行。在MC12中，达成了《关于〈电子商务工作计划〉的部长决定》，在该《决定》中明确提出：将现有的电子传输免征关税的做法延续到下一届部长级会议MC13。（江聃，2022）。

2024年，MC13再次就《电子商务工作计划》达成共识，同意将电子传输暂免关税做法延续至下一届部长级会议，并承诺将加强对电子传输暂免关税的范围、定义和对发展的影响等讨论，重振《电子商务工作计划》其他领域工作，优先解决发展中成员和最不发达成员发展数字经济面临的挑战。

资料来源：

江聃．电子传输续免关税 促进数字经济发展［N］．证券时报，2022－06－27（A02）．

世贸司．商务部世贸司负责人介绍世贸组织第13届部长级会议成果具体情况［EB/OL］．http：//chinawto. mofcom. gov. cn/，2024－04－03．

背景材料6.7体现了电子传输免关税的现状。在现有的数字贸易规则体系下，各国对该议题存在分歧。在多边框架下，“电子传输免关税”的议题被讨论已久，1998年世界贸易组织成员在《全球电子商务宣言》（Declaration on Global Electronic Commerce，1998）中宣布暂时性免征电子传输关税，并且通过后续的谈判延长免征关税的终止期限。然而，截至2024年的MC13谈判，该议题仍未有太大实质性进展。对于电子传输永久免关税，目前世界范围内对其定义尚未有定论，免征关税的范围也仍存在争议。

概括而言，针对该议题，世界上主要有两种声音，一是以美欧为代表的发达经济体，建议免征电子传输关税；二是以印度、巴西为代表的新兴经济体，建议征收电子传输关税。本节将分析主要经济体在该议题下的主张及背后动因。

（一）美国对“电子传输永久免关税”议题的主张及发展历程

美国在该议题的主张是“永久地”对电子传输免征关税。美国在数字贸易方面具有先发优势，削减关税有利于促进数据流动，从税收层面降低本国企业的数字贸易成本，有助于使本国参与数字经济的企业更好地实现盈利目标，从而推动本国数字经济发展。根据联合国贸易和发展会议（UNCTAD）的统计，如果各国能够在“电子传输免关税”议题上达成共识，美国将成为最大受益者（汤霞，2021）。

通过二十多年来的双边、多边贸易谈判，美国逐渐实现其在该议题上的雄心。从21世纪开始，美国就开始在区域贸易谈判中对该议题进行谈判、部署，通过在区域贸易协定中以条款的形式落实，提升美国在该议题下的规则影响力，并且后续不断通过签订新的区域贸易协定进行深化。

在2000年签订的《美国—约旦FTA》（The United States－Jordan Free Trade Agreement，2000）中，对跨境电子传输是否征收关税的规定仍停留在《全球电子商务宣言》中的“暂时”对电子传输免征关税上。而在2003年签署的《美国—新加坡FTA》（The United States－Singapore Free Trade Agreement，2003）开始在区域贸易协定中对电子传输免征关税进行了明确规定，在不考虑电子内容的前提下，可以对电子载体进行征税。

随后，在2004年签署的《美国—澳大利亚FTA》（The United States－Australia Free Trade Agreement，2004）中，美国进一步推进“电子传输永久免关税”。该协定规定不论对电子传输还是对载体都实行永久免关税。相较《美国—新加坡FTA》而言，该协定扩大了规定对象的范围并且无限期增加了时效期限。此后，美国参与的区域贸易协定对该议题都承诺了类似的“永久性”电子传输免关税。

美国所主张的“数字传输永久免关税”的主张从长远来看可能会给其他经济体带来挑战。其一，如果数字贸易占国家的经济比重持续提升，承诺“免征税”的国家会损失巨大的税收收入，且本国相关产业也可能受到外国互联网巨头进入本国市场的冲击；其二，如果不采取征税措施来缓解外来数字服务对本国产业的冲击，将会抑制本国数字服务产业的发展，扩大本国数字服务产业与世界先进水平的差距。

（二）其他经济体对“数字传输永久免关税”议题的主张

由于各经济体的数字产业发展程度存在差距，许多缺乏先发优势的国家在数字经济产业发展方面仍处于起步阶段，仍然需要征收关税来保障自身的产业发展。因此在该议题下，世界各经济体与美国的主张存在较大分歧。而且，世界范围内对数字传输的征收范围尚未有定论。其中的分歧之一是“数字传输”的涵盖范围未定：是针对数字传输的“行为”进行征税？还是针对其“内容”进行征税？部分国家提出征收数字服务税（Digital Services Tax，DST）。

征收数字服务税是一国单方面的行为，具有一定的自由性，而且其计算是以在本地提供服务的非居民企业的营业收入为基础，易于制定制度且便于监管。因此，在欧洲国家提出征收数字服务税之后，许多国家相继效仿，通过在国内制定相应法律，对提供在线广告服务或数字中介服务等非居民企业征收数字服务税，从而在一定程度上解决价值创造与利润错配的问题（王克智，2021）。

进一步就数字服务税对各国立场进行比较，可以将它们分为以下三类。一是主张征收数字服务税的经济体，如法国、意大利等欧盟国家、英国以及印度。这些国家通过立法来落实征收数字服务税，从而实现增加税收收入，解决 OECD 提出的税基侵蚀和利润转移的问题，达到保护本国数字产业发展的目标。二是持反对“征收数字服务税”态度的经济体，如美国。其目的是保护国内数字企业在海外市场进行营业的利润收入，如德国、瑞典等国家。在该议题下，他们主张通过多边协商解决税收分歧问题。三是持中立态度的经济体。这些国家不论在多边层面的“电子传输永久免关税”协商上，还是在单边的“征收电子服务税”决策上，仍然保持观望态度。

但主张“征收数字服务税”的经济体，并非完全与“电子传输永久免关税”的美国立场处于完全对立的位置。因为他们进行立法时都提出这是一项“临时措施”，同意当国际社会在“数字贸易征税”的相关议题上达成共识，就会放弃或废止征收数字服务税（郭昌盛，2022）。

二、“非歧视性待遇”对数字产品适用性

“非歧视性待遇”要求成员方在实施某种优惠待遇和限制措施时，不对成员方实施歧视待遇。“非歧视性待遇”的表现可分为最惠国待遇以及国民待遇。在构建 GATT（《关税

及贸易总协定》）和 GATS（《服务贸易总协定》）之初，国际社会就对“非歧视性待遇”进行了承诺，但是目前国际社会尚未将其拓展到数字产品的领域。

（一）美国对确定“非歧视性待遇”对数字产品适用性的主张

如表 6－8 所示，美国从 2003 年签署的《美国—新加坡 FTA》到 2018 年签署的 USMCA，都在电子商务章节或者数字贸易章节对数字产品的“非歧视性待遇”进行承诺。从 KORUS、TPP、USMCA 这三个具有代表性的议题，可以看出，美国数字产品“非歧视性待遇”的自由化并非一蹴而就，而是经历了一个过程。

表 6－8　多个经济体在“电子传输永久免征关税”及“非歧视性待遇”议题下的诉求

国家	代表 FTA	条款内容
美国	美国—约旦 FTA（2000）	7.1：缔约方应努力避免背离目前在电子传输方面征收零关税的现实情况
	美国—新加坡 FTA（2003）	14.3.1：缔约方不得对通过电子传输的数字产品的进出口或与之有关的进出口征收关税或其他关税、费用或收费 但通过注释 14－1 进一步指明：14.3.1 不排除缔约方征收国内税或其他国内费用，但其征收方式应与本协议一致 14.3.2：各缔约方应仅根据载体媒介的成本或价值来确定含有数字产品的进口载体媒介的完税价值，而不考虑储存在载体媒介上的数字产品的成本或价值
	美国—澳大利亚 FTA（2004）	16.3：任何缔约方不得对数字产品的进出口或与之有关的进出口征收关税、费用或其他费用，无论这些产品是否固定在载体媒介上或通过电子方式传输 但通过注释 16－1 进一步指明：第 16.3 条不排除缔约方对数字产品征收内部税或其他内部收费，但该等税或收费的征收方式与本协议一致
	美国—韩国 FTA（2007）/ TPP（2015）/ TISA（《国际服务贸易协定》）（2015）/ USMCA（2018）	美韩 FTA15.3.3/TPP14.3.1/TISA 电子商务章 10.1/USMCA19.3 与美澳 FTA 对应条款一致
日本	UJDTA（2018）	8.3：为了更明确起见，本条任何规定都不阻止缔约方采取或维持限制外资参与广播供应企业的措施； 且在注释 8 中对“广播”进行了规范：“广播”是指以公众直接接收为目的的电信传输，不包括按需服务，如通过互联网提供的此类服务。（《广播法》1950 年第 132 号法第二条第一段）； 8.4：就知识产权而言，第 1 款（非歧视性待遇）不适用于与双方之间任何关于知识产权的双边协议中的权利和义务不一致的情况，如果没有此类双边协议，则不适用于与双方共同参加的任何关于知识产权的国际协议中的权利和义务不一致的情况

续表

国家	代表 FTA	条款内容
中国	DEPA（拟加入）	3.3.1：数字产品非歧视待遇：任何缔约方给予另一缔约方领土内创造、生产、出版、签约、代理或首次以商业化条件提供的数字产品的待遇，或给予作者、表演者、生产者、开发者或所有者为另一缔约方的人的数字产品的待遇，不得低于其给予其他同类数字产品的待遇 3.3.2：第1款不得适用于其中一个缔约方参加另一国际协定中所含与知识产权有关的权利和义务不一致的情况

资料来源：根据美国—约旦 FTA、美国—新加坡 FTA、美国—澳大利亚 FTA 等的规则文本制作；截至2019年9月22日；网址：https：//ustr. gov/trade - agreements/free - trade - agreements/.

在 KORUS 第15.3.4条、TPP 第14.4条和 USMCA 第19.4条都对数字产品“非歧视性待遇”进行了规范，主要的内容为：当缔约方在另一缔约方境内创造、生产、承包、委托或者首次基于商业条款提供的数字产品的待遇，不应该低于缔约方给予其他同类数字产品的待遇。三者的区别主要体现在例外条款的覆盖范围。

KORUS 在第15.4.6条中的例外条款规定“非歧视性待遇”不适用于影响内容提供商为听觉或视觉接收而安排的一系列文本、视频、图像、录音和其他产品的电子传输的措施。可见在 KORUS 中，无论是广播还是视频，消费者的内容接收范围是受到限制的。而 TPP 第14.4条把例外内容缩减为内容，即内容消费者可以自主选择接收来自国内或国外的视频，但是仍然不能自主选择所收听的广播内容。

作为“非歧视性待遇”开放程度最高的 USMCA，在第19.4条中进一步取消了“广播例外”的规定。这意味着在 USMCA 框架下，对于来自其他缔约方广播服务产品和服务提供者，缔约方也必须给予国民待遇。通过减少对来自其他缔约方的广播、视频等产品的准入限制，将有效提升境内相关行业的竞争程度，内容消费者也有更多选择的余地。

由于美国数字文化产品的输出重头之一是向他国输出视频网站服务等视听文化产品，因此美国致力于消除其他国家针对视听产业的歧视性措施，进一步扩大其在该领域下的竞争优势。美国主张通过实现数字产品“非歧视性待遇”，来降低美国数字文化产品在其他国家的准入壁垒。

（二）其他经济体的数字产品“非歧视性待遇”立场

与美国主张降低数字产品的“非歧视性待遇”不同，不少国家在该议题下持保守态度。

首先以日本为例，美国与日本于2018年签署了 UJDTA（《美国－日本数字贸易协定》）。UJDTA 对数字产品的“非歧视性待遇”的条款协定相比 USMCA 的条款协定是弱化的。UJDTA 在第8.3条中规定缔约方有权“采取或维持限制外资参与提供广播企业的措施”，且在第8.4条中规定非歧视性待遇不适用于双方均为缔约方所缔结的其他知识产权相关的双边或多边协议（周念利、吴希贤，2020）。UJDTA 对广播领域相关的非歧视性待遇进一步具体化，即对“外资参与”的广播企业采取限制性措施。可见，日本方面出于对本国知识产权发展的保护，且担忧外资控制舆论机构。因此在该协议中，美日双方通过协商提出了“知识产权”例外，而且限制外资参与本国的广播行业。同时，也从侧面反映出美国虽然已经签署了 USMCA 这样在数字产品“非歧视性待遇”议题下高度自由化的协议，但各国仍可以针对本国国内需求与美国展开协商。

其次，欧盟和加拿大等经济体对“美国文化进口”也采取谨慎态度，担心其会威胁当地相对较弱势的文化产业。因为文化产品输入存在侵蚀国内的国民思想的风险。因此，欧盟和加拿大坚守“文化例外”的红线，即其开放的市场不包含文化部门（包括视听、广播领域）。近年来，欧盟和加拿大通过一系列措施来阻挡外国文化的输入，如在“广播输入”领域实行配额制、在国外广播中插入本国广告以及实行“外国广播许可证要求”等。但在对 USMCA 的相关条款进行协商时，加拿大作出了让步，即在 USMCA 中其同意将“国民待遇”扩展至适用于广播服务及广播服务提供者。可以看出美国在努力突破其他经济体在“文化例外”限制，且在和加拿大的谈判中取得了阶段性成果。

最后，中国也开始发展数字产品“非歧视性待遇”规则。虽然在 RCEP 中没有规定数字产品非歧视性待遇，但是，2021 年中国申请加入《数字经济伙伴关系协定》（DEPA），表明中国有意针对该议题与国际更高标准进行衔接。DEPA 对缔约方在数字产品的非歧视性待遇进行承诺，但是也对其适用范围进行了规定。在条款 3.3.4 中表明“非歧视性待遇”不适用于广播，并且通过注释 9 指明“数字产品”不包括金融工具的数字化表示，如货币。

第五节　其他数字贸易规则

除了第二节到第四节提及的数字贸易规则主要议题，在 RTAs 谈判中还有其他受到广泛讨论的数字贸易规则。其中，“技术选择的灵活性”和“技术非歧视性待遇”的相互作用有利于促进技术创新、技术转移及保护知识产权和创新成果。另外，在国际贸易领域中，既有的贸易规则，如服务贸易自由化、减少贸易壁垒等规则对数字服务部门有一定的适用性。

因此，本节会讨论美国、欧盟和中国在“技术选择的灵活性”和“技术非歧视待遇”议题下的诉求。另外，本节会讨论传统贸易部门规则对数字服务部门的适用性。

一、“技术选择的灵活性”及“技术非歧视待遇”

☞ 背景材料 6.8

2022 年 9 月 3 日，中国汽车产业发展（泰达）国际论坛在天津经济技术开发区成功开幕。该论坛已经成功举办十七届，紧密围绕影响汽车产业发展、驱动汽车产业变革的关键要素进行讨论，为制定汽车产业政策、研判汽车行业趋势、规划企业发展提供智力支撑。在本届论坛关于汽车产业链的分论坛上，中国汽车动力电池产业创新联盟理事长、中国汽车芯片产业创新战略联盟联席理事长董扬发表题为“汽车产业链创新环境”的演讲。董扬强调，进行国内汽车产业的环境创新，要做好全行业都进行创新的准备。从政策上看，政府要保持技术中立的态度，如果过早确定技术路线，容易使得创新路线发生偏差，进而给汽车产业的发展带来限制。

资料来源：祁晓玲．董扬：创新时代要保持技术中立［N］．中国工业报，2022－09－09（003）．

从背景材料6.8可以看出，“技术中立”对创新发展起着重要作用。本节的主要内容是关于“技术选择的灵活性”和“技术非歧视性待遇”，这两个议题正是衍生于“技术中立”的议题。

要理解“技术选择的灵活性”以及“技术非歧视待遇”，首先要了解何为“技术中立”。在WTO的框架中，存在着“技术中立”原则，是指不偏重使用任何技术手段。在该原则下，一国的法律不能要求使用某种特定的技术，也不能阻碍技术未来的发展，即不对用户的技术选择采取干预或歧视性的措施。

（一）美国的“技术选择的灵活性”及“技术非歧视待遇”规则

“技术选择的灵活性”，是指缔约方不能阻止投资者在境内选择技术或其他专有技术，即投资者在使用技术进而开展商事活动上有自主性。“技术非歧视待遇”，是指缔约方不得要求或阻止投资者在境内购买、使用缔约方的技术，或者对技术提供优惠。美国在区域贸易协定的电信章节提出“技术选择灵活性”，在投资章节提出“技术非歧视待遇”。

1. 美国对“技术选择的灵活性”及“技术非歧视待遇”的诉求

从美国在RTAs下具体规定的技术类别来看，“技术选择的灵活性”所规范的是电信行业中的“公共电信服务”，是指缔约方不能阻止公共电信服务供应商选择其提供服务所使用的电信服务。这类服务可以包括基础电信业务和增值电信业务，典型特点是两点或多点之间对客户提供信息传输业务，而客户信息的形式或内容在传输过程中不会产生任何变化，其中如固定电话、移动通信、网络接入等属于基础电信业务，数据处理、多方通信、虚拟专用网等属于增值电信业务。而“技术非歧视待遇”的覆盖范围相对而言更为广泛。TPP和USMCA并没有特别指出是何种行业，在投资章节中以“技术”二字一言以蔽之。

通过对比2015年签署的TPP和2018年签署的USMCA，可以看出美国在“技术选择的灵活性”议题中对技术使用的自由度有较高的需求。美国在TPP及以前的协定中，对“技术的灵活性使用”保留了例外条款：如果其中一个缔约方资助先进网络的开发，可以将资助条件设定为使用符合特定公共政策利益的技术，即各经济体在尊重公共政策利益的基础上，在选择技术时要考虑互联网的技术标准，从而更好地实现网络的操作性，通过网络建设增进国家之间的互联互通。而在USMCA中删除了这一例外条件，即在USMCA的框架下，拓宽了缔约方选择公共电信服务技术的范围。总体来看，美国在这两个议题上的诉求，都是缔约方不得影响投资方的技术使用，要给予投资方自主选择所使用技术的自由，这与美国保持“技术中立”的原则是相符合的。

2. 美国“技术选择的灵活性”及“技术非歧视待遇”议题的动因

美国企业在现代电信行业具有先发优势，它们通过长时间的积累，研发了不少信息技术，为美国现代电信行业的发展提供动力，且在全球市场中占据相当份额。例如，美国电信企业 AT&T 具有垄断竞争的优势。结合美国电信行业等的发展历史和发展成果去分析，能够对美国推进“技术选择的灵活性”和“技术非歧视待遇”的动因有更加深刻的理解。

首先，美国通过出口专有技术，对缔约方市场形成垄断，以赚取高额利润。美国在电信行业拥有多项基本专利，其电信技术具有稳定性能好、效率高等优点。相比于发展中国家在该领域拥有的技术，美国的技术具有明显优势，因此其在电信产业向外国输出方面容易占据垄断地位。因此，美国在 RTAs 层面要求缔约方不能对电信技术的选择范围进行限制，从而保证美国本土企业能够保持技术出口的自主性，扩大美国电信行业的出口市场和提升经济利益。

其次，美国在这两个议题下的主张，可以提升美国相关技术和服务在外国市场上的兼容性，能够有效降低美国企业的出口成本。以电信服务为例，由于电信行业分为基础电信业务和增值电信业务，增值电信业务是以基础电信业务的技术设施为基础的，需要统一的标准技术方案才能成功配套。因此，如果缔约方不保持“技术中立”的原则，即采取特定而非美国的电信基础设施，将由于技术标准不一致而导致美国输出的增值电信服务或其他服务难以配套，进而导致电信系统无法运行。

对于遵从美国技术框架的国家来说，重新基于他国标准来配套相应技术，意味着需要加大时间和金钱的投入，这会增加美国进入他国市场的成本。基于这一考虑，美国十分反对他国在技术上采取限制。在 2018 年签署的 USMCA 中，美国删除了“公共政策利益”的例外条例，这会给美国向他国输出电信服务带来便利，增加统一他国市场的力度。

最后，美国通过向他国输出技术，会增加他国对美国技术设施的依赖性，进而提高美国对外谈判的话语权。上面提到，美国在电信技术和服务上具有比较优势，通过推进“技术选择的灵活性”和“技术非歧视待遇”，有助于美国电信行业等行业在他国公共技术中占据垄断地位，以“美国标准”作为更多国家统一的行业标准。从行业的角度来看，会进一步增强美国电信服务等行业的领先优势。从国家安全的角度来看，当引入了“美国标准”的国家在发展电信等行业时，需要以美国的技术作为基础进行构建和研发。对于引入技术的国家来说，存在一定的安全隐患：一方面，美国有可能在提供电信服务的过程中，通过隐秘的技术操作获得他国涉及国家安全和用户个人隐私的信息，且电信部门涉及关键基础设施，因此发展中国家在引入外国电信技术时会尽量采取谨慎态度，如国内布置的部分设备、技术要求采用本国研发的产品或技术等；另一方面，一旦美国因特殊情况停止提供服务，会导致一国日常运作的瘫痪。这意味着，该国的技术、政治、公民需求等都受到来自美国技术的约束，在一定程度上丧失自主选择的权利。美国也可以借此提高自己在与该国进行政治、经济谈判上的优势。

（二）欧盟的“技术选择的灵活性”及“技术选择非歧视性”规则

欧洲电子通信框架的关键原则之一是“技术中立”。在 20 世纪末，《欧盟电子商务指令》规定了“技术中立”的原则，并且根据行业发展需要进行修订。欧盟最高法院在“Google France 案件”中对《欧盟电子商务指令》进行了进一步解释，同时确立了地位中立的原则“是否根据《欧盟电子商务指令》第 14 条对网络服务提供商进行免除责任，需要检验服务提供者扮演的角色是否中立，如果其行为是纯技术、自动和被动的，则认为不知道也没有控制其储存的数据”。如果网络服务提供商在提供服务时对数据进行了修改等行为，则被认为不具有“技术中立”的地位（郭鹏，2020）。

由于“技术选择的灵活性”以及“技术选择非歧视性”是衍生于“技术中立”的两个议题，由此可以看出欧盟的主张：欧盟虽然暂时没有在贸易协定中以“条款”的形式进行落实，但是其主张网络服务提供商处于被动的地位，即具体的案件中需要对网络服务提供商是否处于“技术中立”进行一定检验，偏向于进行“事后管理”。

（三）中国的“技术选择的灵活性”及“技术非歧视待遇”规则

在 WTO 层面，中国对“技术中立”的原则是持认同态度的。近年来，中国在通信技术领域取得较大进步，在这两个议题下也积极表明自身主张：通过双边或多边协议推动技术选择的灵活性，减少缔约国对设施的非歧视待遇，为电信营造良好的数字贸易营商环境。例如，2020 年签署的 RCEP 中，就对这两个议题进行了规定，在 RCEP 第八章附件二电信附件中，对电信服务基础设施、国际漫游业务、技术选择的灵活性等电信服务进行规则制定（方瑞安，2022）。在第二十一条中，对技术选择的灵活性进行了规定，但保留了例外条款，即网络或服务提供者在区域内拥有技术选择的灵活性的前提是“实现合法的公共政策目标，并且该措施以不对贸易造成不必要障碍的方式制定、采取或适用”。换言之，中国在“技术选择的灵活性”议题下，主张网络服务提供商拥有一定自由度，但适用前提是不能逾越国家安全等公共政策目标。

总体来看，RCEP 条款中的电信附件主要围绕基础设施非歧视待遇、电信市场公平竞争和电信网络互联互通展开，有利于在区域内营造公平竞争的市场环境，也有利于中国电信企业发展市场。伴随中国 5G 技术的兴起以及中国签订“技术选择的灵活性”和“技术非歧视待遇”等规则，发展中国家引入他国电信行业基础设施、电信服务会增加更多选择。

二、既有贸易规则对数字服务的适用性

从传统的国际贸易到数字贸易，虽然贸易形式经历了很多变化，但其本质仍然是商品、服务和生产要素在不同的主体之间进行转移，主要表现在贸易行为、内在动因、经济意义方面存在相同之处（马述忠、房超和梁银峰，2019）。因此，部分国家在贸易谈判中

主张将既有的传统贸易规则应用于数字服务贸易中，从而提升传统贸易章节和数字贸易的联系程度。以“美式模板”为例，其在区域贸易协定中就在“传统贸易规则在数字服务的适用性”议题上通过将传统贸易章节与数字贸易进行联系，来实现其数字贸易诉求。

(一) 确定传统贸易部门规则对数字服务的适用性

由于数字服务部门涉及的领域和传统部门有着千丝万缕的联系，美国在RTAs对各部门的规则构建也体现出数字服务部门和传统部门的交叉性。自《美国－新加坡FTA》开始，美国在独立的电子商务章节（或者数字贸易章节）的第二条条款中，要求影响通过电子方式递送或实现的服务措施受相关章节条款所含义务的约束，包括协定中规定的、适用于这些义务的例外或不符措施。这意味着如“投资”“跨境贸易服务”“金融服务”等章节中所做的承诺也会涵盖基于互联网提供的相关服务。此外，美国数字产品的“非歧视性待遇”例外条款中也特别指出，“跨境服务贸易章节”“投资章节”以及“金融服务章节”这些传统贸易章节中的“不符措施”也适用于数字产品。

通过扩大已有传统贸易规则的适用范围，有利于美国在RTAs协调各种形式和领域的贸易至统一标准，体现美国在数字贸易规则构建立场上的一致性。此外，通过将传统贸易既有成果直接适用于数字贸易规则，可以在一定程度上减少谈判成本，如缩短谈判时间等。在提高谈判效率的基础上，利用成熟、规范且形成规模的传统贸易规则，达到削减数字贸易壁垒的目的。

因此，虽然RTAs的电子商务/数字贸易章节涵盖了美国大部分的数字贸易核心诉求，但是也不能忽视“跨境服务章节”“投资章节”和“金融服务章节”等章节，它们也是与数字贸易规则相关的重要部分。

(二) 既有数字贸易规则对新服务的自动适用性

由于数字技术更新迭代的速度较快，如交易平台、设备等，这导致各种新服务不断推陈出新。这意味着，数字贸易规则的各缔约方在做出承诺时，需要有事先预见性，否则若想在新服务推出时就尽快制定应对的管理措施，这对一国在数字贸易治理水平及国际社会达成协议的效率来说，极具挑战性。

为了应对数字技术的更新速度与数字贸易规则相适应的问题，部分国家通过在贸易条款中对新服务的自由化进程采取保留措施来保证自身在数字贸易的主导性。例如，在“美式模板”下，引入了一系列有助于促进服务贸易自由化进程的机制创新元素，其中最为关键的一点是采用“否定列表”的承诺方式。否定列表，又称负面清单，与正面清单相对应，即除了否定列表上的行业（模式），其他行业、领域的活动都是被允许的，在清单上的明确列出的是适用于特定服务部门（模式）的例外措施。与正面清单相比，否定列表的服务承诺具有普遍适用性，通过列明否定列表，能够使美国等经济体有更多时间、更从容地应对由于新服务产生带来的更新数字贸易规则的问题。

对于服务业尤其是数字服务业发展较为落后的经济体来说，由于缺乏经验而导致既有的数字服务贸易规则对新服务具有自动适用性，进而导致既有规则不能满足规范国家新服务发展的需求，将会给该国的相关行业治理带来巨大的挑战。

首先，缺乏对“跨境数据流动”和“数据非强制本地化”的有效管理，对一国而言存在巨大安全隐患。如果缺乏对数据流动的管制，会导致数字资源，如个人隐私信息乃至国家机密信息不断流向包括美国在内的发达经济体。相比美国等具有技术优势和发展优势的国家来说，落后的发展中经济体在数据获取和传输中本就缺乏优势，数字技术鸿沟会导致它们在一定程度上丧失数字主权，进而丧失更多经济利益，甚至可能导致国家安全问题。

其次，“技术非强制本地化”和“源代码非强制本地化”等美国倡导的数字知识产权保护措施不利于发展中经济体的技术创新。在数字经济飞速发展的社会中，越来越多的服务需要采用数字技术，发展中经济体往往缺少研究发展数字技术的人才资源及技术积累，因而往往需要从发展中经济体进口数字技术资源。如果禁止新服务的相关技术流向其他国家，则会增加发展中经济体对发达经济体基础设施、技术的依赖性，进一步扩大数字技术鸿沟，出现“马太效应”。

最后，如果发展中经济体的市场准入将“非歧视性待遇”自动适用于新服务，会对落后的发展中经济体自身的数字产业发展和法律监管带来冲击。此举相当于迫使发展中经济体打开其脆弱的数字产业市场。当一国完全开放特定数字部门或产业，除非该国在产业上具有优势地位以及完善的法律法规，否则容易面临被外国先发企业争夺市场的风险。

本章小结

本章介绍了 RTAs 框架下的数字贸易构建情况，主要从“数据相关规则”“数字知识产权规则”“特定市场准入规则”“其他数字贸易规则”四个方面进行总结。从经济体的角度来看，主要介绍了美国、欧盟以及中国等数字强国、数字大国在数字贸易中的规则主张。

数字资源被誉为“新时代的矿产资源”，数字产业的知识产权保护、数字服务在他国的准入问题，会因为各国的国家利益、国家立场、国家安全理念等不同而产生碰撞。通过本章的学习，可以了解到美国在 RTAs 下的数字贸易立场诉求，典型的如“跨境数据自由流动”和“数据储存非强制本地化”。发达经济体和发展中经济体对源代码、核心算法等相关技术是否公开的问题各有主张，对“网络服务提供商的第三方侵权责任豁免”议题也存在不同的处置方法。而且，不同发展程度的经济体对“市场准入”也存在不同的需求，如美国通过减少他国对技术进口的限制，来保证自身数字技术在海外市场的垄断地位。最后，还可以了解到不同国家对“传统贸易规则对数字服务适用性”的规则构建进程存在差异。

本章分析了美国和欧盟等多个经济体在 RTAs 层面构建的数据相关规则、数字知识产权规则、特定市场准入规则和其他数字贸易规则；探讨了各大经济体在数字贸易治理中的诉求。需要进一步思考，应该如何从发展中国家的角度考虑上述议题，中国应如何结合自身发展情况参与全球数字贸易治理，又如何对接国际上的既有高标准数字贸易规则。把握RTAs下既有数字贸易规则体系的发展情况，对于明确中国数字贸易规则发展路径和方向有着重要意义。

思考题

1. 结合美国、欧盟、中国等经济体的规制情况，概括这些经济体在“数据储存本地化”的立场。

2. 选择其中一个经济体，结合该经济体的社会基础（如网络安全环境、互联网发展规模等现实状况），从不同角度诠释该经济体在“数据储存非本地化”下所采取的国际规则诉求、进行国内立法的必要性。

3. 请思考“数据储存非本地化”议题和“跨境数据自由流动”议题之间的关系。

4. “网络服务提供商第三方侵权责任豁免”对网络服务提供商、网络内容提供商等网络参与主体有什么影响？

5. 美国在贸易协定谈判中，体现出突破其他经济体“文化例外”的诉求，为什么世界各经济体对此采取警惕的态度？

第七章 WTO框架下的数字贸易规则

▶学习目标

1. 理解WTO层面的数字贸易规则构成。掌握WTO框架下与数字贸易相关的主要协定，包括GATT、ITA、TBT、TFA、TRIPS和GATS等，以及它们对数字贸易的具体规定、影响、适用性和局限性。

2. 了解各方在WTO层面的数字贸易提案中的立场和诉求。了解各方对于跨境数据流动、数据储存非强制本地化、源代码保护、数字产品非歧视性待遇、网络中介责任豁免和加密技术等核心议题的立场差异。

3. 探讨WTO数字贸易规则谈判进程缓慢的原因，包括成员间的利益分歧、技术发展水平差异、国内法规限制等因素。

4. 评估中国在数字贸易规则发展中的机遇与挑战，探讨中国的数字贸易规则发展路径。

▶思政目标

1. 通过学习WTO框架下的数字贸易规则，使学生理解并尊重国际贸易中的多边规则和协定，认识到WTO框架下国际规则在维护全球贸易秩序和促进经济发展中的重要性。

2. 帮助学生认识WTO框架下构建特定数字贸易规则的影响。例如，认识知识产权保护对鼓励创新和推动技术进步的重要性，培养学生尊重和保护知识产权的意识。

第一节 WTO框架下数字贸易规则构成

☞ 背景材料7.1

2022年6月12日到17日，WTO第12届部长级会议（简称“MC12”）在瑞士日内瓦举行。此次会议达成多项共识，取得了“1+4”成果。“1”即《MC12成果文件》，“4”包括了四方面内容。一是在疫情防控产品方面的《关于〈与贸易有关的知识产权协定〉(TRIPs)的部长决定》和《关于WTO新冠疫情应对和未来疫情应对准备的部长宣言》，二是渔业方面以贸易与环境为主题的《渔业补贴协定》，三是粮食安全方面的《关于紧急应对粮食安全问题的部长宣言》和《关于世界粮食计划署购粮免除出口禁止或限制的部长决定》，四是与数字贸易密切相关的《关于电子商务的工作计划》。

在全球贸易纷争不断、WTO 争端解决机制面临停摆和多项国际贸易新议题悬而未决的背景下，MC12 的“1 +4”成果是多边框架下一次关键性的胜利。因为 MC12 的“1 +4”成果有助于打破 WTO 在多边规则制定和多边贸易体制改革所面临的僵局。它展示了世界贸易组织成员共同推动多边体系发展的决心和应对全球各种挑战的能力，进一步提振国际社会对多边贸易体制的信心，为应对全球挑战、世界经济复苏注入一股强劲暖流（中华人民共和国商务部，2022）。

具体至本书的主体内容“数字贸易”方面，MC12 重振《电子商务工作计划》相关工作，将“电子传输临时免征关税”的做法延续至下一届部长级会议。一方面，这无论是对于 WTO 成员的数字贸易谈判，还是对于中小企业参与数字贸易，都是重要的利好消息。虽然 1998 年各成员已经在 WTO 框架下作出非永久性的电子传输免关税承诺，但是在数字技术快速发展的背景下，数字贸易在规则适用上的不确定因素是远多于二十余年前水平的。再次延续这一承诺的期限，对于降低数字贸易壁垒而言具有重要意义。但另一方面，在承诺期限上，各缔约方尚未在“永久性”的电子传输免征关税的问题上达成一致意见，这也将使电子商务企业面临较大的不确定性。未来 WTO 框架下的谈判是进一步延长这一议题的承诺期限，还是因技术水平和法治水平的提高而对电子传输施加更多的关税限制，都是未知数。

需要注意的是，MC12 的“1 +4”成果针对包含数字贸易在内的国际核心关切仍存在不少空白。尽管 MC12 在广度上覆盖领域广泛，但是此次会议并没有涉及贸易自由化、市场准入等重要议题；在争端解决机制、农业改革问题上各方也尚不能达成一致。特别在数字贸易领域，MC12 未就跨境数据流动和获取等近年来的数字贸易核心关切推进谈判进程。

在全球面临粮食安全问题、新冠疫情蔓延、地缘政治冲突等多重危机的情况下，WTO 的规则发展对于营造良好的数字贸易乃至国际贸易营商环境而言非常重要。但是，WTO 的改革道阻且长，这需要各成员秉持人类命运共同体理念，维护多边贸易体制，在 MC12 的成功经验上，利用“绿屋会议”等非正式磋商程序，在各自利益问题上做出适当的让步和妥协。

从上述 MC12 的议程可以看到，WTO 是多边贸易谈判的关键平台，也是数字贸易规则发展的重要载体。事实上，WTO 框架下的协定已经涵盖了不少数字贸易规则，新的数字贸易议题亦在 WTO 谈判中备受关注。

本节将聚焦以下 WTO 框架下的协定，展开数字贸易规则分析。

1. 《关税与贸易总协定（1994）》（General Agreement on Tariffs and Trade，GATT）。
2. 《信息技术协定》（Information Technology Agreement，ITA）。
3. 《技术性贸易壁垒协定》（Agreement on Technical Barriers to Trade，TBT）。
4. 《贸易便利化协定》（Trade Facilitation Agreement，TFA）。
5. 《与贸易有关的知识产权协定》（Agreement on Trade - Related Aspects of Intellectual

Property Rights，TRIPS）。

6.《服务贸易总协定》（General Agreement on Trade in Services，GATS）。

一、GATT 中的数字贸易规则

《关税与贸易总协定（1994）》（General Agreement on Tariffs and Trade，GATT）是在布雷顿森林体系下为规范和促进国际贸易发展而订立的国际协定。GATT 的原则是自由、非歧视和多元化，其中最重要的议题是货物贸易的关税减让。在数字贸易方面，GATT 涉及了数字基础设施等相关内容。其中，支撑互联网运作的信息通信技术（Information and Communications Technology，ICT）产品（如电缆、服务器和路由）是典型的代表。GATT 针对 ICT 硬件的关税问题进行了规范，还提出了“非歧视性待遇”（包括“国民待遇”和“最惠国待遇”）及“当地成分”剔除条款。

二、ITA 中的数字贸易规则

《信息技术协定》（Information Technology Agreement，ITA）致力于降低甚至消除 ICT 产品（包括手机半导体、无人机、工业机器人、医疗设备等）的关税税率，并扩大该承诺所涵盖的产品范围。

随着数字技术的发展，对数字技术创新有着重要贡献的 ICT 成为信息技术强国减免关税壁垒的重点目标。2015 年，WTO 第十届部长级会议达成 ITA 扩围全面协议。作为一项涵盖了 82 个成员的诸边协议，ITA 在扩围中将免关税的细目增至两百余种，涵盖的 ICT 产品类别的贸易量占全球 ICT 贸易总量从 95% 上升至 97%，包括新一代半导体和 GPS 导航设备等新兴技术设备。在 ITA 以及一些相关 RTAs 的作用下，计算机、半导体等 ICT 产品在 2016 年的进口价格较十年前同期下降了 66% 左右（资本品的平均进口价格的下降幅度仅停留在 25%）。ITA 扩围中的 ICT 关税减免措施以及最惠国待遇可以进一步促进 ICT 技术的普及。由于计算机和电信设备等 ICT 产品是数字内容对外输出的基础设施，因此 ICT 关税减免可有效减少数字内容的传播成本。

ITA 扩围给数字贸易领域基础设施建设带来了利好发展，也让信息通信技术产品对于生产者和消费者来说变得唾手可得。相关产品出口占比的提高也使得各经济体在生产信息通信产品的全球价值链中的参与度不断提高。

三、TBT 中的数字贸易规则

在多边框架下，WTO 成员方还从减少非关税壁垒的角度出发，制定了《技术性贸易壁垒协定》（Agreement on Technical Barriers to Trade，TBT）。TBT 在关贸总协定东京回合上进行了修改和补充，通过提升对外来产品的“非歧视性待遇”来减少贸易的障碍。

TBT 作为一个多边框架下的协定，规范适用于信息传播的技术法规和标准以及技术和电子产品政府措施，典型的如电信部门的管理标准、宽频网络和有关加密的规例。

电信技术是数字贸易发展的基础，因为数字服务的提供依赖于以电信基础设施为支撑的互联网服务。而电信技术本身也与数字贸易密切相关，如提供数据处理服务的互联网数据中心（Internet Data Center，IDC）属于电信中的增值电信范畴。TBT 等协定通过规范电信行业基础电信和增值电信的标准，可以加强互联网的互联互通，提高国际上增值电信服务的适用性，进而促进数字贸易的发展。

四、TFA 中的数字贸易规则

《贸易便利化协定》（Trade Facilitation Agreement，TFA）是 2013 年 WTO 达成的巴厘一揽子协议中的突出成果，于 2017 年生效。

TFA 作为一项多边协议，是在谈了十多年的多哈回合中取得的唯一实质性成果。由于多哈回合谈判举步维艰，因此 TFA 便被纳入之前的《乌拉圭回合最终文件》中，这是 WTO 法律体系和规则演变的新探索，也更好地适应了当今复杂多变的国际政治经济新形势。TFA 的定位也使得它与 WTO 其他协定“平起平坐”。而且根据法律原理，作为后法的 TFA 相较于前法，具有效力优先的优势。因此为了不抵触 GATT、TBT 和 SPS 等 WTO 框架下的其他协定条款，TFA 在“最后条款”（或称为“兜底条款”）中进行了列举说明。但与此同时，TFA 并未明确排除其他相关协定。

TFA 致力于减轻少额低值货物的通关成本，有效促进了国际贸易发展，增强了全球供应链韧性。它在 GATT 关税减让的基础上，降低了贸易平均成本的同时还简化了海关通关程序，加快了基于互联网的零售服务中跨境商品的通关速度。其中，“单一窗口”是 TFA 中具有代表性的措施，要求通过“单一窗口”提交过关时的相关证明和数据，避免了进出口商耗费过多时间和精力办理各种烦琐手续，如重复提交材料、前往多个窗口进行业务申报等程序。TFA 与 GATT 这两个协定间存在一致的内容，即它们都是针对跨境货物所设定的协议。TFA 在 GATT 免关税的基础上，减少了货物出入境时的障碍。相比单纯减免关税，TFA 和 GATT 两者相结合更有助于推动自由贸易的顺利发展。

TFA 还设立了帮助最不发达经济体和发展中经济体获得技术援助和能力建设的条款，它们可以根据自身实际情况确定实施时间表，而发达经济体必须在生效日起执行所有规定。但是这些规则只是涵盖数字贸易的个别内容，并未深入和全面地解决数字贸易所涉及的多种非关税壁垒。

五、TRIPS 中的数字贸易规则

不少数字贸易交易的标的是知识密集型产品或技术密集型产品，因此 WTO 专门为与贸易有关的知识产权保护构建了《与贸易有关的知识产权协定》（Agreement on Trade -

Related Aspects of Intellectual Property Rights，TRIPS），在国际贸易规则层面上对不同形式的知识产权如技术、专利和商标版权提供保护；同时引入 WTO 争端解决机制以保证协定有效实施，减少国际贸易中的扭曲和障碍，以达到有效保护知识产权的目的。

在数字贸易时代，源代码的转让和获取也成为知识产权的问题之一。各经济体对此持有不同诉求。在多边框架下的保障措施虽然给数字知识产权内容保护提出了最低的要求，并在成员间达成共识，但在实践上还是缺乏力度。

六、GATS 中的数字贸易规则

相较于上述协定，《服务贸易总协定》（General Agreement on Trade in Services，GATS）是 WTO 框架下与数字贸易最为相关的贸易协定。这是由于数字贸易是服务贸易的有机组成部分，服务相关的贸易规则对于数字贸易而言非常重要。

GATS 作为专门管制服务贸易的多边协定，采用了分类的方法来对国际服务贸易进行诠释，依据跨境要素的情况把服务贸易分为四种模式（见表 7－1），涵盖了绝大部分传统服务内容。

表 7－1　服务贸易的四种模式

跨境交付（模式 1） Cross－border supply	从一成员方境内向另一成员方境内的服务消费者提供服务，例如通过电信、邮电、计算机网络等提供的跨界服务
境外消费（模式 2） Consumption abroad	一成员方的服务消费者在另一成员方境内接受涉外旅游服务、境外就医、留学等
商业存在（模式 3） Commercial Presence	一成员方的服务提供者到另一成员方境内建立经营企业或专业机构提供服务，例如在境外开设银行、保险、律师事务所等
自然人流动（模式 4） Presence of natural persons	一成员方的服务提供者个人到另一成员方境内提供服务，如一国教授、工程师或医生到另一国从事个体服务等

资料来源：中国服务贸易指南网.

关于协定的涵盖内容，GATS 的“最惠国待遇”、基于“肯定列表”（或“正面清单”）的“市场准入”和“国民待遇”有助于为跨境服务和商业存在的投资营造稳定环境。服务贸易中“最惠国待遇”原则适用的对象不仅包括服务本身，而且包括服务的提供者，这与货物贸易的“最惠国待遇”不同，货物贸易的适用对象仅仅是成员方进出口的产品，而不涉及产品的提供者。GATS 的电信附件载有促进电信竞争的规则条例，旨在防止主要电信供应商从事反竞争行为，同时规定服务提供者可使用公共电信设施传输数据。GATS 的金融附件规定各成员不限制基于网络平台的金融服务数据的流动。另外，GATS 也致力于升级既有条款以适应数字贸易的发展诉求，如 2005 到 2007 年就 CRS（Computer and Related Service）类目（包括搜索，服务器托管软件和云计算）的开放进行协商。

本节对 WTO 框架下的数字贸易规则进行梳理。可以预想到，在数字技术飞速发展的时代，数字经济水平的提升对各国数字贸易规则的制定和实施提出的要求也将更加多样化。为了适应数字贸易这种新型交易模式，已有的数字贸易规则会遇到什么新的挑战，这将成为本章第二节的讨论重点。

第二节 WTO 框架下现有协定对数字贸易规则的挑战

在过去的二十余年中，随着以互联网为代表的 ICT 的发展，数字贸易发展日新月异。如今，从可以把各种房产和运输资源整合在一起的共享平台如 Airbnb 和 Uber，到基于电商平台的跨国贸易，都离不开“数字化”这一关键词。

这种贸易内容及性质的转变给传统国际贸易规则带来了巨大的挑战。虽然在 WTO 多边体制下的数字贸易规则也早已初现端倪，但它们不仅在文本设计上，而且在实际操作执行上都遇到不少困难。

一方面，已有的传统数字贸易规则如 WTO 框架下 1995 年生效的“三大支柱”——GATT、GATS、TRIPS 就数字贸易议题也发展了具有法律约束力的条款，ITA、TBT 和 TFA 等也涵盖了不少数字贸易相关规则，但 WTO 框架下的特定数字贸易规则仍有待发展。虽然 WTO 认识到数字贸易对世界经济发展的重要性，并自 1998 年起推出了《电子商务工作计划》以实现数字贸易便利化。

另一方面，WTO 在特定数字贸易规则的制定上却进展甚微。阻碍的根源在于 WTO 没有厘清以数字形式传输的产品是属于货物还是服务，应该适用于 GATT 还是 GATS。换言之，近年来这些规则并没有应数字贸易的发展需求做出配套的变革。这导致现行的多边框架未能满足数字贸易的管制需求，不利于数字贸易的长远稳定发展。

相比于 WTO 规则的踟蹰不前，近几年在 RTAs 框架下以 USMCA 为代表的“美式模板”提出了不少数字贸易规则新内容，可谓打破了 WTO 在构造数字贸易规则中的困局，也促使各大经济体在 WTO 上推进数字贸易规则的革新达成了共识。在 2019 年的达沃斯世界经济论坛上，包括美国、日本、欧盟和中国在内的 76 个经济体同意在 WTO 框架下展开数字贸易谈判。在各经济体的提案之中，提及较多的议题既包括开放的贸易环境/贸易便利化、关税、隐私保护和在线安全、数字贸易的基础设施、数字支付和无纸化交易、知识产权、数据本地化、国内规制、发展中经济体和发达经济体的利益，也包括微型和中小型企业。但多方针对关键的数字贸易议题（如“跨境数据自由流动”）并未达成一致意见。

☞ 背景材料 7.2

概览——多边框架下的数字贸易规则

总体来看，WTO 框架下的相关协定对数字贸易治理并非一无是处。由于数字贸易中有很大一部分内容与各种传统贸易领域相交叉，因此陈旧僵化的 WTO 框架对于数字贸易而言具有一定的适用性，对数字贸易规则体系的构建也有着重要的参考与启示意义。事实上，这些年来 WTO 框架下的“三大支柱”GATT、GATS 和 TRIPS 与数字贸易密切相关（如表 7-2 所示），分别在货物、服务、知识产权保护三大领域夯实具有法律约束力的条款，对降低关税、削减各种非关税壁垒和扩大服务市场准入、知识产权保护等方面上作出了巨大贡献。

表 7-2 WTO 框架下的协定的数字贸易内容

协定的数字贸易相关内容		GATT	TFA	ITA	TRIPS	TBT	GATS
数字内容	基于互联网提供的零售服务	√	√	√			
	娱乐（书本、电影、音乐、游戏和电视）				√		√
	电信（网络接入、邮件、VOIP 等）						√
	零售和供应链管理	√	√				√
	金融服务（支付和其他金融交易）						√
	其他（社交媒体、数据存储和处理、云计算等）				√		√
技术	域名				√	√	
	IP 地址				√	√	
	软件				√	√	
	互联网协议（Internet Protocals，TCP/IP）				√	√	
基础设施	海底和陆地电缆	√		√		√	
	卫星和无线网络	√		√		√	
	互联网交流点					√	
	设备（电脑、智能手机等）	√	√	√	√	√	

此外，WTO 框架下的 TFA、TBT 和 ITA 在实现贸易便利化、降低技术壁垒以及 ICT 产业关税减免上进行了不少扩展和延伸，对提高各国的数字贸易自由化水平和推动数字贸易发展有着重要贡献。值得注意的是，WTO 体制中“争端解决机制”具有法律约束力。相比而言，近年来兴起的 RTAs 虽然涵盖了不少新兴的数字贸易相关议题，但是并未引入这一机制。因此相比大多数区域协定而言，多边协定可能更能对数字贸易冲突实施有效管制。总而言之，数字贸易及经济全球化从 20 世纪 90 年代快速发展至今，GATT、GATS、TRIPS、TFA、TBT、ITA 这六大协定功不可没。对此，本节将从数字贸易的发展给 WTO 框架下的这六个主要贸易协定带来的挑战这一视角出发，对多边数字贸易规则进行整理和分析。

资料来源：López González，J. and J. Ferencz（2018），“Digital Trade and Market Openness”，OECD Trade Policy Papers，No. 217，OECD Publishing，Paris，https：//doi. org/10. 1787/1bd89c9a - en. Page14.

一、数字贸易发展给 GATT 带来的挑战

GATT 的承诺覆盖对象是货物，要求控制货物贸易的税率，提倡削减非关税壁垒（如

国内规制、市场准入等限制性措施）。由于关税措施是 GATT 的重点规范内容，如果各方将对进出口产品的限制措施都集中在关税措施上，不仅可使跨境进出口门槛以及成本预测变得简单明了，还有助于 GATT 规则的应用。但数字贸易产品属性不清，且它们的壁垒多为非关税壁垒，这导致 GATT 规则在数字贸易的应用上至少面临了如下挑战。

（一）GATT 承诺的适用范围

GATT 框架下成员方针对货物贸易所做自由化承诺是否能覆盖到数字产品（如计算机程序、文本、视频、图像、录音或其他数字编码产品），并没有做出明确界定。特别是针对存储数字内容的介质（如光盘），究竟是应该将其视作货物，基于 GATT 的规定按其介质税率来征收关税，还是视作文化服务产品适用于 GATS？对此，美国和欧盟之间存在严重分歧。美国坚持按照货物对待，而欧盟坚持文化例外原则，将其视作服务。欧美对定义重视的原因在于，定义和属性的界定会直接影响到各种非歧视性待遇和市场准入措施的适用范围。

例如，GATT 针对不少货物的关税减免，在多个成员间达成了一致意见。与此相对，GATS 中各成员方就多个议题的立场存在较大差异，难以达成广泛共识。因此，如果美国在多边框架下将数字产品定性为货物，其数字产品输出将能享受到 GATT 的关税减免待遇。相比而言，如果定性为服务，则这些数字产品需要适用于 GATS 而非 GATT，相应地数字产品输出者所享受到的壁垒减免措施将有所减少。由于这关系到数字产品能享受多少优惠待遇，因此各方仍于 GATT 在数字产品的适用性存在较大立场分歧。

（二）GATT 与 GATS 项下义务的累加性

数字产品究竟属于货物还是服务，其属性定义不清有可能让其面临更多的义务。因为当属性界定不明时，数字产品有可能处于 GATT 和 GATS 的交叉领域，即同时适用于两项协定的承诺。

事实上，GATT 与 GATS 适用范围的交叉导致了贸易争端中法律适用的难题，即 GATT 与 GATS 项下的义务不是互斥的，而是具有累加性。具体来说，在 GATT 与 GATS 适用范围的交叉领域，某项措施可能同时承担违反两个协定的责任；甚至，在交叉领域内，即使某一经济体在某服务部门下不作出具体承诺也可能会因其影响该服务的措施而受到惩罚（该惩罚不是来自 GATS，而是来自 GATT）。于是，当产品处于交叉领域时，成员方往往会倾向于被迫开放其未承诺开放的服务部门，从而避免受到在 GATT 下力度可能更大的惩罚。这种被迫开放实质上增加了成员在交叉领域的义务，给成员相关数字产业部门及 WTO 法律体系的应用带来负面影响。

二、数字贸易发展给 GATS 带来的挑战

GATS 与数字服务、技术发展密切相关，GATS 项下各成员的承诺义务可分为“水平

承诺”和“特定承诺”。一是“水平承诺”，相关规定能够普遍适用于各种服务部门和模式。包括第二篇“一般义务及规定”的第二条“最惠国待遇”、第三条“透明化”和第六条“国内规章”。二是“特定承诺”。有一部分 GATS 规则被划分在第三篇“特定承诺”中，包括第十六条“市场准入”和第十七条“国民待遇”。由于数字贸易涵盖大量的服务，因此不少 GATS 条款也可适用于数字贸易。但数字贸易的发展也给 GATS 带来了挑战。

（一）基于正面清单的承诺模式难以规制多种限制性措施

☞ 背景材料 7.3

关于“正面清单”

“正面清单（positive list）”，又被称为“肯定列表”“积极清单”，是指一个国家或地区以清单方式列明允许的市场准入主体、范围和领域等内容。在正面清单模式下，清单所列行业外资被允许或鼓励进入成员方市场。在正面清单管理模式下，市场主体无法进入清单未列出领域或业态，即“法已禁止不可为”，这就可能会严格限制市场主体的经济活动自由。

由于 GATS 是采用正面清单模式进行承诺的，因此各成员所作出的“特定承诺”仅适用于其承诺开放的“特定部门”和“特定服务贸易提供模式”。某一成员只有在特定承诺列表列出相应内容时，才会承担特定义务。这些义务主要涉及“市场准入”和“国民待遇”两方面。各方根据自身情况在各自的承诺减让表中列出开放内容。

但 GATS 项下这种正面清单的承诺方式在数字贸易发展的大背景下面临着不少限制。对于成员方没有在正面清单作出开放承诺的部门和特定内容上，成员可以采取一些限制性措施。成员方针对游离于正面清单范围外的内容，所实施的限制措施相比于传统针对货物贸易的关税和非关税措施而言，更为纷繁复杂且难以管制。如成员方对境外提供商施加国内税和配额措施等，降低了数字贸易在“国民待遇”和“市场准入”上的总体开放程度。

（二）GATS 规则对数字服务的适用性

GATS 框架下的服务部门分类表（W/120）是在互联网发展初期发布的，因此没有明确指出是否涵盖新兴数字服务。由于 GATS 签订时这些数字技术并未出现或没发展到如今水平，且多年来 GATS 没有随着数字技术的发展进行突破性革新，因此各方就数字产品在 GATS 对数字服务的适用性方面存在以下争议。

1. 为数字服务设立新部门分类的必要性

数字服务（如线上视听产品和线上游戏）难以与传统服务完全重叠，新兴技术或数字产品是否适用于 GATS 的部门分类？一些新兴服务（如云计算、网络搜索和在线赌博）是否适用成员在 GATS 中的既有承诺，还是应该在 GATS 的传统部门分类列表基础上建立新的数字服务部门分类？

这些问题依然没有定论。包括美国和欧盟在内的 WTO 成员，对自身早年的 GATS 承诺对新兴技术或数字产品的适用性问题亦可能会持有否定意见。如果把所有电子传输的服务都简单归为传统的计算机服务，基于已有承诺，不少经济体都不得限制这些服务的市场准入。这在数字经济快速发展的大背景下，会给这些经济体的行业管制带来巨大挑战。尤其是发展中经济体担心如果把数字服务纳入传统部门，会与国内法制产生冲突。因此，GATS 的分类列表仍然冻结在初始状态，尚未对新出现的数字服务进行新的分类。

2. 特定的数字服务在 GATS 中的部门归属问题

援引 GATS 至数字服务时，这些数字服务具体可适用于 GATS 项下的哪一个具体部门？数字服务本身的部门界限比较模糊，如线上视听至少涉及视听和计算机两个既有的传统服务部门。由于 GATS 框架下成员方对不同部门的既有承诺（如“市场准入”和“国民待遇”）千差万别，部门归属直接关系到成员在数字贸易中所享受的待遇和产业利益，因此目前各成员就数字服务的部门归属问题争论不休。这些不确定性导致各成员在数字贸易的摩擦难以精准援引 GATS 相关规则来解决。

3. 数字服务的服务模式归类存在分歧

数字服务的服务贸易模式归类在各方间存在不少争议。其根本原因在于采用不同模式背后，服务提供者能享受到的待遇存在较大差异。到底是归类于模式 1 的“跨境提供”，还是模式 2 的“境外消费”？

例如，虽然“美国博彩案”认为互联网环境下的服务适用于模式 1“跨境提供”，但有些成员认为在实践中消费者可以在互联网上寻求他方提供的服务，应将数字服务内容归类于模式 2“境外消费”。分歧的根源在于，GATS 框架下模式 2 所承诺的开放水平普遍比模式 1 高。模式的归属会直接影响数字服务在东道国市场准入方面所享受到的待遇。因此数字服务的模式归属问题成了各方争论的焦点之一。

又如，“美国诉中国银联案”中，美方指控中国阻碍了外国电子支付服务提供商到中国市场与银联的公平竞争，分歧焦点主要集中在 GATS 项下的“市场准入”和“国民待遇”上。WTO 裁定美方的电子支付服务提供商应按照中国的条件和程序设立模式 3“商业存在”，不得通过模式 1“跨境交付”方式进行该业务。由于“跨境交付”模式被认为是最富前景的服务贸易提供方式，因此该次裁决给美国跨境提供金融服务的模式选取方面带来了重大影响。[①]

（三）争端解决机制的数字贸易造法功能未被普遍运用

因为争端解决审理可依据既有案件审理结果进行判断，所以争端解决机制被誉为 WTO 框架下“皇冠上的明珠”。

但在实践中，现阶段 WTO 框架下这一“皇冠上的明珠”在数字贸易的纷争上应用不

---

① 详细内容介绍见本章第四节：WTO 框架下的服务贸易争端。

多。一是如上所述，这是因为 GATS 本身在数字贸易这一范围内仍有很多未解难题，如各方尚未对数字内容本身的属性、分类及适用性达成明确精准的规范。二是因为国际规则和国内法存在产生冲突的可能性。成员方担心上诉机构和专家组的审理结果与国内规制相抵触。成员方对数字内容治理时需要兼顾到较为敏感的政治问题如人权、网络治理和经济发展，往往需要采取审查、数据保护和互联网治理等国内规制进行管理。如果轻率地把纠纷（如对于 Google 和 Facebook 的搜索禁令）诉诸争端解决机制，很可能会对这些国内规制的运用带来负面影响。因此，在数字贸易治理中比较保守且在边境后施行较多限制性措施的成员对于将数字贸易冲突诉诸 GATS 还是比较谨慎的。

值得注意的是，虽然诉诸 WTO 框架的数字贸易争端并不多见，但是近年还是出现了一些边境后数字贸易相关措施违反 GATS 协定的数字贸易诉讼。如 2017 年美国、日本、加拿大和澳大利亚针对中国的《中华人民共和国网络安全法》（简称《网络安全法》）发起诉讼，担心中国的《网络安全法》会冲击 ICT 产品的贸易。美国提出《网络安全法》会限制数据自由流动，导致美国无法在中国的 WTO 承诺范围内提供服务。

（四）未能明确“跨境数据传输”的相关规范

数据流动依托于互联网来实现，数据要素是数字贸易生存发展的命脉，但 GATS 未能给“跨境数据传输”提供法律上的保障。在法规模糊不清的情况下，围绕“跨境数据传输”这一问题，GATS 有以下三个方面的问题尚待解决。

☞ 背景材料 7.4

关于“跨境数据流动”

1980 年，经济合作与发展组织（Organization for Economic Co－operation and Development，OECD）在《关于保护隐私和个人数据跨境流动指南》中第一次提出跨境数据流动的说法，即个人数据跨越国境的活动。到 1982 年，联合国跨国公司中心（United Nations Centre on Transnational Corporation，UNCTC）把跨境数据流动从个人数据扩大到可读数据跨境处理、存储等活动，即跨境的机器可读数据的处理、储存或者检索。只要数据是跨越国界进行传输、处理的，就可以视为跨境数据流动。到了如今的数字经济时代，互联网的存在与发展使得政府和社会可以即时跨境连接和接触境外数据，不必受到太多地理因素的限制。

1. 未普遍承认“跨境数据传输”的重要性

GATS 在多个附件中引入了有关数据的议题，如在“电信”附件表示认识到跨境数据传输的重要性的同时强调要保证隐私和数据安全；在“金融”附件中则表明不得妨碍电子金融信息的转移。但数字贸易除了电信和金融外，还包含线上视听、广告、电脑和相关服务等多个部门。GATS 并未对这些数字贸易相关部门广泛地承认跨境数据流动的重要性。总体来看，WTO 框架下成员在“跨境数据传输”的进程只停留在初始阶段。

2. GATS 规则对“跨境数据传输”的适用性问题

各界对于 GATS 条款在“跨境数据传输”的适用性存在较大分歧。对此持有肯定意见的一方认为:“数据存储本地化（要求使用当地设备或者服务）”可对应于 GATS 模式 3“商业存在”的措施上，应当适用于 GATS 的“当地成分”要求。而由于不少成员方并没有在 GATS 中限制“当地成分”，所以 GATS 是默许了各方在跨境传输数据时自由选择数据存储地的。

与此相反，对 GATS 在数据流动上的适用性持否定立场的一方认为：GATS 着重开放的并非数据流动，而是语音交流产业。因此 GATS 条款并不适用于互联网环境下的“跨境数据传输”。

3. “跨境数据传输”和“隐私保护”的平衡问题

进入数字经济时代，数据是全球化市场的重要生产要素。数据能创造价值的前提条件是保证数据流动。但数据的流动在创造经济效益的同时，也很可能带来多种维度的侵权问题，如数据隐私侵权。对于隐私问题的处理，不少成员采用了数据本地化措施或者数据流动限制性措施。但数据流动的限制可能会引致全球化市场变为国家或区域市场。

GATS 涉及了隐私问题内容。如 GATS 第十四条一般例外规定了“隐私例外”，即在涉及成员方国内法和国内规制实施的情况下，当措施不与协定冲突且目的是保护个人隐私时，成员方可以对跨境服务贸易采取“隐私例外”条款。但由于 WTO 争端解决机制中尚未有就数据流动援引此例外条款的先例，因此无法确定当“跨境数据流动”涉及隐私问题时，可否有效援引 GATS 的例外条款。

☞ **背景材料 7.5**

关于新议题的重要载体——JSI

由于 WTO 成员方众多，各方利益诉求不一且存在较大分歧，WTO 在过去多轮谈判中围绕核心数字贸易议题难以达成新共识。为此，有共同诉求的部分成员采用了“联合声明行动”（Joint Statement Initiatives，JSI）这种方式在 WTO 提出数字贸易诉求。JSI 成员构成可以灵活变动，目前已有 86 个 WTO 成员方参与讨论，它们的贸易量占全球总额九成以上。作为一种诸边协议谈判工具，它为停滞不前的 WTO 规则谈判注入了新活力，为 WTO 谈判添加新议题甚至达成新共识。针对数字贸易，JSI 的电子商务提案涵盖了多个核心议题，如跨境数据自由流动、源代码保护、数字产品非歧视待遇等，虽然目前谈判各方提交的讨论文件在立场上存在较大分歧，但丰富的文本内容也为未来的多边规则发展夯实了基础。

三、数字贸易给 TRIPS 带来的挑战

TRIPS 虽然早于 1994 年已经达成，但也涵盖了近期兴起的数字贸易相关内容，如源

代码。但数字技术的快速发展给 TRIPS 的数字知识产权保护规则带来了较大挑战，主要体现在如下方面。

☞ 背景材料 7.6

关于“源代码”

源代码（Code，也称源程序）是一种编译的文本文件，需要遵循特定程序设计语言和规范书写。它也是可读的一系列计算机语言指令。在现代程序语言中的出现形式较为多样，主要是书籍或者磁带。最为典型的表现格式是文本文件，这种格式有助于编译计算机程序。由于源代码关系到新兴数字技术的知识产权核心利益，因此“保护源代码”是大型数字贸易经济体的重要关切。TRIPS 对“保护源代码”表明了肯定的态度，在 TRIPS 第一部分第十条就“保护计算机程序和数据汇编”提出：

①保护计算机程序的源代码和目标代码；

②对于数据的编辑，不论采用的是机读还是其他运作形式，也不论编撰的数据是否为原创，只要是在编排的过程中有智力创造就应该提供知识产权保护。

（一）对“源代码保护”上的规则和解释较为模糊

TRIPS 没有在“源代码保护”议题上作出明确规定，即未解释成员方具体应该运用什么措施来保护源代码免受哪些贸易壁垒限制等问题。在 TRIPS 框架之外，大型数字贸易经济体则对此议题表达了明确清晰的实施内容。

美国在对 WTO 的提案（JOB/GC/178）中明确把“源代码保护”深化为“公司不应该将公司分享源代码、商业秘密或算法作为进入市场的条件。贸易规则可以确保政府不强制要求获得这些专有信息或与当地公司共享这些信息，同时保持当局实现合法监管目标的能力”。欧盟和日本也在给 WTO 的数字贸易提案中，运用了不同措辞表述了其对数字知识产权保护的肯定立场。

因此，为了更好地规范数字知识产权保护内容和解决纠纷，TRIPS 需要进一步深化它在数字知识产权保护领域的规则条款。

（二）数字技术转让上的分歧

TRIPS 中的技术转让条款与数字贸易中的知识产权密不可分。数字贸易的知识产权相关贸易中，涉及了技术转让。各方就此存在不少分歧，这在 WTO 框架下有待进一步讨论解决。

首先，对于数字技术，不少发达经济体认为高度保护知识产权能够促进技术向发展中经济体转让，但这容易受到发展中经济体的质疑。实际上，发达经济体为维持其技术垄断优势，基本上没有切实履行第 66 条第 2 款所规定的发达经济体向发展中经济体技术转让的义务，而仅仅停留在倡议层面。其次，发展中经济体受制于竞争法的发展水平，很难去阻止国际贸易中发达经济体的知识产权不正当竞争行为，容易在知识产权贸易出现纷争时处于谈判劣势。再者，第 40 条第 3 款中提到，当出现滥用知识产权现象时，允许成员采取阻止限制性做法，但 TRIPS 协议只列举了三种限制性做法，难以覆盖实践中出现的多种情况。因此 TRIPS 需要进一步发展“兜底条款”。

（三）知识产权“争端解决机制”在多哈回合谈判止步不前

从 2017 年到 2022 年，争端解决机构（Dispute Settlement Body，DSB,）受理的知识产权争端案件都只处于待决的状态，这反映了虽然 WTO 的争端解决机制具有较长的发展历史，但仍较难解决复杂且不易调和的知识产权争端。

虽然 RTAs 框架下的 TRIPS - Plus 深受各方追捧，但 RTAs 的争端解决机制相比于 WTO 而言，执行力和监督力有待进一步完善。同时，一些 RTAs 的“知识产权”章节规定了“最后条款”，使一些争端陷入不受约束的境地。因此，在知识产权保护的纷争处理上，WTO 争端解决机制还是备受各方青睐的。但这一“争端解决机制”在解决数字知识产权问题时仍面临诸多挑战，因为 TRIPS 等知识产权相关规则仍存在定义模糊、焦点数字知识产权规则发展停滞不前等问题。因此，多边框架下包括 TRIPS 在内的数字知识产权相关规则有必要进一步拓展深化，如进一步发展“互联网中介责任”“算法”“加密”的内涵界定和保护措施，为纠纷解决夯实更为完善的法规基础。

四、数字贸易给 TBT 带来的挑战

技术性贸易措施是国际贸易的主要障碍之一，是推行贸易保护主义的重要手段。虽然 TBT 协定对这些措施进行了规定，但近年围绕技术性贸易措施的纠纷依然屡见不鲜。尤其是伴随数字贸易的快速发展，不少经济体借助其在数字技术上的优势设置各种壁垒，更对现有多边 TBT 协定带来了挑战。

（一）TBT 协定的数字技术贸易壁垒应对措施有待完善

虽然 TBT 致力于消除技术贸易壁垒，但并未专门针对“数字知识产权保护”提出进一步规定。知识产权泄露是技术知识产权所有者进入海外市场的最大隐患，欠佳的知识产权保护环境亦会构成一种技术贸易壁垒。

大多数成员在知识产权保护水平不高的情况下，出于知识产权保护的考虑，出口经济体在进行数字知识产权密集型产品的出口决策亦会持审慎态度。因此在全球贸易治理层面上，清晰明确的数字知识产权保护规制对于促进数字知识产权贸易发展而言尤为重要。TBT 需要完善在数字技术知识产权上的规则。这有助于削减技术性贸易壁垒，为数字贸易发展营造良好的法规环境。

（二）当地“技术法规”构成的隐蔽技术壁垒

“技术法规”和技术标准、合格评定程序共同构成了技术性贸易壁垒的三个方面。具有强制性的 TBT 将“技术法规”界定为适用于某类可确认产品、规定产品特性和具备强

制约束力的文件。这类文件内容属于 TBT 的管辖范围，近年特别是在统一宽带网络、加密管理、隐私和数据存储等方面，给数字贸易的发展带来了不少影响。

对于数字贸易上的“技术法规”，发达经济体和发展中经济体存在较大差距。近年发达经济体本身在数字技术上发展较快，也更为积极地制定出复杂的数字技术法规。发展中经济体虽然也关注数字技术相关的知识产权规则构建工作，但是在边境后设置的数字技术标准上，和发达经济体间存在较大差距。而且，发达经济体所制定的“技术法规”常出现变化，这些“技术法规”制定进程的差异让不少数字贸易发展较为落后的经济体面临着更多的隐蔽性数字技术壁垒。虽然 TBT 协定对于这些技术标准，赋予了成员方监管权限，允许一方评议他方围绕技术标准制定的法规，但事实上，发展中经济体本身的企业并没有很好地了解这些技术标准法规，导致其在援引 TBT 协定时存在困难。如何推进自身技术标准的发展，并在实践中让更多成员合理使用 TBT 协议所赋予的权限，成为数字贸易发展背景下，TBT 协议成员需要重视的问题。

五、数字贸易给 ITA 和 TFA 带来的挑战

（一）ITA 协定扩围带来的不公平现象

2015 年，ITA 达成了扩围全面协议，此次扩围的关税减让待遇是在“最惠国待遇”原则的基础上适用于所有 WTO 成员。因此，具有竞争劣势的产品不仅要面临来自 ITA 协定其他成员的竞争，同时还要面临 WTO 框架下其他成员的挑战。因此从长期来看，在国际贸易竞争中不具备优势的数字产品生产企业需要在减税的过渡期内推进转型升级，强化竞争优势，其未来的发展将困难重重。

此外，作为 ITA 初始缔约国的印度、越南等国家并没有加入扩围后的 ITA，这很有可能造成“免费搭便车”的现象。

（二）成员的 TFA 执行力存在差距

在贸易数字化的发展背景下，TFA 是有助于各成员抓住数字贸易机遇的有力工具。WTO 贸易便利化委员会在 2022 年 12 月 1 日举行的技术援助和能力建设支持专题会议中指出：TFA 自 2017 年实施后的 5 年时间里，全球承诺执行率达到 74%；2030 年之前，全球有望达到 90% 的实施承诺。

虽然 TFA 的全球执行率发展预期较好，但不同发展水平的成员间存在巨大差异。发展中成员执行率约为 66%，最不发达成员仅为 37%。但为解决不同发展水平成员之间的执行率鸿沟，以更好地协助它们履行 TFA，需要向较不发达成员提供支持，如增加对其投资，改善贸易情况。

（三）非关税壁垒监管措施的欠缺

和 GATT 的性质一样，ITA 和 TFA 是只针对基于互联网零售服务实现的跨境流通货物

所做出的规范，并没有很好地解决各种隐蔽且不清晰的非关税壁垒。而对于数字贸易而言，其跨境传输所面临的限制性措施多聚集在非关税层面上。因此 ITA 和 TFA 并没有很好地解决全球数字贸易治理中各大经济体的核心关切问题。

总体来看，多边框架下的传统贸易规则存在不少数字贸易适用性问题。近年的多边数字贸易谈判并未取得明显的实质性进展。真正在多边框架下达成共识的数字贸易核心议题只有 1998 年提出的“电子传输免关税”等少数内容。在数字贸易发展迅猛的今天，这些协商成果是远远满足不了各经济体对数字贸易规则之要求的。因此，发达经济体率先把目光瞄向了双边和区域数字贸易谈判，推动了区域层面数字贸易规则的构建进程。但由于各方就数字贸易核心议题的立场存在较大差异，区域层面各方的数字贸易规则博弈日益加剧。虽然 WTO 近年难以就数字贸易新议题达成富有深度的承诺，但是区域层面的博弈分歧亦以提案等方式体现在多边层面。本章第三节将聚焦于这些议题，比较 WTO 框架下各方在数字贸易规则谈判中展现的立场新趋势。

第三节　WTO 框架下数字规则提案的各方立场

☞ 背景材料 7.7

在多哈回合后，多边贸易体制在涉及非关税壁垒削减和服务贸易自由化等方面的议题上长期处于停滞不前的状态。为推进贸易规则谈判进度，目前不少经济体积极地活跃在区域贸易谈判的舞台。但值得注意的是，多边贸易体制依然是各成员推动国际贸易规则发展的重要平台。尤其是针对数字贸易，近年多边框架下不乏成员结合自身诉求构建数字贸易提案。

各方在多边框架下推动数字贸易规则谈判发展的背后，主要存在以下重要推动因素。第一，在文本上，区域贸易协定的蓬勃发展为各方的多边数字贸易提案提供了较为丰富的内容支撑。第二，在数字贸易覆盖范围上，数字贸易具有全球化特征。多边规则制定是推动全球数字贸易治理体系发展、缓解规则碎片化趋势的重要手段。第三，在既有规则成果上，多边框架中的“争端解决机制”等内容可为新规则的构建和实践提供重要的借鉴和支持。其中，WTO 框架下电子商务谈判是目前较具代表性的多边数字贸易议题谈判渠道。

多边框架下的电子商务谈判

WTO 框架下的各成员在签署《关于电子商务的联合声明》后，针对不少数字贸易新议题，结合自身诉求提出了数字贸易规则构建提案。多边框架下的数字贸易规则构建进程，也因此备受关注。具体而言，《关于电子商务的联合声明》的发展历程如下。

2017 年，美国贸易代表莱特希泽（Robert Lighthizer）在 WTO 第十一次部长会议结束时明确表示，美国希望能与具有共同意愿的伙伴合作，共同推动 WTO 框架下数字贸易规则的发展。

2018 年 4 月 2 日，美国针对数字贸易谈判，向 WTO 总理事会提交了探索性文件。该文件主要围绕以下七个方面，来展开美国的数字贸易主张："信息跨境自由流动""数字产品公平待遇""保护知识产权""维护数字安全""促进互联网服务市场准入""构建具有竞争性的电信市场""数字贸易便利化"。这些议题和美国在区域贸易规则框架下构建的数字贸易既有规则多有重叠，实质是将区域层面数字贸易规则"美式模板"纳入多边框架，以期在更大范围内输出美国数字贸易诉求。该探索性文件的数字贸易内容已经超出了 WTO 框架下的既有承诺，数字贸易议题的覆盖广度和深度依然超出 GATT、GATS 和 TRIPS 等传统多边贸易协定。

2019 年 1 月 29 日，美国、中国与其他 74 个经济体共同签署了《关于电子商务的联合声明》，确认在 WTO 现有框架的基础上正式启动与贸易有关的数字贸易议题谈判。

2019 年 5 月，WTO 成员就电子商务规则进行谈判。包括美国、欧盟、中国和日本在内的十余个经济体已经提交了首轮提案。

2019 年 6 月，美国、日本等 WTO 成员在 G20 大阪峰会上就"贸易与数字经济"与其他国家举行部长会议，各国承诺将加快推动数据流动和电子商务规则的制定，此次会议达成了《关于数字经济的大阪宣言》，各方将在此基础上进一步努力，以便在 2020 年 6 月举行的第 12 届 WTO 部长会议上，在数字贸易谈判中取得实质性进展。不过后来由于新冠疫情暴发，MC12 推迟到 2022 年 6 月中旬举行。

不难发现，多边框架下各成员方的数字贸易提案和它们在区域贸易协定中的数字贸易承诺有着密切联系。如美国的 WTO 提案基本上是援引了其在《美墨加协议》（USMCA）中达成的数字贸易规则内容。通过梳理提案，可以明确各 WTO 成员对于核心数字贸易议题的不同立场。

☞ 背景材料 7.8

中美数字贸易摩擦

凭借在数字市场的先发优势，美国一直在数字贸易领域追求贸易开放和自由化，推动跨境数据的自由流动和数据存储的非强制本地化，甚至采取"长臂管辖"来维持从其他国家获取数据的能力。

随着中国数字技术推动数字经济的快速发展，中美在数字领域的摩擦不断加剧。2020 年 8 月，时任美国总统特朗普签署行政命令，禁止美国个人和企业与字节跳动和腾讯产生任何交易；同年 9 月，美国商务部表示，将禁止美国公司与微信和 Tik Tok 进行商业交易，同时禁止美国公司通过微信"以在美国境内转移资金或处理支付为目的"提供服务；与此同时，美国发布了《美国和盟国创建数字贸易区对抗中俄互联网愿景报告》，呼吁在美国及其盟友之间建立开放的互联网治理体系，形成针对中国的国际统一战线，阻碍中国数字贸易的发展；2021 年 1 月，特朗普签署行政命令，禁止与中国支付宝、微信支付等 8 个应用 App 进行交易。美国的贸易禁令等限制市场准入的干预措施，主要是为了阻止中国数字企业向数字价值链上游移动，进入美国国内的数字市场。

作为数字技术最先进、数字经济最发达的市场主体，在世界范围内推动数据流通自由，对美国的国家安全影响不大。但美国同时大力保护与自身利益相关的关键数据，拒绝以同等程度来开放数据。因此，在中国数字企业走向海外之初，美国就以侵犯国家安全和公民隐私为由予以禁止。美国采取的种种数据保护主义行为，巩固了其对全球数据流动的主导权，同时在很大程度上给全球数据跨境流动带来了挑战，不易形成协同、有效、公正的体制机制，不利于全球数字贸易的发展。

一、跨境数据自由流动

（一）各经济体的诉求

数据流动是跨境提供服务的基础，近年来数据流动成为国际数字贸易规则制定的核心内容。针对这一议题，多个 WTO 成员提出以下数字贸易提案内容。

1. 美国

美国在区域贸易协定中已经针对数据流动构建出颇为成熟的数字贸易规则内容。其中，USMCA 中的相应条款颇具雄心。美国依托于 USMCA 文本，在 WTO 的数字贸易提案中，提出类 USMCA 的“跨境数据自由流动”条款。该条款采用强硬措辞的同时，保留了以下例外条款：允许在出于“合理的公共政策目标”时采取例外措施，但不得对贸易造成变相限制，或超过为实现“合理目标”所必需的限度。同时，美国提出已公开的政府数据须保持在可使用的状态（INF/ECOM/23）。

美国的这一规则构建标准也对其他成员产生了影响。不少成员也在 WTO 提案中纳入了“跨境数据自由流动”条款，且和美式数字贸易规则存在相似之处。即先用强制性语言承诺“跨境数据自由流动”，然后附上以“合理公共政策目标”为代表的例外条款。但与此同时，这些成员的 WTO 提案的豁免条款（如为公共政策目标保留的具体内容）与美国存在差异。

2. 日本

关于议题“跨境数据自由流动”，日本对出于商业目的的数据流动是持肯定态度的。但与此同时，日本出于“合理政策目标”，保留对数据流动进行限制的空间。此外，日本还提出成员应保证公众对政府数据的接入（INF/ECOM/20）。

与美国的提案相比对可以发现，日本的提案关注点与美国存在差异的同时，在内容上也与美国存在不少交叉。其一，日本承认了“美式模板”第二阶段标准的“跨境数据自由流动”。其二，日本提案涵盖不少“美式模板”新元素，纳入了美国在 USMCA 中提出的政府数据公开内容。究其原因，可能是日本本身与美国在贸易治理上存在密切合作。

3. 加拿大

对于“跨境数据自由流动”这一议题，加拿大并没有直接提出其相应诉求。但在提案中，加拿大默认了 USMCA 水平的“跨境数据自由流动”承诺（INF/ECOM/29，INF/ECOM/30）。加拿大是 USMCA 成员，它的 WTO 提案体现出区域层面的 USMCA 对多边谈判所产生的影响。

4. 新加坡

新加坡提案对成员基于数字形式的“跨境信息传输”的立场是积极的。同时新加坡提出，可出于“合理的公共政策目标”豁免相应数据流动义务（INF/ECOM/25）。新加坡是 TPP 的重要成员，它在多边框架下就“跨境数据自由流动”的承诺亦可体现出 TPP 的核心元素，即保存“公共政策目标”例外的前提下，推动跨境数据自由流动。

由于 TPP 是在美国推动下所签订的，因此新加坡在 WTO 框架下援引了 TPP 的承诺，实质上是在一定程度上再次提出“美式模板”元素。在新加坡的推动下，美国未直接参与的协定亦引入了 TPP 标准的规则。该标准的数字贸易内容成为多边数字贸易谈判的规则构建依据之一。

5. 巴西

巴西在提案中纳入了“跨境数据自由流动”内容。其强制性水平和 TPP 的“跨境电商”章节水平相近，即在赋予约束力的同时保留了豁免内容。针对豁免内容，巴西强调了构建例外条款和使用不符措施的必要性。一方面是要求在“未构成任意或不合理的歧视”或是因为有必要实现“合理政策目标”的情况下，可采用不符措施。另一方面，巴西还引入了 TPP 的“监管例外”条例，即成员方在执行“跨境数据自由流动”时要认识到各方对基于数字方式的信息传输有自己的监管要求（INF/ECOM/27）。

6. 中国

中国在多边框架下的数字贸易提案中，采取了较为谨慎的“跨境数据自由流动”立场。中国认为“跨境数据自由流动”是非常敏感和复杂的一个议题，充分且慎重的考虑对于相关规则构建是非常必要的。因此，中国在提案中并未直接就数据流动进行承诺，只间接提出各方应该通过联合学习和合作培训，来推动“信息交换”。事实上，回顾中国的 G20 立场和中国自身的国内规制，可以更清晰地看出中国较为慎重的态度。中国重视“国家安全”问题，强调执行“跨境数据自由流动”的前提是安全，且需要依托强有力的制度来进行保障。典型的如，中国工信部（2019）多次强调“国家安全”概念的《网络安全法》。在此基础上，中国在 G20 提出各方就数据流动都有各自的“监管要求”，因此应在交流与合作的基础上构建国际规则。此外，在区域贸易协定框架下，中国亦在 RCEP 中明确了跨境数据流动的“国家安全”例外。

7. 欧盟

欧盟的 WTO 提案针对数据流动并未施加强制性的约束力，而是采用相对和缓的措辞。欧盟针对此议题，只要求成员方承诺确保在数字经济中，跨境数据流能促进贸易（INF/ECOM/22）。

（二）提案分类

总体来看，在十二个经济体提交的 WTO 电子商务首轮提案中，过半数提出了“跨境数据自由流动”的内容。根据多边框架下的数据流动提案是否具有约束力，可将这些内容分为两类。

1. 第一类是具有强制性的提案

美国、日本和新加坡等经济体的提案虽然都具备强制性措辞，但是它们的例外内容、承诺覆盖范围的差异导致其约束力存在差异。美国把 USMCA 水平的承诺内容直接纳入 WTO 提案，约束力在这些提案中处于第一梯队。以日本和新加坡为代表的几个经济体则受区域贸易协定“美式模板”的影响，对“跨境数据自由流动”提出强制性要求。但与此同时，它们在不同程度上构建例外条款。这些国家或地区虽然是“美式模板”的拥护者，但承诺水平只停留在了 TPP 的标准上，是低于美国所签订的 USMCA 的，在强制性程度上处于第二梯队。该立场在它们于其他贸易谈判平台的表述中也有体现。如日本在 2019 年 G20 的部长声明中提出“基于信任的数据自由流动”倡议（DFFT），补充了其对该议题的立场表述。日本把工业数据作为“跨境数据自由流动”的谈判重点，个人隐私数据则需要慎重考虑。

2. 第二类是不具备约束力的提案

欧盟等经济体的提案虽然涉及了“跨境数据自由流动”，但区别于第一类提案采用“shall”等强制性语言对“跨境数据自由流动”作出承诺，第二类体现出的是较为慎重的立场，并未纳入强制性内容。欧盟虽然在提案中提及了该“数据流动”相关议题，但没有做出强制性承诺。从欧盟的《一般数据保护条例》（GDPR）可以看出，欧盟仍会保留其在“跨境数据自由流动”中的“隐私例外”立场。中国则在提案中体现出慎重的态度，关注“国家安全”在数据流动中的保障问题。

在 WTO 框架下的数字贸易谈判中，一方面，不少成员在一定程度上就数据流动达成了共识，即认可了数据在贸易上的重要性，“跨境数据自由流动”以及相关数据议题都是数字贸易谈判的核心内容。但另一方面，考虑到各方自身的产业利益以及公共安全等问题，它们都不同程度地保留了例外条款，例如执行“合理的公共目标”而不履行“跨境数据自由流动”的承诺。展望未来，例外等豁免条款将成为“跨境数据自由流动”议题在 WTO 的谈判的关键所在。各成员方在多边框架下要在“跨境数据自由流动”这一议题达成共识，将需同时和其他成员方协商各自的“例外”情况，如对“合理的公共目标”范围进行统一界定。

二、数据存储非强制本地化

在区域贸易协定框架下，“数据存储非强制本地化”和“跨境数据自由流动”都是与数据流通相关的重要议题。数据本地化措施可以强制要求数据存储副本在当地，或者处理措施发生在当地，但并未要求阻止这些数据跨境流通。“数据存储非强制本地化”则是针对这些本地化措施进行限制的规则。无论是“数据存储非强制本地化”还是“跨境数据自由流动”，都是美国近年在区域贸易协定中大力推动发展的议题。在这一背景下，“数据存储非强制本地化”亦成为多边数字贸易提案中的重要议题。

在十二个提出首轮提案的经济体中，美国、日本、韩国、新加坡、乌克兰和欧盟都就“数据存储非强制本地化”表达了支持的立场。日本、韩国、新加坡都使用了“No…Shall”的强制性句式来禁止强制性的数据存储本地化，乌克兰也表示支持“数据存储非强制本地化”的立场。但与美国不同的是，这些经济体都保留了例外条款，要求在出于“合理的公共政策目标”时可履行相应义务。

1. 美国

从美国的 WTO 电子商务谈判提案的文本内容来看，多边框架下美国就“数据存储非强制本地化”的措辞内容和 USMCA 多有相似之处，但援引 USMCA 的内容不局限于 USMCA 的“数字贸易”章，还涵盖“金融”章节。具体而言，美国在 WTO 提案涉及议题“数据存储非强制本地化”的条款有两条，一是对数字内容提出的非本地化要求，条款内容和 USMCA“数字贸易”章节的第 19.12 条是一致的；二是针对金融服务提出的数据存储非强制化内容，在 USMCA 相应条款第 17.18 条的基础上，还删除了考虑个人数据和隐私的例外条款。相较于 USMCA，还进一步升级了在数字贸易上的诉求。

另外，美国还提出了对于金融服务部门的计算设备的位置。在首轮提案中，除了美国以外，其他国家或地区均未在提案中针对金融服务涉及这方面内容。

2. 欧盟

欧盟也明确在提案中提出“数据存储非强制本地化”，禁止成员采取以下本地化措施来限制“数据流动”：一是要求使用成员当地计算设施，要求在其领域内的计算设施处理数据；二是要求数据存储或处理本地化；三是禁止在其他成员的领土内存储或处理数据；四是使数据的跨境转移受制于成员方境内的计算设施或网络元素的使用。

虽然欧盟提及了这一议题，但欧盟的立场和美国存在较大差异。这主要体现在以下两方面。一是承诺的主体不同。欧盟在该议题内容所涉及的主体是“数据流动”，要求针对“数据流动”不得采取上述四条限制性措施；美国的主体则是“在境内从事的商业行为”，要求成员方不得将“数据存储本地化”作为在其境内从事商业行为的前提条件。二是在强制性水平上存在区别。虽然对于本地化措施进行限制，但是采用的是“致力于确保（be committed to ensure）”这类非强制性的语言。这意味着，欧盟虽然倡导在他方获取或传输欧盟数据时不要求在欧盟本地设立设备或者存储在本地，但仍保留了他国“涵盖的人”在欧盟从事或提供服务时，要求其“数据存储本地化”的权利。

3. 中国

中国在提案中，对数据存储表示慎重考虑，暂不明确表态。这一立场和中国对跨境数据自由流动是一致的。但从中国国内规制可以窥见中国在这一议题上的立场：即在保留“国家安全例外的情况下，可以实现数据存储非强制本地化”（见《网络安全法》）。

三、源代码保护

对于数字知识产权中的“源代码保护”，美国、欧盟、日本、乌克兰、韩国和新加坡的提案都有所涉及。

（一）各经济体的诉求

1. 美国

在美国的提案中，议题“源代码保护”和“数据流动”一致的是，文本内容都与USMCA密切相关。在源代码方面，美国提案和USMCA第19.16条的源代码条款是一致的，彰显了“美式模板”在“源代码保护”议题上最高雄心水平。美国在提案中将源代码和算法捆绑在一起，要求不得强制对源代码和算法实施本地化措施。但与此同时，美国也保留了豁免条款，即保证这些源代码不会被未经授权的披露的前提下，需配合监管机构或司法机关的具体调查、检验、检查、强制执行或司法程序。

2. 日本

日本针对源代码保护，在提案中明确提出：不得要求转让或者接入其他成员方的人所拥有的软件源代码。但与此同时，日本保留了成员为了符合“与本协议不相抵触的法律和法规”，修改源代码的空间。在源代码基础上，日本还将数字知识产权保护内容覆盖至技术或加密，要求成员不得强制制造商或供应商公开信息或访问任何产品中的技术或加密，但保留了事关政府管控的网络以及法律执行问题这一后门（INF/ECOM/20）。

3. 新加坡

新加坡在提案中涵盖了源代码保护的相关内容，要求对于软件的进口、分销、销售和使用，不得将接入该软件源代码作为前提条件。但与此同时，新加坡对以下两项内容保留了例外条款，一是对于重要基础设施可豁免源代码保护义务；二是成员可要求修改源代码以符合“与本协议不相抵触的法律和法规”（INF/ECOM/25）。

4. 韩国

韩国提出，各成员对于在其境内销售的软件，不应将获得或转让源代码作为前置条件（INF/ECOM/31）。

5. 欧盟

欧盟在提案中，要求成员不得要求转让或者接入其他成员方的自然人、法人所有的软件源代码。但欧盟为此条例保留了例外情况，即在违反竞争法、知识产权保护和国家安全例外时不适用（INF/ECOM/22）。

6. 乌克兰

乌克兰也在提案中涉及了源代码保护内容。乌克兰提出，除非是为了实现“合法的公共政策目标”或者“他方成员自愿转移”等目标，否则不将接入源代码作为贸易条件。此外，乌克兰为源代码保护保留了以下例外：“执行知识产权”“安全考虑”和“法院要求”等（INF/ECOM/28）。

（二）提案分类

首轮提交提案的成员对“源代码保护”是较为重视的。其中，一半经济体表现出积极的“源代码保护”立场。但它们因自身诉求，会在承诺的具体覆盖内容和强制性水平上存在细微区别。本书把在该议题上提交了立场的经济体分成两类。

第一类是美国、日本、新加坡和韩国这四个经济体。其中，美国援引了USMCA的承诺内容，就“源代码保护”的强制性水平较高。另外，日本、新加坡与韩国这三个成员都和美国签署了区域贸易协议，因此它们在多边框架下的“源代码保护”提案内容也和“美式模板”存在不少类似之处。它们在文本上的主要区别在于例外范围的界定上，这导致它们的承诺水平存在差异。日本和新加坡在提案中的承诺水平，可被视作对标了美国在TPP时期就规则“源代码保护”的承诺深度。在具体的例外内容上，日本就源代码保留了特定情况下进行修改的权利。新加坡的例外中，除了保留类似于日本的这一权利以外，还对重要基础设施例外进行了规定。相比而言，韩国没有保留例外条款，“源代码保护”的强制性水平较高。

第二类是欧盟和乌克兰等WTO成员。它们所提出的例外条款在文字上的构建范式与第一类并不一致。因此，这些在提案里涉及“源代码保护”的成员，在未来的谈判中可能会将更多的注意力集中在例外条款的定义和对接上。

此外，首轮提案中，半数成员未就议题“源代码保护”进行明确表态。这些成员大多是发展中经济体。在数字贸易议题中，“技术非强制本地化”类似于“源代码保护”，也要求不强制公开数字知识产权的关键内容。比对国际上各经济体对“技术非强制本地化”的立场，可以发现发达经济体和发展中经济体分歧明显。因此可以推算，对同为捍卫数字知识产权的“源代码保护”，不同发展水平的经济体也存在较大差异。究其原因，发展中经济体为了夯实推动数字经济发展的知识基础，需要通过技术转移来获取源代码或技术，因此在没有经济或者政治压力的情况下都不愿意对此作出承诺。因此，发达经济体能在多大程度上在例外条款等豁免内容达成共识，为发展中经济体保留实践空间，是在多边框架下推进“源代码保护”议题达成共识的关键所在。

四、数字产品非歧视性待遇

“数字产品非歧视性待遇”直接涉及数字产品的国民待遇和最惠国待遇，是推动数字贸易自由化的关切所在。但因为在实践中，该规则涉及多个关键生产服务部门，可能会带来经济安全等多种不确定问题。因此在WTO电子商务首轮提案中，只有美国、日本和乌克兰等少数成员所提交内容涉及这一议题。相比于这些明确提出“数字产品非歧视性待遇”的经济体，不少 WTO 成员对这一议题都较为慎重，它们在政策上采取了和“数字产品非歧视性待遇”相悖的措施，如针对数字产品的“国民待遇”和“市场准入”施加较多的限制性措施。综合来看，在 WTO 框架下要求各方就“数字产品非歧视性待遇”不作任何限制的难度较大。

1. 美国

对于“数字产品非歧视性待遇”，美国的 WTO 提案要求成员给予被定义的数字产品的待遇不应低于该缔约方给与其他同类数字产品（包括非成员的“同类数字产品”）的待遇。与此同时，美国提案保留了豁免条款，排除了缔约方提供的补贴和补助，由政府支持的贷款、保证和保险在“数字产品非歧视性待遇”上的可适用性。这一内容和美国在 USMCA 所展现的诉求非常类似。

2. 日本

日本就“数字产品非歧视性待遇”作出了较为积极的承诺。但日本的承诺依然停留在 TPP 的水平，即提出不包含“广播”领域的“数字产品非歧视性待遇”。

3. 乌克兰

乌克兰就此作出了积极的承诺。值得注意的是，乌克兰提案中只提出“数字产品非歧视性待遇”的原则性条款，没有涉及例外要求。

4. 欧盟

欧盟并没有在首轮提案中积极推动“数字产品非歧视性待遇”。与之相反，它在视听部门体现出与之相左的立场。视听部门和数字贸易存在交叉，近年视听部门伴随数字音乐、视频、数字书的普遍应用，已深度融进数字贸易范畴。欧盟对于这一部门，采取了严格的“视听例外”（“文化例外”的分支）原则。基于该原则，欧盟可阻隔包括美国在内的视听产业在本地市场之外。事实上，欧共体十二国早在《无国界电视指令（1989）》中就作出了对外国视听服务进入本地市场带来限制性措施，规定“保证成员方自身的电视节目在境内不受流动限制的同时，还保留了‘欧洲制作’节目在电视频道（排除新闻、时事和体育节目）中半数以上的播放时间”。由于规定的对象主要是欧洲本身，因此这一指令不着痕迹地限制了以美国为主的文化产业进入本地市场。

产生这一政策分歧的根本原因在于，不同经济体间产业发展差异颇大，以及该视听产业的传播本身可能会涉及文化价值观内容。视听产业对于欧盟经济而言非常重要，它给欧盟带来的高质量工作高达五百万份，占欧盟 GDP 比重的 2.6%。但与此同时，其他发达经济体，如美国拥有更为发达的视听产业。这给欧盟本地的市场产业带来不少挑战。相比于欧盟而言，由于美国本身可对外提供不少数字视听服务，因此美国近年一直致力于打开其他经济体（包括欧盟）在内的相应市场。如果欧盟对美国视听服务的市场准入不施加任何限制，欧盟本身的视听产业将容易受到外来产业的压制，且容易影响欧盟本地公民意识。

但在实际操作中，由于互联网的普遍运用，传统的“视听例外”措施可能较难从根本上阻隔美国线上视听数据的输出。因此，欧盟本身针对美国的视听服务，是和美国进行协商以获得保护视听产业的规制制定先机，还是继续沿用既有的“视听例外”相应政策？这在欧盟内部有着较大争议。但可以推测的是，在欧盟相应历史政策惯性的推动下，要在数字视听领域承诺数字产品非歧视性待遇是较为困难的。

5. 中国

中国在WTO提案中，未对“数字产品非歧视性待遇”作出明确承诺。中国提出，这是因为考虑到成员间的观点差异，所以不考虑在WTO电子商务谈判中就此问题进行谈判。

对于这一议题，中国国内法体现了开放“市场准入”的相应立场，这涉及“非歧视性待遇”中是否给予外资服务“国民待遇”的问题。如对数字产品的监管方面，规定对增值电信业务的外资股权限制，不过该限制近年有所放宽。

2017年，中国在《外商投资产业指导目录》规定了WTO承诺范围外的增值电信业务，外资比例不得超过五成（第一部分限制外商投资产业目录第21条）。2014年，中国在地区层面放开了该规定的限制，如上海自贸试验区在《关于中国（上海）自由贸易试验区进一步对外开放增值电信业务的意见》第二条中调高了《电信业务分类目录》中七项增值电信业务（均属于数字贸易范畴）外资股权比例。

五、网络中介责任豁免

WTO中对此议题提交提案的成员较少，但随着数字贸易的迅速发展，网络版权遭到侵犯的现象将会层出不穷，互联网服务提供者对频繁发生的侵权问题该承担起什么样的责任就变得越发重要。目前仅有美国、中国和欧盟对互联网中介责任的态度比较明确。

1. 美国

美国在提案中认为网络中介如果承担侵权的连带责任，那将是数字贸易壁垒的另一种新形式，中介不应该对知识产权的侵权行为承担责任。美国为了促进数字内容产品的传播，对互联网中介的责任承担较为宽松。美国《通信规范法》（Communication Decency Act，CDA）第230条C款提到，只要侵权内容不是由中介提供，而是由另一方提供，那么该互联网中介就能够得到责任的完全豁免，中介只需应权利人的要求撤销侵权内容即可。

2. 欧盟

随着信息技术的发展，互联网中介服务提供商逐渐成为欧盟数字化进程的重要部分。但这些中介也使得非法商品或服务充斥市场，非法内容或虚假信息肆意传播，从而导致欧盟的线上用户权利、信息流通受到负面影响。

在此背景下，欧盟本身对网络中介责任的界定制定了不少法规，并持较为严厉的态度。欧盟委员会对2000年的欧盟《电子商务指令》（E-Commerce Directive）进行全面更新，最终于2022年4月23日达成《数字服务法案》（DSA）的政治性协议。

欧盟《电子商务指令》提到，互联网服务提供商（包括网络中介服务提供商）需要为某产品和行为内容引发的知识产权侵权行为承担连带责任。但由于该指令制定时期，数字平台经济尚处起步阶段，因此更侧重于豁免网络中介责任，对中介服务提供者的监管义务则有待规范。

《数字服务法案》则在《电子商务指令》基础上，进一步规范了消费者保护内容。DSA 根据用户数量、规模大小和影响力程度的不同对网络系统中的平台机构做分级处理。不同类别的网络服务提供商将承担不同程度的义务，如删除非法内容和防止虚假信息传播等的责任和义务。如规定了超大型网络平台（Very Large Online Platforms, VLOPS）在风险管控上承担更为严格的责任。不同类型的平台对侵权行为承担不同的责任和义务。

欧盟针对中介责任豁免的措施，除了《电子商务指令》以及《数字服务法案》以外，还包括一些欧盟在线平台的监管法规，如《视听媒体服务指令》《数字化单一市场版权指令》和《防止网上恐怖主义内容的条例》。它们涉及中介的监管和责任豁免问题，如免除宽带提供商和社交网络在某些情况下对非法内容的责任。

3. 中国

中国在该议题上的立场和美方存在相似之处。互联网用户通过在网络服务中介提供的平台上实施侵犯知识产权行为，被侵权者可以要求中介采取必要措施来解决侵权造成的后果，如果中介没能及时采取行动，那么中介就不能责任豁免，而是要和侵权人一起承担连带责任。

中国设立的有关互联网中介责任的法律，包括《网络安全法》《数据安全法》《个人信息保护法》《侵权责任法》等。中国在“互联网中介服务提供商”治理方面的法规处于不断完善的过程之中。

六、加密技术

加密技术在数字贸易中可起到多重保护作用。其一，数字产品涉及个人隐私、产业安全乃至国家安全。为了确保数字产品所有者权益，采用加密技术限制接入以保障数据安全显得至关重要。其二，企业可以运用加密技术，保护软件等数字产品的知识产权。

伴随数字贸易的发展，加密技术在国际贸易谈判中的关注度也迅速上涨。加密技术成为 WTO 成员 2019 年以来开展讨论的新贸易议题。但到目前为止，涉及此内容的提案不多，主要为美国、日本和巴西这三个经济体所提交。出于推动数字贸易中新技术发展的诉求，它们主张不得就加密技术的标准以及规范进行限制或者作出强制转移的要求。

综合多份数字贸易提案来看，目前 WTO 框架下各方较为积极地就数字贸易核心议题阐明立场。一方面，各方就数据流动等核心议题存在明显分歧。由于每个成员是基于自身的数字贸易诉求提出提案的，因此各方的立场存在不同程度的差异。如美国在区域贸易协定成果基础上提出的多边数字贸易内容自由化标准较高，欧盟则和美国存在较大分歧。另一方面，不少经济体在美国等大型经济体的影响下，提案存在相似之处。如“美式模板”元素也出现在新加坡和日本的提案之中。但它们在“例外条款”等豁免内容上亦存在差距。总体来看，各方对数字贸易谈判持有积极立场，但各方之间的诉求差距较大，多边规则的发展面临着较大挑战。但可以肯定的是，多边框架下的数字贸易谈判推动了全球数字贸易规制制定的发展和路径探索。

本章小结

随着全球经济数字化转型的加速，数字贸易成为国际贸易中的重要组成部分。世界贸易组织（WTO）作为多边贸易体系的核心，其框架下的数字贸易规则也在不断发展以适应新的经济环境。本章从 WTO 框架下数字贸易规则的构成、各协定的内容及其面临的挑战和 WTO 框架下数字规则提案的各方立场三个方面进行归纳，以期更好地理解和回顾这一领域的发展。

WTO 框架下的数字贸易规则分散于多个协定之中，特别是 GATT、ITA、TBT、TFA、TRIPS 以及 GATS，这些协定共同构成了数字贸易规则的基础。通过 GATT 和 ITA 等协定，WTO 成员在数字产品的关税问题上达成共识，推动了 ICT 产品贸易的自由化。TBT 和 TFA 等协定致力于减少非关税壁垒，包括技术法规、标准和通关程序等方面的限制，为数字贸易的顺利进行提供了便利。TRIPS 协定在知识产权保护方面设定了国际标准，确保了数字贸易中知识产权的合法性和有效性。GATS 为数字服务贸易提供了法律框架和市场准入机制，确保了服务贸易的自由化和规范化。

关于 WTO 框架下数字贸易规则提案的各方立场，在跨境数据自由流动方面，美国、日本、新加坡等国支持，但各国在例外条款上有所保留。在数据存储非强制本地化方面，美国、日本、韩国等国支持，但同样存在例外条款。在源代码保护方面，美国、日本、新加坡等国提出明确保护要求，但对例外情况有所规定。在数字产品非歧视性待遇方面，美国、日本等国积极推动，但欧盟和中国持谨慎态度。在网络中介责任豁免方面，美国主张宽松责任，欧盟和中国则强调中介的责任。在加密技术方面，美国、日本和巴西主张不限制加密技术标准和规范。

通过本章的学习，我们可以看到 WTO 框架下的数字贸易规则在促进全球数字贸易发展中发挥了重要作用，但也面临着诸多挑战。由于数字产品的特殊性，其属性的界定尚不明确。这导致不同协定在适用过程中可能存在重叠或冲突，增加了规则的复杂性和不确定性。WTO 成员在数字贸易议题上的立场存在较大差异，难以达成共识。此外，多哈回合谈判的僵局也影响了 WTO 在数字贸易规则制定方面的进展。以跨境电商为代表的新兴贸易形式发展迅速，对传统贸易规则构成了挑战。如何在 WTO 框架下规范和引导这些新兴贸易形式的发展，成为亟待解决的问题。不同国家在数字化进程中的差距不断扩大，形成了所谓的“数字鸿沟”。这可能导致一些国家无法充分利用 WTO 框架下的数字贸易规则来推动本国经济的发展。未来WTO成员需要在多边框架下加强合作，推动数字贸易规则的完善和发展，以适应数字经济时代的新要求。

思考题

1. 多边框架下的数字贸易谈判核心议题是什么？大型经济体的主要立场是什么？

2. 根据上述这些议题，比较中国和其他WTO成员在数字贸易政策方面的异同点。中国数字贸易规则的发展将面临什么样的机遇和挑战？

3. 结合所学知识，探析WTO数字贸易规则谈判进程缓慢的原因。

第八章 数字贸易争端案例解析

自世界贸易组织（WTO）成立以来，WTO 争端解决机制作为“皇冠上的明珠”，对国际贸易的稳定发展起到了重要作用。该机制不仅解决了成员间的国际争端，还为新出现的争端案件提供了重要借鉴。近年国际上诉诸 WTO 争端机制的案件不断增加。其中，相比于货物贸易，服务贸易的争端诉讼案件数量较少。值得注意的是，这些争端案件不乏和数字贸易密切相关的内容，可为数字贸易争端提供解决思路。

本章将分别从电信、数字内容、金融和知识产权领域讲述 WTO 框架下几个典型的数字服务相关贸易的争端诉讼案件，并针对以上领域探讨以下问题：一是各经济体如何针对贸易纠纷进行国际法规援引抗辩；二是各经济体如何基于不同的国内法规和 WTO 各项协定的差异化解读产生分歧；三是 WTO 专家组和上诉机构又是怎样进行裁决判定，为不断丰富和完善 WTO 多边贸易体制规则体系作出贡献的。

►学习目标

1. 深入理解数字贸易的内涵与范围。明确数字贸易所涉及的各种业务形式，包括数字产品与服务的跨境交易、数字化的传统贸易等；掌握数字贸易的关键特征，如数据驱动、高度依赖信息技术等。

2. 熟悉数字贸易争端的主要类型。了解知识产权保护、数据隐私与安全、市场准入限制等常见的数字贸易争端领域，认识不同类型争端的产生原因和影响。

3. 掌握相关国际法规与政策。学习世界贸易组织（WTO）等国际组织在数字贸易方面的协定和规则，了解各国数字贸易政策及其对争端的影响。

4. 培养批判性思维能力。对数字贸易争端中的各种观点和解决方案进行批判性评估，学会从不同角度思考问题，独立提出见解。

►思政目标

1. 数字贸易的快速发展离不开创新。从数字贸易争端案例中可以看出，技术创新和商业模式创新是企业在数字经济时代立足的关键。通过对数字贸易争端案例的学习，可以鼓励学生培养创新精神，勇于探索、敢于创新，为数字贸易的发展提供新的动力和解决方案。

2. 通过对数字贸易争端的学习，可以了解数字贸易带来的一系列社会和经济影响，包括数据安全、隐私保护、数字鸿沟等方面内容。培养学生的责任和担当意识，关注数字贸易的可持续发展，积极推动数字技术在解决社会问题中的应用，为实现社会的共同进步贡献力量。

3. 数字贸易争端也凸显了价值观的重要性。树立正确的价值观，如诚信、公平、正义等。在数字贸易中，遵守国际规则和商业道德，反对不正当竞争，以积极的态度参与国际合作，为全球数字贸易的繁荣作出贡献。

☞ 背景材料 8.1

WTO 的争端解决困局

从 2014 年起，印度逐渐对手机、手机零部件、有线电话听筒、基站和电线电缆等产品征最高达到 20% 的关税。欧盟认为，印度该行为违反了 WTO 规则，因为印度有义务根据其在 WTO 的承诺对此类产品予以零关税。2019 年，欧盟和日本等国针对印度该行为在 WTO 进行提告。2023 年 4 月，专家组评估发现并判定，印度针对关键 ICT 产品征收超过约束税率的关税与其入世承诺不符，该行为不合规（DS584）。但印度不认同这一裁决结果，援引《信息技术协定》，将其零关税承诺仅限制在作出该承诺时存在的产品上，同时还排除掉处于相同关税下的更新的技术产品线。专家组称，印度的这些理由都无法证明其关税的合理性。

中国和俄罗斯表示，该无效上诉案件反映了上诉机构法官任命受阻对 WTO 成员权利造成了负面影响。欧盟和加拿大提议印度使用多方临时上诉仲裁安排（简称 MPIA）来解决争端，该安排适用于在上诉机构停摆期间，利用 WTO《关于争端解决规则与程序的谅解》第 25 条的仲裁程序，审理各方提出上诉的争端案件。但印度并不赞同参加 MPIA，而是利用上诉机构二审瘫痪进行无效上诉。

在 2023 年 5 月 30 日的 WTO 争端解决例会上，美国第 66 次反对重启上诉机构法官遴选程序的拟议决定。因为美国认为，WTO 争端解决机制缺乏根本性改革，现有体制不能支持 WTO 成员以高效透明的方式解决争端，存在不必要的复杂性和解释过度等行为。随后约 20 名代表支持重启上诉机构法官甄选程序的提议。他们声称，WTO 两级争端解决机制对提升多边贸易体制的稳定性和可预见性至关重要，同时也是解决僵局的必要手段，是 WTO 改革的重中之重。MPIA 作为一种临时性替代手段，能够保证在上诉机构仍未运作的情况下进行上诉复审。

商务部世贸司负责人表示，近年来美国实行单边贸易保护主义，持产业政策双重标准，扰乱全球产业链供应链，多边贸易体制遭到严重损害。对此，WTO 争端解决机构对美国的相关措施作出裁决。但美国不仅不执行，还使 WTO 上诉机构陷入“瘫痪”，严重削弱了多边贸易体制的核心价值和原则，中方对此深感失望。

资料来源：第一财经，https：//www. yicai. com/news/101771074. html.

第一节 电信领域的数字贸易争端

一、美国诉墨西哥影响电信服务争端案（DS204）

☞ 背景材料 8.2

本案涉及的 WTO 法规主要为以下两项。一是《基础电信协议》；二是《参考文件》。

1.《基础电信协议》（又称为《GATS 第四议定书》）

该协议于 1994 年 7 月达成。WTO 成员在该协议中就电信服务的“市场准入”和“国民待遇”进行了承诺。

2.《参考文件》

《参考文件》核心内容在于规制 WTO 成员的垄断性企业采取不正当竞争等“反竞争行为”，目标是保护电信市场新进入者的权益。

（一）争端案背景

墨西哥在电信服务领域区别国内外电信服务提供商所规定的待遇和要求存在区别，这是美墨电信服务争端案发生的直接原因。在国内企业层面，墨西哥的国内企业 Telmax 在 1997 年前已经作为国内电信行业巨头，垄断了国内和国际的长途电信服务；墨西哥政府在 1997 年后还授权了国内多家运营商来提供国际电信服务。但对于外国企业提供的电信服务，墨西哥《联邦电信法》（Federal Telecommunications Law，FTL）限制了外国电信行业在墨西哥的市场准入。在国际电信服务上对外呼叫最多的运营商（即在墨西哥市场取得垄断地位的 Telmax）有权对国内和国际电信运营商提供的电信服务直接提出要求或条件进行限制。因此，虽然外国电信服务提供商和投资者具有在墨西哥安装、运营和开发公共电信网络的权限，但也受到了不少限制。

限制一：外国投资者必须获得利益方签署协议的许可，方能实现与墨西哥国内电信网络的互联。

限制二：外国电信服务提供商或投资者要与“国际网关运营商”建立合作关系，才能实现国际电信运输。

这意味着，外国电信服务提供商在墨西哥服务时难以绕开墨西哥垄断企业 Telmex 的干涉，这对墨西哥电信行业的 Telmex 企业是非常有利的。该企业此前已在墨西哥的国内长途和国际电信服务占有垄断地位。墨西哥所颁布的 FTL 则进一步扩大了 Telmex 的权限，限制了国外潜在竞争者进入市场。由于墨西哥是美国对外扩张电信市场的重要目标，因此墨西哥引致了美国电信行业的强烈不满。

（二）争端解决过程

该案件经历了磋商——专家组处理——磋商放弃上诉——和解的过程。

1. 过程一：磋商

2000 年 8 月 17 日，美国要求与墨西哥就 GATS 下关于基本和增值电信服务的承诺和义务进行磋商。美国在磋商中认为，墨西哥自 GATS 生效以来所采取或维持的管制措施是反竞争和歧视性的。美国认为墨西哥不仅放纵了某些私人企业建立电信市场准入壁垒，对墨西哥国内的基础和增值电信部门也缺乏必要的管制行动。

2. 过程二：专家组处理

两次磋商未果后，WTO 应美国要求，于 2002 年成立了专家组，这是专家组第一次单独依据 GATS 处理服务贸易争端，也是 WTO 争端解决机制下首次处理的电信服务争端。

3. 过程三：磋商和解

2004 年 6 月，再次磋商后，墨西哥接受了专家组的最终报告而放弃上诉，同意废除国内引起争议的法律条款，并在 2005 年允许商业转售源自墨西哥的长途和国际长途服务[①]。

（三）主要争议点

此次案例争端的处理过程中，各成员方表现出了它们对 WTO 下《基础电信协议》（Agreement on Basic Telecommunications）包含的《参考文件》（Reference Paper）的不同理解。这也是争端中的主要分歧所在。为促进电信行业的贸易自由化，WTO 框架下的《参考文件》对各成员方的电信市场管制提出了明确规定，要求相关成员对国内主要电信服务商的限制竞争做法进行管制，从而防止某一成员的垄断电信企业进行不正当竞争，以保障电信服务输出者在东道国市场的利益。但与此同时，由于不少发展中经济体难以接受《参考文件》的电信市场准入要求，因此并没有涵盖所有 WTO 成员，仅仅是对在服务贸易承诺表做出附加承诺的成员适用。墨西哥和美国有着密切贸易联系，也签署了这一协定。美国认为墨西哥违反了 WTO 框架下在《参考文件》以及《基础电信协议》的承诺。美墨双方主要存在以下三个争议点。

1. 争议点一：是否征收基于成本的合理费率

美国认为，墨西哥没有遵循《参考文件》第 2 条电信服务商线路对接的规定征收费率。作为墨西哥主要运营商，Telmex 没有基于成本的合理费率为美国的电信服务提供商提供对接服务。合理成本的原则需要建立在“非歧视性待遇”的基础上。但墨西哥对成员方所征收的价格远远高于实际的成本价格，因为墨西哥把一成员方电信行业的基本状况、网络覆盖范围和质量等问题都考虑进成本之内。这导致墨西哥对美国供应商的对接收费平均比国内高出 75%。这给美国电信服务的对外输出带来了高昂的成本。因此，美国认为墨西

---

① 资料来源：https://www.wto.org/english/tratop_e/dispu_e/cases_e/ds204_e.htm.

哥没有履行好其主要电信服务商对外国互联收费采取基于成本征收合理费率的承诺，未能为“外国提供的电信服务”保证“合理的规定和条件”，违反了 WTO 下的“国民待遇”原则。对于这一观点，WTO 专家组也表示了认可。

2. 争议点二：政府的“反竞争行为”是否合规

《参考文件》第 1 条规定了一项保护竞争原则，用以限制主要供应商进行“反竞争行为”。掠夺式定价、反竞争交叉补贴、不向竞争者提供必要的互联互通设施、垂直价格挤压和滥用知识产权等行为都可能构成不正当竞争、竞争限制甚至垄断，属于“反竞争行为”。这些“反竞争行为”是不被《参考文件》允许的。

对于“反竞争行为”，美墨电信服务争端案的分歧点在于墨西哥的《长途电信规则》（简称 ILD 规则）是否构成“反竞争行为”，是否违背了《参考文件》中的承诺。

墨西哥 ILD 规则要求“统一结算费率”和“内外传输量成比例”，美国认为这些规制违背了《参考文件》第 1 条。

（1）ILD 规则要求统一结算费率。ILD 规则第 13 条对特定的国际线路的安装费率进行了规定。对外传输量最大的运营商必须与电信服务供应商协商，以统一安装费率。在此基础上，ILD 规则第 23 条扩大了对第 13 条的适用范围，要求所有的运营商都服从 ILD 规则第 13 条。美国指出，依据该规定，如墨西哥运营商在前半年内对某特定国家的对外呼叫量最多，将单独享有与该国运营商协定安装费率的权利。又依据 ILD 规则第 2 条第 12 款（a）和第 10 条，“所有的国际网关运营商对来自特定国家的国际长途都必须采用统一的安装费率”，这可能会导致结算费率的制定权被强势的墨西哥企业所主导。另外，美国特别指出 Telmex 没有和墨西哥其他供应商一起将商定后的单一费率用于来自美国的对接服务，在经济补偿协议上并没有按照在各线路上的市场份额给各国运营商分配利益。

（2）ILD 规则要求运营商对内和对外的传输量构成特定比例。ILD 规则第 16 条和第 2 条第 13 款强制要求，运营商的对外传输量与对内传输量的比例维持在特定水平。其中，具体到特定国家，国际长途网关运营商必须保证来自他国的呼叫量必须与对该国的呼叫量成特定的比例。

美国认为，这些墨西哥规制已经构成了“反竞争行为”。即便这些行为是墨西哥国内法所规定的，也不能改变其“反竞争行为”的属性。

墨西哥从以下两点来抗辩美国的“反竞争行为”指控并不成立。其一，美国所指控的标的墨西哥的 Telmex 并非《参考文件》的“主要运营商”。其二，墨西哥的措施是有助于市场竞争行为的，因为它们可以防止新进入市场的竞争者大幅降价扰乱市场秩序、垄断价格和设备。其三，这些措施本身具有国内法属性，是否构成“反竞争行为”值得商榷。

专家组则认为，同时拥有电信服务提供商和网管运营商属性的 Telmex 是主要运营商。虽然 ILD 规制属于国内法范畴，但可能会引致歧视性行为。《参考文件》就是用于规制 WTO 成员单方面实施“反竞争行为”，因此即便是国内法定措施也在《参考文件》的管辖范畴之内。墨西哥所采取的统一费率等措施并非促进竞争的必要性措施，也未采取必要措施来制止主要供应商的“反竞争行为”。因此，总体来看墨西哥违背了《参考文件》的第1条规定“采取适当措施防止主要供应商进行或继续反竞争行为”。

3. 争议点三：电信的互联互通

依据《关于电信服务的附件》（Annex on telecommunications）第5条要求，墨西哥需要承担在GATS《基础电信协议》下，就服务贸易模式3“商业存在”提供的基础电信服务所承诺的义务。该义务包括墨西哥采用模式3对外提供基础电信服务，同时墨西哥允许外国成员对墨西哥提供基础电信服务。墨西哥《长途电信规则》规定只有获得授权的运营商才有权利和外国公共电信传输网络相关联，作为商业机构则不能获得该项授权。这限制了墨西哥的商业机构和其他成员方的互联互通，与墨西哥加入WTO的承诺相背离。

（四）结果与评价

在WTO框架下，服务贸易规则相对于货物贸易是较不成熟的，具有约束力的一般性规则并不多。其中，电信服务部门的《参考文件》则是一个具有代表性的、适用于所有成员的约束性文件。对于在电信服务领域占有比较优势的美国来说，对《参考文件》进行规则解释将有利于美国破除国际上的电信服务贸易壁垒，进入其他成员的国内电信市场。

该争端可以体现出美国等发达经济体对电信市场的重视程度。基础电信设施牵涉互联网等技术的使用，数据流动也主要依托互联网来实现。增值电信业务牵涉大数据处理等业务。因此，电信市场开放对于数字贸易发展而言至关重要。美国在最新的电子商务谈判议题上对市场准入做出更为积极的引导，尤其重视上述争端提及的《参考文件》。美国要求WTO成员把《参考文件》纳入GATS议程中，并且一国要面向电信投资者和跨境供应商开放市场。另外，欧盟则提出参与电子商务联合声明的倡议成员都应该对《参考文件》的全面实施作出承诺。

电信也是WTO框架下备受关注的议题，不少经济体针对其中的数据类贸易规则提出提案。美国、日本和乌克兰等成员国支持鼓励公众使用公开数据，例如政府收集的统计信息、公共交通数据和防灾数据等。美国、欧盟、日本和巴西等WTO成员提出一国政府不应该在访问特定网站或服务上增加不合理的限制措施，所有企业和个人都可以通过公平和非歧视方式访问和使用互联网。然而，目前并非所有WTO成员都把互联网接入看作一种公共电信服务。

二、美国诉中国集成电路歧视性增值税退税案（DS309）

“十四五”规划明确集成电路的产业创新发展是推动制造业优化升级的重要内容。作为数字贸易的基础设施之一，集成电路产品为数字贸易的数据化和网络化提供了支撑。互联网、物联网、云计算、大数据、新能源汽车等战略性新兴产业的出现，给集成电路的发展带来了新动能。集成电路对一国国民经济和社会发展的重要性不言而喻。因此，集成电路备受各国重视。但与此同时，各经济体在国际贸易中围绕集成电路亦产生了不少摩擦。比如，21世纪初，中美就集成电路增值税问题存在分歧，并诉诸WTO的争端解决机制。

（一）争端案背景

2000 年，中国为鼓励软件产业和集成电路产业的发展出台了一系列政策（包括国发〔2000〕18 号文件《国务院关于印发鼓励软件产业和集成电路产业发展若干政策的通知》和财税〔2002〕70 号文件《财政部、国家税务总局关于进一步鼓励软件产业和集成电路产业发展税收政策的通知》），国内企业销售自产的集成电路产品可以进行增值税的即征即退。这引致了美国的反对，认为这是一种“歧视性待遇”。伴随 2001 年中国加入 WTO，美国质疑中国违反了“国民待遇”和“最惠国待遇”，并就此于 2004 年向 WTO 争端解决机制提出磋商请求。

（二）争端解决过程

该案件经历了磋商——签署谅解备忘录的过程。2004 年 3 月 18 日，美国就中国集成电路产品增值税优惠政策向 WTO 争端解决机构提出磋商请求。随后，欧盟、日本、墨西哥等 WTO 成员也纷纷提出加入磋商。中美两国经过多轮磋商谈判后，于 7 月 14 日签订了《中美关于中国集成电路增值税问题的谅解备忘录》，中国随即根据谅解备忘录的规定采取行动。2005 年 10 月 5 日，中国和美国通知争端解决机构，该协定的条款已经得到成功执行，美国也撤回了申诉。至此，该贸易争端得到解决。

（三）主要争议点

1. 争议点一：非歧视性待遇

美国认为中国的该项举措违反了 GATT 和中国入世议定书中的义务，包括“国民待遇”和“最惠国待遇”。

一是关于“国民待遇”。中国对本国企业生产的集成电路予以增值税退税，而直接从外国进口的集成电路产品按 17% 的增值税计，没有退税补贴。因此，美国认为其集成电路在中国的待遇更低，没获得相应的“国民待遇”。

二是关于“最惠国待遇”。在中国国内进行设计然后到国外进行生产的集成电路（即国内设计国外加工复进口）也可以获得增值税退税。美国认为，这会导致中国提升对此类型国家的待遇，属于歧视其他成员方的服务和服务提供者的做法，违反了“最惠国待遇”原则。2004 年，欧盟、日本、墨西哥也加入磋商请求。

对此，不乏学者探讨 WTO 的《幼稚产业保护条款》和《补贴与反补贴协议》对中国相关措施的适用性。其一，被称为“幼稚产业保护条款”的 GATT1994 第 18 条 A 节和 C 节。2002 年，中国的集成电路销售额占国内市场不到 1/5。其技术方面与国际水平仍有一定距离，核心产品仍主要依赖进口，产品质量亦需要进一步提升。因此中国尝试以 GATT 项下的“幼稚产业保护条款”来证明出台这些政策的合理性和合法性。但分歧在于“幼稚产业保护条款”对于一国的保护上所允许采取的措施，是否只许可 WTO 成员通过“修改或撤销关税减让”或“对数量进行限制”来暂缓承担其应尽义务。中国的增值税即征即退做法被认为超越了该项条款的允诺范围。

2. 争议点二：WTO《补贴与反补贴协议》的适用性

WTO《补贴与反补贴协议》（Agreement on Subsidies and Countervailing Measures，SCM）对中国集成电路增值税是否存在适用性？SCM 将一国政府或机构给予的财政性资助分为三种类型，其一的“不可诉补贴”或称“绿灯补贴”规定可对公司进行研究性活动提供援助。中国也提到，增值税退税部分将被用于企业进行研发集成电路或扩大再生产。但是援引此协议规定并不能很好地辩护歧视性退税政策的合法性。采用增值税来补贴国内企业，可能比采用所得税补贴面临更大的 WTO 合规挑战。原因在于，SCM 要求补贴的对象是实质性的研发活动。中国可能需要进一步发展配套规制，以监督和确保企业将退税款直接投入研发之中。有待完善的监管规制有可能影响研发投入的实际使用，这可能会与《SCM 协议》“不可诉补贴”规定的进行实质性研究活动不符。

（四）结果与评价

该案是中国在 2001 年底入世后面临的第一次美国指控，同时也是中国入世后遭遇的第一起 WTO 争端诉讼。经过磋商，中美双方于 2004 年 7 月达成谅解备忘录。中国取消了以上两种关于集成电路产品的增值税退税政策，用灵活的方式和务实的态度适应了 WTO 相关规定涉及的国内产业政策要求，“以退为进”以和解的方式解决争端，也进一步明确了集成电路产业的发展走向。

第二节 数字内容领域的数字贸易争端

一、安提瓜和巴布达诉美国影响跨境赌博和博彩服务案（DS285）

（一）争端案背景

20 世纪 90 年代中期，互联网的兴起和普及为线上跨境赌博服务提供了技术支持。线上博彩业让传统的赌博产业逐渐摆脱了严格的监管和赌博人年龄、赌场数量、地点等限制，并成为一些国家或地区的重要收入来源。安提瓜和巴布达（以下简称“安国”）是一个具有代表性的线上博彩业国家。安国将线上博彩业作为一项经济战略来实施。人口仅为 6.5 万人的安国仅用了短短几年时间，就在 2003 年发展成为全球博彩业的核心地区。该产业每年给当地带来超过 2400 万美元的收入，占全国当年 GDP 的 10%。

美国作为安国线上赌场的最大消费市场，认为这种由境外提供的线上赌博服务给美国带来了极大的负面影响。一是美国境内的赌博服务的客源和财源流失严重，二是网络赌博给洗钱等犯罪活动提供了钻空子的途径，三是违背了美国保守主义者所倡导的道德价值理念。于是，美国采取限制性措施来遏制跨境网络赌博产业的发展，这给安国网络赌博业甚至国民经济造成巨大打击。

（二）争端解决过程

该案件经历了磋商——专家组处理——上诉——仲裁——起诉方胜诉的过程。

2003 年，安国就美国限制跨国网络赌博服务的措施向美国提出磋商，认为美国禁止跨境网络赌博和博彩服务的提供，违反了其在具体承诺表中对赌博服务跨境提供“没有限制”的承诺。磋商未果后，WTO 应安国要求成立专家组。2004 年专家组完成最终报告，2005 年，安国和美国就该报告提出上诉。由于双方无法达成执行裁定的时间和方式，安国请求 WTO 做出仲裁。2013 年，争端解决机构授权胜诉方安国对败诉方美国进行交叉报复。

（三）主要争议点

1. 争议点一：美国的《服务贸易总协定》减让表是否包含赌博和博彩服务具体承诺

安国指出，美国在其《服务贸易总协定》下的“具体承诺减让表”中作出了开放 10. D 项下“除体育运动外所有娱乐服务”的跨境服务提供的承诺。1997 年美国国际贸易委员会（USITC）发文称，美国的减让表以关贸总协定秘书处提供的服务业分类表（W/120）作为标准。基于此，安国认为，美国减让表 10. D 项与 W/120 的 10. D 项、CPC 964（CPC 即《联合国核心产品分类》）的项目一致，即减让表的 10. D 项不包括“体育运动”并不能说明 CPC 964 的项目中包含的博彩服务不在美国“具体承诺表”的 10. D 项范围内。

美国认为安国的上述观点存在错误，因为 W/120 这一服务业分类表并非一项协议，美国的减让表也不是以 CPC 为依据的。

专家组和上诉机构认定，美国减让表包括了博彩服务对外开放的承诺。其一，如表 8 – 1 所示，虽然 W/120 并非一项协议，但它是美国减让表中各部门的承诺依据标准，其分类原则在缔约时是已被美国接受的。其二，如表 8 – 2 所示，博彩服务属于 CPC 964 “体育及其他娱乐服务”的一个子类。因此，要排除赌博服务，必须同样作出明确说明。美国在 10. D 项下明确规定将体育服务排除在承诺之外，但并没有明确排除赌博服务。这意味着，美国已认可其 10. D 项下的承诺可用于赌博服务。

表 8 – 1　　服务部门分类（MTN. GNS/W/120）

部门和分部门	相对应的 CPC 号
10. 娱乐、文化和体育服务（视听服务除外）	
A. 文娱服务（包括剧院、现场乐队和马戏团服务）	9619
B. 新闻社服务	962
C. 图书馆、档案馆、博物馆和其他文化服务	963
D. 体育及其他娱乐服务	**964**
E. 其他	

资料来源：WTO.

表 8 - 2　　CPC 964 具体内容

964 体育及其他娱乐服务	
9641 体育运动服务	9649 其他娱乐服务
96411 体育运动赛事推广服务	96491 公园和海滩娱乐服务
96412 体育运动赛事组织服务	96492 博彩服务
96413 体育运动设备操作服务	96499 其他娱乐服务
96419 其他体育运动服务	

资料来源：WTO 官网.

2. 争议点二：该案是否适用 GATS 第 14 条公共道德的“一般例外”

美国认为，它可以依据 GATS 第 14 条的规定实施“为保护公共道德或维护公共秩序所必需的措施”而不存在贸易歧视。因为线上博彩服务脱离了传统金融服务的监管框架，可能涉及洗钱、有组织犯罪、欺诈、未成年人赌博等内容。这些内容涉及犯罪，也给美国带来了一系列社会道德问题。

安国对此则认为，上述一系列负面影响不应全归咎于线上提供的离岸博彩服务。因为美国对本国的赌博业并没有采取限制措施。对于跨境网络博彩服务，美国虽没有明令禁止，但其设立的国内法影响了安国向其提供跨境赌博的服务。因此，美国对安国线上博彩服务施加的措施实质上是一种贸易限制，不符合美国在 GATS 下承诺的国民待遇和市场准入。安国认为美国称跨境网络赌博违反了公共道德的说法不过是为自己援引条例找借口。

专家组认为，美国没有能够证明其所采取的措施是为保护公共道德所必需。但上诉机构认为，美国的涉案措施要分情况来看。如表 8 - 3 所示，其国内法如《有线通信法案》（禁止赌博服务提供者在各州间和对外商务活动中使用有线通信设施传送赌局和赌注）、《旅行法案》（禁止通过邮件或者各州间和对外商务活动中的任何措施提供赌博服务）、《非法博彩交易法》没有违反 GATS 第 14 条一般例外的规定；然而《州际赛马法》许可其国内的经营者通过网络向其他赌博者提供服务，对外国的服务提供者造成歧视，不符合 GATS 第 14 条前言“不得构成任意或不合理歧视”的规定。

表 8 - 3　　GATS 具体条目内容

条例	内容
第 14 条 一般例外	前提是此类措施的实施方式不得构成在存在类似条件的国家之间任意或不合理歧视的手段，或变相限制服务贸易，本协议中的任何内容均不得解释为阻止任何成员采取或执行以下措施：（a）保护公共道德或维护公共秩序所必需的措施； （b）……（c）……（d）……（e）……

资料来源：WTO 官网.

3. 争议点三：美国涉案措施是否违反“市场准入”原则

美国对“其他娱乐服务”的模式1“跨境提供”市场准入承诺“没有限制”。因此，美国采取限制或禁止跨境提供赌博和博彩服务的行为被指违反了“市场准入”的义务。GATS第16条“市场准入”包含了6种措施规定（见表8-4），但美国称其涉案措施相关法律法规不属于这6种措施中的任何一种，而是出于对国内赌博服务的规范。

表8-4　GATS第16条“市场准入”具体内容

条例	内容
第16.1条	在第一条所确定的服务提供方式的市场准入方面，每个成员给予其他任何成员的服务和服务提供者的待遇，不得低于其承诺表中所同意和明确的规定、限制和条件
第16.2条	在承担市场准入承诺的部门中，一成员除非在其承诺表中明确规定，既不得在某一区域内，也不得在其全境内维持或采取以下措施： （a）以数量配额、垄断、专营服务提供者的形式，还是以经济需求测试要求的形式，限制服务提供者的数量； （b）以数量配额或要求经济需求测试的方式，限制服务交易或资产的总金额； （c）以配额或经济需求测试要求的形式，限制服务业务总数或以指定数量单位表示的服务产出总量； （d）以数量配额或要求经济需求测试的方式，限制某一特定服务部门可雇佣的或一服务提供者可雇用的、对一具体服务的提供所必需或直接有关的自然人的总数； （e）限制或要求一服务提供者通过特定类型的法律实体或合营企业提供服务的措施； （f）通过对外国持股的最高比例或单个或总体外国投资总额的限制来限制外国资本的参与

资料来源：WTO官网.

但专家组和上诉机构一致认为，美国的行为违反了GATS第16.1和16.2条的市场准入规定。美国的涉案措施事实上起到了数量限制的效果，它在已经做出具体开放承诺的情况下，禁止跨境提供赌博和博彩服务，相当于“零配额”，违反了GATS第16.2（a）、（c）项。

（四）结果与评价

2007年6月，安国根据DSU第22.2条要求DSB授权，暂停向美国申请GATS和TRIPS协定规定的安国的减让和相关义务。7月，美国反对安国提议的中止减让和义务的水平，还声称安国的提议不符合DSU第22.3条规定的原则和程序。12月，仲裁员确定，安国每年的利益取消或减损金额为2100万美元，安国可请求DSB授权，以每年不超过2100万美元的金额暂停履行TRIPS协议项下的义务。2012年4月DSB会议上，安国声明美国不遵守小组、上诉机构和合规小组的裁决。2013年1月DSB会议上，安国请求DSB授权暂停对美国在知识产权方面的特许权和义务，并得到了DSB的同意。

事实上，美国的减让表是在乌拉圭回合制定的。由于当时未能预测到未来线上博彩服务的发展及其带来的冲击，美国并没有明文规定将网络赌博服务排除在承诺之外，因此造成了该纠纷。可见，各成员在作出减让表承诺和制定国内法时应该更加谨慎行事，尽量减少使用“没有限制”的字眼，为国内法制定保留足够的空间。DS285 是世贸组织成立以来围绕 GATS 成员具体承诺减让表展开的服务贸易争端，是在 WTO 框架下第一次通过争端解决对“公共道德”和“公共秩序”这一敏感问题作出详细解释，也是与互联网产业有关的争端案。近年来，以数字产品、数字服务为新业态的数字贸易不断涌现并渗透到经济、社会、贸易等领域，改变了大型商贸业务、跨国采购经营等活动的提供形式，因此备受各方重视。而数字贸易依托于互联网的应用，线上服务也越来越多样，涉及互联网的服务贸易争端可能将与日俱增。鉴于此，我们可以从本案例吸取 WTO 争端解决机制对一些规则条款的解读方法，做到未雨绸缪。

二、美国诉中国音像出版物和音像制品贸易权和分销服务案（DS363）

此案亦被称为“美国诉中国文化产品贸易权和经销服务案”或“中美出版物市场准入案”。文化产品具有特殊性，是传播价值观、弘扬文化传统和建设公共道德的重要载体，与社会稳定具有密切联系。因此，中国采取了国有企业经营的传统模式，对文化产品的贸易、流通进行管理。美国指控这种模式，其中大部分指控内容受到了 WTO 专家组的支持。

（一）争端案背景

美国认为，中国在 WTO 框架下的《中国入世议定书》第 5 条承诺放开外贸经营权，中国在出版物和音像制品的贸易权和分销服务的措施方面与之不符。中国援引《中国入世议定书》第 5.1 条“不影响中国以符合 WTO 协定的方式管理贸易的权利”进行抗辩，提出只要措施符合 GATT 第 20 条“一般例外”，是不与 WTO 承诺相冲突的。DS363 指控并裁决的法律文件覆盖范围较广，涵盖国务院和有关部委等多部门发布的 16 个文件。

其中备受关注的法律文件主要如下。专家组和上诉机构认为《电影管理条例》（Film Regulation）第 30 条、《电影企业规则》（Film Enterprise Rule）第 16 条、《2001 年音像制品管理条例》（Regulations on the Administration of Audio and Video Recordings）第 5 条和《音像制品进口管理办法》（Measures for the Administration of Import of Audio and Video Recordings）第 7 条等措施，与下列承诺不符：《中国入世议定书》（China's trading rights commitments in its Accession Protocol）、《中国加入工作组报告书》（Accession Working Party Report）以及《关税贸易总协定》（GATT 1994）或者《服务贸易总协定》（GATS）的承诺不符；《出版管理条例》第 42 条的国有企业规定不满足 GATT 第 20 条的“必需性”（necessary）如表 8 - 5 所示。

表 8－5　　本次案件涉及的主要法律文件

中国国内法规		WTO 框架下的承诺	
《电影管理条例》第三十条［2001 年］	电影进口业务由国务院广播电影电视行政部门指定电影进口经营单位经营；未经指定，任何单位或者个人不得经营电影进口业务	《中华人民共和国加入议定书》第一部分第 5 条第 2 款	除本议定书另有规定外，对于所有外国个人和企业，包括未在中国投资或注册的外国个人和企业，在贸易权方面应给予其不低于给予在中国的企业的待遇
《电影企业经营资格准入暂行规定》第十六条［2004 年］	电影进口经营业务由广电总局批准的电影进口经营企业专营。进口影片全国发行业务由广电总局批准的具有进口影片全国发行权的发行公司发行	《中国加入工作组报告书》第 84 条（b）款	关于对外国企业和个人、包括对其他 WTO 成员的独资经营者给予贸易权的问题，中国代表确认，此类权利将以非歧视和非任意性的方式给予。其进一步确认，获得贸易权的任何要求仅为海关和财政目的，将不构成贸易壁垒。中国代表强调，拥有贸易权的外国企业和个人需要遵守所有与 WTO 相一致的、有关进出口的要求，如与进口许可、TBT 和 SPS 有关的要求，但确认将不适用与最低资本和以往经验有关的要求
《音像制品管理条例》第五条［2001 年］	国家对出版、制作、复制、进口、批发、零售音像制品，实行许可制度；未经许可，任何单位和个人不得从事音像制品的出版、制作、复制、进口、批发、零售等活动。 依照本条例发放的许可证和批准文件，不得出租、出借、出售或者以其他任何形式转让	GATS 第 17 条	国民待遇 1. 对承诺表上所列之行业，及依照表上所陈述之条件及资格，就有关影响服务供给之所有措施，会员给予其他会员之服务或服务提供者之待遇，不得低于其给予本国类似服务或服务提供者之待遇（依本条规定所为之特定承诺，不得解释为要求会员对服务提供者本身或其提供相关服务之特殊性质，所引发之内在竞争劣势予以补偿） 2. 会员可以对所有其他会员之服务及服务提供者促供与其给予自己服务及服务提供者，或者形式上相同待遇，或者形式上有差别待遇之方式，以符合第 1 项之要求 3. 如该待遇改变竞争条件，致使会员自己之服务或服务提供者较其他会员之服务或服务提供者有利，则该项形式上相同或形式上有所不同之待遇都应被视为不利之待遇

续表

中国国内法规		WTO 框架下的承诺	
《音像制品进口管理办法》第七条［2002 年］	国家对音像制品进口实行许可制度	GATT 第 3 条第 4 款	一缔约国领土的产品输入到另一缔约国领土时，在关于产品的国内销售、兜售、购买、运输、分配或使用的全部法令、条例和规定方面，所享受的待遇应不低于相同的本国产品所享受的待遇。但本款的规定不应妨碍国内差别运输费用的实施，如果实施这种差别运输费用纯系基于运输工具的经济使用而与产品的国别无关
《出版管理条例》第四十二条［2001 年］	设立出版物进口经营单位，应当具备下列条件： （一）有出版物进口经营单位的名称、章程； （二）有符合国务院出版行政主管部门认定的主办单位及其主管机关； （三）有确定的业务范围； （四）具有进口出版物内容审查能力； （五）有与出版物进口业务相适应的资金； （六）有固定的经营场所； （七）法律、行政法规和国家规定的其他条件	GATT 第 20 条 a 款	本协定的规定不得解释为阻止缔约国采用或实施以下措施，但对情况相同的各国，实施的措施不得构成武断的或不合理的差别待遇，或构成对国际贸易的变相限制：（a）为维护公共道德所必需的措施

资料来源：北大法宝，WTO 官网.

（二）争端解决过程

该案件经历了磋商——专家组处理——上诉——达成协议——签署谅解备忘录的过程。

2007年4月10日，美国针对中国音像出版物和视听娱乐产品的贸易权（Trading Rights）和分销服务（Distribution Services）的措施向中国提出磋商。磋商所涉及的出版物和视听娱乐产品包括出版物（Publications，包括杂志、报刊、书籍和电子出版物）、家庭视听娱乐产品（Audiovisual Home Entertainment）、录音产品（Sound Recording）和影院发行的电影（Imported Films for Theatrical Release）。同年10月磋商未果后，于11月成立了专家组。专家组的争端解决报告长达469页，裁决点多达76个。2009年9月、10月，中美分别就此案做出上诉，年末上诉机构公布裁决报告。2010年中国提出执行WTO裁决的意向，2012年2月，中国和美国签署了《关于用于影院放映的电影谅解备忘录》。

（三）主要争议点

1. 争议点一：是否履行"国民待遇"

DS363所关注的"国民待遇"主要围绕以下两方面展开。一是GATT第3条第4款的"国民待遇"规定，二是GATS第17条"国民待遇"规定（见表8-5）。

（1）GATT第4款第3条"国民待遇"

针对阅读材料、用于电子发行的录音制品和用于影院放映的电影，美国认为中国没有履行GATT第3条第4款的"国民待遇"。对此，专家组对中国就这些产品是否履行"国民待遇"作出如下判断。

第一，关于阅读材料。专家组认为，与中国国内同类阅读材料不同，中国的措施限制了某些进口阅读材料的分销渠道，要求其分销只能通过订阅和中国国有独资企业进行。而且中国的措施阻碍了某些进口阅读材料（可以通过订阅以外的方式）向中国独资企业分发，但同类国内阅读材料的分发可能受到其他类型企业的影响，包括外商投资企业。专家组的结论是，这些措施不符合中国根据1994年《关贸总协定》（GATT）第三条第4款承担的义务。

第二，关于拟以电子方式分发（例如通过因特网）的硬拷贝录音产品。美国声称，中国的措施歧视进口的硬拷贝录音制品，使进口的硬拷贝录音制品受到比国内产品更烦琐的内容审查制度的约束。然而，专家小组的结论是，美国没有证明这些措施不符合GATT第三条第4款。

第三，关于影院放映的电影。美国认为中国歧视进口电影，将电影的发行限制在两家国有企业，而国内产品却可以由在中国经营的任何有执照的发行商发行，包括私营企业。专家组对此解释，美国未能证明中国的法规或事实上建立了双寡头垄断来阻止其他企业申请和获得发行进口电影的许可证。因此，小组认为中国对进口电影采取的做法并没有违反规定[①]。

（2）GATS 第 17 条“国民待遇”

美国根据《服务贸易总协定》提出的诉求涉及中国对以下产品的分销所设置的各项措施：阅读材料分销、AVHE 分销服务和录音分销服务。

专家组则认为中国以下措施不符合 GATS 第 17 条的“国民待遇”。

第一，中国禁止外商投资企业从事：（i）进口读物的批发，（ii）书籍、期刊和报纸的总经销（独家销售），以及（iii）电子出版物的总经销和批发的措施。

第二，中国对阅读材料分销的注册资本和经营条件提出要求的措施。

第三，中国在提供录音制品分销服务方面禁止外商投资企业的做法。

第四，中国将分销录像带、DVD 等的商业存在限制在中方控股的合资企业，以及限制合资企业经营期限但不限制中国独资企业经营期限的措施。该措施除了不符合中国在《服务贸易总协定》第 17 条下的“国民待遇”承诺，还与第 16 条下的“市场准入”承诺相悖。

值得注意的是，这些条款承诺的对象包括未在中国投资或注册的外国个人或企业给予“国民待遇”。但美国在“中美出版物市场准入案”关注的对象是外商投资企业，即基于“商业存在”模式提供服务的主体，未关注未在中国投资企业所享有的进口权（韩立余，2009）。

2. 争议点二：数字形式的视听产品分销是否在中国承诺范围

数字化产品是否处于中国承诺范围之内，是本案备受关注的焦点之一。录音制品分销服务隶属于视听服务。如表 8－6 所示，中国在 WTO 框架下并未对“国民待遇”进行限制。

表 8－6　中国在 WTO 框架下就“视听服务”进行的承诺

服务提供方式：（1）跨境交付　（2）境外消费　（3）商业存在　（4）自然人流动			
部门或分部门	市场准入限制	国民待遇限制	额外的承诺
视听服务 Audiovisual Services －视频，包括娱乐软件和（CPC 83202）分销服务 －录音分销服务（Sound recording）	加入后，外国服务提供者将被允许与中方合作伙伴成立合作企业，在不影响中国审查音像制品内容的权利的情况下从事电影产品的分销（不包括电影）	无	在不影响中国电影管理的规定的情况下，中国将在加入时允许电影进口影院放映在收入分成基础上，每年进口的数量为 20 个

资料来源：中国自由贸易区服务网.

中国认为，在对录音分销服务（Sound Recording）和音像制品分销（Distribution of Audiovisual Products）进行承诺的时候并不包含数字形式的服务。不过，依据英文版的《中国服务贸易具体承诺减让表》，由于中国在承诺表中没有明确排除“无形录音产品”

① 资料来源：https：//www. wto. org/english/tratop_e/dispu_e/cases_e/ds363_e. htm.

的分销服务，因此专家组认为无须再援引“技术中立原则”。另外，虽然中国最开始难以预知基于数字手段提供的录音制品发展情况，而且适用“技术中立原则”与 GATS 的“服务渐进开放原则”不符。但是基于“美国博彩案”所涉及的“技术中立原则”，即便是采用线上手段的音频服务也适用于“国民待遇”。

上诉机构对数字形式的分销服务作出的裁决主要有以下三项。第一，依据中国 GATS 减让表第 2. D 对“录音制品分销服务”的承诺也可适用于数字形式的录音制品。第二，中国禁止外商投资主体提供数字形式录音制品分销服务的限制性措施，与 GATS 第 17 条承诺不符。该裁决亦与专家组一致。第三，中国针对数字形式录音产品所施行措施，不能援引“公共道德”例外进行抗辩。

3. 争议点三：是否符合“公共道德”例外条款

美国和专家组不否认中国具有对文化产品的审查权，但认为不应捆绑对文化产品的内容审查和进口权。即中国可强化对进口文化产品的审查，但是不应该“一刀切”地仅赋予国有企业进口权限。

对此，中国援引 GATT 第 20 条（a）的“公共道德”例外进行抗辩，认为其对进口权利施行的限制性措施符合“公共道德”例外，可依据《中国入世议定书》第 5. 1 条“不影响中国以符合 WTO 协定的方式管理贸易的权利”来实施。

专家组不裁定中国是否可直接援引“公共道德”例外；但裁定中国这些措施没有满足“公共道德”例外的“必需性”要求。和专家组存在区别的是，上诉机构认为中国在抗辩时援引 1994 年《关贸总协定》第二十条（a）款的权限。中国可以去证明相关措施是作为保护中国公共道德所必需的做法。这一条款是中国在贸易权义务的例外，即中国有权对进出口施加限制和条件。但必须满足两个条件，一是采取的措施必须用以保护公共道德，二是该措施是保护公共道德所必需的。中国没有证明 1994 年 GATT 第二十条（a）款所指的相关规定对保护公共道德的“必需性”。因为基于“公共道德”规制视听产品的措施并非局限于全面的“市场准入”限制，分级对内容进行审查也是通行做法。例如，专家组认为《出版管理条例》第 42 条针对出版物进口经营单位的以下两项措施和中国既有承诺不符。一是要求单位为国有企业的排除性条款；二是规定业务范围、从业人员和组织资格的标准条款。为国有企业保留经营权等做法被指责为 WTO 框架下的“放开经营权”承诺不符，且有其他替代性做法，不满足“公共道德”例外的“必需性”。

因此，中国援引这些规定在第二十条（a）款下并不合理。关于“公共道德”例外在争端解决中的援引，可以回顾 WTO 框架下的“安国诉美国博彩案”。该案是在贸易争端解决中第一起援引“公共道德”为由的例子，也是 WTO 体制下第一次对公共道德这一敏感话题做出阐释。它强调了“国内法优先”的理念，即一个国家有权利根据国内法对本国的公共道德和公共秩序做出适当的保护。但是，很少有成员通过限制出版物和视听产品来保护公共道德，这就使中国很难成功地援引公共道德的例外条款。因此，专家组建议中国通过设置除“市场准入”外的制度来保护公共道德。例如，中国可通过完善文化产品管理措施，与国际规制接轨。

（四）结果与评价

这场纠纷涉及不少关于文化产品的重要法规，中国也尽力在合理期内执行了上诉机构的裁决。一是针对报纸、期刊和图书进口及分销，在2011年版《外商投资产业指导目录》的禁止外商投资目录删除相应内容。二是针对音像产品和电子出版物，不再禁止相应投资。三是针对较敏感的电影领域，签署了双方的谅解备忘录来提高对美电影配额、票房分账比例等方面的待遇。但值得注意的是，音乐并不包含在网络文化经营的许可范围之内。

作为中国在WTO框架下的第一个关于服务贸易的争端案件，WTO的裁决推动了中国文化产品有关“市场准入”方面的规则修订。特别是对于视听产品和服务而言，由于其对一国意义重大且具有政治敏感性，在做出具体承诺时往往会附加各种限制。而在数字贸易大发展的时代背景下，越来越多的线上数字产品渗透到我们的日常生活、学习和工作中来，互联网应用的视听产品会进一步发展和丰富，如电子期刊、电子书籍等电子出版物、电影视听、录音产品等。

因此，一方面，一国在一定程度上具备公共道德水平的制定权限，国内规制是援引“公共道德”例外的重要依据。要完善国内规制，以在国际贸易谈判中设定清晰的底线。另一方面，规制措施的设定亦需要考虑和WTO框架下的既有承诺相符，满足“必需性（necessary）”。如果相应产业限制性措施没有满足合理性和不可替代性，则容易导致“公共道德”例外援引失败，招致其他WTO成员的报复，最终会对本国文化产品输出产生不利影响。因此国内规制的发展要顺应国际形势，在保护好本国文化产业的同时提高文化软实力，传播好中国声音，促进世界文化多样化发展。

第三节　金融领域的数字贸易争端

一、美国诉中国影响金融信息服务市场准入措施案（DS373）

（一）争端案背景

1997—2006年，依据新华社和欧洲委员会（Council of Europe）金融信息保护的信函，中国对外国金融服务提供者采取较为宽松的政策。该信函针对金融信息管理，承诺了欧盟金融信息提供者和客户之间的交易信息不被干涉等内容；且规范了相应义务的许可的具体办理时长。

金融部门属于重要行业，不良的虚假信息可能会给经济和社会稳定带来严重的负面影响。由于外国新闻信息可能存在不实内容，因此中国2006年颁布《外国通讯社在中国境内发布新闻信息管理办法》，对入境的金融信息服务提供商严加规定，如要求其在华运营要获得批准，并承担起提交年度经营活动报告的义务（见表8-7）。

表 8－7　《外国通讯社在中国境内发布新闻信息管理办法》的金融信息提供者相关内容

条目	内容
第九条	外国通讯社依据批准文件核定的业务范围在中国境内发布新闻信息，应当与指定机构签订代理协议，并自协议签订之日起 15 日内报新华通讯社备案
第十条	外国通讯社变更业务范围、传播手段等事项的，应当在变更前向新华通讯社重新申请核发批准文件
第十二条	新华通讯社对外国通讯社在中国境内发布的新闻信息有选择权，发现含有本办法第十一条所列内容的，应当予以删除
第十四条	外国通讯社和指定机构应当每年在规定期限内分别就其发布、代理新闻信息的情况向新华通讯社提交报告。新华通讯社可以根据报告情况进行核查；经核查合格的，方可继续从事新闻信息的发布或者代理业务

资料来源：《外国通讯社在中国境内发布新闻信息管理办法》，公布日期：2006. 09. 10.

2007 年 6 月推出的“新华 08”授予了新华社参与金融信息服务竞争的权限。与此同时，新华社还被授予了对外国新闻通讯社和金融信息提供者的监管权。同年 10 月，中国《外商投资产业指导目录》针对“商业存在”，允许外国金融信息提供者以代表处的形式进入中国。

（二）争端解决过程

该案件（DS373）在 2008 年经历了美欧请求磋商－中美签署谅解备忘录的过程。另外，2008 年加拿大也就相同事项提出磋商请求（DS378），美国随后提出加入该磋商。

（三）主要争议点

2008 年，中国对金融信息服务的一系列举措先后遭到了来自美国、欧盟和加拿大的指控。

1. 中国在 WTO 框架下的承诺

（1）金融信息是否涵盖新闻信息。如表 8－8 所示，中国在《中国入世服务减让表》中对金融信息和金融数据相关服务作出了承诺。无论是针对“市场准入”，还是对于“国民待遇”，中国都在减让表中基于 GATS 模式 1、2 和 3 进行了明确承诺。具体而言，一是在“市场准入”方面，中国针对模式 3“商业存在”，中国的金融服务部门虽然可以作出“审慎性的”经营标准，但对于该模式下相关服务的其他“市场准入”行为是没有限制的。另外，针对模式 1“跨境交付”和模式 2“境外消费”，中国都承诺“没有限制”。二是在“国民待遇”方面，中国对模式 1、2 和 3 都承诺“没有限制”。综合来看，中国在“市场准入”和“国民待遇”上，对金融信息服务的开放程度较高。

表 8－8 中国入世服务贸易减让表的金融数据承诺内容

服务提供方式：(1) 跨境交付 (2) 境外消费 (3) 商业存在 (4) 自然人流动			
部门或分部门	市场准入限制	国民待遇限制	其他承诺
金融部门			
其他金融服务如下： k. 提供和转让金融信息、金融数据处理以及与其他金融服务提供者有关的软件； l. 就（a）至（k）项所列所有活动进行咨询、中介和其他附属服务，包括资信调查和分析、投资和证券研究和建议、关于收购的建议和关于公司重组和战略的建议	(1) 没有限制 (2) 没有限制 (3) 没有限制，中国金融服务部门进行经营的批准标准收为审慎性的（即不含经济需求则试或营业许可的数量限制。允许外国机构设立分支机构 (4) 除水平承诺中内容外，不作承诺	(1) 没有限制 (2) 没有限制 (3) 没有限制 (4) 除水平承诺中内容外，不作承诺	

资料来源：中国自由贸易区服务网.

据此，美国认为中国对新华社赋予监管权限以及对金融服务提供者的规制是和《中国入世服务减让表》的义务不符的。这些限制和要求使得相较于中国而言，外国金融信息服务和供应商在竞争上处于不利地位，同时金融信息的不透明也不利于金融市场的稳健有序发展。

对此，中国可抗辩的关键内容在于，限制性措施所针对的“金融信息”或“金融数据”是否属于新闻类别，新闻类的信息是否涵盖于 WTO 框架下对金融信息的承诺范围（龚柏华，2019）。如果这些信息不涵盖于所承诺的金融信息或数据服务，则中国是没有违反相应的“市场准入”和“国民待遇”义务的。

（2）TRIPS。欧美认为，根据中国入世关于发放许可证的规定，以及 1997 年中国就相关事宜与外方沟通所发出的信函，外国金融信息服务供应商可以直接向客户提供服务，而无须向新华社的下属机构（中国经济信息社）披露金融信息服务和客户信息。欧盟指出新华社被授予的监管权限违反了 WTO 框架下的 TRIPS 第 39.2 条，该条款限制未经自然人和法人同意的情况下的信息披露行为。

履行这一义务的关键在于是否对信息涵盖的“商业秘密”进行合理保护。如果出于监管目标而获取信息而非以不正当手段泄露“商业秘密”，可在综合评估相应措施是否用于谋取不正当的商业目的、是否采取不正当手段导致泄密等方面内容的基础上，针对违反“TRIPS 的信息披露承诺”的指控进行抗辩。

（3）水平冻结条款（Standstill Provision）。DS373 涉及水平冻结条款，亦被称为“维持现状”条款。中国将“水平冻结条款”列入了 GATS 承诺表。欧美指出，依据“水平冻结条款”，中国在金融信息服务的“市场准入”开放水平，不能低于中国加入 WTO 时的承诺水平。换言之，对外国金融信息服务提供者的限制不能比 2001 年更严格。欧美提出，上述中国入世后针对金融信息服务所施行的一系列措施相比1997年的要求更为严苛，因此中国违反了“水平冻结”条款。

但欧美这一指控的关键焦点在于，中国入世后所施行的金融信息服务措施是否真的相较于2001年更为严格。事实上，在2001年前的中国法制中，可以找到中国入世后金融信息监管措施的法制基础。典型的如，新华社对外国通讯社在中国发布信息的监管权限。事实上，如表8-9所示，新华社自1996年已获得国务院授权，外国通讯社都需要向新华社申请，以在中国境内发布经济信息。中国入世后，2004年的《国务院对确需保留的行政审批项目设定行政许可的决定》实质上是对新华社管理权限的再次授权，和2001年中国入世时的监管措施并不存在本质上的冲突（漆彤，2008）。

表8-9　　中国入世前后与金融信息监管措施相关的法律法规

实施年份	法律法规	涉及内容
1996年（于2006年废止）	《外国通讯社及其所属信息机构在中国境内发布经济信息的管理办法》	外国通讯社在中国境内发布新闻信息，应当向新华通讯社提交书面申请
2004年	《国务院对确需保留的行政审批项目设定行政许可的决定》	373 外国通讯社及其所属信息机构在中国境内开展经济信息业务审批 新华社 374 外国通讯社在中国境内发布新闻信息业务的审批 新华社
2006年	《外国通讯社在中国境内发布新闻信息管理办法》	外国通讯社在中国境内发布新闻信息，应当经新华通讯社批准，并由新华通讯社指定的机构（以下简称指定机构）代理。外国通讯社不得在中国境内直接发展新闻信息用户。除指定机构外，任何单位和个人不得经营、代理外国通讯社的新闻信息

资料来源：北大法宝.

2. 例外条款的适用

（1）审慎例外

在国际贸易谈判中，金融服务容易涉及社会稳定和国家安全等诸多问题。因此，各成员在WTO框架下推动金融服务自由化的同时，亦关注加强金融监管。“审慎例外”（prudential carve-out）为成员方设置金融监管措施保留了空间。GATS框架下的《金融服务附件》第2条第1款对“审慎例外”进行了规定，授权成员方可出于审慎目的采取监管措施。这些措施是不与GATS的其他贸易自由化承诺相冲突的。“审慎例外”是专门针对金融服务的特定条款，因此该例外亦可在金融信息、金融数据服务范畴中进行援引。对于欧美两国的指控，中国可以考虑援引“审慎例外”进行抗辩。问题在于，“审慎例外”措施的援引目前尚无统一的标准。

（2）一般例外

针对服务贸易的自由化承诺，GATS第14条保留了“一般例外”这一豁免条款。如若一WTO成员对外国金融服务所施行的限制性措施满足“一般例外”要求，该措施则不被视为和相应的金融服务自由化承诺相冲突。中国在抗辩时可援引“一般例外”中的“公共道德”例外对限制性措施进行免责，但前提是要满足以下条件。一是措施的施行目的是维护公共道德；二是相应限制性措施需要满足“必需性”；三是不可构成变相贸易歧视。根据“美国诉中国影响出版物和音像制品贸易权和分销服务”和“安国诉美国博彩案”，援引这些条款门槛较高。需要注意保证相应限制性措施具有明确的保护“公共道德”目标和不可替代性等，方可顺利援引“公共道德”例外进行义务免责。

（四）结果与评价

综合来看，美国和欧盟在此次争端中提出的诉求存在合理之处。中国要进行驳斥可能面临较多挑战。在磋商之后，中国作出让步，和美国达成了谅解备忘录，具体内容如下。一是对外国金融信息服务的监管主体，监管职责由与金融信息服务无任何关系的监管机构承担，而非此前作为金融信息服务主体的新华社。二是在“商业存在”上，外国金融信息提供商可以在中国建立商业公司。三是在信息保护方面，一方面，备忘录减少了客户获取外国金融信息提供商信息时面临的审批约束，典型的如许可证等内容。另一方面，外国金融信息提供商可直接向客户提供信息，这有助于保护其提供信息所涉及的商业机密。

在此基础上，中国国务院新闻办公室等单位联合发布《外国机构在中国境内提供金融信息服务管理规定》。如表8-10所示，该规定规范了金融信息服务的涵盖范围，指出金融信息服与通讯社服务存在区别。同时，该规定明确了对于外国机构在中国境内提供金融信息服务，由国务院新闻办公室履行监管职能。

表8-10 《外国机构在中国境内提供金融信息服务管理规定》的金融信息提供者相关内容

条目	内容
第二条 （金融信息服务涵盖范围）	本规定所称金融信息服务，是指向从事金融分析、金融交易、金融决策或者其他金融活动的用户提供可能影响金融市场的信息和/或者金融数据的服务。该服务不同于通讯社服务
第四条 （监管机构）	国务院新闻办公室为外国机构在中国境内提供金融信息服务的监督管理机关。外国机构在中国境内提供金融信息服务，必须经国务院新闻办公室批准 未经国务院新闻办公室批准的外国机构，不得在中国境内提供金融信息服务

资料来源：《外国通讯社在中国境内发布新闻信息管理办法》，公布日期：2006.09.10.

总体来看，本案争端发生的根源在于贸易自由化和监管措施之间的冲突。针对蕴藏巨大发展潜力和商业利益的金融服务，GATS在推动成员作出贸易自由化承诺的同时，亦保留各成员施行国内监管措施的自主权。由于这两者间的施行界限缺乏统一标准，导致

WTO 框架下争端不断。

回顾此案，我们不难发现，中国在把握好本国利益诉求的基础上，致力于为外资企业和服务商提供一个鼓励贸易、促进投资的环境。因此，中国在 WTO 框架下就金融服务的“市场准入”和“国民待遇”作出了开放承诺，承诺内容和义务履行程度备受欧美等发达经济体的关注。

但与此同时，出于国家安全等目标所施行的监管措施，可能会与贸易自由化的承诺内容产生冲突。因此，对于不能给外国服务提供市场准入的项目，要在减让表或其他豁免措施中明确排除，以尽可能避免和其他贸易合作伙伴产生贸易纠纷。此外，在制定国内法律法规时，还要充分考虑其在 WTO 中的承诺，以尽可能避免出现 WTO 合规性问题。

二、美国诉中国影响电子支付即银联垄断案（DS413）

（一）争端案背景

20 世纪 80 年代，随着中国改革开放的不断推进，经济的快速发展带动了金融行业的兴起。国内巨大的市场规模催生了多种银行业务。因此中国在 2002 年成立了银联，规定了一系列措施要求，如中国境内所有电子支付交易都要通过银联进行结算，外国的发卡机构要进入中国市场，其发行的银行卡还必须带有含银联的双标记号。具体措施见表 8－11。

表 8－11　　中国在电子支付服务下的措施要求

条目	内容
1. “发卡方要求”	中国要求商业银行在中国发行的用于国内跨行人民币交易的所有人民币银行卡在卡片正面必须标注银联标识，并要求在中国发行的银行卡符合统一的业务规范和技术标准
2. “终端机具要求”	中国要求中国大陆的银行卡终端（包括 ATM 机、商家处理设备和 POS 机终端）必须能够受理标注银联标识的银行卡
3. “收单方要求”	中国要求银行卡的收单方（收卡商户等）须张贴银联标识
4. “香港/澳门要求”	中国政府规定只能由中国银联处理“在中国发行的而在香港或澳门使用的人民币银行卡”和“在香港或澳门发行并在中国人民币交易中使用的银行卡”涉及的特定人民币银行卡交易的清算服务
5. “唯一提供商要求”和“异地/跨行禁令”	中国强制要求将中国银联用作或设立为所有人民币银行卡交易的唯一电子支付服务提供商

资料来源：作者整理.

（二）争端解决过程

2010 年 9 月 15 日，美国要求就中国电子支付服务及其对服务提供商的某些限制和要求与中国进行磋商。由于磋商没有解决争端问题，因此争端解决机构在 2011 年成立了专家组。2012 年，专家组发布了最终报告，中美对此裁决均未提出上诉，并且中国承诺于 2013 年 7 月 31 日前执行决议。

（三）主要争议点

1. 争议点一：银联提供的服务属于哪种服务类别

（1）美国。美国把 VISA 或银联提供的服务归为“电子支付服务”，是在《中国入世服务减让表》第 7 类（金融服务）B 部分“银行及其他金融服务（不包括保险和证券）”下的子部门（d）项下的一类服务，即“所有支付和汇划服务，包括信用卡、赊账卡和贷记卡、旅行支票和银行汇票包括进出口结算”。对此，美方认为，中国就子部门（d）项进行了市场准入和国民待遇承诺。

（2）中国。中国则把其归为“清算和结算服务”。这一服务类别包含在 GATS《关于金融服务的附件》的第 5 条（a）款第（xiv）项范围之内，该项为“金融资产的结算和清算服务，包括证券、衍生品和其他可转让票据”。在《中国入世服务减让表》中，中国并未在该项服务下做出承诺。

（3）专家组。如表 8－12 所示，首先，专家组审议了中国减让表的金融服务部门（d）项的术语，认为“支付和汇划服务”具有“管理”“促进”或“实现”支付或资金转移行为的服务的特点，而“所有”一词表明其包含在子部门（d）中的整个“支付和汇划服务”范围。

其次，专家组审议了减让表其余部分的内容，发现子部门（d）项在“银行服务如下所列”的标题和跨境交付的承诺下都是相同的解释；而且 GATS《关于金融服务的附件》第（xiv）项确实不包含（d）项所涉及的支付卡工具的清算和结算；WTO 其他成员的减让表也没有形成和上下文其他要素提示的不同解释。

最后，专家组援引了 GATS 前言部分，强调其目标之一是“希望建立一个服务贸易原则和规则的多边框架，以期在透明和逐步自由化的条件下扩大此类贸易”。专家组认为，其对中国在减让表项下承诺的解释，与上述透明度目标是一致的。该项综合服务作为一个整体提供和消费。

综上，专家组确认子部门（d）包括争端涉及的服务。并且，由于其依据的《维也纳公约》第 31 条不会导致模糊和歧义，所以中方不必考虑使用第 32 条下的辅助解释资料。

表 8-12　　中国入世服务贸易减让表的金融数据承诺内容（7. B. d）

部门或分部门	市场准入限制	国民待遇限制	其他承诺
服务提供方式：（1）跨境交付　（2）境外消费　（3）商业存在　（4）自然人流动			
7. 金融部门			
B. 银行及其他金融服务（不包括保险和证券） 银行服务如下所列： a. 接收公众存款和其他应付公众资金； b. 所有类型的贷款，包括消费信贷、抵押信贷、商业交易的代理和融资； c. 金融租赁； d. 所有支付和汇划服务，包括信用卡、赊账卡和贷记卡、旅行支票和银行汇票（包括进出口结算）； e. 担保和承诺； f. 自行或代客外汇交易	（1）除下列内容外，不作承诺： 提供和转让金融信息、金融数据处理以及与其他金融服务提供者有关的软件； 就（a）~（k）项所列所有活动进行咨询、中介和其他附属服务，包括资信调查和分析、投资和证券的研究和建议、关于收购的建议和关于公司重组和战略制定的建议。 （2）没有限制。 （3）A. 地域限制 B. 客户 C. 营业许可 中国金融服务部门进行经营的批准标准仅为审慎性的（即不含经济需求测试或营业许可的数量限制）。加入后 5 年内，应取消现在的限制所有权、经营及外国金融机构法律形式的任何非审慎性措施，包括关于内部分支，机构和营业许可的措施。 从事本币业务的外国金融机构的资格如下：在中国营业 3 年，且在申请前连续 2 年盈利。其他，没有限制。 （4）除水平承诺中内容外，不作承诺	（1）没有限制 （2）没有限制 （3）除关于本币业务的地域限制和客户限制（列在市场准入栏中）外，外国金融机构可以同外商投资企业、非中国自然人、中国自然人和中国企业进行业务往来，无个案批准的限制或需要。其他没有限制。 （4）除水平承诺中内容外，不作承诺	对于金融租赁服务，将允许外国金融租赁公司与国内公司在相同时间提供金融租赁服务

资料来源：中国自由贸易区服务网.

2. 争议点二：中国是否作出在（d）项服务下的跨境交付和商业存在的“市场准入”承诺

美国认为，中国关于电子支付服务的措施要求违反了 GATS 第 16 条市场准入的规定。具体表现为，中国减让表中就电子支付服务在模式 1（跨境交付）和模式 3（商业存在）下都作出了承诺，但通过“发卡方要求”“终端机具要求”“收单方要求”“香港/澳门要求”“唯一提供商要求”和“异地/跨行禁令”的六方面措施，中国建立了垄断性的市场架构，使得“中国银联”成为中国境内所有进行人民币银行卡交易的排他性服务提供商，因此违反了第 16. 1 条和第 16. 2 条（a）项下的义务。对此，中国指出：美方未能证明中国在（d）项服务的模式 1 和模式 3 下作出市场准入承诺，也未能证明其所指控的“措施导致通过垄断对服务提供者的数量进行了限制”。

专家组得出结论，中国未就模式 1 下 7. B 服务的子部门（d）项服务的市场准入作出承诺，即在模式 1 下不存在违反第 16 条的问题。中国减让表的“外国金融机构”包括提供减让表第 7. B 部分（a）至（f）项服务的任何组织、公司或者实体。在此基础上，专家组认为，中国在（d）项服务市场准入方面作出了承诺。因此，专家组将进一步审查上述措施是否违反了模式3下“市场准入”的承诺。主要考察了以下三个方面，结果如表8－13所示。

表8－13 市场准入争议点裁决情况

	市场准入	
	模式1（跨境交付）	模式3（商业存在）
发卡方要求	不违反	不违反
终端机具要求	不违反	不违反
收单方要求	不违反	不违反
香港/澳门要求	不违反	违反第16.2条（a）项规定：限制服务提供者的数量，无论是以数量配额、垄断、排他性服务提供者的形式还是经济需求测试的要求

资料来源：作者依据WTO争端解决报告整理.

第一，专家组审议了第16.2条（a）项规定的范围和内涵。专家组认为，第16.2条（a）项中的垄断服务提供者和专营服务提供者具有不同的含义，也不存在交叉重叠。从（a）项文字来看，“以垄断和专营服务提供者的形式”包括了形式上和效果上的服务提供者，其所针对的不是限制措施的形式，而是蕴含数量限制性质的措施。

第二，专家组考察了“发卡方要求”“终端机具要求”和“收单方要求”与第16.2条（a）项规定内容的一致性。专家组认为，上述文件并未要求将银联作为垄断或专营服务提供者，即这些文件没有限制电子支付服务提供者的数量。虽然这些措施使得银联在中国市场上具有竞争优势，但美国没有证明上述三方面措施起到限制服务提供者数量的作用。于是，专家组裁决，美国未能证明上述措施违反了第16.2条（a）项。

第三，对于“香港/澳门要求”，专家组认为，人民币银行卡电子支付服务提供商通过数量限制的方式阻碍了外国电子支付服务提供者的进入，违反了第16.2条（a）项的规定。

3. 争议点三：中国是否作出在（d）项服务下的跨境交付和商业存在的“国民待遇”承诺

美国认为，中国在减让表第7.B的（d）项下已经就模式1和模式3作出承诺，但其采取的六方面措施使得外国电子支付服务提供者的待遇比中国银联低，违反了GATS第17条国民待遇的要求。

对此，中国提出反驳意见。第一，在模式3下，美方应证明其他电子支付服务提供者属于中国减让表规定的“外国金融机构”；第二，在模式1下，中国在市场准入中“不作承诺”。因此，对外国服务提供者的市场准入歧视性措施不应被视作违反了国民待遇原则，否则将损害中国在市场准入下的规制权利。

专家组主要分析了中国采取的三方面措施（“发卡方要求”“终端机具要求”和“收单方要求”）是否违反国民待遇义务；“香港/澳门要求”已被认定在模式3下违反了市场

准入承诺，因此只分析该措施是否违反模式 1 下的国民待遇原则；“唯一提供商要求”和“异地/跨行禁令”因指控并不存在，不做讨论。

（1）详细分析中国减让表和 GATS 第 20.2 条。根据第 20.2 条规定，市场准入下的限制对国民待遇也起到限制效果。因此，中国减让表的市场准入栏中规定的“不作承诺”应视为一项措施，即中国可以采取第 16.2 条下列举的所有措施。因此，对于模式 1 下的（d）项服务，中国作出的承诺允许其保留和第 16、17 条不符的任何措施。“香港/澳门要求”在模式 1 下（d）项的承诺范围内，因此中国不承担国民待遇义务。“发卡方要求”“终端机具要求”和“收单方要求”不属于市场准入方面的限制，因此中国应履行在国民待遇下的承诺。

（2）外国金融机构在国民待遇方面是没有限制的，并且电子服务提供商属于“外国金融机构”。如表 8-12 所示，中国在减让表第 7.B 部分模式 3 下的承诺表明，对于符合经营本币条件的外国电子支付服务提供商，中国应当给予其国民待遇。

（3）中国所采取的措施影响了电子支付服务的提供。银联和 WTO 其他成员的电子支付服务提供商属于“同类服务提供者”，所提供的电子支付服务构成“同类服务”。如表 8-14 所示，中国采取的“发卡方要求”“终端机具要求”和“收单方要求”给予了其他 WTO 成员的服务提供者较低的待遇，因此专家组认为中国违反了 GATS 第 17 条的国民待遇原则。

表 8-14　　国民待遇争议点裁决情况

	国民待遇	
	模式 1（跨境交付）	模式 3（商业存在）
发卡方要求	承担	违反
终端机具要求	承担	违反
收单方要求	承担	违反
香港/澳门要求	不承担	违反第 16.2 条（a）项规定：限制服务提供者的数量，无论是以数量配额、垄断、排他性服务提供者的形式还是经济需求测试的要求

资料来源：作者整理.

（四）结果与评价

本争端案涉及了中国对境外电子支付服务提供者采取的 19 项措施，专家组认定中方有 9 项违反了 GATS。美方关于中国银联垄断地位的指控被驳回，但其要求中国开放电子支付服务市场的主张则得到支持。在 2012 年 9 月争端解决机构（DSB）会议上，中国表示遵守其在 WTO 的义务，实施 DSB 的建议和裁决，表明其电子支付服务市场将对境外供应商开放；给外国服务提供者以市场准入的机会，允许它们在中国市场上用商业存在的模式设立机构并享受国民待遇。

电子支付作为金融市场的一项服务业务，由于其存在的特殊性，在全球范围内受到了广泛监管，但绝不能因此限制金融领域的公平竞争。中国取消了银联的特殊地位，同时提高准入水平，这给发行机构、收单机构以更多的自由，有助于金融贸易的发展。与此同时，数字贸易中的各种电商平台的零售支付要依托于电子支付，有关电子支付的国内规制也需要不断完善。由于《中国入世服务贸易减让承诺表》中的术语会随网络技术和金融创新的发展而产生变化，直接援引该减让表的内容进行扩展解释可能会违背承诺方的初衷，背离 WTO 争端解决机制提供安全性和可预测性的目标，因此减让承诺表也要做到与时俱进。

第四节　知识产权领域的数字贸易争端

一、美国诉中国知识产权保护相关措施案（DS542）

（一）争端案背景

中美两国在知识产权方面的争端由来已久（张乃根，2007）。在中国加入 WTO 之前，美国将中国列为“对美国知识产权没有给予充分保护的重点外国”，要求中国加强对知识产权的保护。就这一议题，中国经历了多次磋商谈判。中国加入 WTO 后，知识产权争端依旧是中美双方的贸易关系焦点。美方认为中方的知识产权保护需要改进，于是中国进一步加强了知识产权的实施机制并公布相关法律法规。但这些措施未能平息美国的不满，美国甚至启动了对中国的 TRIPS 争端解决程序。至此，中美之间持续已久的知识产权争端从双方进行磋商谈判的外交方式转向了 WTO 多边争端解决机制。2018 年中美贸易战爆发，焦点之一是美国指控中国侵犯其知识产权，实质上是美国针对“中国制造 2025”计划，力图遏制中国的发展。

（二）争端解决过程

2018 年 3 月，美国对中国有关保护知识产权的措施向 WTO 提出磋商申请①，在其请求中，美方援引《关于争端解决规则与程序的谅解》第 1 条、第 4 条以及《与贸易有关的知识产权协议》（TRIPS）第 64 条②，指出中国违背了 WTO 承诺。美国认为，中国否认了外国专利持有人在技术转让合同结束后对中国合资方行使的专利权，还在合同中规定了强制性的不利条款。这些条款构成了歧视性措施，对技术贸易是不利的。同时，这不利于外国知识产权保护权利的实现，也不利于在市场条件下，自由谈判专利许可和技术相关合同。同年 11 月 WTO 成立了专家组，后来应起诉方美国要求，争端解决机构在 2019 年 6

① 资料来源：https：//www. wto. org/english/news_e/news18_e/ds542rfc_26mar18_e. htm.

② 资料来源：https：//www. wto. org/english/tratop_e/dispu_e/cases_e/ds542_e. htm.

月 11 日暂停诉讼程序。到期中止 12 个月后，于 2021 年 6 月 9 日专家组授权失效，本案尚无定论。

（三）主要争议点

1. 争议点一：《中华人民共和国技术进出口管理条例》（以下简称《条例》）是否违反了 TRIPS 协定第 3 条（国民待遇）

美国声称中国该《条例》不符合国民待遇原则。

（1）如表 8－15 所示，《条例》第 24 条规定：“技术进口合同的受让人按照合同约定使用让与人提供的技术，若该技术存在侵害他人合法权益的情况，则由让与人承担责任。”美国认为“由让与人承担责任”给外国知识产权持有人带来了更为不利的待遇。

表 8－15　　争议点一涉及的法律法规

法规	条目	内容
《中华人民共和国技术进出口管理条例》	第二十四条	（一）技术进口合同的让与人应当保证自己是所提供技术的合法拥有者或者有权转让、许可者 （二）技术进口合同的受让人按照合同约定使用让与人提供的技术，被第三方指控侵权的，受让人应当立即通知让与人；让与人接到通知后，应当协助受让人排除妨碍 （三）技术进口合同的受让人按照合同约定使用让与人提供的技术，侵害他人合法权益的，由让与人承担责任
	第二十七条	技术进口合同期满后，技术让与人和受让人可以依照公平合理的原则，就技术的继续使用进行协商
	第二十九条	技术进口合同中，不得含有下列限制性条款： （一）要求受让人接受并非技术进口必不可少的附带条件，包括购买非必需的技术、原材料、产品、设备或者服务； （二）要求受让人为专利权有效期限届满或者专利权被宣布无效的技术支付使用费或者承担相关义务； （三）限制受让人改进让与人提供的技术或者限制受让人使用所改进的技术； （四）限制受让人从其他来源获得与让与人提供的技术类似的技术或者与其竞争的技术； （五）不合理地限制受让人购买原材料、零部件、产品或者设备的渠道或者来源； （六）不合理地限制受让人产品的生产数量、品种或者销售价格； （七）不合理地限制受让人利用进口的技术生产产品的出口渠道
《中华人民共和国民法典》第三编合同	第 875 条	当事人可以按照互利的原则，在合同中约定实施专利、使用技术秘密后续改进的技术成果的分享办法；没有约定或者约定不明确，依据本法第五百一十条的规定仍不能确定的，一方后续改进的技术成果，其他各方无权分享
	第 850 条	非法垄断技术或者侵害他人技术成果的技术合同无效

续表

法规	条目	内容
《最高人民法院关于审理技术合同纠纷案件适用法律若干问题的解释》	第十条	下列情形，属于《合同法》第三百二十九条所称的“非法垄断技术、妨碍技术进步”： （一）限制当事人一方在合同标的技术基础上进行新的研究开发或者限制其使用所改进的技术，或者双方交换改进技术的条件不对等，包括要求一方将其自行改进的技术无偿提供给对方、非互惠性转让给对方、无偿独占或者共享该改进技术的知识产权； （二）限制当事人一方从其他来源获得与技术提供方类似技术或者与其竞争的技术； （三）阻碍当事人一方根据市场需求，按照合理方式充分实施合同标的技术，包括明显不合理地限制技术接受方实施合同标的技术生产产品或者提供服务的数量、品种、价格、销售渠道和出口市场； （四）要求技术接受方接受并非实施技术必不可少的附带条件，包括购买非必需的技术、原材料、产品、设备、服务以及接收非必需的人员等； （五）不合理地限制技术接受方购买原材料、零部件、产品或者设备等的渠道或者来源； （六）禁止技术接受方对合同标的技术知识产权的有效性提出异议或者对提出异议附加条件
TRIPS 协定	第 3 条	1. 在知识产权保护方面，在遵守《巴黎公约》（1967）、《伯尔尼公约》（1971）、《罗马公约》或《关于集成电路的知识产权条约》中各自规定的例外的前提下，每一成员给予其他成员国民的待遇不得低于给予本国国民的待遇。就表演者、录音制品制作者和广播组织而言，这一义务仅适用于本协定规定的权利。任何利用《伯尔尼公约》第 6 条或《罗马公约》第 16 条第 1 款（b）项规定的可能性的成员，都应按这些条款中所预想的那样，向 TRIPS 理事会作出通知 2. 各成员可利用第 1 款下允许的在司法和行政程序方面的例外，包括在一成员管辖范围指定送达地址或委派代理人，但是这些例外应为保证遵守与本协定规定发生不相抵触的法律和法规所必需，且这种做法的实施不会对贸易构成变相限制
	第 8 条	2. 只要与本协定的规定相一致，可能需要采取适当措施以防止知识产权权利持有人滥用知识产权或采取不合理的限制贸易或对国际技术转让造成不利影响的做法
	第 28 条	2. 专利所有权人还有权转让或以继承方式转移其专利并订立许可合同
	第 40 条	2. 本协定的任何规定均不得阻止各成员在其立法中明确规定在特定情况下可构成对知识产权的滥用并对相关市场中的竞争产生不利影响的许可活动或条件。如以上所规定的，一成员在与本协定其他规定相一致的条件下，可按照该成员的有关法律法规，采取适当的措施以防止或控制此类活动，包括诸如排他性返授条件、阻止对许可效力质疑的条件和强制性一揽子许可等

资料来源：北大法宝，WTO.

中方对此表示，不应将《条例》解读为仅针对外国人。《条例》中对技术进出口的描述只是行为而不是行为者，因此不管是中国国民还是外国国民都可能成为技术进口合同让与人，不存在对外国国民的歧视。

（2）美国认为，《条例》第27条“在技术进口转让有效期内，改进方拥有改进技术的成果”的规定使得外国知识产权人处于不利地位，违背了“国民待遇”。

中方指出，中国的国内法规保护知识产权权利人的合法权益。根据《民法典》合同编第875条的规定，当事人可以就“技术改进成果”约定分享办法；若没有明确规定，其他方就无权分享，这时“技术改进成果”仍归属知识产权持有人。由于需要通过《民法典》来协助规定，因此《条例》对技术改进成果以约定为主的规定是有所缺失的。不过，师华等（2018）认为中国作为发展中国家可以适用WTO在技术方面给予的差别优惠待遇原则。该原则旨在帮助发展中国家进行能力建设和发展经济，缩小由技术发展和贸易自由化过程导致的南北差距。

（3）美国认为，《条例》第29条第（三）款规定“技术进口合同中不得限制受让人改进让与人提供的技术或使用改进的技术”，违背了“国民待遇”。

中方回应，该款与中国《民法典》合同编第850条、《最高人民法院关于审理技术合同纠纷案件适用法律若干问题的解释》第10条规定的内容是一致的。它是关于限制性条款的规定，目的是防止技术滥用导致的不公平竞争，这一点也符合TRIPS协定第8条第2款、第40条第2款的规定，并不违反“国民待遇”承诺。

2. 争议点二：《中华人民共和国中外合资经营企业法实施条例》（以下简称《合营条例》）是否违反了TRIPS协议第28.1（a）（b）或第28.2条的规定

美国指控中国剥夺了外国知识产权（专利）持有人在中国的排他权。该指控涉及《合营条例》第43条的规定“作为技术输入方的中国有权在技术转让合同到期后继续使用该技术”。

如表8－16所示，中方指出，《合营条例》并未侵犯外方专利权人的权利。根据中国国内法，如《中华人民共和国外商投资法》，并没有规定对该项技术的继续使用是免费的。因此，不存在对外国知识产权人权利的否定。如果受让方希望有偿继续使用，让与方应该予以支持。

表8－16 争议点二涉及的法律法规

法规	条目	内容
《中华人民共和国中外合资经营企业法实施条例》	第四十三条	合营企业订立的技术转让协议，应当报审批机构批准。技术转让协议必须符合下列规定： （一）技术使用费应当公平合理； （二）除双方另有协议外，技术输出方不得限制技术输入方出口其产品的地区、数量和价格； （三）技术转让协议的期限一般不超过10年； （四）技术转让协议期满后，技术输入方有权继续使用该项技术；

续表

法规	条目	内容
《中华人民共和国中外合资经营企业法实施条例》	第四十三条	（五）订立技术转让协议双方，相互交换改进技术的条件应当对等； （六）技术输入方有权按自己认为合适的来源购买需要的机器设备、零部件和原材料； （七）不得含有为中国的法律、法规所禁止的不合理的限制性条款
TRIPS 协定	第二十八条	1. 一专利授予其所有权人下列专有权利： （a）如一专利的客体是产品，则防止第三方未经所有权人同意而进行制造、使用、标价出售、销售或为这些目的而进口该产品的行为； （b）如一专利的客体是方法，则防止第三方未经所有权人同意而使用该方法的行为，并防止使用、标价出售、销售或为这些目的而进口至少是以该方法直接获得产品的行为

资料来源：北大法宝，WTO.

对于发展中国家而言，技术的终止使用相当于允许出让方在技术出资到期后完全抽回出资，这很可能给中国企业带来严重的后果，不利于企业的生存。但美国看重投资者自由谈判的权利，很有可能拒绝有偿给中国企业继续使用技术的要求。

（四）结果与评价

从以上案件的争议点分析可以看出，美国的部分指控并不合理。但与此同时，中国作为技术输入国，中国技术转让方面的法规亦存在改进空间，如《技术进出口条例》《合同法》等规定的不完全一致，立法上存在矛盾和重复。

进入数字贸易时代，数字技术快速发展，贸易中知识产权所涉及范围变得更加广泛。除了传统的技术转让以外，源代码和算法保护也备受瞩目，各方对这些议题持有不同诉求。因此知识产权保护法规需要进一步完善，为数字经济的发展提供助力。伴随着数字经济的发展，中国在数字技术方面已经有了很大的提升，相关法律法规也要及时地调整完善，才能更好地为技术使用和发展提供保障，促进中国企业和外国企业的相互合作。

本章小结

数字贸易的迅速发展带来了新的机遇，同时也引发了一系列复杂的争端。通过对数字贸易争端案例的深入分析，我们可以更好地理解这一新兴领域所面临的挑战和解决方案。

在本章中，我们首先认识到数字贸易的独特性，包括其高度依赖数据和信息技术、跨境交易的便捷性以及创新的商业模式。这些特点使得数字贸易与传统贸易在争端的类型和解决方式上存在显著差异。数字贸易争端主要集中在知识产权保护、数据隐私与安全、市场准入限制等方面。知识产权争端涉及数字内容的版权、专利等问题，数据隐私与安全争端则关注个人信息的保护和跨境数据流动的监管。市场准入限制可能包括对数字服务提供商的歧视性政策、贸易壁垒等。

在解析案例的过程中，我们学习了相关的国际法规和政策框架，如世界贸易组织的规则、区域贸易协定以及各国的数字贸易政策。这些法规和政策在一定程度上为解决数字贸易争端提供了依据，但也存在不完善和不一致的地方。

通过对案例的分析，我们发现解决数字贸易争端需要综合考虑多方面的因素。一方面，各国需要在保护本国利益的同时，遵守国际规则，加强国际合作，共同推动数字贸易的健康发展。另一方面，企业也应提高自身的合规意识，加强知识产权保护，妥善处理数据隐私问题，以降低争端的风险。此外，数字贸易争端的解决还需要借助技术手段和创新的解决方案。例如，区块链技术可以提高数据的安全性和透明度，减少知识产权侵权的风险；人工智能和大数据分析可以帮助企业更好地了解市场需求和法规变化，提前预防争端的发生。

总之，数字贸易争端案例解析为我们提供了宝贵的经验教训。在未来的发展中，我们需要不断关注数字贸易的动态变化，加强法规建设和国际合作，以有效解决数字贸易争端，促进数字贸易的繁荣发展。

思考题

关于案件号 DS204 的思考题

1. 在美墨电信服务争端案中，墨西哥《联邦电信法》和《长途电信规则》对国际电信服务和投资施加了哪些限制，被认为违反了 WTO 框架下的哪些承诺？

2. WTO 框架下，大多数服务业都是采用具体承诺方式来要求缔约方实行某种程度的市场开放和机制建立，而电信服务业的承诺仅仅是给出《参考文件》，这给电信服务带来什么了优势和劣势？

3. 美国和墨西哥作为北美自由贸易区的成员，为什么美国没把该案诉诸北美自由贸易争端解决机制，而是诉诸 WTO？

4. 数字贸易作为新时代的产物，国际电信服务的发展对其有什么推动作用？

5. 请结合电子商务谈判最新议题规则，从“美、墨电信服务案”看现在的数字贸易发展，两者有什么联系？

关于案件号 DS309 的思考题

1. 本案例中涉及的 WTO 义务是什么，在磋商的过程中涉及了 WTO 框架下的哪些“例外”内容？

2. 《补贴与反补贴协议》（简称“SCM”）将一国政府或任何公共机构提供的财政资助区分为哪几种形式？其中的不可诉补贴又包括了哪些内容？

3. 结合该争端案例分析：中国为推进高新技术产业，该如何制定国内产业政策，并保证这些政策对 WTO 承诺的合规性？

4. 数字贸易的发展离不开像集成电路、半导体的产业进步。近年在数字贸易方面，中国制定了哪些鼓励基础设施发展的政策？

关于案件号 DS285 的思考题

1. 本案涉及《服务贸易总协定》和美国减让表的哪些内容？

2. 一国在 GATS 下的服务贸易具体承诺减让表的规定可能会随着新兴行业的出现而产生理解上的分歧，从对此案的解读上可得到哪些启示？

3. 该争端案是小国胜诉大国的成功案例，可见 WTO 倾向于有关贸易的什么结果？

4. 线上服务是本案出现的一种服务贸易方式，其带来的问题对今后可能出现的线上服务争端案有何借鉴之处？

5. 该案例首次涉及“公共道德”例外的援引，我国该如何把握这一例外？

关于案件号 DS363 的思考题

1. 这一案件涉及的义务是什么，中国采用了哪些抗辩依据？

2. 判断视听服务中的电子传输属于货物贸易还是服务贸易是否必要？

3. 中国在该争端案中援引了《文化多样性公约》，该公约能否适用 WTO 的争端解决机制？

4. 结合本案例，中国该如何把握“公共道德例外”？

5. 在数字贸易的发展背景下，对于出版物和音像制品的跨国流通在规则制定上有什么注意的点？

关于案件号 DS373 的思考题

1. 本案涉及的 WTO 义务是什么？

2. 在磋商过程中涉及了 WTO 框架下的哪些“例外”内容？

3. 结合所学知识，简述服务贸易中的“市场准入”和“国民待遇”条款，其与货物贸易中的关税政策之间的区别和联系。

4. 根据该起争端案件，美国、欧盟和加拿大对中国的金融信息服务诉诸 WTO 争端的影响有哪些？

5. 中国可以采取什么措施保护和扶持本国服务和服务提供商的竞争地位？

关于案件号 DS413 的思考题

1. 本案涉及了《服务贸易具体承诺减让表》的哪些内容？

2. 中国在模式 1 上并未作出市场准入承诺，即中国有权在这方面进行限制，因此美国的相关金融服务只能通过模式 3 进入中国市场，这对美国而言，是喜还是忧？

3. 中国取消统一添加“银联”标识的做法对中国银行卡市场的发展产生什么影响？

4. 数字贸易和电子支付有什么内在联系？

关于案件号 DS542 的思考题

1. 该案涉及《与贸易有关的知识产权协定》中的哪些条款内容？

2. 关于知识产权技术转让的规定，该电子支付案援引了哪些中国国内法规？

3. 中国在技术转让方面的立法存在矛盾和重复，请列举具体例子并分析这种现象会给中国参与全球贸易带来什么麻烦？

4. 知识产权保护是中美贸易摩擦的主要内容。请分析中国在知识产权保护上，面临着哪些国外的压力。

附录1　数字贸易所涉内容及对应行业

内容分类	具体内容	中国《国民经济行业分类》（2017版）		《国际标准产业分类》第4版	
数字产品	音乐	8624	音像制品出版	592	录音制作和音乐出版活动
		877	录音制作		
	游戏	6422	互联网游戏服务	6311	数据处理、储存及有关活动
		6572	动漫、游戏数字内容服务		
	电子出版物	8625	电子出版物出版	5819	其他出版活动
	应用软件	8626	数字出版	582	软件的发行
	广播、电视、电影及视频	871	广播	601	电台广播
		872	电视	602	电视广播和节目制作活动
		873	影视节目制作	5911	电影、录像和电视节目的制作活动
				5912	电影、录像和电视节目的后期制作活动
		875	电影和广播电视节目发行	5913	电影、录像和电视节目的发行活动
	依托物理货物产生的上述产品	6579	其他数字内容服务	6311	数据处理、储存及有关活动
数字服务	社交网站	6432	互联网生活服务平台	6312	门户网站
	搜索引擎	6421	互联网搜索服务	6312	门户网站
	软件测试开发	651	软件开发	6201	计算机程序设计活动
	信息技术服务	652	集成电路设计	6202	计算机咨询服务和计算机设施管理活动
		654	运行维护服务		
		656	信息技术咨询服务		
		6571	地理遥感信息服务		
		659	其他信息技术服务业		
	基于互联网的通信服务	63	电信、广播电视和卫星传输服务	61	电信
		641	互联网接入及相关服务	6311	数据处理、储存及有关活动
		642	互联网信息服务		
		644	互联网安全服务		
		649	其他互联网服务		

续表

内容分类	具体内容	中国《国民经济行业分类》（2017 版）		《国际标准产业分类》第 4 版	
数字平台	云计算平台	6433	互联网科技创新平台	6311	数据处理、储存及有关活动
	电子商务平台	6431	互联网生产服务平台	6312	门户网站
		6432	互联网生活服务平台		
		6434	互联网公共服务平台		
数据服务及贸易	数据存储和处理服务	645	互联网数据服务	6311	数据处理、储存及有关活动
		655	信息处理和存储支持服务	6311	数据处理、储存及有关活动
	信息集成系统服务	6531	信息系统集成服务	6311	数据处理、储存及有关活动
	物联网技术服务	6532	物联网技术服务	6311	数据处理、储存及有关活动
	其他数据服务	6429	互联网其他信息服务	6311	数据处理、储存及有关活动

资料来源：数字贸易发展与合作报告（2021）[R]. 中国信息通信研究院，2021.

附录2　数字贸易的分类举例

数字贸易的分类举例					
如何?					
是否采用数字方式订购	是否使用数字平台	是否采用数字交付	货物或服务	行为主体	描述
是	否	否	货物	B2B	在A国的企业通过供应商的网上商店或EDI，直接在位于B国的产品供应商的网上购买商品。例如，在生产中使用的组件
是	否	否	货物	B2C	A国的消费者直接在B国的该产品供应商的网上商店购买商品（如衣服）（最终消费）
是	是	否	货物	B2B	国家A的企业通过可能位于国家A、国家B或其他地方的在线平台从国家B的供应商购买货物。例如，通过eBay订购办公家具
是	是	否	货物	B2C	国家A的消费者通过在线平台从国家B的供应商那里购买商品，该平台可能位于国家A、国家B或其他地方，供最终消费，例如在亚马逊上订购一本书
是	否	否	服务	B2B	A国的企业直接在供应商处在线购买服务，但服务是实际交付的（例如，运输服务）
是	否	否	服务	B2C	A国的消费者直接在B国的供应商处在线购买服务，并且该服务是实际交付的（例如，通过酒店本身的在线预订系统进行的酒店预订）
是	是	否	服务	B2B	A国的企业通过可能位于A国、B国或其他地方的在线平台从B国的供应商在线购买服务。服务随后被物理交付（例如，标准化保养或维修服务）
是	是	否	服务	B2C	A国的消费者通过在线平台向B国的供应商购买服务；这些服务随后会以实物形式交付，例如，游客订购拼车服务（Uber）
是	否	是	服务	B2B	A国的企业直接在供应商处在线购买服务，随后也以数字方式提供服务（例如，标准化维护或修理服务）

续表

数字贸易的分类举例					
如何？					
是否采用数字方式订购	是否使用数字平台	是否采用数字交付	货物或服务	行为主体	描述
是	否	是	服务	B2C	A国的消费者直接在B国的供应商那里在线购买一项服务，随后也通过数字方式交付，例如，一份保险单
是	是	是	服务	B2B	A国的企业通过一个可能位于A国、B国或其他地方的在线平台从B国的供应商购买服务。该服务是以数字方式提供的。例如，一家公司通过图形设计师平台订购一个标志设计
是	是	是	服务	B2C	A国的消费者通过一个可能位于A国、B国或其他地方的在线平台从B国的供应商购买服务。该服务是以数字方式提供的。例如，音乐流媒体订阅
否	否	是	服务	B2B	A国的企业向B国的供应商下了一项服务的离线订单，该服务随后以数字方式交付。例如，定制咨询服务，业务流程外包服务
否	否	是	服务	B2C	A国的消费者在B国的供应商处离线购买服务，但该服务是以数字方式交付的。例如，提供在线讲座的教育服务
是	是	否	服务	C2C	A国的消费者通过位于A国、B国或其他地方的在线平台向B国的另一消费者购买服务。服务是物理交付的。例如，住宿共享（AirBnB）
是	是	否	货物	C2C	A国的消费者通过位于A国、B国或其他地方的在线平台从B国的另一个消费者那里购买商品。例如，通过网上市场进行的二手商品交易

资料来源：OECD，IMF，Measuring Digital Trade：Results of OECD/IMF. Stocktaking Survey［R］. https：//www.imf.org/external/pubs/ft/bop/2017/pdf/17－07. pdf.

附录 3　其他经济体在数据储存非强制本地化方面的诉求

国家	关于“数据储存非强制本地化”的法案
印度	1.《国家数据共享和可访问性政策》规定所有用公共资源收集的信息都要存储在印度境内； 2. 在金融行业，印度央行要求支付系统的服务者将支付信息存储在印度境内，这是一项强制性的要求； 3. 在电信行业，电信服务者不能将用户、账户的信息转移出印度境外； 4. 但印度没有直接对“重要信息”进行界定，因此以上政策在实施方面存在一定困难
加拿大	1.《加拿大的数据隐私法、保护和电子文件法》对个人信息流出加拿大进行限制； 2. 在加拿大的省级隐私法（如不列颠哥伦比亚省及新斯科舍）中也对个人信息外流进行了限制； 3. 在加拿大与美国、墨西哥签订的 USMCA 中，在电子商务章节及其他章节中包含了禁止或限制数据本地化的要求
印度尼西亚	据印度尼西亚《第 82 号条例：信息与电子传输法律》，在互联网的背景下，直接面向消费者的公司要将数据存储设备设置在本地
俄罗斯	根据《俄罗斯联邦法律 242 - FZ》，俄罗斯要求在俄罗斯公民中搜集的信息均须存储在俄罗斯境内
越南	1. 根据越南的《信息技术服务法令》，所有以互联网为基础的服务运营商都至少在越南境内布置一个服务器； 2. 根据越南《网络安全法》，确认需要进行数据本地化的主体、数据本地化所涉及的内容以及监管方式

资料来源：作者根据文献资料整理.

附录4 关键术语和协定

1. GATT：是一个政府间缔结的有关关税和贸易规则的多边国际协定，简称关贸总协定。它的宗旨是通过削减关税和其他贸易壁垒，消除国际贸易中的差别待遇，促进国际贸易自由化，以充分利用世界资源，扩大商品的生产与流通。

2. GATS：是关贸总协定乌拉圭回合谈判达成的第一套有关国际服务贸易的具有法律效力的多边协定，于1995年1月正式生效。以服务贸易的四种提供方式即跨境交付、境外消费、商业存在、自然人流动对服务贸易作出了全面的定义。其宗旨是在透明度和逐步自由化的条件下扩大服务贸易，并促进各成员的经济增长和发展中国家服务业的发展。

3. TRIPS：不仅是国际上知识产权保护领域的公约，也是参与方最多、内容最全面、保护水平最高、保护程度最严密的一项国际协定，分为八个部分，共有73个条约。其宗旨是期望减少国际贸易中的扭曲和障碍，促进对知识产权充分、有效保护的同时保证知识产权的执法措施与程序不至于变成合法的障碍。

4. ITA：是世贸组织项下的诸边协定，于1997年生效，其成员国代表了全球97%的IT产品出口额，旨在分阶段将信息技术产品的关税削减至零。中国在加入WTO谈判中承诺加入该协定，并于2003年4月加入该协定。2013年9月，俄罗斯成为ITA第78个成员国。

5. TBT：是世界贸易组织管辖的一项多边贸易协议，是在关贸总协定东京回合同名协议的基础上修改和补充的。该协议适用于所有产品，包括工业品和农产品，但涉及卫生与植物卫生措施，由《实施卫生与植物卫生措施协议》进行规范，政府采购实体制定的采购规则不受本协议的约束。

6. TFA：是2013年WTO达成的巴厘一揽子协议中的突出成果，于2017年生效。也是中国加入世界贸易组织后参与并达成的首个多边货物贸易协定。中国作为全球第一大货物贸易国，《贸易便利化协定》的生效和实施不仅将有助于中国口岸综合治理体系现代化，还将普遍提高中国主要贸易伙伴的贸易便利化水平，促进中国产品出口并营造便捷的通关环境。

7. JSI：2019年1月25日，在瑞士达沃斯举行的电子商务非正式部长级会议上，中国和澳大利亚、日本、新加坡、美国、欧盟、俄罗斯、巴西、尼日利亚、缅甸等76个世贸组织成员签署的《关于电子商务的联合声明》（Joint Statement on Electronic Commerce），《声明》强调将充分认识并考虑世贸组织成员在电子商务领域面临的独特机遇和挑战，鼓励所有成员参加谈判，以便使电子商务为企业、消费者和全球经济带来更大利益。目前已有86个WTO成员参与，占全球贸易总额的90%。JSI电子商务涵盖了与数据贸易相关的各种问题，如跨境数据自由流动、源代码、数字产品非歧视等。

8. RTA：区域贸易协定（Regional Trade Agreement）是指两个或两个以上的国家，或者不同关税地区之间，为了消除成员间的各种贸易壁垒，规范彼此之间贸易合作关系而缔结的国际条约。

9. FTA：自由贸易协定（Free Trade Agreement）是两国或多国间具有法律约束力的契约，目的在于促进经济一体化，其目标之一是消除贸易壁垒，允许产品与服务在国家间自由流动。这里所指的贸易壁垒可能是关税，也可能是繁杂的规则等等。

10. USMCA：《美墨加协议》是美国、加拿大和墨西哥达成的三方贸易协议，于2018年11月30日在布宜诺斯艾利斯签署。USMCA取代了北美自由贸易协定（NAFTA），考虑到了如电子商务、知识产权保护法规体系等现代问题。

11. TPP：《跨太平洋伙伴关系协定》（Trans - Pacific Partnership Agreement），是由亚太经济合作组织成员国中的新西兰、新加坡、智利和文莱四国发起，从2002年开始酝酿的一组多边关系的自由贸易协定，于2015年10月5日基本达成协议，旨在促进亚太地区的贸易自由化。2017年1月23日，美国当选总统特朗普签署行政命令，正式宣布美国退出《跨太平洋伙伴关系协定》（TPP），后由日本主导并改名为《全面与进步跨太平洋伙伴关系协定》（CPTPP）。

12. RCEP：《区域全面经济伙伴关系协定》（Regional Comprehensive Economic Partnership）是2012年由东盟发起，历时八年，由包括中国、日本、韩国、澳大利亚、新西兰和东盟十国共15方成员制定的协定。该协定是亚太地区规模最大、最重要的自由贸易协定谈判，达成后将覆盖世界近1/2人口和近1/3贸易量，成为世界上涵盖人口最多、成员构成最多元、发展最具活力的自由贸易区。

13. 乌拉圭回合：1986年9月在乌拉圭举行了关贸总协定部长级会议，旨在全面改革多边贸易体制，故命名为“乌拉圭回合”谈判。该谈判历时7年半，于1994年4月在摩洛哥的马拉喀什结束。谈判几乎涉及所有贸易，从牙刷到游艇，从银行到电信，从野生水稻基因到艾滋病治疗。参加方从最初的103个，增至谈判结束时的123个。

14. 多哈回合：2001年11月，在卡塔尔首都多哈举行的世贸组织第四次部长级会议启动了新一轮多边贸易谈判。其宗旨是促进世贸组织成员削减贸易壁垒，通过更公平的贸易环境来促进全球特别是较贫穷国家的经济发展。2013年12月7日，在世贸组织第九届部长级会议上，多哈回合第一份成果《巴厘一揽子协定》以159个成员国全数通过，成为多哈回合“0的突破”。

15. 服务贸易具体承诺减让表：一个国家用以表明它将履行服务贸易总协定的市场准入和国民待遇义务以及它希望继续免除这些义务的服务部门的文件。它所作出的承诺和限制被按照所定义的四种提供方式填入该表中。当一个政府作出一项承诺时，它就从法律意义上规定了减让表中所标明的市场准入和国民待遇水平，并将不再出台可能会限制市场准入和国民待遇的新措施。如果一个成员被认为没有履行它在服务贸易总协定中的具体承诺，将适用争端解决与执行条款解决。承诺方式可为三种类型：（1）没有限制（none）；（2）不作承诺（unbound）；（3）一定范围或者有预设条件的限制。其中（1）和（3）属于“约束承诺”，即减让表中有关的服务在以确定的方式提供时，它所获得的待遇将不低于减让表中列明的水平。(2) 不作承诺意味着该成员不承担任何义务，保留充分的自由。

16.《中华人民共和国网络安全法》：自 2017 年 6 月 1 日起施行，保障网络安全，维护网络空间主权和国家安全、社会公共利益，保护公民、法人和其他组织的合法权益，促进经济社会信息化健康发展。

17. 美国《通信规范法》(Communications Decency Act，CDA)：1996 年，美国总统克林顿签署了《电信法》，该法的核心是取消阻碍电信市场竞争的管理法规壁垒，从而促进开发和推广新技术的应用。基于驱逐淫秽和暴力内容的立法目的，《电信法》在第五章部分设置了《通信规范法》，但该法案隔年被美国最高法院全票通过违反了美国宪法第一修正案，但是最高法院保留了其中的第 230 条。第 230 条规定，服务提供者不需要对发布在其平台上的第三方内容负责，也不对删除某些类型的有害内容负责。同时基于在当前的技术经济背景下，法院广泛解释了第 230 条的豁免权，使得平台逃避了许多责任，不利于对网络空间其他主体的权利保护。

18. 欧盟《电子商务指令》(E-business instruction)：2000 年 6 月 8 日，欧洲议会及欧盟理事会关于共同体内部市场的信息社会服务达成协定，尤其是电子商务的若干法律方面。通过确保成员国之间信息社会服务的自由流动，来促成内部市场的正常运行。

19. 欧盟《数字服务法案》(Digital Service Act)：是对《电子商务指令》的全面修订，2022 年 4 月 23 日，欧洲议会和欧洲理事会针对《数字服务法案》达成临时政治协议。《数字服务法案》将为用户提供更安全、更开放的数字空间以及未来几年公司公平的竞争环境设定标准。根据规定，中介服务（如社交媒体和市场）将不得不采取措施保护其用户免受非法内容、商品和服务的侵害。

20.《基础电信协议》(Agreement on Basic Telecommunications)：并非一个单独的法律文件，它由 GATS 第四议定书及其所附《各成员承诺减让表》《最惠国待遇豁免清单》《关于电信管理准则的参考文件》（简称《参考文件》）和《电信服务具体承诺表样本》5 部分组成。1997 年 2 月 15 日《基础电信协议》达成后，占有全球电信市场 90% 左右的电信协议各方彼此承诺彻底结束电信的垄断和封闭，按照不同国家和地区的情况，分步互相开放基础电信设施和服务的市场。《基础电信协议》所涵盖的电信服务领域包括声讯电话、数据传输、电传、传真、电报、私人线路租赁（出售或租赁传输能力）、固定和移动式卫星通信系统服务等。协议的目的在于约束各成员在提供电信服务时不应以电信作为限制其他成员的服务提供者提供服务的行为，或对提供服务的行为造成障碍。在客观公正的基础上，非歧视地向世界贸易组织成员承诺部分或全部开放国内的基础电信服务市场。

21. 墨西哥《联邦电信法》(Federal Telecommunications Law，FTL)：于 1995 年 6 月 7 日通过，规定在国际电信市场上对外呼叫业务最多的运营商有完全垄断权利，来议定其他运营商在提供国际电信业务时的规定和条件，包括墨西哥国内的电信运营商和其他国际运营商。

参 考 文 献

［1］ Aćimović S， Mijušković V， Milošević N. Logistics Aspects of Goods Home Delivery： The Case of Amazon company ［J］． Marketing， 2020， 05 （1）： 3 – 11.

［2］ Anderson C. The Long Rail： Why the Future of Business is Selling Less of More ［J］． Hyperion， 2006.

［3］ Andrew D. Mitchell & Neha Mishra， Data at the Docks： Modernizing International Trade Law for the Digital Economy ［J］． Vanderbilt Journal of Entertainment & Technology Law， 20， PP1073 – 1132， 2018.

［4］ Becker M. B. Interoperability Case Study： Electronic Data Interchange （EDI） ［J］． Social Science Electronic Publishing， 2012.

［5］ Bellia P. L. ， Berman P. S. ， Brett M. F. ， David G. P. Cyberlaw： Problems of Policy and Jurisprudence in the Information Age ［J］． West Academic Publishing， 2018.

［6］ Burri M. Should There Be New Multilateral Rules for Digital Trade？ ［R］． Think piece for the E15 Expert Group on Trade and Innovation， 2013.

［7］ Burri M. The International Economic Law Framework for Digital Trade ［J］． Zeitschrift für schweizerisches Recht， 2015， 135 （2）： 10 – 72.

［8］ Burri， M. New Legal Design for Digital Commerce in Free Trade Agreements ［J］． Digiworld Economic Journal， 107 （3rd Q）， PP16， 2017a.

［9］ Burri， M. The Impact of Digitalization on Global Trade Law ［J］． German Law Journal， 24 （3）， 551 – 573， 2013.

［10］ Chamberlin， E. H. The Theory of Monopolistic Competition ［M］． Cambridge， Harvard University Press， 1933.

［11］ Choi， Soon – Yong， Stahl， Dale， Whinston， Andrew. The Economics of Electronic Commerce ［M］． Macmillan Techniacl Publishing， 1997.

［12］ Christopher Matthews. Will Amazon Take Over the World？ ［N］． Time， 2012 – 06 – 16.

［13］ CIC. 2020 年我国数字贸易发展报告 ［EB/OL］． http： //www. cicscert. org. cn/web_root/web？ page/articlecontent_102005_1321370934682062850. html.

［14］ Costa， E. Global E – Commerce Strategies for Small Business ［OL］， https： //direct. mit. edu/books/book/2470/Global – E – Commerce – Strategies – for – Small – Businesses.

［15］ CRS. Digital Trade ［R］． Congressional Research Service， 2020 （12）．

[16] Curran K, Mccartney D, Elder K. The Power of Long Tail [J]. 2006.

[17] David Woo, Ian Gordon, and Vadim Iaralov. Bitcoin: A First Assessment, Cause and Effect [EB/OL]. Bank of America Merrill Lynch, December 5, 2013. http://cryptome.org/2013/12/boa-bitcoin.pdf.

[18] Dholakia, R. R., Fritz, W., Dholakia, N. Global E-Commerce and Online Marketing: Watching the Evolution [EB/OL]. https://www.researchgate.net/publication/236784811_Global_e-commerce_and_online_marketing_watching_the_evolution, 2002.

[19] Elberse Anita. Should You Invest in the Long Tail? [J]. Harvard Business Review, 2008, 33.

[20] European Commission. Trade Policy Review: an Open, Sustainable and Assertive EU Trade Strategy. [R/OL]. Office of the European Union, https://trade.ec.europa.eu/doclib/docs/2021/february/tradoc_159438.pdf, 2021.

[21] Fournier, L. Merchant Sharing Towards a Zero Marginal Cost Economy [J/OL]. arXiv: 1405.2051, https://doi.org/10.48550/arXiv.1405.2051, 2014.

[22] Garcia-Israel, Katya & Grollier, Julien. Electronic Commerce Joint Statement: Issues in the Negotiations Phase [R]. CUTS International, PP1-15, 2019.

[23] González, Javier López & Janos Ferencz. Digital Trade and Market Openness, OECD Trade Policy Papers, 217, 2018.

[24] Guellec, D. and C. Paunov, Digital Innovation and the Distribution of Income [J]. NBER Working Paper, No. 23987, 2017.

[25] Hahn M. J., Sauvé P. Research for Cult Committee of the European Parliament - Culture and Education in CETA [R]. Brussels: European Parliament, Policy Department for Structural and Cohesion Policy, 2016.

[26] Hattori K, Hattori T. Mathematical Analysis of Long Tail Economy Using Stochastic Ranking Processes [J]. Papers, 2008.

[27] Hof, R. D. How Amazon Cleared the Profitability Hurdle [Z/OL] Information Technology, http://www.businessweek.com/magazine/content/02_05/b3768079.html./amazon-antitrust-probe, 2019-11-24.

[28] IBM. The Future of EDI: An IBM Point of View [R]. IBM, 2021.

[29] IMF. Stock Taking Survey [R]. https://www.imf.org/external/pubs/ft/bop/2017/pdf/17-07.pdf, 2017.

[30] Inyoung Hwang. What is Fiat Currency? How Is It Different From Crypto? [EB/OL]. https://www.sofi.com/learn/content/fiat-currency/, 2021.

[31] ITU. Final Acts World Conference on International Telecommunications Dubai, 2012.

[32] Jonathan E. Hillman. The Global Battle for Digital Trade [EB/OL]. https://www.csis.org/blogs/future digital trade policy and role us and uk /global battle digital trade,

2018 - 04 - 13.

[33] Krugman, Paul R., and Maurice Obstfeld. International Economics: Theory and Policy 8/E [M]. Pearson Education India, 1988.

[34] Lee - Makiyama Hosuk. Submission to the USITC Investigation "Digital Trade in the U. S. and Global Economies" [R]. European Centre for International Political Economy (ECIPE), 3, PP1 - 6, 2013.

[35] Louise G. History, Development, and Future of ECommerce [Z/OL]. https: //www. spiralytics. com/blog/past - present - future - ecommerce/, 2018.

[36] Malkawi B. H. Digitalization of Trade in Free Trade Agreements with Reference to the WTO and the USMCA: A Closer Look [J]. China and WTO Review, pp149 - 166, 2019.

[37] Mankiw N. G. Essentials of Economics [M]. Cengage Learning, 2020.

[38] Mattoo A. & Schuknecht L. Trade Policies for Electronic Commerce [J]. The World Bank, 1999.

[39] McKinsey Global Institute. Digital Globalization: The New Era of Global Flows [Z/OL]. https: //www. mckinsey. com/business functions/digital mckinsey/our insights/digital globalization the new era - of global flows.

[40] McKinsey Global Institute. Digital India Technology to Transform A Connected Nation [R]. 2019 - 3.

[41] Meléndez - Ortiz, Ricardo & Richard Samans. The E15 Initiative: Strengthening the Global Trade and Investment System in the 21st Century, World Economic Forum, 2016.

[42] Meltzer J. P. A New Digital Trade Agenda, International Centre for Trade and Sustainable Development [R]. UNCTAD, 2017.

[43] Meltzer J. P. Governing Digital Trade [J]. World Trade Review, 18 (S1), PP23 - 48, 2019.

[44] Metschel M. The World Trade Organization in Times of Digital Trade Addressing Digital Protectionism? [Z/OL]. World Trade Organization (WTO): Documents Online, https: //docs. wto. org/dol2fe/Pages/FE_Browse/FE_B_009. aspx? TopLevel = 3875#/. , 2018.

[45] Modi, T., Durkin, M. A., Kass, C., Ulin, M. Strategic Audit: Barnes & Noble [J], Strategic and International Management, 2000.

[46] Mourougane. A. Measuring Digital Trade [Z/OL]. OECD Going Digital Toolkit Notes, No. 18, OECD Publishing, Paris, https: //doi. org/10. 1787/48e68967 - en, 2021.

[47] Nadia Tuma and Laura Simpson. Why Amazon's Data Store Doesn't Scare People —But Facebook's Does [N]. Advertising Age, 2014 - 1 - 23.

[48] Nitin Chaturverdieta. The Future of Retail Supply Chains [R]. McKinsey Quarterly, 2012.

[49] OECD, WTO and IMF. Handbook on Measuring Digital Trade [R/OL]. http: //

millenniumindicators. un. org/unsd/statcom/51st – session/documents/BG – Item3e – Handbook – on – Measuring – Digital – Trade – E. pdf.

[50] OECD. Digital Trade Review of Brazil [M/OL]. OECD Publishing, Paris, https: //doi. org/10. 1787/0b046dfe – en, 2022.

[51] OECD. Towards a G20 Initiative on Measuring Digital Trade: Mapping Challenges and Framing the Way Forward [R/OL]. https: //www. oecd. org/g20/topics/trade – and – investment/Towards – a – G20 – Initiative – on – Measuring – Digital – Trade. pdf, 2016

[52] Patrick Leblon, Susan Ariel Aaronson. Another Digital Divide: The Rise of Data and Its Implications for the WTO, Journal of International Economic Law [J]. 21 (2): 245 – 272, 2018.

[53] Porges, Amy, Alice Enders. Data Moving Across Borders: The Future of Digital Trade Policy [J]. International Centre for Trade and Sustainable Development, pp1 – 14, 20.

[54] R. S. Neera. Trade Rules for the Digital Economy: Charting New Waters at the WTO [J]. World Trade Review, 18 (S1): 121 – 141, 2019.

[55] Simon Kemp. Digital 2022: India [R/OL]. Datareportal, https: //datareportal. com/reports/digital – 2022 – india, 2022 – 02 – 15.

[56] Sookman B. Electronic Commerce, Internet and the Law: a Survey of the Legal Issues [J]. UNBLJ, 1999.

[57] Stewart A. Bakeret al. E – Products and the WTO [J]. International Lawyer, 2001, 35 (1): 5.

[58] Tambe, P., L. Hitt and E. Brynjolfsson. The Extroverted Firm: How External Information Practices Affect Productivity [J]. Management Science, 2012 (5).

[59] TechFunnel Contributors. Pros and Cons of Transaction Processing System [OL]. techfunnel. com, 2020.

[60] Tian, Yan, Stewart and Concetta. History of E – Commerce [OL]. https: //www. researchgate. net/publication/314408412_History_of_E – Commerce.

[61] Treleaven, P. Financial Regulation of Fintech [J]. Journal of Financial Perspectives, 2015 (4): 114 – 121.

[62] UNCTAD, Estimates of Global E – commerce 2018 [OL]. https: //unctad. org/en/PublicationsLibrary/tn_unctad_ict4d15_en. pdf, 2018.

[63] UNCTAD. Information Economy Report – Unlocking the Potential of E – commerce for Developing Countries [EB/OL]. http: //unctad. org/en/PublicationsLibrary/ier2015_en. pdf, 2015.

[64] UNCTAD. Measuring the Value of E – commerce [R]. UNCTAD, 2023.

[65] United States International Trade Commission. Digital Trade in the U. S. and Global Economies, Part1 [R]. USITC, 2013 – 07 – 07.

[66] United States International Trade Commission. Global Digital Trade 1: Market Opportunities and Key Foreign Trade [OL]. https://www.usitc.gov/publications/332/pub4716_0.pdf, 2017.

[67] US Bureau of Economic Analysis. Trends in Digitally - enable Trade in Services [R]. USBEA, 2012.

[68] Usman Ahmed, Grant Aldonas. Addressing Barriers to Digital Trade, International Centre for Trade and Sustainable Development, Dec 2015.

[69] USTR. Key Barriers to Digital Trade [R/OL]. The Office of the US Trade Representative. 2017.

[70] Victor Malachard. 5 Things You Need to Know about the Amazon Antitrust Probe [EB/OL]. https://insights.nozzle.ai

[71] Walker, R., & Jiwani, R. Reinventing e-commerce: Amazon's bet on unmanned vehicle delivery. In SAGE Business Cases. SAGE, Publications, Ltd., https://dx.doi.org/10.4135/9781473969551, 2015.

[72] Weber, Rolf H., Digital Trade in WTO - Law - Taking Stock and Looking Ahead (March 25, 2010). [J]. Asian Journal of WTO & International Health Law and Policy, 2010, 5 (1): 1-24.

[73] White D. What is a Transaction Processing System? [OL]. Techfunnel, 2020.

[74] World Telecommunication Development Report 1996/97 [R]. ITU Telecommunication Development Bureau and the Strategic Planning Unit.

[75] World Trade Organization, Joint Statement on Electronic Commerce [Z]. INF/ECOM/4, 25 March 2019.

[76] World Trade Organization, Joint Statement on Electronic Commerce [Z]. WTO, WT/L.1056, 25, January 2019.

[77] WTO Work Programme on electronic Commerce, https://www.wto.org/english/tratop_e/ecom_e/wkprog_e.htm, 1998.

[78] WTO. China - Measures Affecting Trading Rights and Distribution Services for Certain Publications and Audiovisual Entertainment Products [Z]. WT/DS363/R, 12 August 2009.

[79] WTO. Coverage of Basic Telecommunications and Value - added Services [OL]. https://www.wto.org/english/tratop_e/serv_e/telecom_e/telecom_coverage_e.htm.

[80] Ye C, Desouza K C. The Current Landscape of Central Bank Digital Crrencies [J]. TechTank, Brookings Institution, 2019.

[81] Zana Majed Sadq, Hawre Nuraddin Sabir, Dr. Vian Sulaiman Hama Saeed. Analyzing The Amazon Success Strategies [J]. Journal of Process Management - New Technologies, International, 2018, 06 (04): 65-70.

[82] И. Г. Дежина, Т. Н. Нафикова. Интернет вещей: концепции и государственная

политика [Z]. Мировая экономика и международные отношения. 2019.

[83] 阿里研究院.2022年数字贸易下我国跨境产业链新比较优势的建立 [R]. 阿里研究院跨境电商研究中心，2022.

[84] 艾瑞咨询研究院.2020年中国数据中心行业发展洞察 [R]. 艾瑞咨询研究院，2020.

[85] 白洁，张达，王悦. 数字贸易规则的演进与中国应对 [J]. 亚太经济，2021(05): 53-61.

[86] 保罗·R. 克鲁格曼，茅瑞斯·奥伯斯法尔德，马克·J. 梅里兹. 国际经济学理论与政策 [M]. 北京：中国人民大学出版社，2021.

[87] 蔡晓月. 国际贸易实务的新发展：数字贸易与贸易金融 [M]. 上海：复旦大学出版社，2021.

[88] 曹宗平，黄海阳. 中国数字贸易发展的协同关系与路径探索 [J]. 华南师范大学学报（社会科学版），2022 (01): 130-140+207.

[89] 曾志芳，钟亦平，张世永. 基于第三代移动通信技术的互联网 [J]. 计算机科学，2002, 29 (3): 3.

[90] 查尔斯·希尔. 国际商务 [M]. 北京：中国人民大学出版社，2024.

[91] 陈爱松. 互联网数据中心行业发展现状和趋势分析 [J]. 无线互联科技，2017(16): 3.

[92] 陈寰琦，何宇航.《中欧全面投资协定》数字金融核心规则解析——基于和RCEP/CETA比较 [J]. 长安大学学报（社会科学版），2021, 23 (04): 67-75.

[93] 陈寰琦.RTAs框架下数字贸易规则"美式模板"及其贸易效应研究 [M]. 北京：中国财政经济出版社，2022.

[94] 陈寰琦. 国际数字贸易规则博弈背景下的融合趋向——基于中国、美国和欧盟的视角 [J]. 国际商务研究，2022, 43 (03): 85-95.

[95] 陈寰琦. 签订"跨境数据自由流动"能否有效促进数字贸易——基于OECD服务贸易数据的实证研究 [J]. 国际经贸探索，2020, 36 (10): 18.

[96] 陈靓. 数字贸易自由化的国际谈判进展及其对中国的启示 [J]. 上海对外经贸大学学报，2015, 22 (03): 28-35.

[97] 陈佩. 高职院校跨境电商人才培养模式研究——面向湖南自贸试验区长沙片区建设 [J]. 农村经济与科技，2021, 32 (18): 140-142.

[98] 陈威华. 巴西数字经济进入全新产业周期 [N]. 经济参考报，2021-10-26.

[99] 陈维涛，吴婷. 全球数字贸易鸿沟的现状、成因与中国策略 [J]. 南京社会科学，2022 (03): 42-49.

[100] 陈晓红.ATM与IP结合技术应用研究 [J]. 企业导报，2012 (21): 2.

[101] 陈怡. 物联网关键技术及其应用前景研究 [J]. 信息记录材料，2022, 23(02): 215-217. DOI: 10.16009/j.cnki.cn13-1295/tq.2022.02.066.

[102] 陈雨松. VISA诉银联，究竟谁赢了？——美国诉中国电子支付WTO争端案评析 [J]. 金融法苑，2014 (01): 276-295.

[103] 陈珍妮. 欧盟《数字服务法案》探析及对我国的启示 [J]. 知识产权，2022, 256 (06): 110-126.

[104] 程斌琪，李杨. 后疫情时代WTO电子商务议题谈判前景 [J]. 国际经济合作，2021 (03): 15-24.

[105] 崔聪聪. GATS承诺表解释的困境与出路——从美国诉中国银联垄断案谈起 [J]. 经济问题探索，2013 (06): 130-134.

[106] 崔荣升. 移动通信网络发展进程 [J]. 中国新通信，2019 (6): 1.

[107] 邓国庆. 巴西政府推进"数字货币"项目 [N]. 科技日报，2021-04-21 (004).

[108] 邓国庆. 数字经济成巴西发展新动能 [N]. 科技日报，2022-08-10 (008).

[109] 邓国庆，朱灵标. 从国际电子贸易的发展看国际商法的统一 [J]. 洛阳师专学报：自然科学版，1998, 17 (6): 3.

[110] 第一财经，安倍的全球数据治理野心：欲借G20峰会平台，抢占主导全球数据"朋友圈"先机，https://baijiahao.baidu.com/s?id=1637489473508291033&wfr=spider&for=pc，2019-06-27.

[111] 董小君，郭晓婧. 美日欧数字贸易发展的演变趋势及中国应对策略 [J]. 国际贸易，2021 (03): 27-35.

[112] 杜均. 区块链+：从全球50个案例看区块链的应用与未来 [M]. 北京：机械工业出版社，2018.

[113] 杜振华. 国际电信服务贸易 [M]. 北京：北京邮电大学出版社，2006.

[114] 方瑞安. RCEP电信服务贸易规则析论 [J]. 广西社会科学，2022 (06): 86-95.

[115] 费天. 柯达百年沉浮录 [J]. 品牌与标准化，2012, (Z1): 69-71.

[116] 冯迪凡. MC12成果有广度但欠缺深度 WTO危机尚未远去 [N]. 第一财经日报，2022-07-04 (A05).

[117] 高鸿业. 西方经济学（微观部分）[M]. 北京：中国人民大学出版社，2021.

[118] 高际香. 俄罗斯数字经济发展与数字化转型 [J]. 欧亚经济，2020 (01): 21-37+125+127.

[119] 高凌云，樊玉. 全球数字贸易规则新进展与中国的政策选择 [J]. 国际经济评论，2020 (02): 162-172+8.

[120] 工业和信息化部电信研究院. 增值电信业务发展白皮书（2012年）[J]. 现代电信科技，2012 (10): 7.

[121] 龚柏华. 中美WTO争端解决案述评 [M]. 上海：上海人民出版社，2019, 155-165.

[122] 管清友，高伟刚. 互联网金融：概念、要素与生态 [M]. 杭州：浙江大学出版社，2016.

[123] 广东外语外贸大学粤港澳大湾区研究院课题组，申明浩，滕明明，杨永聪，申么．数据要素跨境流动与治理机制设计——基于粤港澳大湾区建设的视角 [J]．国际经贸探索，2021，37 (10)：86 -98.

[124] 郭昌盛．应对数字经济直接税挑战的国际实践与中国进路 [J]．法律科学 (西北政法大学学报)，2022，40 (04)：51 -67.

[125] 郭滕达．数字经济时代对跨境数据流动监管的思考 [J/OL]．世界科技研究与发展：1 -11 [2022 -09 -28]．DOI：10.16507/j.issn.1006 -6055.2022.04.004.

[126] 郭霞，朴光姬．印度数字服务贸易发展特征及中国应对策略 [J]．南亚研究，2021 (02)：78 -94 +157 -158.

[127] 国际电联简史 (1) (itu.int) https：//www.itu.int/zh/history/Pages/ITUsHistory.aspx.

[128] 韩剑，蔡继伟，许亚云．数字贸易谈判与规则竞争——基于区域贸易协定文本量化的研究 [J]．中国工业经济，2019 (11)：117 -135.

[129] 韩立余．中美出版物市场准入案的影响 [C]．《WTO 法与中国论坛》文集——中国法学会世界贸易组织法研究会年会论文集 (八)，2009：120 -126.

[130] 韩玉军．国际商务 [M]．北京：中国人民大学出版社，2024.

[131] 何力．国际条约法视角下 WTO《贸易便利化协定》生效问题探析 [J]．海关与经贸研究，2017，38 (04)：1 -8.

[132] 何为，罗勇．数字货币来了：比特币 · 区块链 · 货币未来 [M]．北京：当代世界出版社，2021.

[133] 贺捷．跨境金融服务平台应用场景与发展路径的分析 [J]．银行家，2023，(06)：103 -105.

[134] 侯俊军，王胤丹，王振国．数字贸易规则与中国企业全球价值链位置 [J]．中国工业经济，2023，421 (04)：60 -78.

[135] 侯杰，宋正．俄罗斯数字贸易发展水平测度及影响因素分析 [J]．商业经济，2023 (03)：85 -89 +137.

[136] 胡玲．中美贸易摩擦背景下 TRIPS 技术转让条款研究 [J]．河南科技学院学报，2021，41 (07)：63 -69.

[137] 胡世良．把脉我国电信业发展态势 [J]．通信世界，2022 (16)：31 -32.

[138] 胡税根，杨竞楠．新加坡数字政府建设的实践与经验借鉴 [J]．治理研究，2019，35 (06)：53 -59.

[139] 胡庭艳，谭旭杰．探讨 VPN 的发展 [J]．科技经济市场，2006 (8)：1.

[140] 华盾，封帅．弱市场模式的曲折成长：俄罗斯人工智能产业发展探微 [J]．俄罗斯东欧中亚研究，2020 (03)：98 -128 +157 -158.

[141] 郇志坚，井辉．高技术产业纵向一体化与拆分——以诺基亚和高通为例 [J]．科技进步与对策，2006，23 (5)：4.

[142] 黄家星．强制披露源代码措施对中国的影响 [J]．开放导报，2021 (02)：

96－101.

［143］黄宁，李杨．“三难选择”下跨境数据流动规制的演进与成因［J］．清华大学学报（哲学社会科学版），2017，32（05）：172－182＋199..

［144］黄益平，黄卓．中国的数字金融发展：现在与未来［J］．经济学（季刊），2018（04）：1489－1502.

［145］黄长清．智慧武汉［M］．武汉：长江出版社，2012.

［146］贾怀勤．数字经济分类与数字贸易的对应［J］．中国统计，2021（08）：30－32.

［147］贾晶．EDI技术与无纸贸易［J］．现代财经：天津财经大学学报，1996（2）：4.

［148］姜奇平．从“规模”到“范围”［J］．21世纪商业评论，2007，31（03）：142－143.

［149］金宏伟．长尾理论只是二八定律的补充［J］．中国中小企业，2007，134（01）：70－73.

［150］柯静嘉．粤港澳大湾区投资合作的法律机制及其构建［J］．广东财经大学学报，2018，33（05）：83－95.

［151］克里斯·安德森．长尾理论［M］．北京：中信出版社，2015.

［152］肯尼思·劳东，卡罗尔·奎尔乔·特拉弗，劳帼龄．电子商务：商业、技术和社会［M］．北京：中国人民大学出版社，2021.

［153］蓝兵．第三代移动通信技术应用给中国通信运营商带来的挑战［J］．改革与战略，2006，000（005）：22－25.

［154］蓝庆新，窦凯．基于“钻石模型”的中国数字贸易国际竞争力实证研究［J］．社会科学，2019（03）：44－54.

［155］蓝庆新，窦凯．美欧日数字贸易的内涵演变、发展趋势及中国策略［J］．国际贸易，2019（6）：7.

［156］蓝庆新，彭一然．日本“数字新政”战略动机与发展特征［J］．人民论坛，2020（25）：128－131.

［157］李道芳．互联网环境下视听产品市场准入国内法规制的空间——从中美出版物与视听产品市场准入争端WTO案谈起［J］．国际新闻界，2010，32（10）：45－50.

［158］李捷，等．浅析新格局背景下的增值电信企业生存之道［J］．电子技术，2014.

［159］李磊．网络工程师考前辅导［M］．北京：清华大学出版社，2007.

［160］李佩佩．“长尾理论”的内涵与应用分析［J］．东南传播，2008（02）：74－75.

［161］李平．电信贸易：未来全球经济发展的基石［J］．通信企业管理，1998（5）：43－44.

［162］李平安．移动通信的发展及关键技术介绍［J］．长江大学学报（自然科学版），2017，14（9）：12.

［163］李清沛．金砖国家的数字贸易国际竞争力研究——基于波特钻石模型［J］．科

技和产业，2021，21（12）：166－173.

［164］李小牧，王海文．国际服务贸易［M］．北京：电子工业出版社，2012.

［165］李晓东．电子商务全球发展历程［J］．人民论坛，2000（5）：2.

［166］李晓晓．巴西电子商务发展迅速［N］．人民日报，2022－03－29.

［167］李轩，李珮萍．数字贸易理论发展研究述评［J］．江汉大学学报（社会科学版），2020，37（05）：44－57＋125－126.

［168］李艳华．隐私盾案后欧美数据的跨境流动监管及中国对策——软数据本地化机制的走向与标准合同条款路径的革新［J］．欧洲研究，2021，39（06）：25－49＋5－6.

［169］梁咏．WTO电信服务贸易规则对我国电信服务贸易立法与实践的启示——由“美墨电信服务贸易争端案”引发的思考［J］．行政与法，2007（11）：82－86.

［170］林吉双，孙波，陈和．我国数字贸易发展现状及对策研究［M］．北京：人民出版社，2021.

［171］林稳章，刘越，刘鹤生，田绍川，王江汉．宽带与数据传输设备及实训［M］．成都：西南交通大学出版社，2015（8）：143.

［172］刘斌，甄洋，李小帆．规制融合对数字贸易的影响：基于WIOD数字内容行业的检验［J］．世界经济，2021，44（7）：26.

［173］刘典．推动中国数字内容贸易繁荣发展：进展、挑战与路径分析［J］．经济与社会发展，2022，20（01）：1－13.

［174］刘国英．电子商务的经济学特征及对经济结构的影响［J］．经济纵横，2007（3X）：2.

［175］刘洪愧，赵文霞，邓曲恒．数字贸易背景下全球产业链变革的理论分析［J］．云南社会科学，2022（04）：111－121.

［176］刘洪愧．数字贸易发展的经济效应与推进方略［J］．改革，2020（3）：13.

［177］刘军红，霍建岗，汤祺．日本菅义伟政府的数字改革［J］．现代国际关系，2021（06）：28－33＋42＋60.

［178］刘武刚．分析互联网数据中心前沿规划设计发展趋势［J］．中国新通信，2018，20（18）：1.

［179］刘晓娴，胡兴球．互联网企业商业模式创新途径探讨——以亚马逊公司为例［J］．商业经济研究，2015（26）：95－96.

［180］刘旭．新加坡热情拥抱数字经济［N］．国际商报，2022－02－23（004）.

［181］刘旭．新加坡：做数字贸易规则引领者［N］．国际商报，2022－02－18（004）.

［182］卢先堃．世界贸易组织的新起点——对第12届部长级会议成果的评价与前景展望［J］．国际经济评论，2022（05）：22－29＋4－5.

［183］卢长省．4G系统的新技术和特点［J］．中小企业管理与科技，2019（6）：2.

［184］罗文琦．中国电信服务贸易发展现状、问题与应对措施［J］．改革与战略，

2016，32（10）：4.

［185］马广文，王西秩总．交通大辞典［M］．上海：上海交通大学出版社，2005.

［186］马旻，郑欣．VPN－电子商务应用的安全平台［J］．电信快报：网络与通信，2001，000（003）：22－26.

［187］马述忠，房超，梁银锋．数字贸易及其时代价值与研究展望［J］．国际贸易问题，2019（02）：176.

［188］马述忠，濮方清，潘钢健，熊立春．数字贸易学［M］．北京：高等教育出版社，2022.

［189］马忠法，王悦玥，安慧中．后TRIPS时代国际贸易中知识产权争端解决机制研究［J］．海关与经贸研究，2022，43（03）：1－22.

［190］牟彤华．从EDI到XML－EDI——企业电子商务模式的演变［J］．企业经济，2004（7）：122－123.

［191］潘斌辉．第三代移动通信技术分析［J］．科技广场，2011（11）：4.

［192］潘泉宏．5G时代运营商IDC业务发展思考［J］．现代商贸工业，2021，42（12）：2.

［193］彭岳．贸易规制视域下数据隐私保护的冲突与解决［J］．比较法研究，2018（04）：176－187.

［194］漆彤．中国影响金融信息服务措施案探析［J］．国际经济法学刊，2008，15（03）：249－278.

［195］齐俊妍，强华俊．数据流动限制、数据强度与数字服务贸易［J］．现代财经（天津财经大学学报），2022，42（07）：3－19.

［196］前瞻产业研究院．中国及全球数字贸易发展趋势研究报告（2022年）［R］．前瞻产业研究院，2022.

［197］钱茜．因特网迅猛发展 促生信息服务新思路［J］．科技视界，2013（11）：2.

［198］邱一川，黄贞凤．美国诉中国集成电路歧视性退税政策案评析［J］．世界贸易组织动态与研究，2004（09）：37－42.

［199］日本物联网行业政策解读．［Z/OL］．前沿产业研究院，https：//f. qianzhan. com/keyan/detail/160829－b42e383f. html.

［200］商务部电子商务和信息化司．中国电子商务报告2020［R］．2020.

［201］邵宏华．贸易数字化：打造贸易新动能新业态新模式［M］．北京：机械工业出版社，2022.

［202］沈玉良，彭羽，陈历幸，高疆．全球数字贸易促进指数报告2020［M］．上海：复旦大学出版社，2021.

［203］沈玉良，全球数字贸易规则研究［M］．上海：复旦大学出版社，2018.

［204］盛斌，陈丽雪．多边贸易框架下的数字规则：进展、共识与分歧［J］．国外社会科学，2022（04）：93－110＋198.

［205］盛斌，陈丽雪．区域与双边视角下数字贸易规则的协定模板与核心议题［J］．国际贸易问题，2023，(01)：19－35.

［206］盛斌，高疆．超越传统贸易：数字贸易的内涵、特征与影响［J］．国外社会科学，2020（4）：15.

［207］师华，周姣，张佩．WTO（DS542）中国有关国际技术转让规定的合法性研究［J］．山西大学学报（哲学社会科学版），2018，41（04）：124－132.

［208］石宇飞．以制造业发展促进中国国家竞争力提升——基于波特钻石模型的分析［J］．税务与经济，2020（04）：20－26.

［209］史田华．因特网个性化信息服务［J］．情报资料工作，2002（1）：3.

［210］宋百生．移动通信信息技术应用及其发展分析［J］．通讯世界，2019，26（6）：2.

［211］苏波．短距离无线通信技术及其在仪器通信中的应用分析［J］．信息与电脑（理论版），2020（15）：182－183.

［212］孙杰．从数字经济到数字贸易：内涵、特征、规则与影响［J］．国际经贸探索，2020，36（05）：87－98.

［213］孙琪．中国跨境电商保税仓物流服务质量研究［M］．杭州：浙江大学出版社，2018.

［214］孙秀蕾．从亚马逊发展模式看数字经济平台的“自我优待”行为及规制［J］．南方金融，2021.

［215］孙焱，赵璐．第四代移动通信技术综述［J］．通讯世界：下半月，2016（10）：2.

［216］谭艳梅，曹华．从1G到3G移动通信技术［J］．广西质量监督导报，2008（8）：2.

［217］汤婧．电信服务贸易出口：现状、路径选择与发展前景［J］．国际经济合作，2017（7）：4.

［218］汤婧．五方面推进我国电信服务贸易发展［OL］．中国经济网，http：//views.ce.cn/view/ent/201708/16/t20170816_25037038.shtml，2017.

［219］汤霞．数据安全与开放之间：数字贸易国际规则构建的中国方案［J］．政治与法律，2021（12）：26－38.

［220］唐煌．多用户宽带接入技术研究［D］．南京：南京大学，2012.

［221］屠新泉，彭程，孙威．服务贸易争端第一案——美墨电信服务争端案［J］．世界贸易组织动态与研究，2005（12）：35－39＋7.

［222］汪蕊、肖宇．经营类电子商务交易平台外资股权比例可达100%［R］．北京市金杜律师事务所，2015.

［223］王爱华，王艳真．中日跨境数字贸易规模测度分析［J］．现代日本经济，2021，40（01）：43－55.

[224] 王飞. 拉美国家为何“痴迷”发展数字货币 [J]. 世界知识, 2022 (04): 51-53.

[225] 王海岳. 武断的假设——对长尾理论的逻辑批判 [J]. 生产力研究, 2008, 165 (04): 1-4+163.

[226] 王洪, 谢雪凯. 网络服务商第三方责任之现代展开——立法演进、立法思想与理论基础 [J]. 河北法学, 2013, 31 (07): 22-30.

[227] 王惊雷. 浅谈因特网的接入技术 [J]. 决策探索, 2007 (08B): 2.

[228] 王克智. 数字服务税立场和税制的国际比较与应对 [J]. 税务研究, 2021 (09): 77-83.

[229] 王立梅. 网络空间下避风港原则的完善与网络服务提供者责任分类 [J]. 江西社会科学, 2020, 40 (05): 157-167+256.

[230] 王美心, 白杰. 跨境电商亚马逊的运营模式分析 [J]. 现代营销 (学苑版), 2021 (06): 140-141.

[231] 王薇, 任保平. 中国电信业增长质量评价及其基本特征 [J]. 中国流通经济, 2015, 29 (10): 117-124.

[232] 王晓德, 全球自由贸易框架下的“文化例外”——以法国和加拿大等国抵制美国文化产品为例 [J]. 世界经济与政治, 2007 (12): 71-77.

[233] 王晓红, 夏友仁. 中国数字贸易发展: 现状、挑战及思路 [J]. 全球化, 2022 (02): 32-45+134.

[234] 王岩, 高鹤, 谷口洋志. 日本数字贸易发展探析及其对中国的启示 [J]. 价格月刊, 2022 (04): 45-53.

[235] 王燕. 数字经济对全球贸易治理的挑战及制度回应 [J]. 国际经贸探索, 2021, 37 (01): 99-112.

[236] 王勇, 刘国亮. 中国第三代移动通信产业链的形成及演进周期研究 [J]. 情报科学, 2006, 24 (8): 5.

[237] 危光辉. 移动互联网概论 [M]. 北京: 机械工业出版社, 2018.

[238] 温树英. 金融服务贸易国际法律规制的新发展与启示——以 TPP/CPTPP 和 USMCA 为视角 [J]. 国际经济法学刊, 2019 (03): 72-89.

[239] 文穗. 海南自由贸易港离岸金融风险防范监管制度研究 [J]. 海南大学学报 (人文社会科学版): 2021 (05) 1-7.

[240] 吴朝阳. 国别贸易政策 [M]. 大连: 东北财经大学出版社, 2012.

[241] 吴鹏, 马述忠. 包容性发展与全球数字鸿沟 [J]. 上海商学院学报, 2021, 22 (05): 14-26.

[242] 夏友仁. 中国数字贸易发展现状及策略选择 [J]. 全球化, 2019 (11): 84-95+135.

[243] 肖品辉. 简析互联网数据中心的发展趋势 [J]. 电信快报, 2018, (08): 37-39.

[244] 谢玉，张宝明．中国数字贸易的国际竞争力研究——基于波特“钻石模型”理论［J］．中国物价，2020（11）：27－30.

[245] 新浪财经．印度发起#FOSS4GOV 挑战赛 鼓励本土开发者为政企打造开源软件［EB/OL］．https：//finance. sina. com. cn/tech/2021－04－24/doc－ikmxzfmk8679747. shtml，（2021－04－24）［2022－10－26］.

[246] 熊立春，马述忠．从传统贸易成本到数字贸易成本：内涵、特征与影响［J］．上海商学院学报，2021，22（05）：3－13.

[247] 熊励，刘慧，刘华玲．数字与商务［M］．上海：上海社会科学院出版社，2011.

[248] 熊励．上海率先构建全球数字贸易平台研究［J］．科学发展，2019（12）：31－41.

[249] 徐金海，李銮淏．全球数字贸易发展趋势与中国应对策略［J］．学习与探索，2022（10）：149－156.

[250] 徐芃．谈跨境电商背景下传统零售企业转型发展问题［J］．商业经济研究，2022（14）：5.

[251] 徐忠，汤莹玮，林雪．央行数字货币理论探讨［J］．中国金融，2016，（17）：33－34.

[252] 许多奇．治理跨境数据流动的贸易规则体系构建［J］．行政法学研究，2022（04）：50－60.

[253] 薛澜，魏少军，李燕，贺俊，罗长远，余振，杨荣珍．美国《芯片与科学法》及其影响分析［J/OL］．国际经济评论，2022（10）：1－36.

[254] 雪球．Sabre——第一个在线订票系统［OL］．雪球网，https：//xueqiu. com/3993902801/82691873，2017.

[255] 鄢雨虹．国际经贸协定中的源代码规则新发展及中国立场［J］．武大国际法评论，2021，5（03）：97－117.

[256] 严萍．电缆调制解调器［J］．电子世界，2000，000（001）：25.

[257] 杨岭才．移动互联网时代电信服务模式的演变［J］．通信企业管理，2012（3）：3.

[258] 杨伟明，粟麟，孙瑞立，袁伟鹏．数字金融是否促进了消费升级？——基于面板数据的证据［J］．国际金融研究，2021（04）：13－22.

[259] 姚瑶．跨境电商平台的商业模式分析——以阿里巴巴国际站为例［J］．财富时代，2022（02）：182－184.

[260] 伊文斌．关于以太网接入技术的综合分析探讨［J］．科技资讯，2011（20）：1.

[261] 易永豪，唐俐．我国跨境数据流动法律规制的现状、困境与未来进路［J］．海南大学学报（人文社会科学版），2022，40（06）：135－147.

[262] 尹华．因特网接入服务的定价模式研究［C］．通信发展战略与管理创新学术

研讨会 . 2006.

［263］于凤霞 . i－Japan 战略 2015［J］. 中国信息化，2014（13）：13－23.

［264］余世英 . 电子商务经济学［M］. 武汉：武汉大学出版社，2011.

［265］余振 . 全球数字贸易政策：国别特征、立场分野与发展趋势［J］. 国外社会科学，2020（4）：33－44.

［266］喻文丹，姜兴民 . 基于钻石模型的数字服务贸易国际竞争力提升研究［J］. 商业经济，2022（02）：106－108.

［267］袁玉英 . 因特网个性化信息服务［J］. 现代情报，2004，24（10）：2.

［268］岳云嵩，霍鹏 . WTO 电子商务谈判与数字贸易规则博弈［J］. 国际商务研究，2021，42（01）：73－85.

［269］张彬 . 电信增值业务［M］. 北京：北京邮电大学出版社，2002.

［270］张斌 . 双边市场理论综述［J］. 商情，2016（01）：121－122.

［271］张丹霞 . 浅析移动通信系统的演进［C］. IT 时代周刊论文专版（第 317 期）. 2015.

［272］张汉林，张海平 . 论国际电信服务贸易及其自由化进程［J］. 世界经济，1998.

［273］张洪东，宋玉莉 . 我国电子商务的过去、现在与未来［J］. 中国商贸，2011（26）：108－109.

［274］张金平 . 跨境数据转移的国际规制及中国法律的应对——兼评我国《网络安全法》上的跨境数据转移限制规则［J］. 政治与法律，2016（12）：136－154.

［275］张娟 . 电信服务贸易自由化的经济效应研究综述［J］. 世界贸易组织动态与研究：上海对外贸易学院学报，2010，17（1）：35－40.

［276］张茉楠 . 全球数字贸易竞争格局与中国数字贸易国际合作的战略选择［J］. 区域经济评论，2022（05）：122－131.

［277］张乃根 . 试析美国针对我国的 TRIPS 争端解决案［J］. 世界贸易组织动态与研究，2007，158（07）：14－21.

［278］张先锋 . 数字贸易［M］. 合肥：合肥工业大学出版社，2021.

［279］张旭媛 . 长尾理论在电商企业中的应用——以“淘宝”为例［J］. 电子商务，2019（07）：20－21.

［280］张亚斌，马莉莉，刚翠翠 . “一带一路”数字服务出口增加值、价值链地位及其决定因素——基于全球多区域投入产出模型的实证研究［J］. 经济问题探索，2021，468（07）：177－190.

［281］张艳 . 新发展格局下跨境电商驱动经济高质量发展的动力机制与路径优化［J］. 商业经济研究，2021（22）：84－88.

［282］张宇，蒋殿春 . 数字经济下的国际贸易：理论反思与展望［J］. 天津社会科学，2021（03）：84－92.

［283］张赠富．我国三种跨境电商零售进口模式比较研究——基于海关公告文本的分析［J］．淮南师范学院学报，2022，24（02）：79－83＋89.

［284］张正荣，杨金东，顾国达．数字贸易的概念维度，国际规则与商业模式［J］．经济学家，2021（4）：9.

［285］赵瑾，张宇．中国国际经贸理论前沿9：数字经济下的国际贸易与国际投资［M］．北京：社会科学文献出版社，2021.

［286］赵亮，吕子布．VPN技术的优势及其应用［J］．通信管理与技术，2011（5）：2.

［287］赵玲，李雪峰．监管政策异质性对金融服务贸易的影响研究［J］．上海对外经贸大学学报，2018，25（06）：29－39.

［288］赵维，邓富华，霍伟东．"一带一路"沿线国家互联网基础设施的贸易效应——基于贸易成本和全要素生产率的中介效应分析［J］．重庆大学学报（社会科学版），2020，26（03）：19－33.

［289］赵岩．数字经济发展报告（2021～2022）［M］．北京：社会科学文献出版社．2022.

［290］郑鹏．网络服务提供者"避风港"的"中立"前置要件研究［J］．北方法学，2020，14（04）：32－41.

［291］郑伟，钊阳．数字贸易：国际趋势及我国发展路径研究［J］．国际贸易，2020（4）：8.

［292］中国电子商务研究中心．中国电子商务十二年调查报告［R］．2009.（06）：81－89.

［293］中国国际贸易促进委员会东莞市委员会．关注丨美国正式修正《出口管制条例》中企如何破局？［EB/OL］．http：//www.dg.gov.cn/dgsmch/gkmlpt/content/3/3194/mpost_3194310.html#1539，（2022－07－01）［2022－10－26］.

［294］中国商务部．2020年中国数字贸易发展报告［R］．中国商务部，2020

［295］中国商务部．世贸组织第12届部长级会议胜利闭幕 取得"1＋4"丰硕果［EB/OL］．http：//www.mofcom.gov.cn/article/syxwfb/202206/20220603319543.shtml，2022.

［296］中国商务部．数字贸易发展与合作报告2022［EB/OL］．http：//chinawto.mofcom.gov.cn/article/ap/p/202209/20220903345673.shtml，（2022－9－5）［2022－10－26］.

［297］中国商务部．中国数字服务贸易报告2018［R/OL］．中国商务部，http：//www.199it.com/archives/941255.html.

［298］中国商务部．中国数字贸易发展报告2021［R］．中华人民共和国商务部服务贸易和商贸服务业司，2021.

［299］中国商务部．中国数字贸易发展报告2022［R］．中华人民共和国商务部．2022

［300］中国商务部．中国数字贸易发展报告2024［R］．中华人民共和国商务部，2024.

［301］中国信通院．中国信息通信研究院《中国金融科技生态白皮书》［R］．http：//

www. caict. ac. cn/kxyj/qwfb/bps/202211/P020221117542199873767. pdf，2022（11）.

［302］中国信息通信研究院互联网法律研究中心．数字贸易的国际规则［M］．北京：法律出版社，2019.

［303］中国信息通信研究院．中国5G发展和经济社会影响白皮书［R］．北京：中国信息通信研究院，2021.

［304］中国信息通信研究院．数字孪生城市白皮书（2021）［R］．北京：中国信息通信研究院，2021.

［305］中国信息通信研究院．数字贸易发展白皮书（2020）［R］．北京：中国信息通信研究院，2020.

［306］中国信息通信研究院．数字贸易发展与合作报告（2021）［R］．北京：中国信息通信研究院，2021.

［307］中国信息通信研究院．数字贸易发展与合作报告（2022）［R］．北京：中国信息通信研究院，2022.

［308］中国信息通信研究院．数字贸易发展与影响白皮书（2019）［R］．北京：中国信息通信研究院，2019.

［309］钟志勇．中美电子支付服务争端案及其启示［J］．吉林金融研究，2014（03）：21－28.

［310］周念利，陈寰琦．RTAs框架下美式数字贸易规则的数字贸易效应研究［J］．世界经济，2020，43（10）：28－5.

［311］周念利，李金东．俄罗斯出台的与贸易相关的数据流动限制性措施研究——兼谈对中国的启示［J］．国际商务研究，2020，41（03）：85－96.

［312］周念利，李玉昊，刘东．多边数字贸易规制的发展趋向探究——基于WTO主要成员的最新提案［J］．亚太经济，2018（02）：46－54＋150.

［313］周念利，吴希贤．美式数字贸易规则的发展演进研究——基于《美日数字贸易协定》的视角［J］．亚太经济，2020（02）：44－51＋150.

［314］周夕良．第四代移动通信的发展与挑战［J］．太赫兹科学与电子信息学报，2006，4（002）：89－93.

［315］周玉波．EDI与国际贸易［J］．湖南师范大学社会科学学报，1998（2）：5.

［316］周卓然．远程终端设备管理控制系统设计与实现［D］．哈尔滨：哈尔滨理工大学.

［317］周子衡．金融管制的确立及其变革［M］．上海：上海人民出版社，2005.